BASTEI
LÜBBE

Dr. Tamara Griesser-Pečar, geboren 1947 in Ljubljana, besuchte die American International School und hielt sich längere Zeit in New York, Paris und Suffolk (England) auf. Ihr Studium der Geschichte an der Universität Wien schloß sie 1973 mit der Promotion ab. In ihren Veröffentlichungen, Abhandlungen und Aufsätzen in Zeitungen und Zeitschriften beschäftigte sie sich vornehmlich mit dem Thema der ausgehenden österreichisch-ungarischen Monarchie und den Anfängen der österreichischen Republik.

Tamara Griesser-Pečar

Zita

Die Wahrheit über Europas letzte Kaiserin

BASTEI LÜBBE

BASTEI-LÜBBE-TASCHENBUCH
Band 61 117

1. Auflage Febr. 1988
2. Auflage März 1989
3. Auflage Jan. 1991

Printed in Germany 1991
Einbandgestaltung: Roberto Patelli
Foto: Bilderdienst Süddeutscher Verlag, München
Satz: ICS Communikations-Service GmbH, Bergisch Gladbach
Druck und Bindung: Ebner Ulm
ISBN 3-404-61117-9

Der Preis dieses Bandes versteht sich einschließlich
der gesetzlichen Mehrwertsteuer

INHALT

Vorwort

Eine so bewunderte und zugleich umstrittene Persönlichkeit wie Österreich-Ungarns letzte Kaiserin Zita mußte den Historiker reizen. Doch erwies es sich als schwierig, wissenschaftliche Distanz zu einer lebenden Person von solch faszinierendem Charakter zu gewinnen. Denn das bedeutete auch, ihrem einnehmenden Wesen gerecht zu werden und sie zugleich mit kritischer Unbestechlichkeit zu beleuchten. Die Autorin hofft, daß es ihr in dem vorliegenden Buch gelungen ist, ein möglichst objektives Porträt vor dem Hintergrund der geschichtlichen Ereignisse zu zeichnen. Dem Leben und Wirken einer so fesselnden, die Gemüter bis heute bewegenden Persönlichkeit der Geschichte mit neuen Erkenntnissen näher gekommen zu sein, verdankt die Verfasserin all jenen Historikern, Archivaren und Zeitzeugen, die ihr so viele und zum Teil bisher unbeschrittene Wege geebnet haben.

Vor allem möchte ich an dieser Stelle – stellvertretend für viele andere – Herrn Dr. Peter Broucek vom Kriegsarchiv Wien danken, desgleichen Herrn Professor Richard Plaschka, Ordinarius für Osteuropäische Geschichte an der Universität Wien, und Herrn Professor Adam Wandruszka, Ordinarius für Österreichische Geschichte. Mein besonderer Dank gilt auch jenen Mitgliedern des Hauses Habsburg, die mir Einblick in ihr Privatarchiv gewährten und mir in persönlichen Gesprächen viele wertvolle Informationen gaben. Danken möchte ich hier besonders Dr. Otto von Habsburg-Lothringen und Dr. Walburga von Habsburg. Sehr geholfen haben mir ferner – unter vielen anderen – Herzogin Charlotte von Mecklenburg-Strelitz, Bernd Posselt,

Graf Franz Josef Forni und nicht zuletzt mein Mann, Dr. Hermann A. Griesser.

Allen voran aber weiß ich mich der Titelperson dieses Buches, Kaiserin Zita, zutiefst verbunden. Die Gespräche, die ich mit ihr führen durfte, haben das Bild ihrer Persönlichkeit, das sich in diesem Buch niederschlägt, abgerundet und ergänzt.

Grafing bei München, im März 1985

Dr. Tamara Griesser-Pečar

Erinnerungen

Spätherbst in Eckartsau

Im holzgetäfelten Wohntrakt des barocken Jagdschlosses Eckartsau können Besucher noch heute zwischen Wildgeweihen und anderen Trophäen eine Reihe kleiner Fotografien bewundern. Sie zeigen den früheren österreichischen Thronfolger und fanatischen Jäger Franz Ferdinand vor erlegten Hirschen. An seiner Seite eine der prominentesten Persönlichkeiten jener Zeit. Der hohe Gast aus dem befreundeten Ausland ist – mit seinem stolzen Zwirbelbart unverkennbar – der deutsche Kaiser.

Als am 11. November 1918, einem rauhen Abend, Österreichs letztes Kaiserpaar mit dem lockenköpfigen Kronprinzen Otto, vier weiteren Kindern und wenigen Getreuen in dem niederösterreichischen Schloß eintraf, waren Macht, Prunk und Jagdseligkeit von den Habsburgern gewichen. Nur die Hoffnung war ihm – vorerst noch – geblieben. Kaiser Karl hatte kurz zuvor im Wiener Prachtschloß Schönbrunn unter massivem Druck die Regierungsgeschäfte niedergelegt und so den Weg Österreichs zur Republik freigemacht. Ein Paukenschlag der Weltgeschichte: Nach über sechshundert Jahren endete die Herrschaft des Habsburgergeschlechts, das erst die deutschen und später – seit 1804 – die österreichischen Kaiser gestellt hatte.

Gut vier Monate lang lebte das Kaiserpaar in dem Eckartsauer Schloß mit dem bezaubernden Park, dem dichten Forst und den prachtvollen, nun unnütz gewordenen Repräsentationssälen, die Franz Ferdinand einst mit kostbaren Gobelins, Gemälden und Möbelstücken ausgestattet hatte. Es war nicht mehr gemütlich hier, denn immer wieder schlichen verdächtige Gestalten um die Mauern, von der ansässigen Bevölkerung beargwöhnt, oftmals verjagt. Denn diese Menschen hier in dem kleinen Örtchen Eckartsau, nahe Wagram an der Donau, waren in ihrer Mehrheit kaisertreu und nun eher von Mitleid und Trauer als vom Jubel einer neuen Zeit erfüllt.

Kaiserin Zita hat die Fotos in Eckartsau wohl oft lange und nachdenklich angeschaut. Aber sie war nicht der Typ, der sich von Verdruß und Wehmut treiben ließ, und im Gegensatz zu ihrem Mann, den Gram und Strapazen aufs Krankenbett warfen, fühlte sie sich gesund. In ihre Niedergeschlagenheit mischte sich Zuversicht. Das kriegerische Morden immerhin war nun zu Ende – ein Töten und Leiden, für das ihr Mann, so unschuldig er selbst auch sein mochte, mitverantwortlich war. Noch, so schien es ihr, waren Thron und Reich nicht verloren. Die Zeit mußte heilen.

Und hier nun, zwischen den ausgestopften Relikten besserer Tage, zwei Kronzeugen des Unheils, auf Lichtbilder gebannt: Franz Ferdinand und Wilhelm II. Die Schüsse von Sarajevo – Franz Ferdinand starb am 28. Juni 1914 durch die Kugeln eines serbischen Attentäters – hatten den damals sechsundzwanzigjährigen Erzherzog Karl, Franz Ferdinands Neffen, zum neuen Thronfolger gemacht. Zugleich markierte dieser welterschütternde Mord den Beginn des Ersten Weltkrieges, an dessen Ende eine katastrophale Bilanz stand: Zehn Millionen Tote und ein zerbrochenes Vielvölkerreich.

Und dann Wilhelm II. »Er war ein Freund und wollte den Frieden«, erinnerte sich Zita später gegenüber der Autorin, »aber es kam nicht auf ihn an.« »Seine Umgebung erlaubte ihm nicht, eine eigene Meinung zu haben«, sagte sie im Gespräch mit Jules Sauerwein, dem Chefredakteur von *Le Matin*.[1] Seine Umgebung – das waren die Generäle, denen er sich ausgeliefert hatte. Und dies, erklärte die Ex-Kaiserin dem britischen Historiker Gordon Brook-Shepherd, »dürfte seinen Grund darin gehabt haben, daß er zur Träumerei neigte. Er glaubte an seine träumerische Gedankenwelt, und eine dieser Ideen war unglücklicherweise der Endsieg. Daher überließ er alles den Militärs – Hindenburg und Ludendorff.«[2]

So mochten diese Bilder von Eckartsau Karl und Zita schmerzhaft anmuten. Sie mußten ihnen in Erinnerung bringen, wie es anders hätte kommen können, wenn es nach den Vorstellungen und Plänen des jungen Kaiserpaars gegangen wäre.

Karl und Zita führten zeitlebens eine tadellose Liebesehe, die – damals ungewöhnlich und fast anrüchig – auf Partnerschaft beruhte. Kaum etwas blieb dieser Frau verborgen. Nicht nur ihr

Ehrgeiz und ihre Intelligenz, auch ihr religiös geprägtes Gewissen befahlen ihr geradezu die Einmischung in die Politik. Und so wurde Zita die politischste, am kraftvollsten mitgestaltende Frau in der langen Geschichte der Habsburger-Dynastie – Maria Theresia ausgenommen, die jedoch selbst Monarchin war. Das erweckte in breiten Kreisen zwangsläufig Bewunderung, doch mehr noch Mißtrauen und Verdacht.

Immer wieder war Zita später bestrebt, ihre eigene Rolle herunterzuspielen. Verständlich. Sie verehrte ihren – 1922 im Exil auf Madeira verstorbenen – Mann als weisen Staatsmann und Heiligen und bemühte sich, ihm ein ehrfürchtiges Andenken zu bewahren. So wollte sie eben auch dem Bild des eher schwächlichen, entschlußlosen, beeinflußbaren Monarchen entgegenwirken – einem Bild, das in dieser simplen Strichmalerei tatsächlich fehlerhaft war. Zugleich war ihr daran gelegen, die Legende von der großen Drahtzieherin zu entkräften, die dem Kaiser einen fremden Willen – den der Familie Bourbon-Parma – aufgedrückt habe. Und gewiß ist auch dieses Bild, mit dem sich die zählebige Story von der »verräterischen Italienerin« verbindet, schlechthin falsch. Eher läßt sich das Verhältnis Karls und Zitas zueinander in der groben Formel zusammenfassen: Hier hatten sich zwei Menschen mit fast deckungsgleichen Zielen getroffen. Gewiß aber war Zita in der praktischen Verwirklichung dieser Ziele und in der energischen Durchführung ihrer Pläne die treibende Kraft.

Zita – der eigentliche Monarch?

Langsam, von den feierlichen Klängen eines Trauermarschs begleitet, bewegte sich der lange Menschenzug vom Stephansdom zur Kapuzinergruft. Es war jedoch nicht allein der alte Kaiser, der an diesem verhangenen Tag, dem 30. November 1916, in Wien zu Grabe getragen wurde – Franz Joseph I., der das Vielvölkerreich achtundsechzig Jahre, also zwei Generationen, lang regiert hatte; mit ihm, so schien es vielen, wurde eine alte Welt bestattet, eine alte Ordnung. Aber wie sollte die neue Zeit aussehen? Der schreckliche Weltkrieg dauerte schon über zwei Jahre. Mit Bangen blickten die Menschen in die Zukunft.

Aber auch mit einer Spur von Hoffnung. Denn hinter dem schwarzbedeckten Sarg mit dem Doppeladler, einige Meter vor den prachtvoll uniformierten und hochdekorierten Vertretern des Erzhauses und befreundeter Staaten, schritten drei junge Menschen, die nun mit dem Tod des greisen Herrschers an die Spitze der Monarchie gerückt waren: Karl I., der neunundzwanzigjährige neue Kaiser, in Generalsuniform, den Trauerflor auf dem Mantel. Neben ihm Kaiserin Zita, vierundzwanzig Jahre jung, ganz in Schwarz und tief verschleiert, und dazwischen, im weißen Kleidchen mit schwarzer Schärpe, der vierjährige Kronprinz Otto.

Seit vielen Jahren sahen die Wiener endlich wieder eine Frau an der Seite des Kaisers. Das ließ Frische ahnen, Anmut, neuen Schwung. Und die Gedanken zahlreicher Bürger wanderten zurück in jene Jahre, als auch den jetzt verstorbenen Herrscher eine junge Frau begleitet hatte: Elisabeth, die legendäre Tochter des Herzogs Max in Bayern. Sie war 1898 von einem anarchistischen Fanatiker ermordet worden. Noch freilich wußten die meisten nicht, daß sich diese neue Kaiserin ganz gewaltig von jener »Sissi« unterscheiden sollte. Zwar ähnelten sich die Frauen: Beide hatten aus Liebe geheiratet, beide waren schön. Aber Zita verriet mit ihren lebhaft funkelnden Augen und ihrem energischen Zug um den Mund auch einen eigenen, gestaltenden Willen. Einen politischen Willen, wie sich bald zeigen sollte.

Zita – die Frau an der Seite des Kaisers. Wer war sie, die bis heute von Rätseln und Geheimnissen, von Bewunderung und Verdacht umwoben blieb? Vor allem über ihre Rolle, die sie in dem großen Drama verzweifelter Friedenssuche gespielt hat, wird heute noch heiß diskutiert.

Sicher ist, daß eine Frau wie Zita nicht einfach als neutrale Figur gesehen werden konnte. Sie wurde geliebt und gehaßt, aber gleichgültig war sie niemandem.[1] Nahezu übereinstimmend schildern kenntnisreiche Beobachter die junge Kaiserin als die

– gegenüber ihrem Mann – Entscheidungsstärkere, Energischere und Phantasiereichere.[2]

Vieles am Urteil über Zita beruhte freilich auf purem Unverständnis. So war es einfach ganz und gar ungewöhnlich, daß es auf dieser Standeshöhe eine so ausgeprägte Liebesehe gab, zugleich eine so aufgeklärte Lebensgemeinschaft auf der Grundlage geistiger Ergänzung und gegenseitiger Hochachtung. Als Prinzessin Zita von Bourbon-Parma 1911 Erzherzog Carl Franz Joseph (Karl) heiratete, geschah dies nicht aus blindem Gehorsam. Sie wurde – auch das damals alles eher als üblich – ausdrücklich um ihr Einverständnis gefragt. Und Karl respektierte in Zita nicht nur seine Frau, sondern eine feingebildete Ratgeberin, die manchen eigenen Mangel ausgleichen konnte. Gerade dieses Hinhören auf den Partner aber verführte nicht wenige zu der irrigen Meinung, Karl stehe unter Zitas »Pantoffel«. Anders konnten sich viele Leute die beratende Tätigkeit der Kaiserin nicht denken, aus der ohne Zweifel eine starke intellektuelle Beeinflussung erwuchs.

Zita beeindruckte viele Bekannte und Gäste durch ihre Auffassungsgabe und Intelligenz sowie durch eine Geradlinigkeit, die ebensoviel mit Sturheit wie mit Charakterstärke zu tun hatte. »Alle sind von ihr mit dem Eindruck geschieden, vor einer ganz eigenartigen, der Erforschung werten Persönlichkeit gestanden zu sein«, berichtet etwa Karl Werkmann, der Sekretär des Kaisers, der Zita in den letzten Jahren der Monarchie und noch einige Zeit im Exil aus nächster Nähe gekannt hatte. Und auch noch im hohen Alter hat Zita Besuchern diesen Eindruck vermittelt.[3] Der britische Oberst Edward Lisle Strutt, der der kaiserlichen Familie nach Kriegsende als Schutzoffizier zugeteilt worden war, erinnerte sich an Karl als an einen »freundlichen, sanften und tapferen Mann«; von Zita aber war er hingerissen. Er nannte sie »das wahre Oberhaupt der Familie«[4].

Karl suchte stets den gemeinsamen Entschluß, denn seine Frau war ihm mehr als nur Entscheidungshilfe in zweifelhaften Situationen. Sie war für ihn eine geistige Autorität. Dabei unterschieden sich freilich die Ziele Karls in wichtigen politischen Belangen kaum von jenen Zitas. Doch scheint eines gewiß: Karl neigte weit eher dazu, zu zögern, eigene Entschlüsse anzuzweifeln und zu verwerfen. Zita sah es dann nicht selten als ihre Aufgabe an, solche Selbstzweifel zu zerstreuen. »Eine Mitwirkung der Kaiserin bei Durchführung mancher Aktionen habe ich«, erinnert sich Werkmann, »insofern feststellen können, als die Kaiserin den Kaiser im Verharren bei einem schwerwiegenden Entschlusse bestärkte und ihm bei der oft kritischen Durchführung eine moralische Stütze lieh.«[5]

Schon kurz nach Karls Regierungsantritt beobachtete Albert Freiherr von Margutti, General bei der kaiserlichen Generaladjutantur: »Da begann sich . . . bereits ein Einfluß bemerkbar zu machen: jener seiner Gattin . . . Ich möchte aber durchaus nicht behaupten, daß dieser ungünstig gewesen; im Gegenteil. Schon deswegen, weil die Kaiserin ihrem Gemahl intellektuell überlegen war und sie über eine vielseitige und gründliche Bildung sowie über einen überraschenden Scharfblick in allen Lagen verfügte. Auch war ihr ein richtiges, zutreffendes und klares Urteil über die verschiedenen, an den Monarchen herantretenden Fragen eigen. So geleitete ihn die Kaiserin mit liebevoll fürsorglicher Hand über die Schwierigkeiten hinweg, glättete mit frauenhafter Anmut die Wogen der politischen und militärischen Hochflut, die sich vor ihm auftürmten, und festigte . . . seine Willenskraft und Entschlußfähigkeit. Deshalb wurde Kaiserin Zita für ihren Gemahl ein . . . schließlich vollständig unentbehrlicher Ratgeber.«[6]

Zita gab dem Kaiser wieder Mut, wenn er am Ende seiner Kräfte war.[7] In solch problematischen Stunden sprach er sich regelmäßig bei seiner Frau aus – was auf die weitere Entwicklung seiner Meinungs- und Entschlußbildung nicht ohne starken Einfluß gewesen sein konnte. So bestätigte etwa der Hoftelegraphist Wilhelm Möller, der das Kaiserpaar auf Reisen überallhin begleitet hatte: »Seine [Karls] Gemahlin gab sich redlich Mühe, alle seine Sorgen mitzutragen. Es ist richtig, daß sie die geistig Stärkere war, und kein Mensch darf sich wundern, daß sie ihn als seine Ehefrau in jeder Hinsicht beraten und ihm beigestanden hat.«[8]

Oftmals hat die Kaiserin ihren Mann auch ausdrücklich gebeten, an Unterredungen teilnehmen zu dürfen, »um seine Nähe zu spüren«, aber ohne sich selbst in die Gespräche einzumischen. Das heißt: Sie legte peinlichen Wert darauf, nach außen nicht als politische Mitgestalterin aufzutreten, dennoch aber aufs genaueste informiert zu sein. Nur so konnte sie dann im gemeinsamen Gespräch Karl beraten und ihren gewichtigen Einfluß in die Waagschale werfen.

Zahlreiche Persönlichkeiten berichten von ihrer stummen Anwesenheit im Hintergrund. Zuweilen soll Zita lesend oder nähend dabeigesessen sein, wie etwa Arthur Graf Polzer-Hoditz, Chef der kaiserlichen Kabinettskanzlei, schreibt.[9] Aber sie wollte den Bogen nicht überspannen. Also blieb sie dort den Unterredungen ganz fern, wo es um besonders empfindliche Bereiche ging und wo Karls Gesprächspartner besonders allergisch waren gegen »weibliche Einmischung«. Natürlich traf dies vor allem auf jene Besprechungen zu, die sich unmittelbar mit Militärischem befaßten. Da ließ sich Zita dann lieber von kompetenter Seite informieren.

Allerdings gab es im politisch weniger brisanten Bereich auch Entscheidungen, die der Herrscher lieber allein traf, vor allem in der Innenpolitik und im juristischen Bereich. Da konnte ihn Zitas Einmischung sogar ausgesprochen stören. Dennoch ging er auch hier an den besonderen Wünschen der Kaiserin nicht vorbei. So erzählte Zitas Tochter Charlotte, spätere Herzogin von Mecklenburg-Strelitz, der Autorin eine Episode, die in der Habsburgerfamilie kolportiert wird. Demnach begab sich Zita oft in die Rolle eines aufmerksamen, aber schweigenden Zuhörers. So war sie einmal auch dabei, als ein Minister dem Kaiser ein Todesurteil vortrug. Karl schwankte und zögerte, ob er der Vollstreckung zustimmen oder Gnade walten lassen sollte. Da sah er im Hintergrund seine Frau, wie sie plötzlich mit flehenden Handbewegungen lebhafte Zeichen machte, der Kaiser möge doch Gnade gewähren. Was schließlich auch geschah. Danach wandte er sich mit sanftem Vorwurf an seine Frau. »Zita, ich bitte dich eines: Wenn es um Todesurteile geht – komme nicht mehr! Ich kann's dir ja nicht abschlagen, aber ich muß eben auf die Gerechtigkeit schauen!«[9a]

Rechtlich gesehen hatte die Ehefrau des Kaisers in Österreich-Ungarn keinerlei Regierungs- oder gar Herrscherfunktion. Mit Energie und Geschick aber konnte sie aus ihrer Position als Gemahlin des Monarchen und Mit-Repräsentantin des Reichs allerlei machen. Zita jedenfalls nutzte hier alle Möglichkeiten aus. Sie begleitete – ungleich öfter als alle bisherigen habsburgischen Kaisergattinnen – ihren Mann auf Besuchsreisen und Frontvisiten.[10] Blieb sie zu Hause, nahm sie kaiserliche Pflichten in Karls Vertretung wahr. Vor allem empfing sie wichtige politische Persönlichkeiten in der Hofburg.[11]

»Allergnädigste Herrin!« schrieb ihr am 17. Februar 1917 Außenminister Ottokar Graf Czernin, »Seine k. u. k. Apostolische Majestät haben befohlen, daß ich Eurer Majestät täglich einen Bericht über die äußere Lage vorlegen darf – ein Befehl, dem ich von morgen an nachkommen werde.«[12] Und die Kaiserin selbst bestätigte der Autorin später: »Ja, Graf Czernin informierte mich täglich über die politische Lage. Dies war notwendig, weil ich in Gesprächen mit Politikern, Diplomaten, ausländischen Fürstlichkeiten – wie sie eine Kaiserin zu führen gezwungen ist – auf dem laufenden sein und die Ansichten des Kaisers und seiner Regierung kennen mußte.«[13]

Eine plausible Erklärung – plausibel freilich nur für eine Monarchengattin, die ihr Amt als hochpolitisches verstand.

Daß sich die laufende Berichterstattung an die Kaiserin jedoch nicht nur auf politische, sondern auch auf militärische Vorgänge erstreckte, bestätigen unter anderem die Aufzeichnungen der Hughes-Gespräche des kaiserlichen Telegraphisten und Telefonisten Wilhelm Möller. Hier ist von »täglichen Berichten« an Kaiserin Zita die Rede.[14] Und Möller erzählt, wie eigens für die Kaiserin »täglich österreichische und deutsche Heeresberichte kopiert« worden seien. Danach pflegte Zita, einem Feldmarschall ähnlich, die Entwicklungen an der Front jeweils auf einer großen Generalsstabskarte mit bunten Fähnchen abzustecken.[15] Überdies erinnert sich Möller, daß die Kaiserin »fast täglich beim Vortrag des Hausreferenten, Oberst Brougier, zugegen« gewesen sei, »wo die neuesten militärischen Meldungen besprochen wurden«.

Und er zieht selbst den Schluß: »Daraus ersieht man, welches Interesse die Kaiserin an der militärischen Lage hatte.«[16]

Nicht selten glaubte Möller Unwillen bei der Kaiserin zu entdecken, wenn Karl hin und wieder gezwungen gewesen war, ohne vorherige Aussprache mit ihr zu entscheiden. Deshalb habe sich Karl, berichtet Möller, »nur selten sofort zu einer Anordnung entschlossen . . . Er besprach die Sache doch lieber mit seiner Gemahlin . . . Was er selbständig entschied, war [in den Augen der Kaiserin] nicht gut, und dann gab es Kritik und auch Vorwürfe von seiten der Kaiserin.«[17]

Hin und wieder hat Zita auch selbst direkt in das militärische Geschehen einzugreifen versucht – zuweilen mit Erfolg. So findet sich unter den Aufzeichnungen der telegraphischen Vermittlung vom Armee-Oberkommando (AOK) zur Südwestfront (Bozen 1916) die Notiz: »Kaiserin Zita wünscht Schonung italienischer Städte durch Flieger.« Und in der folgenden Klammer heißt es dann wörtlich: »Hat bei der Fliegerei große Empörung ausgelöst.«[18] Zu diesem Problem notierte Oberquartiermeister Theodor Ritter von Zeynek, der für die Versorgung der Armee verantwortlich war, in sein Tagebuch: »Als das Luftbombardement von Venedig angeregt wurde, bat sie [Zita] offiziell den Kaiser, aus kulturellen Gründen davon abzusehen. Dies geschah auch.«[19]

Erbost über manches Eingreifen der Kaiserin war man vor allem im Lager des deutschen Verbündeten, wo ohnehin ein antideutscher Einfluß von seiten der Parma-Familie befürchtet wurde. »Der Monarch gönnt seiner Gemahlin großen Einfluß«, schrieb der deutsche Botschafter in Wien, Botho Graf von Wedel, in seinem Bericht an Reichskanzler Theobald von Bethmann Hollweg. »Kaiserin Zita ihrerseits steht unter dem Einfluß ihrer Mutter, der Herzogin von Parma, und noch mehr ihrer Tante, der Erzherzogin Maria Theresia . . . Bei den hohen Frauen gehen die geistlichen Herren, darunter die Jesuiten, täglich ein und aus. In diesem kleinen Kreise wird nach dem Wege gesucht, der zum Frieden führt . . . Eingeweihte wollen wissen, daß die hohen Frauen sogar von einer Versöhnung mit Italien träumen.«[20]

Solche Deutungen waren ohne Zweifel zum Teil falsch, zum Teil maßlos übertrieben. In einem Punkt ist die Aussage richtig: Die Stimme der Kaiserin hatte weit mehr Gewicht, als es interessierte Leute im Kreis um die Ex-Kaiserin heute in ihrem Drang, Karl zum souveränen, entscheidungsstarken Staatsmann zu erheben, wahrhaben möchten. Doch ist dieser Einfluß Zitas auf Karl keineswegs negativ zu deuten, wie dies noch immer weithin geschieht.[21]

Zweifellos machte die Kaiserin gerade gegenüber hohen Militärs und dem deutschen Bündnispartner immer wieder in Anspielungen klar, wie anders sie dachte und wie sehr sie sich wünschte, daß eine neue Politik – eine Politik des Friedens, solange es nicht zu spät war – betrieben würde. So entspann sich etwa, als der deutsche Admiral von Holtzendorff am 20. Januar 1917 in Wien weilte, nachdem er tags zuvor eine Besprechung über den verschärften U-Boot-Krieg geführt hatte, bei einem Hof-Déjeuner in der österreichischen Heereszentrale in Baden bei Wien ein bezeichnender Dialog zwischen der Kaiserin und dem neben ihr sitzenden Admiral.

»Ich weiß schon, Sie sind eine Gegnerin des U-Boot-Krieges«, begann der hohe Militär und bekräftigte das noch: »Sie sind überhaupt gegen den Krieg.«

»Ja, ich bin gegen den Krieg«, bestätigte die Kaiserin, »wie jede Frau, die die Menschen lieber glücklich als leiden sieht.«

»Ach was – leiden!« entgegnete der Admiral wegwerfend, »ich arbeite am leichtesten, wenn ich einen leeren Magen habe; da heißt es dann den Riemen fester schnüren und durchhalten.«

Die Kaiserin darauf, scharf tadelnd:

»Ich liebe es nicht, vom Durchhalten zu hören, wenn man an einer vollbesetzten Tafel sitzt.«[22]

Gewiß waren Zitas Vorstellungen mit jenen Karls weithin identisch, so daß Zita ihren Willen keineswegs durchsetzen mußte. Es war wohl so, daß Zita bei Karl – wie dessen Biograph Heinz Rieder richtig bemerkt – »eine Lücke füllte«[23]. Denn als Karl am 21. November 1916 die Regierung übernommen hatte, hatte er kaum Ratgeber vorgefunden, die tauglich und willens waren, seinen neuen Kurs zu verfechten. Zwar bestätigte Karl zunächst die Berater seines Großonkels im Amt, die selbstverständlich »auf jene Regierungsmethoden eingeschworen waren, mit denen sie die Monarchie« – so Polzer-Hoditz – »in den letzten Jahrzehnten zu Tode regiert hatten«[24]. Doch nach und nach ersetzte Karl diese Männer. Dabei fand er aber leider selten die geeigneten Leute, die ihn wirklich stützen mochten oder zu stützen verstanden. So wuchs Zitas Rolle als Ratgeberin in eine Höhe, die manche für bedenklich hielten . . .

Die Prinzessin

Jahraus, jahrein erlebten die Bürger von Neunkirchen in Niederösterreich ein kurioses Spektakel: Anfang Januar, wenn hier der Winter so richtig kalt zu werden begann, rollte in der kleinen Bahnstation ein Sonderzug mit fünfzehn Waggons ein. Dann fuhr eine Kolonne von Droschken vor, denen nahezu der gesamte Hofstaat des Herzogs von Parma entstieg. Die herzogliche Familie hatte nämlich die meiste Zeit des Jahres im nahen Schloß Schwarzau verbracht, das ihr seit 1889 als österreichisches Domizil diente. Jetzt aber war's wieder so weit: Es ging zurück in den Süden – in die italienische Provinz Lucca, wo das Schlößchen der Parmas stand: die Villa delle Pianore.

Heiter, lachend und singend stiegen das herzogliche Ehepaar und ihre vielen Kinder (die Schar vermehrte sich von Jahr zu Jahr) in die Salonwagen. Währenddessen bemühten sich Diener um die Unmengen von Koffern und Köfferchen, die sie in den Gepäckwagen verstauten, ehe sie selbst in den Personenwagen Platz nahmen. Es war wie die fröhliche Evakuierung eines ganzen Dorfes. Und schließlich zogen Stallburschen auch noch eine Reihe eleganter Reitpferde in einen Viehwaggon. Der Bahnhofsvorsteher hatte selten so viel zu tun wie an diesem Tag. Schwitzend und aufatmend salutierte er, als sich der Zug mit den zwei Lokomotiven pfeifend und fauchend, vom Winken vieler Neunkirchner begleitet, in Bewegung setzte.

Zwei Lokomotiven waren nötig, um die ganze Fracht über den steilen Semmeringpaß zu befördern. Von dort fuhr der Parma-Zug nach Bruck an der Mur, nach Graz, nach Marburg an der Drau und schließlich an die österreichisch-italienische Grenze in Pontafel. In Italien ging's dann weiter über Udine, Mestre, Bologna, Genua und Viareggio. Das war die Endstation. Willkommen am blauen Meer, in der milden Toskana.

Von dem kleinen Ort Pietrasanta aus, nördlich Viareggio, führte ein etwa vier Kilometer langer Landweg auf eine Höhe von dreißig Metern. Dort, am Fuße des Berges, lag die Villa delle Pianore. Vor ihr, weit und herrlich, das Ligurische Meer.

Den herzoglichen Besitz betrat man durch ein schmiedeeisernes Tor. Es öffnete den Weg in einen gepflegten Park, mit der ganzen bunten Fülle südlicher Vielfalt. Palmen, Magnolien, Mimosen, Rhododendronbüsche und ein – je nach Blütezeit in der Farbe wechselnder – Rosengarten. »Ein Buen retiro, ein Sanssouci, eine Solitude zugleich!« schwärmte Karl Wagemut, Lehrer der jüngeren Parma-Kinder, von seinem ersten Eindruck überwältigt. »Ein Plätzchen, wie es in einer solchen Schönheit, idyllischen Vornehmheit und klassischen Ruhe nur einmal auf der Welt vorhanden ist!«[1]

Die Villa delle Pianore war von der Großmutter des Herzogs Robert, Maria Theresia, erworben worden.[2] »An den Südhang der Appeninen hingeschmiegt wie ein Wirklichkeit gewordenes Märchen«, schreibt Wagemut. »Ein steingewordener Traum ist das in romanischem Villenstil erbaute, schloßartige Gebäude mit seinem grandiosen Park und seinem freien Ausblick auf das ewig-schöne Meer . . .«[3]

Schon die prunkvolle Empfangshalle überwältigte den Besucher. Zwar waren die Räume nicht groß, doch aufs kostbarste ausgestattet. Kunstwerke über Kunstwerke füllten die Zimmer. An den Wänden hingen prachtvolle Gobelins. Ein Wandteppich stellte die Krönung des Bourbonenkönigs Ludwig XIV. dar; ihn hatte einst Ludwig XV. seiner Tochter, der Prinzessin von Parma, geschenkt. Unter den Bildern fanden sich Gemälde von Lukas Cranach, Ansichten Venedigs von Bernardo Bellotto (Canaletto) und Francesco Guardi oder »Die Heilige Familie« von Francesco Bissolo.

Ein besonderes Prachtstück der Villa bildete die Terrasse aus weißem Marmor, von der auf beiden Seiten eine Doppelfreitreppe, umrankt von seltenen japanischen Schlingrosen, in den Park führte. Vor der Terrasse ließ ein Springbrunnen seine Wasser in die Höhe steigen, links und rechts von ihm zogen sich herrliche Orangenalleen durch den Park, die schon ab Januar in weißer Blüte prangten. Auf der Terrasse entfaltete eine etwa dreißig Meter hohe Palme im April und Mai ihre Blütenpracht. Ihr zur Seite, direkt unter dem Schlafzimmer des herzoglichen

Paares, wuchs eine seltene Kampferpflanze. Sie sollte die Fruchtbarkeit drosseln, scherzte der Herzog gern, der in seinen beiden Ehen vierundzwanzig Kinder zeugte. Offenbar also erwies sich die Pflanze nicht eben als ein sehr taugliches Verhütungsmittel.

Für die strengkatholische Familie war jedoch die Hauskapelle das Herzstück der Villa. In dem kleinen Gotteshaus hing ein kostbares altes Kreuz; den Altar schmückten ein Bild der Madonna von Murillo und eine mit einem silbernen Relief von Benvenuto Cellini gezierte Tabernakeltür.

Hier empfing die Herzogin Maria Antonia von Bourbon-Parma auch an jenem 9. Mai 1892 die heilige Kommunion. Frühmorgens kniete sie vor dem großen Kreuz und erhielt den Segen Gottes aus den Händen des Hausgeistlichen Abbé Travers. Dann begab sie sich ins Wochenbett, und schon um neun Uhr morgens legte die Amme dem Herzog, der nun zum siebzehnten Mal Vater geworden war, das neugeborene Kind in die Arme. Ein gesundes, kräftiges Mädchen.

Zwei Tage später wurde der Neuankömmling getauft. Der Tradition gemäß beschenkten Eltern und Paten das Kind gleich mit einer ganzen Reihe von Namen: Marie des Neiges, Adelgunde, Michelle, Gabrielle, Josephine, Antonia, Luise, Agnes. Sein erster Name aber war auch damals schon ein sehr seltener: Zita.

Zita selbst war später überzeugt davon, daß die Idee von ihrer Taufpatin stammte, der Gräfin Adelgunde Bardi, der einzigen – kinderlosen – Schwester der Herzogin und Gemahlin von Roberts Bruder, Heinrich Graf Bardi.[4] Doch wird auch erzählt, der Papst selbst habe einmal diesen Namen gegenüber Herzog Robert erwähnt.[5] Jedenfalls war es ein eigenwilliger Name, und er sollte wohl die spätere dienende Aufgabe der kleinen Aristokratin bekräftigen. Denn die heilige Zita, die im dreizehnten Jahrhundert in Lucca gelebt und gewirkt hatte, war so etwas wie ein italienisches Gegenstück zur tirolischen Notburga: eine Schutzheilige der Dienstboten. Ihr Festtag – damit der Namenstag der späteren Kaiserin – war der 27. April.

Prinzessin Zita von Bourbon-Parma hatte das Glück, in die

Geborgenheit der Familie und in eine paradiesische Landschaft hineingeboren zu werden. Dreizehn Geschwister umringten ihre Wiege, davon neun Halbgeschwister, aus Herzog Roberts erster Ehe. Der Herzog hatte seine erste Frau, Maria-Pia von Bourbon, Prinzessin von Neapel-Sizilien, 1869 in Rom geheiratet. Sie war die Tochter Ferdinands II. von Neapel, des Königs Beider Sizilien, und eine Cousine zweiten Grades von Herzog Robert. Doch da die beiden Familien schon in der Vergangenheit allzu sehr miteinander versippt waren, wirkte sich die nahe Verwandtschaft hier verhängnisvoll aus. Von ihren zwölf Kindern, geboren zwischen 1870 und 1882, entwickelten sich nur drei geistig normal, drei Kinder starben vor ihrem ersten Geburtstag. Die Herzogin schließlich verschied am 29. September 1882 in Biarritz im Kindbett zusammen mit ihrem letzten Söhnchen August.[6]

Also waren sechs Kinder aus dieser Ehe behindert und bedurften ständiger Pflege. Dabei hatte sich die Geisteskrankheit bei den meisten von ihnen erst im Laufe ihrer Kindheit und nicht schon bei der Geburt gezeigt. Einige entwickelten dabei Fähigkeiten von tragischer Kuriosität. So konnte einer der Prinzen, der auf dem Niveau eines Zehnjährigen stehengeblieben war, die Namen sämtlicher Lokomotiven in Österreich-Ungarn mit Nummer und Herkunftsort herunterrasseln. Ein anderer verblüffte mit profunden Kenntnissen in der Numismatik, obwohl er im übrigen ein zeitlebens hilfsbedürftiges Kind blieb. Es war, als wollte die Natur selbst noch dieses Unglück mit aristokratischem Vorzug krönen.

Rührend kümmerte sich Herzog Robert um seine behinderten Kinder, und oft hatte er sie – das Gerede der Leute nicht scheuend – auch in der Gesellschaft um sich. Jedenfalls bemühte er sich, den Kranken dieselbe Liebe zu schenken wie den Gesunden; auch materiell sicherte er sie ebenso ab wie diese.[7] Und gerade diese helfende Zuwendung zum Schwachen, die ihr der Vater vorlebte, sollte Zita später entscheidend prägen.

Zwei Jahre nach dem Tod seiner ersten Frau heiratete der Herzog ein zweites Mal.[8] Seine Wahl fiel auf Maria Antonia von

Braganza, Infantin von Portugal. Auch mit ihr sollte der Herzog insgesamt zwölf Kinder haben, sechs Söhne und sechs Töchter: Sixtus, Xavier, Felix, René, Louis, Gaetano, Adelhaid, Zita, Francisca, Maria Antonia, Isabella und Henriette.[9] Zita war das fünfte Kind aus dieser Ehe. Ein Sorgenkind freilich blieb das Jüngste, Prinzessin Henriette. Sie fiel vom Wickeltisch und wurde taubstumm.

Maria Antonia war eine schöne, stolze Frau, hochgewachsen und schlank, mit dunklen, südländischen Augen. »Etwas derart Hinreißendes«, rühmte Karl Wagemut, »etwas so ganz und gar Königliches, wie es die Herzogin von Parma in diesem und in all den Augenblicken zu entfalten wußte, wo sie in ihrer prachtvollen Toilette in den Saal hereinrauschte oder mitten in einer Versammlung erschien, läßt sich nur schwer mit Worten wiedergeben . . . Neidlos wurde allgemein, selbst von noch höher stehenden Damen, anerkannt, daß die Herzogin Maria Antonia die schönste und würdevollste Erscheinung sei, die man sich am Hofe denken könne . . .«[10]

Jedenfalls hat die kleine Zita vieles von ihr geerbt: das anmutige und dennoch etwas strenge Gesicht, die großen, sprechenden Augen – und den eigenen, unbeugsamen Willen. Gewiß auch ein angeborenes Kämpfertum. Denn Maria Antonia glich in manchem ihrem Vater, jenem Dom Miguel von Braganza, Sohn des Königs Johann von Portugal und Kaisers von Brasilien, der sechs Jahre lang als König regiert hatte, dann aber – 1834 – seiner Nichte Maria da Gloria weichen und emigrieren mußte. Er hatte den Anspruch auf den portugiesischen Thron nie aufgegeben.[11] Seine Kinder aber – es waren sieben, sechs Töchter und ein Sohn – wurden in Deutschland erzogen, bei den Eltern seiner Frau, Maria Antonias Mutter, Prinzessin Adelhaid von Löwenstein-Wertheim-Rosenberg.[12]

Maria Antonia aber war nicht nur eine schöne, sondern auch eine energische und äußerst sittenstrenge Frau. Sie ließ ihre Kinder viel Liebe, aber auch eine harte Hand fühlen. Zita war ihr zeitlebens aufs innigste zugetan, aber sie fürchtete ihre Mutter.

Eine weniger dynamische, selbstbewußte Persönlichkeit als

Maria Antonia wäre aber auch kaum so souverän mit der Last fertig geworden, die ihr aufgeladen wurde, als sie mit zweiundzwanzig Jahren den Herzog von Parma heiratete. Denn mit einem Schlag war sie Mutter von neun Kindern im Alter von vier bis vierzehn Jahren geworden, von denen sechs geisteskrank waren. Und hier zeigte sich deutlich, wie sehr sich in Maria Antonia Ehrgeiz und christliches Gewissen vereinigten. Liebevoll, ja aufopfernd kümmerte sie sich um die behinderten Stiefkinder; schwieriger dagegen gestaltete sich ihr Zusammenleben mit den gesunden Kindern aus der ersten Ehe des Herzogs. Vor allem mit Prinz Elias, Roberts ältestem Sohn, den der Herzog zum Chef des Hauses Bourbon-Parma bestimmte, hatte sie harte Auseinandersetzungen durchzustehen. Die Spannungen verschärften sich, je älter der Prinz wurde, und gewiß lag die Schuld vorwiegend bei Elias. Maria Antonia aber dachte nicht daran, klein beizugeben und des lieben Friedens willen zurückzustecken.[13]

Herzog Robert sah dies mit Sorge, versuchte auszugleichen. Überhaupt war er der ruhigere, gelassenere Mensch, fern jeder Ehrsucht. Er dachte in langen, geschichtlichen Räumen, seine Interessen lagen im Schöngeistigen, in der Kunst und Historie, nicht in der Politik. Sein Ehrgeiz konzentrierte sich ganz auf die Familie, und nur selten engagierte er sich öffentlich für irgend etwas. Energisch allerdings kämpfte er gegen einen Unfug seiner Zeit, den er als zutiefst unmoralisch und unchristlich empfand: das Duell.

Sonst war es ruhig in der Seele des Herzogs, und diese Ruhe strahlte auch wohltuend auf Zita aus, die in ihrem Wesen eher ihrer Mutter nachschlug. Mit ihrem Vater verband sie tiefer Respekt vor Weisheit und Bildung, und vor der stillen Liebe dieses Mannes, die man so innig spüren konnte und die keine großen Worte brauchte.

Dabei hatte der Herzog, hatte seine Familie eine recht stürmische Geschichte. Robert, der am 9. Juli 1848 zur Welt gekommen war, mußte seine Herrschaft als Herzog von Parma schon als sechsjähriger Junge antreten. Ein Attentäter hatte seinen Vater,

Herzog Karl III., ermordet. Sogleich riß Roberts Mutter, die Herzogin-Witwe Louise von Bourbon, die Regentschaft an sich. Schon am Morgen der Beisetzung ihres Mannes erschien sie mit ihrem Sohn im Ministerrat und verkündete: »Meine Herren, hier gibt es nichts mehr zu überlegen. Die Regentin bin ich! Ich danke Ihnen!«[14] Energisch und klug nahm sie die Regierungsgeschäfte in die Hände. Doch die Carbonari, traditionelle Gegner der Bourbonen, sammelten sich unter dem Motto der staatlichen Einigung Italiens. Als in Parma offener Aufruhr ausbrach, ernannte die Regentin eine provisorische Regierung. Sie schlug aber in ihrer Hoffnung auf Neutralität das Angebot des österreichischen Oberkommandierenden in der Lombardei, ihr zu Hilfe zu eilen, aus. Camillo Cavour, der Einiger Italiens, erklärte Parma den Krieg. Und jetzt mußte die Herzogin mit ihrer kleinen Armee der Übermacht weichen. Sie floh mit ihren vier Kindern, und das Herzogtum kam nach einer »Volksabstimmung« an Piemont. Vier Jahre später starb Roberts Mutter, die ihre Kinder der Obhut ihres Bruders, des Grafen Chambord, anvertraute. So wuchs Robert zunächst in Frohsdorf in Niederösterreich auf, am Sitz des Grafen von Chambord, der seinem Neffen eine ausgezeichnete Erziehung zukommen ließ.[15]

Herzog Robert, fern jeglicher politischer Verbissenheit, dachte nicht im geringsten daran, die alten Ansprüche seiner Familie auf das Herzogtum weiter zu verfolgen. Deshalb hatte er hier in Pianore keinerlei Schwierigkeiten mit dem italienischen Staat. Seine Familie konnte, ungeachtet ihrer Vergangenheit, das Gastrecht genießen. Und das lohnte sich. Noch im hohen Alter hat Zita von diesem »Paradies« ihrer Kindheit und Jugend geschwärmt.[16]

Zita gab schon als Kleinkind Kostproben ihres späteren Temperaments und Eigenwillens. Erstaunlich früh und gewandt begann die kleine Prinzessin zu plaudern, erzählte später ihre damalige Gouvernante, die Marquise Dalla Rosa, die einem alten parmesischen Adelsgeschlecht entstammte. Und sie erinnerte sich an ein wunderschönes kleines Mädchen mit prächtigen goldblonden Locken, die einen aparten Kontrast bildeten zu den tiefdunklen, braunen Augen, die auch später so viele Menschen in ihren Bann ziehen sollten. »Als ich Prinzessin Zita kennenlernte«, so die Marquise später, »war sie noch kaum elf Monate alt und das hübscheste kleine Mädchen, das man sich denken konnte, in allen Bewegungen ungemein anmutig. Alle Welt bewunderte sie.«[17]

Wollte Zita immer schon hoch hinaus? Ahnte sie schon früh etwas von einer höheren Bestimmung? Gewiß nicht, aber es war nur zu natürlich, daß zahlreiche Episoden aus ihrer frühen Kindheit später für solche Deutungen herhalten mußten. Im Alter von zwei Jahren soll sie in Pianore auf die Berge gezeigt und bemerkt haben: »Schauen Sie nur hin – hinter den Bergen liegt Amerika!« Und es soll ihr schon zu jener Zeit gelungen sein, auf dem Bahnhof von Lucca mit einem der Herren, die dort zur Huldigung für das Herzogspaar erschienen waren, eine angeregte Konversation zu führen.

Andere Erlebnisse sind ganz einfach drollig, wie etwa jene Ausfahrt, bei welcher Zita – im Alter von dreizehn Monaten – ihre Schuhe und Strümpfchen aus dem Wagen warf, weil sie lieber barfuß lief. Wieder anderes will gar nicht so recht zur späteren Zita passen. Etwa, wenn die Erzieherin erzählt, daß die kleine Prinzessin Puppen über alles liebte und sich weigerte, mit den Geschwistern Soldaten zu spielen. »Zita will bloß eine kleine Mama sein«, erklärte sie damals, drei Jahre alt. Natürlich konnte diese Episode, wollte man schon unbedingt weitgespannte Bezüge bei den Haaren herbeiziehen, auch als früher Beleg ihrer Friedensliebe dienen . . . Mehr Aufschluß über ihren Geist und ihre Phantasie gab da schon die Tatsache, daß Zita bereits im Alter von fünf Jahren mit ihren Geschwistern ein gelungenes Theaterstück aufführte.[18]

Mit den Eltern sprachen die Kinder meist französisch, und auch der Unterricht wurde vorwiegend in dieser Sprache abgehalten. Denn als Franzosen wurden die Bourbon-Parmas erzogen, als Franzosen fühlten sie sich. Daneben aber sprach der Vater mit ihnen italienisch, die Mutter deutsch. Dennoch waren Zitas Deutschkenntnisse ziemlich mangelhaft, ehe sie ins Internat Zangberg eintrat – vor allem wohl, weil die Erzieherin diese Sprache nicht beherrschte.

Die religiöse Erziehung nahm zunächst die Herzogin selbst in die Hand, dann aber übergab sie diese Aufgabe dem Hausgeistlichen der Familie, Abbé Travers, der zugleich Erzieher ihrer Söhne war. In Schwarzau erteilte dann Pfarrer Pollak den Kindern Religionsunterricht.[19]

Dabei verstanden die Herzogin und der Herzog die religiöse Erziehung durchaus nicht nur als eine Unterweisung in christlichen Sitten und im Katechismus. Vielmehr legten sie allerhöchsten Wert auf ein tätiges Christentum – und eben diese dienende, aktive Einstellung sollte für Zita richtungsweisend werden. Die Hilfe für Notleidende und Bedrängte stand ganz oben auf der Skala ihrer Gebote. Zehn Prozent der Einkünfte für die Armen – soll der Grundsatz des Herzogs gewesen sein, wobei freilich unerforscht ist, ob der reiche Aristokrat tatsächlich jährlich Zehntausende Kronen für gemeinnützige Werke spendete, oder ob es sich hier nur um eine Faustregel für die Kinder handelte. Diese jedenfalls waren angehalten, zehn Prozent ihres Taschengelds Bedürftigen zu schenken, und aus Stoffen, die die Mädchen von ihrem Taschengeld kauften, nähten sie Kleider und Wäsche für die Armen. Oft wurden die Kinder auch in die Armenviertel um Pianore geschickt, um dort Kinder zu hüten, im Haushalt zu helfen und Kranke zu pflegen. Machten wohlmeinende Bekannte die Herzogin auf die Gefahren aufmerksam, die von ansteckenden Krankheiten in diesen Armenvierteln ausgingen, so pflegte die Herzogin lächelnd zu sagen: »Nächstenliebe ist die beste Desinfektion.« Aber auch in Schwarzau wurde tatkräftig geholfen, und das Herzogspaar kleidete jährlich zur Weihnachtszeit zwölf Buben und zwölf Mädchen ein.

Dort, in Niederösterreich, lebte die Familie etwa von Juli an, wenn es in Italien allzu heiß zu werden begann, bis Dezember oder Januar. Als ehemaliger Souverän besaß Herzog Robert in Österreich das Privileg der Exterritorialität, was vor allem hieß, daß er nur der direkten Gerichtsbarkeit des Obersthofmarschallamts in Wien unterstellt war.

Das Schloß Schwarzau hatte Herzog Robert 1889 von den Grafen Rato erworben, die es ihrerseits den Grafen Wurmbrand abgekauft hatten. In den Räumlichkeiten des kunstvollen Bauwerks waren im Laufe der Generationen schon manche gekrönte Häupter zu Gast: Maria Theresia zum Beispiel, Kaiser Franz I. – und selbst Napoleon. Der Hauptteil des Barockbaus war von Fischer von Erlach errichtet worden, und eine Inschrift an der Vorderseite nennt als Baubeginn das Jahr 1697.

Den Giebel ziert ein Relief, der heilige Georg im Kampf mit dem Lindwurm. Darunter ließ Herzog Robert das Wappen der herzoglich-parmesischen Familie anbringen – ein kleines Spiegelbild ihrer vielfältig-bewegten Geschichte. Da sah man im Zentrum die drei goldenen Lilien des Hauses Bourbon auf blauem Grund. Die Anjous umgaben dieses innerste Wappen mit einem Kranz von acht Jakobspilgermuscheln auf rotem Grund. Dann fügte Philipp V. dem noch das Wappen von Spanien hinzu, und die Herzöge von Parma umgaben es schließlich mit einem Kranz von mehreren Schildern – den Wappen früherer Besitzer der einzelnen Teile ihrer Herzogtümer. Über allem schließlich die französische Königskrone, umrahmt von der Kette des spanischen Ordens vom Goldenen Vlies.

Durch die weite, von vier Säulen getragene Toreinfahrt gelangte man in das prächtige Stiegenhaus. Ahnenbilder der Grafen Wurmbrand schmückten hier die hohen Wände. Eine Steintreppe führte zu den Gemächern im ersten Stock. Herzog Robert hatte sich sehr bemüht, die historische Eigenart des Schlosses zu erhalten, trotz aller nötig gewordenen Neuerungen.

Im sogenannten Kaiserzimmer blickte ein mächtiger Kaiser Franz von der Wand auf die Besucher; der anschließende Salon beherbergte die Tierbilder des von Herzog Robert hochgeschätzten Künstlers Preisinger. Der »rote Salon« schließlich war fast ein Museum – mit einer Fülle alter und neuer Kunstwerke. Mit einer Bewilligung des Justizministeriums können heute noch das Arbeitszimmer des Herzogs und die Kapelle besichtigt werden, obwohl das Schloß mittlerweile in eine Frauenstrafanstalt umgewandelt wurde.

Der Park hatte einen herrlichen alten Baumbestand. Eine prachtvolle Allee führte zum großen Vogelgehege, in dem sich unter anderem Gold- und Silberfasane von seltener Schönheit fanden. Hier erlebten die Parma-Kinder jeweils ihre großen Ferien – herrliche Ferien mit Reiten, Ausflügen, Lagerfeuern, Picknicks und Theaterspielen. Oft hatten sie Besuch – von anderen Kindern aus aristokratischen Kreisen. Und so kam es, daß eines Tages auch ein kleiner Erzherzog auf Schloß Schwarzau bei »Onkel und Tante Parma« Gast war: Carl Franz Joseph, kurz Karl genannt. Der damals Fünfjährige war von seinen Tanten Maria Annunziata und Elisabeth sowie seinem Großvater und Kaiser-Bruder Karl-Ludwig nach Schwarzau gebracht worden, für einen heiteren Nachmittag.[20] Natürlich konnte sich Zita an diese frühe Begegnung mit ihrem künftigen Mann nicht mehr erinnern, denn sie war erst gut ein Jahr alt.

Dafür hatte sie ein anderes Zusammentreffen mit Karl – mindestens sechs Jahre später – zeitlebens in guter Erinnerung. »Ich weiß noch genau«, erzählte sie, »wie ich den jungen Erzherzog Karl in Schwarzau kennenlernte – aber nur als einen von vielen Verwandten und Freunden, die zu uns kamen. Er war vier Jahre älter als ich, und in diesem Alter macht das einen gewaltigen Unterschied. Für gewöhnlich spielte er mit seinen eigenen Altersgenossen und ich mit den meinen. Aber ich erinnere mich, wie sorgsam er auf seinen kleinen Bruder Max achtgab, wenn er zu Besuch kam. Er sorgte zum Beispiel dafür, daß Max auch das richtige Essen erhielt. Ich dachte mir, das ist einer, der sich kümmert . . .«[21]

Karl hatte also wohl mehrere Male in dem fröhlichen Kinderkreis von Schwarzau getollt. Aber spätestens als Zita acht Jahre alt war, war es aus damit. Noch einmal trafen sich die beiden Kinder in Reichenau. Freilich ohne auch nur eine Spur kindlicher Zuneigung zu spüren. Ganz im Gegenteil! Zita entrüstete sich heftig über ihn, denn Karl hatte mit seinem Flobert-Gewehr ein Fenster eingeschossen . . .[22]

Erst viele Jahre später sollten sich die beiden wiedersehen.

Mit anderen Augen . . .

Mächtig, wie eine Festung, erhebt sich das Kloster St. Joseph über die wenigen Bauern-, Wohn- und Wirtshäuser rundum. Es steht auf einer jähen Anhöhe inmitten weiter Felder und Äcker, saftiger Wiesen und sanfter Hügel. Tatsächlich ist es einmal ein Schloß gewesen, im Jahr 1304 erstmals urkundlich erwähnt, in Wahrheit aber wohl viel älter. Nach einem Brand war es 1687 neu aufgebaut und schließlich den Salesianerinnen übergeben worden. Die schwarzgewandeten Nonnen errichteten hier im September 1862 eine »Schule für Höhere Töchter«.

Auch heute noch begrüßen freundliche Ordensschwestern den Besucher von Zangberg im oberbayrischen Land, etwa vierzig Kilometer südöstlich von München. Aber die geistlichen und sozialen Aufgaben der Salesianerinnen haben sich gewandelt. Anstelle einer Schule betreiben sie jetzt ein Altenheim und halten ihre spätbarocken Prachträume als »Haus der Begegnung«, als Treffpunkt und Konferenzzentrum für Sprachseminare offen.

1943 hatten die Nazis die traditionsreiche Lehranstalt gewaltsam geschlossen. Nach 1945 hatten die Verhältnisse sich geändert, und eine Wiedereröffnung der Schule im alten Stil war nicht mehr möglich. Denn »höhere Töchter« – das war hier durchaus wörtlich zu nehmen, jedenfalls bis zum Ende der k. u. k. Monarchie und des bayrischen Königtums. Zangberg war eine Stätte für die höheren Stände, eine strenge katholische Bildungsanstalt für künftige Frauen und Partnerinnen jener Männer, die später einmal die Geschicke des Staates, der Wirtschaft und Kultur lenken sollten.

Zu den »höheren Ständen« allerdings zählten nicht nur Adlige, sondern auch die gehobenen Schichten des Bürgertums. Und doch orientierte sich der Orden an der Aristokratie. Ein katholisches Laientum in der herrschenden Klasse heranzubilden, war die Mission dieser Ordensschwestern in dem damals nahezu abgeschiedenen Dorf. Und das hieß standesgemäßes Leben, aber keineswegs verwöhnender Luxus. Es hieß Härte und

Pflichterfüllung als Teil eines göttlichen Auftrags, hieß tiefe Religiosität mit inniger Marienverehrung und hatte doch nichts mit Frömmelei oder eremitischer Zurückgezogenheit zu tun. Hier, in Zangberg, ließ man sich eine Erziehung zur Weiblichkeit angelegen sein, die mit Weichheit nichts gemein hatte.

Aber auch für das adelsgewohnte Zangberg war es durchaus etwas Besonderes, daß ihm das Geschlecht der Bourbon-Parma die Ehre gab. Wiewohl noch keiner der Lehrer und Erzieher ahnen konnte, welch hohe Aufgabe auf die kleine Zita wartete, galt ihr Eintritt in dieses Internat ihrer hohen herzoglichen Abkunft wegen als Auszeichnung des Ordens, die indes keinerlei Sonderbehandlung zur Folge hatte. Gerechtigkeit und Unbestechlichkeit galten hier als erste Gebote, ohne Wenn und Aber.

An einem freundlichen Herbsttag nun, der nur wenige flokkige Wolken über den sprichwörtlich hellblauen bayrischen Himmel ziehen ließ – man schrieb den 16. September 1903 –, nahm die kleine Zita von Bourbon-Parma, elf Jahre jung, erstmals unter den prächtigen Gemälden im Speisesaal Platz. Allegorisch-mythologische Gestalten und Ahnenporträts sowie fürstliche Stammbäume auf kunstvollen Farbtafeln blickten von den Wänden und der Decke auf die Mädchen, die – sofern sie eben erst angekommen waren – mit beklemmendem Gefühl die Suppe löffelten. Denn vom ersten Tag an wehte eine eiskalte Luft durch die Eß-, Schul-, Studien- und Schlafräume. Disziplin war das Alpha und Omega, Pflichterfüllung alles, daran ließen die Schwestern mit den ordnungsgebietenden Gesichtern von der ersten Stunde an keinen Zweifel. Wärme und Gefühl waren vor allem zwei Bereichen zugewiesen: der Andacht – dem Gebet also und der heiligen Messe – sowie der Musik.

Im Fürstensaal mit seiner ausgeklügelten Akustik erteilten Fachkräfte Unterricht in den unterschiedlichsten Instrumenten. Und das tröstete die anfangs etwas verschreckte Prinzessin. Denn hier lag eine ihrer Stärken, und bald avancierte sie im Singen und Klavierspielen zur Klassenbesten. Was nicht – wahrhaftig nicht – auf alle Fächer zutraf. Zita war, insgesamt gesehen, durchaus keine ausgezeichnete Schülerin.[1]

Noch war sie klein von Gestalt, erst später – nach der Pubertät – sollte sie eine für damalige Verhältnisse recht stattliche Körpergröße erreichen. Still, mit scheu erscheinenden großen Augen und sorgsam nach hinten gekämmtem dunkelblondem Haar, zuweilen bezopft, sah sie dem Neuen, Unheimlichen ins Auge. Erstmals war sie für längere Zeit fern vom Elternhaus. Zwar war ihr die große Gemeinschaft, die sie hier vorfand, durchaus vertraut, denn ihre eigene Familie war ja schon ein recht ansehnliches Grüppchen. Und auch zu Hause waren Pflichterfüllung, Disziplin und Religion die höchsten Gebote gewesen. Trotzdem war Zangberg für Zita zunächst eine fremde Welt. Denn ihr Zuhause war vom romanischen, vor allem französischen Geist geprägt.

»Zita von Bourbon, geboren den 9. Mai 1892, bis jetzt zu Hause«, liest man im deutschen Prüfungsaufsatz für die Schulaufnahme, den der kleine Neuankömmling damals mit großen, noch kindlichen Buchstaben in deutscher Schrift niederschrieb.[2]

Als Zita nach Zangberg kam, waren achtundneunzig Zöglinge im Heim. Unterrichtet wurde nach dem allgemeinen Lehrplan für die Gymnasien des königlichen Bayern, erweitert durch eine Anzahl freier Fächer – so etwa zusätzlicher Fremdsprachen, Klavier- und Violinstunden. Die Prinzessin wurde also in Religion, Deutsch, Französisch, Englisch, Italienisch, Mathematik, Geographie, Geschichte, Naturkunde, Handarbeiten, Zeichnen, Singen und Klavier unterwiesen. Aber ganz in dem – auch von den Jesuiten gepflegten – Sinne des »mens sana in corpore sano« (ein gesunder Geist in einem gesunden Körper) wurde in Zangberg großer Wert auf Sport gelegt. Turnen war keineswegs Nebensache, und zur warmen Jahreszeit spielten die Mädchen auf ausgedehnten eigenen Anlagen Handball und Tennis. Im Winter wurden die Hänge im Park zu ausgelassen bevölkerten Rodelbahnen.

»Als Zita zu uns kam, war sie ein ganz kleines, doch schon zielbewußtes Persönchen«, schilderte sie später eine ihrer Lehrerinnen. »Sie war mit allen gleich liebenswürdig, mit allen Freund, aber niemandem Freundin.«[3]

Es war eine bemerkenswerte Distanziertheit, die sich schon damals im Wesen der Prinzessin zeigte. Und das hatte gewiß weder etwas mit Hochmut noch mit Einzelgängertum zu tun. Es war vielmehr, als hätte sie bereits damals etwas von einer späteren hohen Bestimmung geahnt. Schon zu Hause war sie zu einer Haltung erzogen worden, die sie anwies, Gunst und Hinwendung möglichst gleichmäßig zu verteilen, für alle gleichermaßen da zu sein, was Vertraulichkeiten mit wenigen verbot. »Zitas starke Reserviertheit wurde nicht von jedermann im Hause verstanden«, berichtete eine Lehrerin.[4]

Und doch – oder gerade auch deshalb – war Zita bei den meisten Schülerinnen, Lehrern und Erzieherinnen als eigenwillige kleine Persönlichkeit angesehen. »Sie war schon damals ein wertvoller Charakter«, erzählt dieselbe Lehrerin, »gelernt hat sie mehr aus Pflicht denn aus Ehrgeiz«[5]; und Karl Wagemut, der kritische Lehrer der jüngeren Parma-Kinder, der sich sonst durchaus nicht immer positiv über die Familie ausließ, schildert Zita als ein »sehr lebhaftes, freundliches Kind, dem man . . . instinktiv gut sein mußte«[6].

Freilich: Ihr Temperament ging nicht selten mit ihr durch. Mit der Bewältigung der täglichen Heimordnung hatte sie wohl ihre Schwierigkeiten, wenn auch nicht zutreffen mag, daß sie sich ausgesprochen derbe Scherze leistete. So wird erzählt, sie habe einmal Tinte ins Weihwasser gegossen, worauf die Ordensschwestern nach der üblichen Bekreuzigung mit dem heiligen Naß blaubeschmiert herumgelaufen seien. Solcherlei wird auch von ihrer Mitschülerin Paola Zileri dal Verme, mit der die Autorin sprechen konnte, nicht bestätigt. Aber bemerkenswert ist immerhin, daß Zita im »Sittlichen Betragen« und »Äußeren Anstand« durchaus nicht die für viele selbstverständliche Note »sehr gut« bekam, sondern immer nur zwischen »gut« und »befriedigend« schwankte.[7]

Obwohl Zita den Sommer mit ihrer Familie in Schwarzau verlebte und mit ihrer Mutter immer wieder Deutsch sprach, waren ihre deutschen Sprachkenntnisse damals noch sehr lükkenhaft. Auch dies war nämlich ein wesentlicher Grund für das

Herzogspaar gewesen, ihr Kind nach Zangberg zu schicken: Es sollte dort ordentlich Deutsch lernen. Deshalb waren, wie später Paola Zileri dal Verme der Autorin erzählte, manche Eltern nicht wenig verwundert und ungehalten darüber, daß auch in Zangberg die Umgangssprache Französisch war.[8]

Die Unterrichtssprache allerdings war Deutsch, und da wurde nicht wenig verlangt. Zita mußte in einer Klasse mit elf Schülerinnen deutscher Zunge konkurrieren, und so war es weiter nicht verwunderlich, daß sie das erste Jahr als Klassenletzte abschloß – dabei aber unter der Rubrik »Fähigkeiten« den Vermerk »gut« erhielt. In Italienisch, Französisch und Musik lag sie – mit »gut« und »sehr gut« – deutlich über dem Klassendurchschnitt. Wie die meisten ihrer schriftlichen Schularbeiten tatsächlich aussahen, war später nicht mehr festzustellen, denn während ihrer Brautzeit vernichtete Zita alles – und zwar radikal.[9]

Jedenfalls muß sie beträchtlich an sich gearbeitet haben. Denn in den nächsten Jahren – inzwischen hatte sie während der Ferien Deutsch-Nachhilfeunterricht erhalten – war sie schließlich ins Mittelfeld der Klassenleistungen aufgerückt.

Der Tag in Zangberg war kurz und bis zum Rand mit Aufgaben angefüllt. Um sechs Uhr hieß es aufstehen. Nach dem Morgengebet wurde im Garten oder auf der Terrasse gemeinsam geturnt. Um sieben Uhr feierte man die heilige Messe, und danach gab's Frühstück. Der Unterricht begann um acht Uhr und dauerte bis kurz vor zwölf. Nach dem Mittagessen und einer Freistunde, die im Sommer bei schönem Wetter draußen verbracht wurde, folgten wieder Unterricht und Studium bis halb sieben, unterbrochen nur durch eine kürzere Vesperpause um vier Uhr. Nach dem Abendbrot dann »Rekreation« mit Abendgebet. Um 20.15 Uhr wurde im Schlafsaal das Licht gelöscht. Nach Hause ging's nur zur Ferienzeit. Nicht einmal für eine Nacht war Abwesenheit erlaubt – von dringenden Ausnahmen abgesehen.[10]

Aber in Zangberg wurde nicht weltfremd erzogen. Stets behielten die Schwestern im Auge, daß hier nicht Nonnen heranzubilden waren, sondern Damen der hohen Gesellschaft, die gerade wegen ihrer Stellung Aufgaben besonderer Art zu erfüllen hatten. Dazu gehörte selbstverständlich auch die Kenntnis »normaler« Hausfrauenarbeiten. So lernten die Mädchen auch flicken, stopfen und nähen. Allerhöchsten Wert aber legte man auf die Umgangsformen. Anstandsunterricht und Tanzen gehörten hierzu, und in jedem Jahr kam eine Lehrerin vom Münchner Ballett angereist, die die Mädchen in höfischer Schrittweise unterwies. Mit beträchtlichem Erfolg: Die Zöglinge von Zangberg waren wegen ihrer Tanzkünste berühmt – vor allem in der Quadrille.

Mitten ins vorletzte Schuljahr, das vierte in Zangberg, platzte dann aber eine erschütternde Nachricht. Der erste Blitz im bislang sonnigen, gewitterlosen Leben der kleinen Prinzessin: Am 16. November 1907 starb ihr geliebter Vater.

Die Mutter hatte gewußt, daß dieses Ereignis für das Kind ein ungeheurer Schlag war, mit dem man es nicht allein lassen durfte. Also ließ sie zunächst nach Zangberg lediglich depeschieren, der Vater sei »schwer erkrankt«. Erst als Zita in Lucca ankam, teilte ihr die Marquise Dalla Rosa die tragische Wahrheit mit: Der Herzog war im Alter von neunundfünfzig Jahren ganz plötzlich an Herzversagen gestorben.[11] Zwar hatte er schon seit längerem an Herzverfettung gelitten, doch keiner hatte ein so rasches Ende geahnt. Der Tod kam, als der Herzog nach dem Mittagessen seine Zeitung las.

Bis zum Herbst 1908 blieb Zita noch in Zangberg. Das letzte Schuljahr aber beendete sie dort nicht, obwohl ihr Zwischenzeugnis – mit Ausnahme von Rechnen, einer Schwäche vieler Parma-Kinder – im Durchschnitt bei »gut« lag.[12]

Ein rascher, merkwürdiger Abbruch und Aufbruch. Zita packte die Koffer. Es ging heim nach Schwarzau, dann, wenige Monate später, auf die britische Insel Wight. Dort, in der Benediktinerinnenabtei St. Cécile in Ryde, sollte sie ihre Studien fortsetzen.

Warum? Es hatte wohl seine besondere Bewandtnis . . .

An einem leicht windigen Februartag des Jahres 1909 traf die siebzehnjährige Prinzessin auf der Insel Wight ein – einer kleinen englischen Grafschaft vor der Südküste Großbritanniens. Romantische Kreidehügel ziehen sich durchs Land und laufen im Westen in bizarren Felsenklippen aus.

Mit huldvoller Freundlichkeit empfing die alte Priorin des Benediktinerinnenklosters St. Cécile die Prinzessin. Für Zita war sie nicht nur die strenge, hohe Dame an der Spitze der Ordensgemeinschaft und des Internats. Mutter Adelhaid war niemand anderer als Zitas Großmutter. Nach dem Tod ihres Mannes, des portugiesischen Thronprätendenten Miguel, war sie ins Kloster eingetreten, und man erzählte sich, daß dies einen ganz besonderen Grund gehabt habe. Adelhaid hatte mit diesem Schritt eine schwere Sünde in ihrer Familie abbüßen wollen. Denn ihre Stiefenkelin, Zitas Halbschwester Marie Louise aus der ersten Ehe des Herzogs Robert, hatte den Fürsten und späteren König von Bulgarien, Ferdinand, geheiratet. Dieser Fürst, ein Pragmatiker, hatte – wohl nicht ganz unvernünftig – den Standpunkt vertreten, ein Herrscher sollte denselben Glauben wie die Mehrzahl seiner Untertanen haben. Deshalb ließ der deutschstämmige König unter dem Druck seiner Regierung seinen Sohn Boris, der nach römisch-katholischem Ritus getauft worden war, griechisch-orthodox firmen. Sein Pate wurde Zar Nikolaus II. Seine Frau Maria Louise verließ ihn deshalb zunächst, kehrte aber dann zu ihm zurück. Das war natürlich ein ungeheurer Skandal. Freilich wird diese Version heute auch bestritten.[1]

Aber die ehemalige »Königin von Portugal« – wie Adelhaid für jene hieß, die Miguels Ansprüche auf den Thron in Lissabon für gerechtfertigt hielten – war nicht die einzige Verwandte, die Zita im Kloster St. Cécile antraf. Auch die Nichte ihrer Großmutter, Agnes von Löwenstein-Wertheim-Rosenberg, wirkte hier als Ordensschwester – und vor allem Zitas Schwester Adelhaid. Adelhaid, sieben Jahre älter als Zita, hatte als Schönheit gegolten und war erst zwei Jahre zuvor auf dem Hofball in die feine Gesellschaft eingeführt worden. Als sie plötzlich den Schleier nahm, löste dies allgemein größtes Erstaunen aus. Denn keine der Parma-Prinzessinnen war so lebenslustig und temperamentvoll wie sie.

Später sollten auch noch zwei jüngere Schwestern Zitas in dasselbe Kloster eintreten: Franziska (Cicca) und Maria-Antonia. Was bösen Zungen Anlaß zu der Feststellung gab, die Herzogin Maria-Antonia stecke ihre Töchter entweder ins Kloster, oder sie treibe sie in eine wohlgeplante Heirat. Letzteres nämlich hatte sie zunächst mit Adelhaid versucht.

Bei Zita traf gewissermaßen beides zu. Erst sollte sie – wenn auch nicht als Nonne, sondern nur zur Ausbildung – ins Kloster und dann unter die Haube. Auch der Bräutigam war schon ausgesucht. Einer, der so hoch stand, wie es höher nicht ging in der österreichisch-ungarischen Monarchie. Es war Erzherzog Carl Franz Josef, zweiter im Thronfolgerang.

Gewiß hatte der Umzug Zitas von Zangberg nach Wight einiges mit solchen Plänen zu tun. Zwar mutmaßen manche Zeitgenossen und Historiker genau das Gegenteil: Maria Antonia habe Zita den energischen Plänen ihrer ehrgeizigen Schwester Maria Theresia entziehen wollen, die unbedingt eine Verehelichung ihrer Nichte mit dem Erzherzog anstrebte.[2] Aber dies vertrüge sich ganz und gar nicht mit dem Ehrgeiz und der bisher gezeigten Haltung Maria Antonias, das Haus Parma durch eine glänzende Verbindung zu höchstem Ruhm zu führen. So liegt die Wahrheit wohl anders: Maria Antonia hatte schon ihre ältere Tochter Adelhaid als Gemahlin des Erzherzogs ausersehen. Also war nun, nach Adelhaids Eintritt ins Kloster, Zita an der Reihe. Doch war die Prinzessin noch zu jung, und Maria Antonia – geschickt und intelligent – wußte wohl, daß eine allzu frühe Begegnung ihren Plänen zuwidergelaufen wäre. Erst sollte Zita reifen und den richtigen Schliff bekommen. Außerdem sollte sie fähig werden, den Erzherzog wirklich zu lieben – als Mann. Dann sollte sie, wie eine erblühte Rose, mit dem künftigen Thronfolger zusammengebracht werden.[3]

Zita selbst hat von all diesen Plänen gewiß nichts geahnt. Sie nahm das halbe Jahr, in dem sie die Bänke von St. Cécile drückte, wie einen normalen, vorbestimmten Abschnitt ihrer Erziehung hin.

Aber St. Cécile war keine Schule im üblichen Sinne. Nur ganz wenige Damen der höheren Gesellschaft – und nur diese – bekamen hier ihren letzten Bildungsschliff; den allermeisten war diese Elite-Anstalt versperrt. Hier konnte sich Zita nun in Theologie, Philosophie, Geschichte und Literatur vertiefen. Es war so etwas wie eine kleine Privatuniversität im echten alten Sinne der Universitas; das Allgemeinwissen stand im Vordergrund. Zita vervollkommnete ihr Englisch und widmete sich ihrer geliebten Musik. Besonders die Orgel hatte es ihr angetan. Fast täglich sah man sie auf ihr üben. Darüber hinaus lernte sie auch den Choralgesang kennen, der in der Abtei ganz besonders gepflegt wurde.

Zita sollte sich an all diesen geistigen Reichtum in den hohen Gängen von St. Cécile später voll Achtung und Dankbarkeit erinnern. Dennoch stand der Aufenthalt auf Wight unter keinem günstigen Stern. Denn trotz ihrer ansonsten stabilen Gesundheit hatte Zita auf der Insel mit dem – durchaus milden, aber vom Meer ganz eigenartig beeinflußten – Klima zu kämpfen. Sie fühlte sich oft unwohl, wurde blaß und hatte wenig Appetit. Für sie war es deshalb eher eine Erlösung, als sie ihre Cousine Maria Annunziata im Sommer 1909 abholte und mit ihr nach Franzensbad fuhr. Zur Kur. Aber nicht nur zur Kur.

Die grosse Wende: Karl tritt in Zitas Leben

Ein sonniger Frühsommertag des Jahres 1909 brachte die große Zäsur in Zitas Leben. An diesem herrlichen Tag, den zahllose Menschen zum Spaziergang nutzten, wurden die Weichen für einen Weg gestellt, der die kleine Prinzessin aus dem Hochadel heraus noch weiter nach oben führen sollte – ganz hinauf, an die Spitze der Monarchie.

Daß hinter Glanz, Würde und Anmut, die diesen Weg Zitas

begleiteten, schon die Schatten des künftigen Unheils aufzogen, war Kennern der politischen Lage klar. Rundum wurde aufgerüstet, der Balkan glich mehr und mehr einem brodelnden Kessel, der Dämon Nationalismus erhob sein Haupt. Nur wenige aber ahnten, daß all dies die Grundfesten des Vielvölkerreichs zum Einsturz bringen würde, daß die Jahre der österreichisch-ungarischen Monarchie gezählt waren. Noch blickten die meisten Menschen hoffnungsvoll aufs Herrscherhaus und sahen die Zukunft der Länder dieses Reichs, Österreichs Geschick, »innig vereint« mit »Habsburgs Krone«, wie es in der Kaiserhymne hieß.

Seit 1896, dem Todesjahr des Kaiser-Bruders Karl Ludwig, der nach dem tragischen Ende des Kronprinzen Rudolf in Mayerling Thronfolger geworden war[1], nahm Franz Josephs Neffe, Franz Ferdinand, den Platz neben dem würdigen Greis ein, dessen ehrfurchtgebietendes Gesicht mit dem charakteristischen Bart an den Wänden der Amtsstuben, aber auch zahlloser privaten Wohnungen, auf Briefmarken und Ansichtskarten prangte. Der dickliche, bärtige Thronfolger, jetzt sechsundvierzig Jahre alt, suchte die nationalen Wogen zu glätten, bastelte an neuen Konzepten, um der dualistischen österreichisch-ungarischen Struktur eine breitere Alternative entgegenzusetzen, die – was längst fällig war – auch das Slawentum stärker zur autonomen Geltung bringen sollte.

Franz Ferdinand war nicht sehr beliebt. Vielen galt er als zu slawenfreundlich, andere wiederum verargten ihm seine herzliche Freundschaft zu Deutschlands Kaiser Wilhelm II. Zwischen ihm und dem Hof gab es etliche Spannungen, und sein herrisches, oft allzu polterndes Auftreten verprellte zahllose Leute, mit denen er unmittelbar zu tun hatte. Und doch war Franz Ferdinand ein energischer, phantasiereicher künftiger Monarch.[2]

Daneben aber stand schon der übernächste Kaiser fest: Franz Ferdinands Neffe Karl. Genauer: Erzherzog Carl Franz Josef, dessen Vater Otto, Bruder Franz Ferdinands, 1906 an einer heimtückischen Krankheit gestorben war. Franz Ferdinands Kinder waren wegen der morganatischen – nicht standesgemäßen

– Ehe des Erzherzogs mit der Gräfin Sophie Chotek, der späteren Herzogin von Hohenberg, nicht thronberechtigt.[3]

Dieser »übernächste« Kaiser, der drei Jahre später, nach den Schüssen von Sarajevo, doch schon der nächste werden sollte, war der breiten Öffentlichkeit noch relativ unbekannt. Besser Informierte jedoch blickten schon jetzt interessiert und gespannt auf den Werdegang und das Verhalten des nunmehr zweiundzwanzigjährigen Erzherzogs, den der Kaiser auch später noch partout nicht in die Schaltzentralen seiner Macht hereinlassen wollte. So rätselte man auch reihum, welche junge Dame sich Karl wohl als künftige Landesmutter an seine Seite holen würde.

Daher kam jenem Ereignis vom Frühsommer 1909 eine erhebliche politische Bedeutung zu: Erzherzog Karl, der vermeintliche Kaiser der vierziger bis fünfziger Jahre, lernte Zita kennen. Damit begann die Geschichte einer tiefen Liebe und einer selten harmonischen, für ihre Zeit eigenwilligen Ehe.

Wenige Tage nach der brisanten Begegnung war die mittlerweile Siebzehnjährige, die ihre Studien in Ryde soeben hinter sich gebracht hatte, in dem böhmischen Kurort Franzensbad eingetroffen – mit ihrer Cousine Maria Annunziata, die dort oft zur Kur weilte. In den ausgedehnten Parkanlagen, in denen man sich mit langen Spaziergängen vergnügte, und in den nicht allzu anstrengenden Kuren fand Zita die Erholung, die sie nötig hatte. Sie war auf Wight blaß geworden, erschien zarter und schwächer als zuvor. So sollte ein Kuraufenthalt in Franzensbad helfen, der malerisch im Egerer Becken gelegenen Stadt, mit ihren heilsamen Mineralquellen, ihrem radioaktiven Eisenmineralmoor und Kohlesäuregas.

Aber nicht nur das. Das Treffen mit Karl war regelrecht inszeniert worden, und zwar so perfekt, daß Zita und auch Karl lange Zeit keine Ahnung von der Regie hatten, die Maria Annunziatas Mutter führte. Diese, Erzherzogin Maria Theresia, hatte einigen Grund zu dergleichen Aktivitäten, denn sie vereinigte in sich gewissermaßen beide Linien: die Zitas und jene Karls. Sie war nämlich eine geborene Prinzessin von Braganza, Schwester der Herzogin Maria Antonia, mithin eine Tante der jungen Prinzessin. Zugleich aber war sie die dritte Frau Karl Ludwigs, des verstorbenen Bruders von Kaiser Franz Joseph, Stiefmutter des damaligen Thronfolgers Franz Ferdinand und Stiefgroßmutter von Karl.

Die unverheiratete Erzherzogin Maria Annunziata – sie war Fürstäbtissin des theresianischen adligen Damenstifts auf dem Prager Hradschin –, die nun das Werk der Zusammenführung in ihre Hände nahm, war nicht nur Zitas Cousine, sondern zugleich auch die Halbschwester von Karls Vater, der wegen seines heiteren bis ausschweifenden Lebenswandels als »der schöne Otto« in die habsburgische Familien-Saga eingegangen war. Also war sie Karls Tante. Nach dem gewaltsamen Tod der Kaiserin Elisabeth war Maria Annunziata zur ersten Dame am kaiserlichen Hof aufgestiegen.

In der prächtigen dreistöckigen Villa Imperiale mit ihren runden Ecktürmchen inmitten eines herrlichen, stillen Parks reichten sich nun Karl und Zita eher schüchtern die Hände. Karl war von Brandeis an der Elbe angereist, wo er mit seinem Dragoner-Regiment stationiert war – im Egerland, rund zweihundert Kilometer von Franzensbad entfernt. Er kam in der schneidigen Uniform eines Oberleutnants.

Genaugenommen war dieses Zusammentreffen der beiden jungen Leute ja nicht ihr erstes. Denn eigentlich kannten sie sich, wie ja schon erwähnt, bereits seit frühester Kindheit, nur hatten sie sich natürlich niemals zuvor mit diesen Augen gesehen, mit denen sie sich nun anblickten.

Was war das nun? War es der berühmte unsagbare Funke, der da übersprang, eine Art Liebe auf den ersten Blick? War es stürmische, alles mitreißende und vergessen machende Leidenschaft, die sich da plötzlich entlud, als sich die zwei Heranwachsenden nach rund zehn Jahren wiedersahen? Oder war es nichts dergleichen, sondern eine rationale Abschätzung, die vernünftige Erkenntnis, daß man eben zusammenpasse? Oder war es – auf Zitas Seite – allein der Ehrgeiz, nun den Sprung nach oben, nach ganz oben zu schaffen?

Gewiß war es, wie gründlichere Beobachtungen nahelegen,

eine stille, von Respekt und innerer Anziehung geleitete Sympathie, eine Harmonie im Lebens- und Weltbild der beiden, verstärkt vom hinreißenden Charme des jungen, noch schüchtern wirkenden Mädchens. Zweifellos war Karl der weitaus Aktivere im Werben um das Herz des anderen, im Festknüpfen dieser Verbindung. Beide waren von jener erregenden Unruhe erfüllt, die alle Verliebten heimsucht und ihre Herzen im Gedanken an den anderen höher schlagen läßt. Und doch scheint es, daß Zitas Liebe mit Backfisch-Schwärmerei wenig zu tun hatte, daß sie sich zurückhielt, sich und ihren Freund prüfte. Es war eine Liebe, die von Wiedersehen zu Wiedersehen wuchs. »Meine Gefühle für ihn entwickelten sich allmählich während der letzten zwei Jahre«, bekannte Zita später im Gespräch mit Gordon Brook-Shepherd.[4]

Und diese Male des Wiedersehens häuften sich. Von der Öffentlichkeit blieben sie noch lange unbeobachtet, und selbst in Hofkreisen ahnte man wenig von der bedeutsamen Liaison, die sich da anbahnte. Auch im Jahr darauf fuhr Karl nach Franzensbad »zur Tante«, und auf zahlreichen Ausflügen, zuweilen auch bei Ausritten – denn beide liebten Pferde und Natur, und Zita war eine begeisterte Reiterin –, kam man sich näher, ganz nahe. »Wir befreundeten uns sehr«, erinnerte sich Zita später, »und wir waren sehr froh, einander immer wieder zu treffen.«[5]

Das war freilich stark untertrieben.

Dann kam der 16. Januar 1911. Mit pochendem Herzen hatte Zita auf diesen Tag gewartet, an dem sie Karl wiedersehen und zugleich in die erlesenste Wiener Gesellschaft eingeführt werden sollte. An diesem Tag fand in den ehrwürdigen Sälen der Burg – wie jedes Jahr – der Hofball statt, das glanzvollste gesellschaftliche Ereignis im kaiserlichen Wien.

Zita war gut vorbereitet. Denn schon 1909, kurz nach dem ersten Treffen mit Karl, hatte sie weiteren Tanzunterricht erhalten. Von Maria Theresia war sie für einige Zeit in deren Wiener Palais in der Favoritenstraße eingeladen, um bei dem Nobeltanzmeister Haßreiter Stunden zu nehmen.

Der Hofball von 1911 war ein wahres Zauberwerk an Glanz

und Prunk, und es scheint im nachhinein beinahe, als hätten die Organisatoren gewußt, daß es der letzte Hofball überhaupt werden sollte. Er war gewissermaßen der überschwengliche, goldstrotzende Schlußpunkt des letzten Kapitels österreichischer Hocharistokratie. Zwei Jahre später verdüsterte sich der Himmel über dem Vielvölkerreich, folgten die letzten, härtesten Jahre der Monarchie. An ihrer Spitze sollten dann die beiden jungen Menschen die Bürde der Verantwortung tragen, die sich nun auf dem Hofball-Parkett ein weiteres Stückchen näherkamen – mitten unter den ersten Damen der Gesellschaft, die mit millionenschwerem Schmuck brillierten, unter Militärs voll glitzernder Orden an den prächtigen Uniformen, Diplomaten, Kirchenfürsten und den in bunte Galakleidung gehüllten ungarischen und polnischen Magnaten.[6]

Zita erschien in bezaubernder Toilette aus weißem Liberty. Ihre an den Seiten geteilte Tunika aus rosa Seidenmusselin war mit herrlichen Perlenstickereien bedeckt. Im Haar lag ein kleines Diadem aus Silberfiligran, von zwei Rosenbuketts auf beiden Seiten festgehalten.

Nachdem der Zeremonienmeister mit seinem goldenen Stab dreimal aufs Parkett geklopft hatte, trat der Hof ein – an der Spitze, hinter dem Obersttüchenmeister und Obersthofmeister, der einundachtzigjährige Kaiser, der die Herzogin Thyra von Cumberland am Arm führte. Der Monarch trug die weiße Gala-Uniform eines Generals, geschmückt mit dem Band des Militär-Maria-Theresia-Ordens. »Der Kaiser war«, berichtet Glaise von Horstenau, Generalstabsoffizier im Armee-Oberkommando, »noch immer eine stattliche Erscheinung, dessen legere Haltung mit der etwas heraufgezogenen linken Schulter und dem tadellosen Gehwerk vollendet elegant wirkte.«[7]

Prinzessin Zita, für die dies ein eindrucksvolles Erlebnis war, sog mit glänzenden Augen das Schauspiel ein. Und als der Kaiser, von den Spitzen seiner Untertanen gefeiert, ruhig und erhaben in der Mitte der erlauchten Gesellschaft stand, malte sie sich in Gedanken wohl aus, wie eines Tages auch Karl an dieser Stelle stehen würde – und vielleicht sie selbst an seiner Seite . . .

Dann begann das eigentliche Fest. Hofkapellmeister Carl

Michael Ziehrer, der berühmte Operettenkomponist, leitete das Tanzorchester. »Es war natürlich das Schönste«, erinnert sich der anwesende von Horstenau, »was man an Wiener Walzern und Polkatänzen und Quadrillen je hören konnte.«[8]

Weniger schön empfand Zita das, was sich ereignete, nachdem der Kaiser ungefähr eineinhalb Stunden später den Ball verlassen hatte. Da setzte, vergleichbar heutigen Bällen aller Ränge, ein unwürdiger Sturm aufs üppige Büfett ein.[9] Vornehme Damen drängelten sich gegenseitig aufs vulgärste zur Seite, hohe Offiziere stopften sich Leckerbissen hastig in den Mund, Diplomaten schmatzten und schlugen sich die Bäuche voll. Solche Szenen ekelten Zita an, die Unbeherrschheit, Aggressivität und Würdelosigkeit wie nichts anderes verabscheute.

Von dem, was Zita und Karl bewegte, die sich auf diesem Ball im Tanz und im Gespräch, wo immer es die Etikette zuließ, immer wieder trafen, bemerkten nur Eingeweihte etwas. Erst fünf Monate später, nach Bekanntgabe der Verlobung, wollten sich Augenzeugen an das eine oder andere erinnern. Demnach geriet Karl, als sich eine hochgestellte Persönlichkeit mit ihm auf dem Parkett über die »graziöse Tänzerin« Zita unterhalten wollte, regelrecht ins Schwärmen: »Oh, die gefällt mir schon seit langem sehr gut!«[10]

Zita selbst hatte bei Beobachtern, die sie zum ersten Mal bewundern konnten, einen überaus sympathischen Eindruck hinterlassen. »Sie ist«, schrieb etwa der deutsche Botschafter Heinrich von Tschirschky an Reichskanzler Bethmann Hollweg, »wenn auch nicht schön zu nennen, doch von großer Anmut und hat eine gewisse Würde, die der jugendlichen Erscheinung einen besonderen Reiz verleiht.«[11]

Darüber, wie »schön« Zita damals zu nennen war, gingen die Meinungen der Zeitgenossen durchaus auseinander. Die meisten aber waren angetan von ihrer äußeren Erscheinung und verglichen sie nicht selten mit Kaiserin Elisabeth. Dabei fielen vor allem ihre tiefen, braunen Augen auf.

Sie war zu einer jungen Dame mit tadelloser, weiblich-betonter Figur herangewachsen, schlank, doch nicht mager, und ihr dichtes dunkelbraunes Haar, das sie noch ein gutes Jahr zuvor meist offen getragen hatte, hatte sie nun turbanartig aufgetürmt, rundum mit kunstvollen, zarten Wellen verschönt. Mit Vorliebe trug sie Kleider in hellen, strahlenden Farben.

Auch Karl machte in der Uniform des Rittmeisters, der er mittlerweile geworden war, eine gute Figur. Und doch sah er nicht gerade blendend aus. Er war schlank, mittelgroß und von blühender Gesundheit, aber als »fesch«, wie Franz Joseph in seinen jungen Jahren zweifellos gewesen war, galt Karl kaum. Sein Kopf saß etwas rundlich auf dem schmalen Körper, seine Ohren standen beträchtlich ab und waren überhaupt zu groß für sein zartes Gesicht. Seine Haltung war soldatisch-aufrecht, sein Kopf stets erhoben. Insgesamt aber war seinem Gesicht etwas Naives eigen.

Doch Karl war von einer Art, wie sie nicht nur Zita imponierte – in vielem das genaue Gegenteil seines kaiserlichen Großonkels, wie man schon jetzt sagen konnte. Er war schlicht und volksnah, ohne »leutselig« zu sein, er unterhielt sich gern mit kleinen Leuten, ohne diesen das Gefühl zu geben, daß er sich zu ihnen herabneigte. Er behandelte Untergebene wie Partner – oft zum Mißvergnügen mancher Leute am Hof, die hierin eine Verletzung der Würde erblickten. Wenn er sprach, setzte er meist bedächtig Wort nach Wort. Eloquent war er nicht, auch geistvolle Bonmots waren nicht seine Stärke, sein Humor war schlicht und herzlich. Er lachte gern, zeigte sich froh und optimistisch, gottvertrauend und ernsthaft. Daß er aufrichtig war, es mit anderen gut meinte und keinerlei Dünkel kannte, mag Zita besonders gefallen haben.

Im Gegensatz zu seinem Vater, der an einer heimtückischen Krankheit – wahrscheinlich einer Geschlechtskrankheit – gestorben war, haßte Karl Ausschweifungen, ohne kleinlich allen Genüssen abzuschwören. Von Ausgelassenheiten und pikanten Liebschaften ist nie etwas Belegbares bekannt geworden. Verleumdungen in dieser Richtung, wie sie später immer wieder versucht wurden, versickerten ohne Widerhall.

Der Hofball aber blieb für Karl und Zita nicht der einzige Ball in dieser Saison. Vermutlich ihnen zuliebe veranstaltete Karls Mutter, Erzherzogin Maria Josefa, die der Beziehung zuvor eher zögernd gegenübergestanden hatte, dann aber mehr und mehr eine positive Haltung einnahm[12], einen eigenen Hausball. Gleich zu Beginn sicherte sich Karl bei Zita den Kotillon, den längsten Tanz, obwohl dieser eigentlich Cicca als der älteren Schwester Zitas zugestanden hätte. Karl, so hörte man später, sei mit diesem Ball nicht ganz zufrieden gewesen, denn allzu ernst und gewissenhaft habe Zita die Balletikette befolgt, statt sich ganz auf ihn zu konzentrieren.

Und Eifersucht blieb auch nicht aus dem Spiel. Eines Tages hörte der Erzherzog das Gerücht, das seit einiger Zeit umging: Zita, hieß es, gedenke sich mit Don Jaime, dem Herzog von Madrid, zu verloben. Tatsächlich war das nicht ganz aus der Luft gegriffen. Der Herzog hatte wirklich bereits um ihre Hand angehalten – vergebens. Wie elektrisiert sprang der Erzherzog auf und eilte zu Maria Theresia. Erregt verlangte er Auskunft, was denn da los sei, mit Zita und Don Jaime. Erleichtert und zugleich auch angespornt vernahm er, daß eine solche Vermählung für Zita nicht in Frage komme.

»Dann werde ich mich aber beeilen müssen«, erkannte Karl, »sonst wird sie sich am Ende wirklich noch mit irgend jemand anderem verloben.«[13]

Und Karl beeilte sich.

Aber auch – und vor allem – über ihn kursierten schon längst die kunterbuntesten Gerüchte, die ihn mit den unterschiedlichsten Weiblichkeiten hochadligen Geblüts zusammenbrachten. Über alle möglichen und unmöglichen Verbindungen klatschte und tratschte man, nur über Zita nicht – oder fast nicht. Sie war am Ende die ganz große Überraschung.

So wurde der Erzherzog von vielen schon am Arm der Prinzessin Belli von Hohenlohe, der Tochter des Prinzen Gottfried von Hohenlohe, gesehen sowie mit einer der Töchter des Erzherzogs Friedrich. Doch entsprach dies wohl eher dem Wunschdenken der ehrgeizigen Mütter dieser Mädchen, mag es auch – was bis heute nicht stichhaltig belegt werden konnte – einmal einen harmlosen Flirt Karls mit Belli von Hohenlohe gegeben haben.

Näher an der Realität lag da schon der Plan, Karl mit der

katholischen dänischen Prinzessin Margarete zu verheiraten, der Tochter des Prinzen Waldemar und einer Prinzessin aus dem Hause Orléans, die mit den Königshäusern von England, Rußland und Griechenland verwandt war. Vor allem der Kaiser selbst favorisierte diese Möglichkeit, nachdem sein ursprünglicher Lieblingsplan, den Großneffen mit seiner Enkelin Elisabeth Francisca (Ella) aus der Ehe seiner Tochter Marie Valerie mit dem Erzherzog Franz Salvator zu verbinden, am Widerspruch von Karls Mutter gescheitert war. Ganz zu Recht hatte sich Maria Josefa Sorgen wegen der allzu nahen Verwandschaft gemacht.

Jedenfalls hatte der Kaiser, nachdem ihm die Gerüchte um die Prinzessin von Hohenlohe reichlich spät zu Ohren gekommen waren, den Erzherzog im Herbst 1910 zu sich rufen lassen und ihn beinahe ultimativ aufgefordert, sich nunmehr endlich nach einer passenden Braut umzuschauen. Doch zweierlei war für ihn unabdingbar: Die Braut mußte katholisch sein und sie mußte einem »regierenden oder ehemals regierenden« Herrscherhaus entstammen. Sollte dies nicht der Fall sein, so der Kaiser, müsse er seine Einwilligung verweigern.

Für Karl stand zu diesem Zeitpunkt jedoch schon fest: Zita würde seine Frau werden. Und doch blätterte er zum Schein noch alle möglichen Adelskalender nach Adressen durch. Der Kaiser sollte sehen, daß er nichts unversucht ließ.

Freudig kam Karl Mitte Mai 1911 angereist, als Maria Theresia die beiden Verliebten auf ihr Jagdschlösschen St. Jakob am Semmering einlud. Eine Auerhahnjagd wurde veranstaltet, an der auch Zita teilnahm – und jubelnd schwenkte sie bald ihre erste Trophäe. Es waren glückliche Tage in der herrlichen Natur – und schließlich weit mehr als nur das: Karl gestand ihr seine Liebe – und sie ihm die ihre.

Es heißt, Zita habe gezögert, aber wenn sie es getan haben sollte, dann wohl nur zum Schein, weil es sich so gehörte. Daß sie, wie manche Autoren meinen, von Karls Bekenntnis überrascht worden sei oder daß sie eine plötzliche Panik erfaßt habe – eine Angst vor allem vor dem künftigen Thron und der Verantwortung, die dieser mit sich brachte –, ist jedenfalls nicht glaubhaft. Dies hätte ganz und gar der frischen, eher wagemutigen Natur der späteren Kaiserin widersprochen.

Jedenfalls bekam der überglückliche Erzherzog sein Jawort. Freudestrahlend reiste er ab – zu seiner Mutter, die gerade auf der Insel Brioni weilte. Ihr berichtete Karl als erster die große Neuigkeit. Maria Josefa, mit der Verbindung nunmehr einverstanden, da sie Karls Liebe und seinen festen Entschluß respektierte, eilte sogleich zum Kaiser.

Für den war das freilich eine kolossale Überraschung ...

Eine stille Verlobung

Der alte Kaiser erholte sich gerade in der Hermesvilla von einem schweren Bronchialkatarrh, als sich Maria Josefa melden ließ. Noch ehe er sich richtig gefaßt hatte, trat sie auch schon ins Zimmer. »Karl will sich mit Zita verloben!« eröffnete sie dem unvorbereiteten Kaiser.

Franz Joseph fühlte sich wohl überrumpelt, denn von einer ernsthaften Annäherung seines Großneffen an die Parma-Prinzessin hatte er nichts bemerkt. Doch nach einigem Hin und Her entschloß er sich zum Wohlwollen. Und gab seinen Segen.

Einerseits nämlich, meinte der Kaiser, war eine Ehe mit Zita von Bourbon-Parma wohl standesgemäß. Katholisch war die Prinzessin auch, und zwar im besten, allerpäpstlichsten Sinne. Zudem hatte sie die feinste Erziehung genossen, die sich damals für ein Mädchen denken ließ. Andererseits brachte ihm eine solche Verbindung nichts, ja, zunächst erschien sie ihm sogar gefährlich. Denn der ersten Ehe des Herzogs von Parma waren ja mehrere schwachsinnige Kinder entsprungen. Darüber hinaus war er nicht von der Tatsache entzückt, daß Zita einem abgesetzten Fürstenhaus entstammte.[1] Doch siegte schließlich seine Einsicht, daß es sich hier immerhin – und er dachte an die morganatische Ehe seines Neffen Franz Ferdinand – um eine leidlich ebenbürtige Verbindung handelte, da Zita ja einem »ehemaligen regierenden Hause« entstammte. Außerdem mochte er auch ein wenig Solidarität mit dem verliebten Karl gefühlt haben. Er selbst hatte ja seinerzeit aus Liebe geheiratet.

Bald zerstreute der Kaiser alle seine Bedenken und zeigte sich dem jungen Paar schließlich von seiner wohlwollendsten Seite. Gerade Zita war es, die den Monarchen immer wieder als ihren warmherzigen, lieben, großväterlichen Freund beschrieb.[2]

Und nun – mit der Zustimmung des Kaisers – sollte endlich Verlobung gefeiert werden. Am 13. Juni kam der junge Erzherzog, der mit seiner Mutter reiste, in Pianore an. Daß Karl diesen Tag wählte, wurde später gern als Galanterie gegenüber seiner Schwiegermutter, Maria Antonia, gedeutet, die an diesem Tag – dem Fest des heiligen Antonius von Padua – ihren Namenstag beging.

Im engsten Kreis und voll stiller Feierlichkeit ging das Fest vonstatten. Kaum etwas ist von ihm berichtet worden, denn nur die Familienangehörigen sowie die Spitzen des Hofes von Parma und die Begleitung von Karl und Maria Josefa waren zugegen, als Abbé Travers in der Kapelle der Villa das Paar segnete. Zita war eher schüchtern, fast etwas verlegen und ziemlich nervös. Als ihr der Erzherzog den Verlobungsring reichte, zog sie ihn hastig an sich und ließ ihn mit einem »Danke vielmals« in ihre Tasche gleiten.

Als das Paar nach der Verlobung aufstand, sagte Karl etwas Überraschendes. Er blickte Zita an und erklärte dann etwas hymnisch: »Jetzt müssen wir uns gegenseitig in den Himmel helfen . . .« Erstaunt sah ihn seine Braut an. Sie wußte, daß er fest war im Glauben – wie sie. Dennoch hätte sie von ihm, der aus seiner tiefen Religiosität sonst nie Worte machte, dergleichen nicht erwartet. Später sollte sie ihn besser verstehen. Und begreifen, was er damit gemeint hatte.[3]

Erst am nächsten Tag wurde die Öffentlichkeit von der Verlobung informiert. Die Überraschung war allgemein, noch größer die Neugier, und sogleich meldeten sich zahlreiche Diplomaten und ausländische Staatschefs, die sich hektisch nach Wesen und Herkunft der künftigen Kaiserin erkundigten. Da jedoch die höchste Würde für dieses Paar noch weit entfernt schien, war das

Interesse der breiten Bevölkerung nicht sehr groß. »Die Nachricht von der Verlobung seiner kaiserlichen Hoheit, des Erzherzogs Carl Franz Josef, mit der Prinzessin von Parma«, schrieb etwa der deutsche Botschafter an seinen Reichskanzler, »wird in Presse und Publikum verhältnismäßig wenig besprochen, wenn man bedenkt, daß die Prinzessin berufen erscheint, dereinst an der Seite ihres Gemahls den Thron der Habsburger zu besteigen.« Und er erklärt sich die Zurückhaltung so, »daß man hier alles zu vermeiden trachtet, was irgendwie als eine Kritik an der morganatischen Ehe des nächsten Thronanwärters, des Erzherzogs Franz Ferdinand, aufgefaßt werden könnte«. Zudem seien »der hohe Bräutigam und seine Verlobte bisher wenig hervorgetreten«.

Insgesamt aber, so Botschafter Heinrich von Tschirschky, werde »die Wahl des Erzherzogs . . . günstig beurteilt«. Und weiter: »Man rühmt der Prinzessin Zita eine häusliche Erziehung nach, die allerdings in sehr streng klerikalem Sinne geleitet worden sein soll.«[4]

Sehr zurückhaltend äußerte sich die Wiener *Zeit*, die jedoch an die Verlobung die Hoffnung knüpfte, »nach langen Jahren wieder eine Kaiserin zu bekommen«. Kaiserin Elisabeth, die im Jahre 1898 auf so tragische Weise starb, weilte ja schon jahrelang vorher, von kurzen Unterbrechungen abgesehen, fern von Österreich, und so fehlte seit ungefähr fünfundzwanzig Jahren dem österreichischen Hof die erste repräsentative Dame des Kaiserhauses. Von Zita selbst wußte das renommierte Blatt zu berichten: »(Sie) ist eine schöne und vornehme Erscheinung . . . Im Wesen der Prinzessin liegt Liebenswürdigkeit und Frohsinn. Sie ist temperamentvoll, explosiv, aber dabei schmiegsam, anpassungsfähig, überaus verträglich und taktvoll. Man könnte von dieser Prinzessin fast sagen, daß sie mit ihrem heiteren, liebenswürdigen Temperament an den Typus der ›Wienerin‹ erinnert.«[5]

Dagegen meldete der deutsche Generalkonsul in Budapest in einem Brief an den Reichskanzler Bethmann Hollweg nicht eben uneingeschränkte Begeisterung. Nicht nur, daß manche Ungarn nun verstärkt die Thronfolgeberechtigung Karls in Zweifel zogen

– »man hätte sich«, so der Generalkonsul, »eine glänzendere Partie gewünscht«. Außerdem sei das Haus Parma »unpopulär, weil es als ultramontan [streng päpstlich gesinnt] gilt«[6].

Anders die *Neue Freie Presse*, die Zita gleichfalls mit der legendären Kaiserin Elisabeth verglich und dann, ziemlich pathetisch, vermerkte:

»Bei ungestörtem Verlauf der Nachfolge muß die junge Prinzessin . . . Kaiserin von Österreich werden. Schon schwebt die Krone über ihrem Haupte, hoch, hoch oben noch, wie ein schüchtern blinkendes Sternchen in himmelweiter Entfernung, aber um ein Kleines, das Menschenaugen nicht zu messen vermögen, senkt sich der goldene Reif mit jedem Tag, jeder Stunde, kommt näher und näher, bis er eines Morgens ihre Stirn berührt. Dann wird der Purpur, den das Schicksal grausam einer Unvergesslichen entrissen, wieder auf menschliche Schultern ruhen, dann wird dieses Reich nach langer Frist wieder eine Kaiserin haben – die Kaiserin Zita.«[7]

Das Reich bekam seine Kaiserin früher als gedacht. Doch die Kaiserin verlor ihr Reich – gleichfalls früher als gedacht . . .

Der Heilige Vater segnet das Paar

Für unbeschwerte Brautwochen blieb nicht viel Zeit. Nur vier glückliche Tage waren vorerst dem Paar beschieden, und Zita nutzte sie, um Karl die reiche Natur und Kunst der benachbarten oberitalienischen Landstriche zu zeigen. Livorno und Pisa standen auf dem Programm, und heiter-vergnügt wanderten die Verlobten in den Ruinen von Rotaro herum. Dann aber mußte sich Karl verabschieden. Protokollarische Schwierigkeiten wegen seiner »morganatischen« Gattin hatten es dem Thronfolger Franz Ferdinand opportun erscheinen lassen, die Vertretung des Kaisers bei den Krönungsfeierlichkeiten für König Georg V. in London an Karl, den zweiten in der Rangfolge, weiterzugeben.

Voller Glück und Stolz zeigte der Erzherzog der englischen

Königin Mary ein Foto seiner Braut. Den zahlreichen Tanzveranstaltungen zum großen Krönungsfest wohnte er nur als Zuschauer bei, kein einziges Mal schwang er das Tanzbein – aus Taktgefühl gegenüber der abwesenden Braut, hieß es in seiner Umgebung.

Und auch Zita brach zu einer Reise auf, einer sehr bedeutsamen. Sie führte sie nach Rom zum Heiligen Vater, wo die Prinzessin mit ihrer Mutter und mehreren Geschwistern am 24. Juni 1911 eintraf.[1] Schließlich war es ja Karls ausdrücklicher Wunsch gewesen, daß sich Zita den Segen des Pontifex maximus für ihre künftige Ehe erbitten sollte.

»Gott segne Sie, meine Tochter«, sagte der Papst mit ergriffener Stimme, nachdem er zuvor in seiner Privatkapelle Zitas jüngere Schwester Isabelle gefirmt hatte. »Ich freue mich über die Person Ihres künftigen Gemahls. Er wird der nächste Kaiser in Österreich sein.«

Eine arge Peinlichkeit. Ein Fauxpas? Gar eine Brüskierung des Thronfolgers? Denn der »nächste« Kaiser sollte ja nicht Karl sein, sondern Franz Ferdinand! Hatte Pius X., der später heiliggesprochen werden sollte, hier eine Vision gehabt, wie fromme Kreise später mutmaßten? Denn hartnäckig bestand er auf dem »nächsten Kaiser«, obwohl ihm Zita und Maria Antonia widersprachen – sanft, aber deutlich.

Später, nachdem die Schüsse von Sarajevo gefallen waren, sollte Zita an diese Worte denken. »Das war unvermeidlich«, sagte sie im hohen Alter, von der Autorin danach befragt.[2]

»Er wird der nächste Kaiser von Österreich sein«, wiederholte der Papst. Doch wenn er eine Vision hatte, so war sie zumindest mangelhaft. Denn die nächste Prophezeiung ging nicht in Erfüllung: »Großer Segen wird seinem Lande durch ihn erwachsen. Er wird der Lohn sein für die Treue, die Österreich der Kirche entgegengebracht hat.« Und an die übrigen anwesenden Familienmitglieder gewandt, rühmte er das »glückliche Österreich«, das »solch ein Herrscherhaus erhält«[3].

Zur Trauung versprach Pius schließlich einen Kardinal als seinen Vertreter an die Donau zu entsenden. Zita aber bat um den päpstlichen Majordomus Monsignore Bisletti, einen mit der Familie Parma befreundeten Prälaten.

Neben ganz persönlichen Vergnügungen, wie dem Reiten auf ihrem Schimmel »Sport«, den Karl ihr geschenkt hatte, bereitete sich Zita ernsthaft auf ihre neue Rolle vor. Emsig begann sie, mit Blick auf ihre späteren Verpflichtungen, Ungarisch und Tschechisch zu lernen – mit erstaunlichem Erfolg, wie sich bald herausstellen sollte.

Nach der Rückkehr gab es noch einmal zwei Tage des Zusammenseins. Karl nahm seinen Rückweg von London über Pianore, ehe er in sein Regiment einrückte und Zita mit ihrer Familie wieder nach Schwarzau übersiedelte.

Die Organisatoren der Hochzeitsfeierlichkeiten – diese waren auf den Oktober angesetzt – hatten alle Hände voll zu tun. Es galt nicht nur das riesige Fest vorzubereiten, es mußten auch erst die verwandtschaftlichen Bande geprüft werden. Denn es stand fest, daß ein päpstlicher Dispens nötig war, wiesen doch die Stammbäume Zitas und Karls zwar nicht enge, kirchlicherseits jedoch für gekrönte Häupter nicht unbedenkliche Verwandtschaften auf. So war zwar mütterlicherseits nur eine Verknüpfung fünften Grades zu konstatieren, ausgehend von der Ehe Johanns VI. von Portugal (1767–1826) mit Charlotte von Bourbon, Infantin von Spanien (1775–1830), doch zeigte sich da auch eine Verwandtschaft vierten Grades, wenn man die Linie der Väter verfolgte, die auf den König Beider Sizilien, Franz I. (1777–1830), zurückreichte.[4] Und allein für diese Verwandtschaftslinie war der Dispens erforderlich, den sich der Kaiser am 20. Juli für seinen Großneffen erbat. Freilich war dies im vorliegenden allerhöchsten Einzelfall nichts weiter als eine Formalität. »Libentissime« (mit Freuden) kam der Papst am 14. August 1911 in seinem Dispens-Schreiben an Franz Joseph (»carissimo in Christo Filio Nostro«) der Bitte des Kaisers nach.[5]

Doch nun hatten vor allem die Juristen viel zu tun. Denn jetzt mußte der Ehevertrag abgefaßt werden. Den ganzen Juli und August über rauften sich die Verhandlungspartner zusammen. Geleitet wurden die Gespräche auf der Seite des Erzhauses von

Außenminister Graf Aehrenthal, seitens der Familie Parma vom Obersthofmeister der Herzogin, Giacomo Conte da Conti.[6]

Am 25. August war es dann so weit: Der fertige Entwurf konnte dem Kaiser an dessen Lieblingskurort Bad Ischl vorgelegt werden, und vier Tage später genehmigte er ihn.[7]

Aus welchem Grund zogen die Verhandlungen sich nun aber so in die Länge? Weil der Herzogin von Parma Sonderregelungen vorschwebten, denen man sich auf der Seite des Erzhauses nicht gerade jubelnd anschloß. Dabei ging es vor allem um eins: Prestige, Anerkennung.

So wünschte sich Maria Antonia, daß der Ehevertrag nicht zwischen den Brautleuten geschlossen werde – wobei die Unterschrift der noch minderjährigen Prinzessin ohnehin von ihrer Mutter und ihrem Mitvormund, Don Alfonso de Borbón y Austria-Este, hätte ersetzt werden müssen –, sondern direkt zwischen dem Kaiser und der Brautmutter. Dabei führte der Parma-Unterhändler zwei Präzedenzfälle an: die Verehelichung des Erzherzogs Ferdinand IV., Großherzog von Toskana, mit der Prinzessin Alice von Parma im Jahre 1868 und die Vermählung von Zitas Stiefbruder Elias mit der Erzherzogin Maria Anna, der Tochter des Erzherzogs Friedrich (1903).[8]

Warum war Maria Antonia jedoch so an einer eigenen Vertragspartnerschaft mit dem Kaiser interessiert? Graf Aehrenthal suchte in einer Note vom 4. August an den Ersten Obersthofmeister, Fürst Montenuovo, den Grund darin, »daß Verpflichtungen materieller Art, d. i. die Widerlage, Nadelgeld und Wittum, in Ehepakten, die Seine Majestät abschließen, darin als von Allerhöchstdemselben direkt zugesagt erscheinen«[9].

Also eine besondere, mütterlichem Fürsorgedenken entsprungene materielle Absicherung? Dies wohl kaum allein. Maria Antonia dachte hier wohl ganz im Prestige-Interesse ihres Hauses, das durch den Vertrag mit dem Kaiser ohne Zweifel aufgewertet worden wäre.

Maria Antonia konnte sich jedoch nicht durchsetzen. Das Ministerium schaltete auf stur. Die angeführten Präzedenzfälle, ließ es wissen, stellten keine echte Parallele dar. »Seit einer Reihe von Ehen von Mitgliedern des Allerhöchsten Erzhauses« sei »mit der Tradition gebrochen worden, die Ehepakten zwischen Seiner k. und k. Apostolischen Majestät einerseits und dem Chef des fremden Hauses andererseits zu schließen.« Bei der Ehe des Prinzen Elias habe es sich um eine Art Courtoisie gegenüber »noch selbst regierenden Souveräns« gehandelt, denn die Verträge seien seinerzeit mit Herzog Robert von Parma geschlossen worden, als er selbst noch regierender Monarch gewesen sei.[10]

Das war eine echte Ohrfeige. Der Kaiserhof erinnerte die Herzogin damit an den verlorenen Thron der Bourbon-Parmas, was vor allem jene Hofleute erfreute, die kaiserlicher als der Kaiser selbst waren – wie zum Beispiel Fürst Montenuevo, einen Enkel Maria-Louises, der Gemahlin Napoleons, der jedoch wegen seiner morganatischen Abstammung nicht als solcher anerkannt war. Nicht von der Hand zu weisen war indes, daß die Herzogin von Parma nicht einmal der Chef des Hauses Parma war. Dies war vielmehr – so wollte es das Testament des verstorbenen Herzogs – Prinz Elias.[11]

Zudem verlangte die Herzogin durch ihren Unterhändler, daß der Vertrag zweisprachig – deutsch und französisch – abgefaßt werden sollte, wobei freilich der deutsche Text im Zweifelsfalle als der authentische zu gelten hätte.

Für diese Praxis hatte es tatsächlich einen Vorläufer gegeben. Bei der erwähnten Eheschließung des Prinzen Elias mit der Erzherzogin Maria Anna war bereits so verfahren worden, nachdem das ursprüngliche Verlangen von Herzog Robert, den Vertrag allein in französischer Sprache abzufassen, strikt abgelehnt worden war. Dies sei am Wiener Hof völlig unüblich, hatte man den Herzog beschieden, und dem müsse sich ein rangniedrigeres Haus beugen.

Auch dies war eine Prestigefrage. Denn die Verwendung des Französischen, und sei es auch nur als Zweitsprache, stellte für die Parmas bereits ein Entgegenkommen des Erzhauses dar. »Gegenwärtig«, hatte es etwa in einem Promemoria vom 21. April 1903 noch geheißen, »kommt auch noch der Umstand zur Geltung, daß . . . der herzogliche Hof von Parma . . . doch dem

Range nach weit hinter dem Allerhöchsten Hofe steht und sich daher am kaiserlichen Hofe geltenden Herkommen und Principe zu fügen hat . . . «[12]

Immerhin konnte die Herzogin ihren Sprachenwunsch erfolgreich geltend machen. Pech hatte sie dagegen wiederum mit ihrer Forderung, die Höhe der Apanage des Erzherzogs – es waren 350 000 Kronen jährlich vorgesehen, dazu 100 000 Kronen für Repräsentationszwecke – im Ehevertrag ausdrücklich festzulegen. Nachdem Conte de Conti dies nicht gelungen war, schrieb die Herzogin persönlich an den Kaiser. Den Kindern, so die Herzogin, müsse unbedingt die »Unabhängigkeit und die wirtschaftliche Sicherheit« garantiert werden. Dabei war sie sich durchaus bewußt – und sagte dies auch sogleich, um dieses Argument vorwegzunehmen –, daß ihr Wunsch gewiß nicht der Üblichkeit entsprach.[13]

Freundlich, aber bestimmt, lehnte der Kaiser in einem Brief aus Bad Ischl die Bitte ab. Das Familienstatut erlaube dererlei nicht, meinte Franz Joseph, doch sagte er der Herzogin zu, daß Karls Apanage nach den Usancen der Familie festgelegt werde.[14]

Nun wußte die Herzogin, daß nichts mehr half und sie nachgeben mußte. In ihrem Antwortbrief vom 6. August bedankte sie sich für die »wohlwollende Art«, mit welcher Franz Joseph ihre Bitte aufgenommen habe. Sie habe Verständnis und Vertrauen in die kaiserlichen Zusagen.[15]

Erleichtert über das Einlenken der Herzogin, gestand Oberst Lobkowitz, Kammervorsteher Karls, er habe immer »gewisse Befürchtungen wegen der Forderungen der Frau Herzogin« gehegt. »Nunmehr aber«, jubelte er, werde wohl »alles ganz glatt gehen«[16].

Große Aufregung und Angst, einiges könnte nun doch noch schiefgehen, ja zu einer Katastrophe werden, gab es noch einmal in diesen Tagen. Auf dem Weg von Brandeis nach Prag – Karl wollte mit einigen Kameraden ins Theater – stieß das Auto des Erzherzogs mit einem unbeleuchteten Pferdefuhrwerk zusammen. Karl verlor für einige Minuten das Bewußtsein, und seine Freunde wurden von Angst und Schrecken erfaßt: Neues Unheil im Hause Habsburg? Die Ärzte befürchteten innere Verletzungen. Aber nach wenigen Tagen zerstreuten sich die Sorgen. Der Rittmeister durfte zur Ausheilung nach Hause.[17]

Die Erzherzogin

»Heute herrscht ein wahres Kaiserwetter – reinblauer Himmel und wundervoller Sonnenschein!« freute sich der Reporter der *Neuen Freien Presse* an jenem 21. Oktober 1911, an dem der Kaiser in Schwarzau eintraf – als Hochzeitsgast des künftigen Monarchen.[1] Die ganze Bevölkerung von Schwarzau und Umgebung war auf den Beinen. Höchste Fürstlichkeiten, die dem kleinen Ort niemals zuvor irgendeine Aufmerksamkeit geschenkt hatten, trafen nacheinander mit Sonderzügen auf der Südbahnstation im nahen St. Egyden oder per Automobil vor dem Schloß Schwarzau ein, umlagert von neugierigen Bürgern.

Es war eine Fürstenhochzeit wie im Märchenbuch, die anderntags im amtlichen Teil der *Wiener Zeitung* und des Budapester *Közlöny* kurz und nüchtern wiedergegeben wurde: »Samstag, den 21. Oktober d.J., um 11 Uhr vormittags«, hieß es da, »fand in der Kapelle des herzoglichen Schlosses zu Schwarzau am Steinfelde im Beisein Seiner k.u.k. Apostolischen Majestät die Vermählung Seiner k.u.k. Hoheit, des durchlauchtigsten Herrn Erzherzogs Karl Franz Josef, mit Ihrer königlichen Hoheit, Zita von Bourbon, Prinzessin von Parma, statt. Den Trauungsakt vollzog der Maggiordomo Seiner Heiligkeit des Papstes, Monsignore Bisletti.«[2]

Zita war aufgeregt wie jedes junge Mädchen vor dem großen Schritt. Diese Hochzeit war die Erfüllung ihrer Träume. Sie war für Zita zugleich der Aufstieg zum höchsten Rang, den eine Frau in diesem Land erreichen konnte. Sie scheute die nahende Bürde der Verantwortung nicht, war sich der Last und der Schwierigkeiten dieser Stellung schon früh bewußt. So bot sie ihren ganzen Fleiß auf, um sich im politischen Wissen, in der Kenntnis der Völker Österreich-Ungarns, ihrer Eigenarten und ihrer Sprache zurechtzufinden. Sie las viel und lernte mit angespannter Energie. Aber gewiß widerspräche es dem dynamischen, ehrgeizigen Charakter der jungen Prinzessin, wenn in ihr nicht auch stark das Gefühl des Triumphes gewaltet hätte.

War es eine Spur Abschiedsschmerz von Jugend und Elternhaus, der ihren Tränen freien Lauf ließ, während Hofdamen und Friseure ihre Garderobe und Haartracht richteten? Blaß, hübsch, aber stark verweint schilderten sie denn auch Beobachter der *Neuen Freien Presse*, die am Tage vor der Hochzeit mit viel Sentiment schrieben: »Ein junger Mann wird morgen ein junges Mädchen zur Frau nehmen ... Sie nehmen das Glück hin und horchen auf ihr Herz, ohne in diesem Augenblick auf die Stimmen zu achten, die von Zukunft und Schicksal, von Sorgen und hohen Bestimmungen sprechen. Wie grausam, daß ihnen trotzdem die Politik über die Schultern sieht ... « Und mit einem ahnenden Blick in die Zukunft fragte der Leitartikler: »Was mag das Schicksal auf die weiteren Blätter schreiben ..., was mögen einst die Namen des Erzherzogs Karl Franz Josef und der Prinzessin Zita für uns und die Geschichte der Monarchie bedeuten?«[3]

Nach Herzog Roberts Tod war es still geworden auf Schwarzau, dem Schloß mit dem Lilienwappen der Bourbonen auf der Fassade. Jetzt kehrte wieder Leben ein, wurde das große »Kaisertor« geöffnet, das geschlossen worden war, nachdem es der Monarch vor Jahrzehnten einmal passiert hatte. Umtanzt und umjubelt von Schwarzaus Bevölkerung, war das Schloß nun für ein, zwei Tage der Mittelpunkt des Vielvölkerreichs.

Noch ehe die Hochzeitsgäste eintrafen, zogen die Aviatiker von Wiener Neustadt Kreise der Huldigung über den strahlenden Himmel; unter ihnen lag das festlich beflaggte, von bunter Herbstpracht strahlende Schwarzau. Auch Zita hatte an den modernen Errungenschaften der Fliegerei immer großes Interesse gezeigt, obwohl sie selbst erst zehn Jahre später ein Flugzeug besteigen sollte – mit abenteuerlichem Ziel.

Bewundernd blickte Zita zum Himmel, als die Flieger ihre Gratulation aus der Luft entboten, und Karl eilte dem Piloten Warchalowski strahlend entgegen, als dieser mit seiner Maschine nahe der Pfarrkirche landete. Im Namen seiner Kameraden überreichte Warchalowski der kaiserlichen Hoheit die Bronzefigur eines jungen Mannes, der auf einem Adler stand und in der Rechten ein Flugzeug hielt.

Das war zugleich der Startschuß für die Feierlichkeiten, die am Donnerstagmittag mit einer Huldigung begannen, entboten von der Schuljugend des Neunkirchner Bezirks. Zita erschien im weißen Kleid, freundlich winkend, neben dem in Rittmeister-Uniform brillierenden Bräutigam auf der Terrasse im Schloßpark, hinter ihnen die Herzogin mit ihrer Familie und der Bürgermeister von Franzensbad, der zum Déjeuner geladen war. »Hoch, Österreich!« sang ein Chor, der schließlich auch noch den fleißig einstudierten Brautchor aus »Lohengrin« darbot.

Am Abend des nächsten Tages schwelgte Schwarzau in verschwenderischem Glanz. Die Stadt war, wohin man auch blickte, mit Blumenketten, Fahnen, Wappen, Kaiserporträts und Reisigdekorationen geschmückt. Mittlerweile waren die meisten Festgäste bereits eingetroffen, während ein riesiger Lenkballon das Brautpaar nochmals aus der Luft grüßte. Die Brautsoirée konnte nun beginnen, danach ein Polterabend im kleinen Kreis.

Feierlich bewegte sich ein von der Musikkapelle des Veteranenvereins »Herzog Robert von Parma« und allen Bürgermeistern angeführter Fackelzug auf das Schloß zu. Die ganze Bevölkerung von Schwarzau schloß sich ihm mit bunten Lampions an, und die Musikkapellen flochten – als patriotisches Tongemälde – »Österreichs Lorbeerkranz«. Böllerschüsse krachten, und dann ergoß sich ein wundervolles Feuerwerk ohnegleichen in den sternenreichen Abendhimmel. Der Pyrotechniker Sziroika hatte sein Bestes gegeben. Brillantraketen schossen in die nächtliche Höhe, Luftkugeln stiegen auf. Dann – als prachtvolle Krönung – entfaltete sich ein riesiger feuriger Palmenbaum am Himmel, mit Rubin- und Saphirsternen und der Inschrift: »Ein tausendfaches Hoch dem hohen Brautpaar!« Hundertfünfzig Steigraketen vereinigten sich am Ende zu einem mächtigen Blumenstrauß.

In dem herrlichen Speisesaal im ersten Stock des Schlosses, wo von der Stuckdecke die Bourbonen-Lilie strahlte und an den Wänden die Porträts der französischen Könige Ludwig XIV., Ludwig XV. und Karl X. prangten, versammelten sich gegen neunzehn Uhr die Gäste an fünf Tafeln zur Brautsoirée. Der mittlere Tisch war für das Brautpaar und die ranghöchsten Gäste reserviert. Auf schwersilbernen Tellern – beim Hochzeitsmahl sollten es goldene sein – wurde das Menü serviert: Grillierte Fasane als Hauptgang. Zita war in rosa Liberty gekleidet, mit einer silberbestickten Tunika umhüllt. Unter der Stickereibordüre schauten kostbare Brüsseler Spitzen hervor, und auf dem Dekolleté prangte eine Rosenbrosche.

Im Maria-Theresien-Saal durften die Gäste dann die bisher eingetroffenen Hochzeitsgeschenke bestaunen. In der Mitte lag, erhöht, das herrliche Brillantdiadem vom Kaiser, daneben Karls Geschenk an Zita: ein Perlenkollier aus zweiundzwanzig Reihen. Der Saal war zur Schatzkammer geworden. Die Gold- und Silberschätze und die Edelsteine glitzerten und funkelten, die Tische brachen fast unter der Last der Bilder, Bücher, Alben, Schmuckkassetten und Necessaires zusammen. Erzherzog Franz Ferdinand hatte dem Brautpaar einen überaus kostbaren Ring verehrt, der Bürgermeister von Franzensbad überraschte die Anwesenden mit einem Gemälde des in seinem Kurort neu benannten »Zita-Platzes«, und der Kapellmeister Hermann Dostal überreichte der neuen Erzherzogin die künstlerische Widmung seines »Erzherzogin-Zita-Walzers«.

Dann – nach einer nicht allzu langen Polternacht – verkündeten Böllerschüsse den bedeutenden Tag, den Zita mit einer frühen Andacht in der Hauskapelle begann. Im Gebet flehte die Braut den Segen für das bevorstehende Ereignis auf sich herab – und für alles, was aus ihm folgen sollte. Es waren letzte, erfüllte Stunden der Stille vor dem großen Trubel. Wehmutsvoll sandte sie ihre Blicke auf die Hausfarben der Parmas, mit welchen die Kapelle festlich ausstaffiert war. Denn dieses Blau-Rot sollte Zita nun für immer mit dem Schwarz-Gelb der Habsburger vertauschen. Ein Lebensabschnitt ging zu Ende. Die Prinzessin von Parma wurde Erzherzogin von Österreich. Und diesem Hause Österreich hatte sie von nun an zu dienen. Als Österreicherin freilich habe sie sich im innersten Herzen »immer schon gefühlt«, sollte Zita später der Autorin in einem Gespräch gestehen.[4]

»Gott erhalte, Gott beschütze
unsern Kaiser, unser Land . . . «

Ein gemischter Chor ließ die hymnischen Haydn-Töne erklingen, als der Zug mit Franz Joseph I. in der kleinen Südbahnstation St. Egyden einfuhr.

»Mächtig, durch des Glaubens Stütze,
führ' er uns mit weiser Hand . . . «

Einen so prächtigen, so wichtigen Tag hatte St. Egyden noch nie erlebt . . .

»Laßt uns seiner Väter Krone
schirmen wider jeden Feind.
Innig bleibt mit Habsburgs Throne
Österreichs Geschick vereint . . .«

Als der offensichtlich gutgelaunte Monarch seinem Salonwagen entstieg, ertönten Hochrufe. Mit lächelnden Winkgrüßen bedankte sich der Kaiser für die Ovationen, die ihm die Bürger auf der Fahrt nach Schloß Schwarzau bereiteten.

Dann, kurz nach elf Uhr, rollte der schwarze Mercedes durchs Kaisertor des Schlosses. Drei Trompeten, zwei Waldhörner und drei Posaunen hießen die Majestät mit der Kaiserfanfare von Dostal willkommen. Im selben Augenblick senkte sich die Parma-Standarte vom Giebel des Schlosses. Die Kaiserflagge wurde langsam und feierlich hochgezogen.

Vor dem Hauptaufgang kam Erzherzog Karl dem Kaiser in Begleitung des Herzogs von Madrid, des Chefs des Hauses Bourbon, entgegen. Und oben, auf dem letzten Treppenabsatz, erwartete die Hausherrin den Monarchen: Herzogin Maria Antonia. An ihrer Seite – mit klopfendem Herzen und scheu lächelnd – Zita.

Als ihr der alte Kaiser die Hand reichte, wollte die junge Braut sie protokollgerecht küssen. Doch der Kaiser wehrte ab, nahm den Kopf der Prinzessin zwischen beide Hände und küßte sie väterlich auf die Wangen. Das war der kaiserliche Willkommensgruß, das Entree in die Familie der Habsburger.

Im Empfangssaal, wo der Kaiser nun an der Seite der Herzogin eintraf, hatte sich die gesamte Hochzeitsgesellschaft versammelt – an der Spitze der (nach dem Kaiser) ranghöchste Gast, König Friedrich August von Sachsen, ein Onkel Karls, Bruder von Maria Josefa, mit zahlreichen Familienmitgliedern. Unter den etwa dreihundert erlauchten Herrschaften hatten sich zum Beispiel die Herzöge Albrecht, Philipp und Robert von Württemberg eingefunden, Prinz Rupprecht von Bayern, die Großherzogin von Toskana, Prinzessin Pia von Orléans, Prinz August von Coburg, Prinz Ludwig von Thurn und Taxis, Prinz Alois von Liechtenstein, Prinz Franz Josef in Bayern, die Erbgroßherzogin Marie Adelheid von Luxemburg sowie Infant Don Alfonso von Bourbon. Natürlich waren auch Zitas Brüder Sixtus und Xavier gekommen und – als dritthöchster Gast im Rang – Österreichs Thronfolger Franz Ferdinand mit seiner Gattin Sophie von Hohenberg.[5]

Karl, vom Kaiser und seiner Mutter Maria Josefa in die Mitte genommen, eröffnete den Hochzeitszug in die festlich geschmückte Kapelle. Er strahlte in der Rittmeister-Uniform eines Lothringer-Dragoners, geziert mit dem Goldenen Vlies, dem Militär-Jubiläumskreuz von 1902 und dem Stern zum Sächsischen Orden der Rautenkrone.

Vor dem mit rotem, goldverbrämtem Damast bedeckten Betpult empfing Karl nun seine Braut, die Maria Antonia und Herzog Jaime von Madrid begleiteten. Dahinter folgte der König von Sachsen mit dem Thronfolger Franz Ferdinand, der sich dieses Mal Mühe gab, weniger grimmig auszusehen als bei anderen Festlichkeiten. Dann kamen, in lockerer Reihenfolge, die übrigen Mitglieder des Erzhauses und des parmesischen Hofes. Die meisten Gäste aber waren schon kurz zuvor aus ihren Appartements in die Kapelle geströmt und hatten sich dort – wie im Vorraum (denn es war bei weitem nicht für alle Platz) – zwanglos postiert.

Pathetisch und triumphal hub die Orgel an, als die Hochzeitsgäste einzogen. Hofkapellmeister Christian Eder stimmte seine eigene Komposition an, vermischte dabei die Parma-Hymne mit der Kaiserhymne. »Jubelnd«, so die *Reichspost* vom 21. Oktober, »gingen die beiden herrlichen Weisen ineinander über und klangen lieblich aus.«[6]

Links vom Bräutigam, etwas erhöht, stand ein Thronsessel aus gelbem Damast mit einem kleinen Betpult davor. Er war natürlich für den Kaiser gedacht. Aber der Monarch weigerte sich, ihn zu benutzen. Aufrecht stand er die ganze Zeremonie über und die folgende Messe hindurch unter den anderen Festgästen. Mehrmals trocknete er sich mit einem Taschentuch die Augen.

Zita trug ein wundervolles Kleid aus elfenbeinfarbenem, reich silberbesticktem Satin Duchesse. Auf der drei Meter langen Schleppe glänzte die bourbonische Lilie. Die Corsage, die am Hals abschloß, war mit einer Berthe aus echten Brüsseler Spitzen geschmückt. Frische Orangenblüten zierten die Brust, und auf dem Haar trug die Braut einen Myrtenkranz. Über ihm wölbte sich der Brautschleier, der elegant nach unten fiel, oben aber von einem herrlichen Brilliantendiadem festgehalten wurde. Als Trauzeugen hatten sich auf ihrer Seite Maria Antonia und Don Jaime aufgestellt. Maria Josefa und der König von Sachsen fungierten als Karls Trauzeugen.

Braut und Bräutigam zeigten sich tief gerührt. Mehrmals kamen Zita die Tränen, während Monsignore Bisletti die Zeremonie in französischer Sprache vollzog. Mit einem raschen, herzhaften »Oui« antwortete Karl auf die vorgeschriebene Frage, ob er sein Leben lang zu dieser Frau stehen und sie schützen wolle. »Die Bejahung der Prinzessin«, so die *Neue Freie Presse*, »klang resolut, beinahe triumphierend, und ihr frischer Ton löste in den Bänken, wo die Erzherzoginnen Platz genommen hatten, ein herzliches Lachen aus, in das der Kaiser einstimmte.«[7]

Aber wieder gab es eine kleine Panne – wie ja schon bei der Verlobung. Als Bisletti bereits so weit war, das Paar zum Ringwechsel aufzufordern, stellte man bestürzt fest, daß die Ringe fehlten. Sie befanden sich noch in einem roten Samtetui in der

Hand Maria Josefas. Scheu lächelnd, als wolle sie um Entschuldigung bitten, gab die Erzherzogin nun das wertvolle Schächtelchen ihrem Sohn, der es dem Zeremonier weiterreichte. Die Ringe bestanden aus zwei aneinandergereihten Goldreifen mit der Inschrift: »Karl von Österreich – Zita von Bourbon-Parma. Sub tuum praesidium confugimus, sancta Dei genetrix« (Unter deinen Schutz begeben wir uns, heilige Gottesmutter). Während der Erzherzog den Ring auf den leicht zitternden Finger seiner jungen Frau steckte, ertönte Zitas Lieblingslied: »Mater misericordiae«.

Nach dem Gottesdienst setzte Bisletti die Mitra auf sein Haupt, verneigte sich vor dem Kaiser und hielt – in Italienisch – eine Ansprache an das Brautpaar. Dann verlas er feierlich ein Handschreiben des Heiligen Vaters. Gott möge, hieß es darin, das »tugendhafte Brautpaar« beschützen, und dieses möge fest auf Gott vertrauen. »In den bitteren Stunden, die auch diesem Paar gewiß nicht erspart bleiben werden, möge der göttliche Glaube Ihnen eine Stütze sein, mögen Sie Zuflucht finden in einem glücklichen Familienleben.«

Zum Schluß der Grußbotschaft gab es noch einen Eklat, der freilich im Augenblick noch nicht als solcher erkennbar war. »Der Himmel sehe noch viele Jahre gnädig herab auf den hochverehrten, erhabenen Herrscher und erhalte ihn in Gesundheit«, wünschte der Papst dem Kaiser, um dann unmittelbar, den nächsten Thronerben Franz Ferdinand ausklammernd, auf das Brautpaar einzugehen: » . . . wünschen Wir Euch von Herzen viele, viele Lebensjahre, in denen Ihr die Kinder Eurer Kinder sehen könnet bis zum dritten und vierten Geschlecht, und hoffen, daß sie berufen sind, den Frieden und das Heil ihrer Völker zu sehen . . .«

Diese Botschaft war nicht ohne Peinlichkeit und verärgerte den empfindlichen Thronfolger, der sich übergangen fühlte.[8]

Nach dem apostolischen Segen bewegte sich der Hochzeitszug, vom Brautpaar angeführt, in den großen Empfangssaal. Strahlend grüßte Zita nach allen Seiten – ein bezauberndes Lächeln lag auf ihrem Gesicht, das Gäste wie Presse gleichermaßen schwärmen ließ. Der Kaiser reichte dem Paar als erster die Hand zur Gratulation, ehe die übrigen Beglückwünschungen begannen und die Gesellschaft schließlich im großen Speisesaal zum erlesenen Hochzeits-Déjeuner Platz nahm.

Keiner der Hochzeitsteilnehmer dürfte geahnt haben, daß sich Leben und Wirken dieses Paares weit von dem Glanz entfernen würden, der sich an der Tafel ausbreitete, musikalisch umrahmt von der Tafelmusik, die von der Kapelle des 67. Infanterieregiments gespielt wurde – unter anderem von Dostals neukomponiertem Erzherzogin-Zita-Walzer. Die Zeiten aber, die für die Monarchie so hart werden sollten, wurden auch für das junge Kaiserpaar karg und entbehrungsreich. Die bedrängte Lage sollte bald keinen höfischen Prunk mehr gestatten. Prachtmenü und Walzerklänge wären Karl und Zita zynisch erschienen in einer Zeit, in der Millionen hungerten und auf dem Feld verbluteten. Aber bei aller Ahnung bevorstehender Unruhen und schmerzhafter Zeiten, die sich bereits abzeichneten, war man von den schlimmsten Befürchtungen, wie sie bereits einige weitsichtige Kenner prophezeiten und wie sie sich bald bewahrheiten sollten, noch weit entfernt. Ein Österreich ohne die habsburgische Krone war für die meisten Österreicher so wenig denkbar wie der Zusammenbruch.

Die lukullische Pracht war nicht geringer als die optische. Die fünf langen Tische bogen sich vor Gold und Blumen, vor erlesensten Speisen und Getränken. Nach einer Gemüsecreme-Suppe wurden Hasenpastete (»St. Hubertus«) und Lammschulter gereicht. Es folgten Langusten (»à la parisienne«) und gefüllte junge Truthähne. Danach wurden köstliche Desserts und Käse serviert. An Getränken wurden – nach einem Sherry Amontillado – ein 1900er-Jahrgang Château Léoville, ein Stein-Kreuzwertheimer von 1892 und schließlich Champagner Pérrier kredenzt.

»Die uns alle beglückende Vermählung«, hub der Kaiser in seinem Trinkspruch an, »die festlich zu feiern wir heute versammelt sind, gereicht Mir zur großen Freude und erfüllt Mich mit hoher Befriedigung. Erzherzog Karl hat sich die Prinzessin Zita von Parma zur Lebensgefährtin erkoren. Ich beglückwünsche ihn zu dieser Wahl seines Herzens und begrüße Erzherzogin Zita mit inniger Freude als Mitglied Meines Hauses.«[9]

Die innige Freude schien echt zu sein. Erinnerte er sich an seine eigene Hochzeit, die gleichfalls einer tiefen Liebe entsprungen war? Gewiß hat sich Franz Joseph spätestens an diesem Hochzeitstag über alle Bedenken, die ihn früher geplagt hatten, hinweggesetzt.

Glänzend gelaunt zeigte er sich denn auch nach dem Déjeuner auf dem Altan, wohin sich die Hochzeitsgesellschaft begab und wo Zita von einem Schulmädchen in niederösterreichischer Mundart begrüßt wurde. Anschließend wurden zahlreiche Fotos gemacht, und Franz Joseph dirigierte das Brautpaar scherzend und lachend in die richtige Position. Dabei freilich holte sich der alte Kaiser, den Gesundheitswünschen des Papstes zum Trotz, eine böse Erkältung. Er erlitt einen schweren Bronchitis-Rückfall, von dem er sich nur sehr langsam wieder erholte. »Fiebernd und hustend«, berichtet Franz Josephs Flügeladjutant Margutti, »kehrte er nach Schönbrunn zurück, und sein Leiden verschlimmerte sich während des Herbstes derart, daß man schon für sein Leben fürchtete. Von schmerzhafter Atemnot geplagt, stöhnte oft der Kaiser auf, mit dem Ausruf: ›Ach, dieser Unglückstag von Schwarzau!‹«[10]

Draußen, vor dem Schloß, hatte sich inzwischen eine neugierige Menschenmenge angesammelt, die aufgeregt die Abfahrt der Gäste, erst des Kaisers, dann des Brautpaares, erwartete. Dieses verließ gegen vier Uhr in einem aufs prächtigste mit Blumen geschmückten, dunkeltapezierten Coupé den Schloßhof, von Hochrufen umtost. Ehe aber das Auto losfuhr, klopfte Zita ans Fenster. Sie wünschte, daß die Wagentür noch einmal kurz geöffnet werde. Dann winkte sie ihre Mutter zu sich heran, sank ihr in die ausgebreiteten Arme, küßte sie lange und unter Tränen.

Das war der Abschied. Von Schwarzau. Von der Jugend. Jetzt brach ein Leben an, das für sie weit mehr Schmerz als Glanz bereithalten sollte.

Es war ein wahrer Triumphzug, den die Bürger von Payerbach und Reichenau dem neuvermählten Paar bereiteten, als dieses sich der erzherzoglichen Villa Wartholz näherte. Unter Hochrufen fuhr das Auto des Erzherzogs durch ein dichtes Spalier von Menschen in den Schloßhof ein, wo sich die Mitglieder der Gemeindevertretungen von Payerbach und Reichenau zur Begrüßung eingefunden hatten. Die fünfzehnjährige Tochter des Präsidenten des ortsansässigen Alpenvereins überraschte Zita mit einem herrlichen Gratulationsstrauß aus Alpenblumen: Edelweiß, Zyklamen, Enzian und Erika. Zugleich ertönten von den umliegenden Höhen Böllerschüsse.

Mit glänzenden Augen verfolgte Zita das herrliche Schauspiel: Auf dem Klosterwappen, einem der höchsten Gipfel des Schneebergs, loderte zu Ehren des hohen Paars ein mächtiges Feuer. Und bald glänzten alle Berge ringsum im Flammenschein: der Greinschacher Kogel, der Jakobskogel, die Heukuppe, die höchste Erhebung des Rax. Außerdem loderte es auf dem Semmering und dem Sonnwendstein.[1]

Doch bald erglänzte auch Reichenau selbst im Lichterschein. Bunte Glühlampen bildeten die Buchstaben Z und K.

Es waren wundervolle Flitterwochen hier in Reichenau, derentwegen Karl und Zita ihre Hochzeitsreise vorerst verschoben. Man ritt und jagte – Zita erlegte ihre erste Herbstschnepfe, und Karl schoß einen kapitalen Rehbock –, und das Paar liebte es, mit dem Auto in die Umgebung zu fahren und dabei in einfachen Gasthäusern zu speisen. Auch künftig sollte diese Gegend das Lieblingsjagdrevier Karls sein.

In der ersten Novemberwoche fuhr das Paar nach Maria Zell – ein Abstecher, der Zita später in besonderer Erinnerung bleiben sollte.[2] Tief im Gebet versunken, kniete die Erzherzogin vor dem Gnadenbild des steirischen Wallfahrtsorts. Hier dankte sie – mariengläubig wie ihr Mann – der Mutter Gottes für die Gnade ihrer Berufung und betete um Kraft.

Endlich, am 8. November, starteten die Neuvermählten zu

ihrer Hochzeitsreise, die sie in den Süden der Monarchie führte. Ihr Weg ging über Brixen, wo sie inkognito zwei hier studierende Parma-Prinzen besuchten und die Guggenbergsche Kuranstalt inspizierten, nach Bozen. Dort besuchten sie unter anderem ein Kino und schauten sich einen Film über ihre Hochzeit an. Als dann eine dicke, völlig unbekannte Dame auf der Leinwand von Zitas Vordermann zur Herzogin von Parma ernannt wurde, konnte die junge Erzherzogin, wie Zessner-Spitzenberg berichtete, »nicht mehr an sich halten und korrigierte flüsternd die begleitenden Erklärungen ihrer Nachbarschaft«[3].

Von Bozen aus ging's über Trient nach Arco, Görz, zu den Ausgrabungen von Aquileja, Grado an der Adria, Schloß Miramar, das Karl so liebte, und schließlich nach Triest. Am 17. November schifften sie sich auf dem Regierungsdampfer »Pelagosa« ein. Brioni, Zara, Sebenico, Spalato und Ragusa waren die nächsten Ziele. Zita genoß die Schönheit dieser südlichen Teile ihres großen neuen Heimatreichs. Bilder von bunter Pracht und die südlichen Temperaturen versetzten sie in eine glückliche Stimmung, während in den nördlichen Regionen der Monarchie bereits der Winter Einzug hielt. Sie sprach nicht viel auf dieser Reise, ließ sich die Natur und die historischen Sehenswürdigkeiten zeigen und erklären und war tief ergriffen von den Reichtümern, die sie hier vorfand.

Vor Ragusa geriet das Paar in einen starken Sturm, und beide wurden seekrank. Nachdem sie sich davon wieder erholt hatten, durchstreiften sie, von Ragusa aus, das herrliche Land bis in die Bucht von Cattaro.

Freilich gab es neben der Idylle auch die recht anstrengende Seite der Repräsentation, der sich Zita bereits mit Grazie widmete, obgleich ihr bislang jedwede Routine fehlte und sie zunächst – in Unkenntnis der Ränge und protokollarischer Fragen – ihre Gunst an einfache Gendarmen, Bürgermeister und Honoratioren in gleichem Maße verteilte. Denn überall, wo Karl und Zita an Land gingen oder in Bahnhöfen einfuhren, versammelten sich die Abordnungen der Städte und Bezirke, und immer war eine Menge gaffender und jubelnder Menschen zugegen.

Zita genoß das, zugleich aber wurde ihr mit einem Mal klar: Die Zeit unbeschwerter Ferien war vorbei, von nun an gehörte sie nur noch zum Teil sich selbst, zum weitaus größeren Teil jedoch der Öffentlichkeit.

In Gravosa verließen sie das Schiff, um mit einem Sonderzug das Narentatal aufwärts nach Mostar zu fahren. Denn es war Zitas besonderer Wunsch gewesen, die Herzegowina kennenzulernen. In Mostar beehrte das Erzherzogspaar die Moslems während deren Abendgebet in der Karagjosbeg-Moschee – für Zita ein Erlebnis von unauslöschlicher Tiefe.

Freilich verlief nicht alles wie geplant. So wollte man ursprünglich mit dem Schiff an der dalmatinischen Küste entlang nach Österreich zurückfahren. Aber heftige Stürme ließen es ratsam erscheinen, den Landweg zu nehmen. So wurde in Pola der Hofsalonwagen der Südbahn nach Bosnisch-Brod umdirigiert.

Am 23. November sollte das Paar in Sarajevo eintreffen. Doch da gab es einen Zwischenfall, der die Ankunft des hohen Paares in der bosnischen Hauptstadt um zwei Tage verzögerte. Auf dem Weg nach Sarajevo erhielt Karl die Mitteilung, daß die Ungarn aus Sicherheitsgründen (der Hofwagen des Erzherzogs sei »zu leicht für unsere Garnituren«) den Transit durch ihr Land verweigerten. Gewiß nicht ganz zu Unrecht erblickte Karl darin einen Akt ungarischer Selbstherrlichkeit und Bockigkeit.[4]

Da Karl heftigen Auseinandersetzungen aus dem Wege gehen wollte – was ohnehin seinem Charakter entsprach –, ließ er den Wagen mitten in der Nacht in Jablanica (Bosnien) aufs Rückfahrgleis umrangieren – und zurück ging's über Mostar an die Adria. Im Raguser Hotel »Imperial« wollte man auf besseres Wetter warten; doch umsonst. Es waren noch immer schwere Stürme vorhergesagt. So mußte das Paar schließlich noch auf dem Landweg nach Wien zurückkehren. Der ausgehandelte Kompromiß sah vor, daß die Ungarn einen Hofwagen der österreichischen Staatsbahnen zum Transit übernahmen, nicht aber Karls Südbahnwaggon.

Schon einen Tag nach der Rückkehr in die österreichische

Metropole hieß es wieder Abschied nehmen von Wien. Der Kaiser hatte dem Erzherzogspaar zwar Schloß Hetzendorf überlassen, ein zauberhaftes, eher intimes und gar nicht hochherrschaftliches Gebäude mit einem wundervollen Park. Schönbrunn lag nahe, eine schattige, idyllische Allee verband die beiden Schlösser miteinander. Hetzendorf war aber noch nicht bezugsfertig, sondern mußte erst noch renoviert werden.

Jedenfalls reisten beide am 28. November nach Brandeis, wohin Karl dienstliche Verpflichtungen riefen.[5] Dort nämlich übernahm er die Kommandantur der 5. Schwadron des Dragonerregiments Herzogs von Lothringen Nr. 7.

Das böhmische Städtchen, in dessen Schloß Karl und Zita nun leben sollten, prangte im Festschmuck, als das Paar eintraf. Die – größtenteils tschechische – Bevölkerung bereitete beiden einen herzlichen Empfang, und Zita bemühte sich bereits, Tschechisch zu sprechen, eine Sprache, die Karl glänzend beherrschte.

Bald sollte Zita sich hier großer Beliebtheit erfreuen – vor allem bei den Soldaten. Darüber hinaus machte sie das bislang recht unwirtliche Schloß zu einem gemütlichen gesellschaftlichen Mittelpunkt. Dies vor allem im Januar 1912, nachdem das Paar die Weihnachts- und Neujahrsfeiertage im kleinen Kreis in Schwarzau verlebt hatte.[6]

Noch einmal rief Wien zu gesellschaftlichen Pflichten. Karl mußte den Kaiser beim Ball der Stadt Wien vertreten. Und Zita selbst gab am 12. und 13. Februar in der Hofburg ihre ersten festlichen Empfänge. Überall begeisterte sie. Sie war eine geschickte, selbstbewußte Repräsentantin.

Vollkommen unvorhergesehen erhielten die Siebener-Dragoner Ende Februar den Befehl, ins äußerste Galizien zu reiten, um, dem geltenden strategischen Plan entsprechend, die nun stärker gefährdeten Reichsgrenzen im Osten besser zu schützen. So brach Karl am 1. März an der Spitze seiner fünften Eskadron nach Kolomea auf. Es war ein Zug, der eineinhalb Monate dauerte und zu dem zahllose Aufenthalte gehörten. Und Zita kam – mit der Eisenbahn – überallhin nach: nach Mährisch-Trubau etwa, das zu Ehren des erzherzoglichen Paares festlich beleuchtet war; nach Littau an der March, wo Zita, die mit dem Hofsonderzug früher angekommen war, vom Bezirkshauptmann, dem Bürgermeister und dem Stadtpfarrer begrüßt wurde; nach Groß-Wisternitz, Mährisch-Weißkirchen, Leipnik, Neutitschen, Teschen, Bielitz-Biala an der mährisch-galizischen Grenze. Dann ging's weiter durchs Karpaten-Vorland, nach Tarnow, Gorice, Jaslo. Hier wurden sie von Kälte, Eis und Schnee überrascht. Der Winter kehrte noch einmal für zwei Wochen zurück. Die Wege waren im Nu vom Schnee verweht, und Karls Zug blieb stecken.

Erst am 17. April konnte es weitergehen. Mit einer aufwendigen Stadtbeleuchtung, mit Zapfenstreich und Fackelzug empfing Kolomea die Einrückenden, die natürlich durch die hohe Gegenwart des Erzherzogs ihre ganz besondere Bedeutung erhielten. Eine Abordnung von Politikern, Gutsbesitzern und Adligen aus ganz Galizien war angereist, um Karl und Zita zu begrüßen.

Hier lebten sie nun also, sozusagen am Ende der Welt. Alles war karg und primitiv, und das Erzherzogspaar bewohnte ein kleines, recht unkomfortables Haus, das allerdings – und das tröstete Zita – von herrlichen Bäumen umringt war. Doch das Leben in Kolomea war nicht ohne Gefahren, denn die Bevölkerung war ausgesprochen russophil. Für den zur Bewachung des hohen Paares eigens von Wien hierher versetzten Polizisten Josef Finkelstein war es immer eine recht schwierige Aufgabe, das neugierige Volk von Zita fernzuhalten, wenn sie ihre täglichen Einkäufe auf dem Markt besorgte.[7]

Das Erzherzogspaar lebte recht zurückgezogen und galt überall als hilfsbereit. Der Ort – vorab die Garnison – verdankte es natürlich vor allem ihm, wenn die öffentlichen Einrichtungen modernisiert und mit mehr Komfort ausgestattet wurden, als man dies sonst in dieser Gegend gewohnt war. Was die Bauern immer wieder zu recht zweifelhaften, wenn auch gutgemeinten Gegengaben veranlaßte. So glich der kleine Garten des erzherzoglichen Hauses bald einem echten Zoo, in dem sich ein Bär, ein Adler oder ein Wolf tummelten . . .

Was das Gesellschaftsleben betrifft, so tat sich natürlich

nichts, und Karl und Zita suchten sich ihre Bekannten ganz nach ihrem Geschmack aus. Die Adligen jedenfalls verargten es dem Paar sehr, daß es sich hier sehr eng mit dem bürgerlichen Hauptmanns-Ehepaar Dudek anfreundete, mit dem es an vielen Abenden auf der Terrasse dinierte und mit dem es gemeinsam Ausflüge in die nahen Karpaten unternahm. Das Leben in Kolomea war ganz von der Garnison her geprägt, und Karl gliederte sich vollkommen in diese Umgebung ein. Jeden Morgen ritt er an der Spitze seiner Truppe aus, und oftmals hörte man, wie Augenzeuge Finkelstein sich später erinnerte, vom Erzherzog »scharfe Ausdrücke, wenn nicht alles klappte«[8].

Im August gab es dann die großen Manöver in Ostgalizien, die für Karl ein plötzliches Ende nahmen. Denn auf dem vom Regen aufgeweichten Gelände stürzte der hervorragende Reiter vom Pferd und zog sich eine schwere Gehirnerschütterung zu. Karl mußte sich daraufhin für längere Zeit in ärztliche Behandlung begeben.

Kaum genesen, wurde er zum Eucharistischen Weltkongreß nach Wien entsandt, worauf er mit Zita zur Rekonvaleszenz nach Reichenau-Wartholz fuhr. Hetzendorf war nämlich noch immer nicht bezugsfertig.

Endlich, am 1. November, erhielt Karl die Nachricht von seiner Versetzung nach Wien und seiner Beförderung zum Major im Infanterieregiment Nr. 39 Freiherr Conrad von Hötzendorf.

Vor allem Zita hatte nun dringend mehr Komfort nötig. Schon in Kolomea hatten sie wiederholt Schwächeanfälle und Unwohlsein geplagt, so daß sie mehr Ruhe brauchte. So ließ sie – wohl der einzige Luxus, den sie sich in der galizischen Garnisonsstadt leistete – Teppiche vor ihrem Haus auf dem Pflaster ausbreiten, damit die Schritte der Passanten zur Nachtzeit gedämpft würden.

Ihr Unwohlsein hatte indes – im Gegensatz zu Karls Gehirnerschütterung, an der er noch eine Zeitlang litt – eine ganz natürliche Ursache: Zita erwartete ihr erstes Kind.

Nicht alles verlief wie geplant. Schloß Hetzendorf war immer noch nicht bewohnbar, und so wurden die Vorbereitungen zu dem großen Ereignis auf Schloß Wartholz im niederösterreichischen Reichenau getroffen. Um alle vermeidbaren Störungen von seiner Frau fernzuhalten, hatte Karl die am Schloß vorbeiführende Straße für den gesamten Fuhrwerkverkehr sperren lassen. Die junge Erzherzogin hatte sich im ersten Stock des Schlosses einquartiert, der zum Park hin lag.

Am Abend des 19. November 1912 schien es endlich so weit zu sein: Die Wehen begannen, und Mutter wie Schwiegermutter durchwachten die Nacht am Bett der Erzherzogin. Die ärztliche Betreuung hatten die glänzendsten Experten der Gynäkologie übernommen: Universitätsprofessor Peham, die führende Kapazität auf diesem Gebiet, überwachte neben Dr. Pittner die Geburt. Währenddessen ging der werdende Vater im Vorraum nervös auf und ab, manchmal setzte er sich und schloß die Augen.

Es war dreiviertel drei, als der Erzherzog drinnen den ersten Schrei seines Kindes hörte. Jetzt kam Bewegung und Erregung ins Schloß. Karl trat ans Bett seiner erschöpften und glücklichen Frau und betrachtete seinen Sproß. Ein Bub. Ein Erzherzog. Vierter im Thronfolgerang – nach dem Kaiser, Franz Ferdinand und seinem Vater Karl. Ein künftiger Kaiser. So dachte man. Vierundzwanzig Böllerschüsse donnerten durch die Nacht.

Alles war gut gegangen, der Kleine war kräftig und wog vier Kilogramm. Zita war wohlauf. So konnte Fürst Montenuovo, Obersthofmeister seiner Majestät, schon am frühen Morgen des 20. November offiziell melden: »Ihre k. u. k. Hoheit, die durchlauchtigste Frau Erzherzogin Zita, Gemahlin seiner k. u. k. Hoheit, des durchlauchtigsten Herrn Erzherzog Carl Franz Josef, ist Mittwoch, den 20. ds. Monats, um zwei Uhr 40 Minuten früh, in der Villa Wartholz bei Reichenau in Niederösterreich von einem Erzherzog glücklich entbunden worden.«[1] Und am Abend konnte man in allen Zeitungen das ärztliche Bulletin lesen, in dem es unter anderem hieß: »Das Allgemeinempfinden ist den Umständen entsprechend, Kräftezustand [der Erzherzogin] gut, Temperatur 37,3, Puls 84.«[2]

Ohne Zweifel bedeutete diese Geburt auch für Zita selbst eine hohe Aufwertung ihrer Stellung. Jetzt, so die *Neue Freie Presse* wenige Tage später, sei die Erzherzogin nicht mehr nur als eine künftige Kaiserin anzusehen, sondern auch als die Mutter eines künftigen Kaisers. Im letzten Viertel des 20. Jahrhunderts, rechnete die Zeitung aus, werde der neue Sproß des Hauses Habsburg sein allerhöchstes Amt übernehmen.[3] »Wer würde die Kraft haben, diese große Bürde zu tragen, dem nicht der Himmel den Beruf und die Stärke gegeben hat, diese Herrscherzier auch dann in Ehren zu führen, wenn sie zuweilen eine Dornenkrone ist . . .«, sang die *Reichspost* dem kleinen Erzherzog in die Wiege.[4]

Die Taufpaten standen schon fest: Neben der Großmutter Maria Antonia durfte es kein Geringerer sein als der Kaiser selbst. Damit nämlich wurde die Nähe des Täuflings zum Thron der Apostolischen Majestät dokumentiert. Da war Karl – im August 1887 in Persenbeug – noch unter ganz anderen Umständen zur Taufe getragen worden. Von seiner Geburt war nur im Zeitungsinneren, unter den vermischten Hofnachrichten, berichtet worden, denn damals hatte es noch gar nicht danach ausgesehen, als würde aus ihm dereinst ein Kaiser. Noch lebte Kronprinz Rudolf, und nach diesem waren andere an der Reihe: Kaiserbruder Karl-Ludwig, Franz Ferdinand und Karls Vater Otto. Das hieß, daß Karl nur Sechster in der Thronfolge war, und hätte Franz Ferdinand später – was ja zu erwarten war – standesgemäß geheiratet und Söhne bekommen, wäre Karl ohnehin als künftiger Kaiser ausgeschieden.

Es war alles anders gekommen. Und auch für Otto, den hoffnungsvollen Sproß, sollte alles noch ganz anders kommen . . .

Der kaiserliche Pate hielt sich in Budapest auf, als die Nachricht von der Geburt des Erzherzogs bei ihm eintraf. Also sollte ihn Franz Ferdinand offiziell bei den Tauffeierlichkeiten vertreten. Aber auch dieser konnte sich nicht sofort von allen Verpflichtungen freimachen, so daß die Taufe erst am 25. November stattfinden konnte – aus kirchlicher Sicht schon reichlich spät. Franz Ferdinand mußte nämlich am 21. November nach Springe bei Hannover zu einer Jagdgesellschaft Kaiser Wilhelms II., auf der dringende politische Gespräche anberaumt waren. Der kleine Erzherzog hatte sich für seinen Einzug in die Welt eine Zeit höchst gefährlicher Spannungen ausgesucht. Die politische Lage auf dem Balkan spitzte sich zu, im Oktober war dort der Balkankrieg ausgebrochen. Die vier Bündnispartner Bulgarien, Serbien, Griechenland und Montenegro hatten der Türkei den Krieg erklärt, die internationalen Verwicklungen wurden immer komplizierter. Serbien, das von Rußland unterstützt wurde, verlangte den freien Zugang zum Meer, und Italien meldete seine Ansprüche auf Albanien an. Österreich-Ungarn aber stellte sich strikt gegen eine Machtausdehnung Serbiens oder Italiens.

So fand die Taufe nicht eben in einer friedlichen Welt voller Operettenglanz statt. Fürsterzbischof Franz Kardinal Nagl goß heiliges Wasser aus dem Jordan über den Kopf des Kindes und salbte seine kleine Stirn. Er taufte es auf den Namen Franz Joseph, dem sich noch weitere fünfzehn Taufnamen anschlossen: Otto, Robert, Maria Anton, Karl, Max, Heinrich, Sixtus, Xavier, Felix, René, Ludwig, Gaetano, Pius, Ignatius. Gewiß dachten die Namensgeber an einen späteren Kaiser Franz Joseph II.[5]

Die Zeremonie wurde in der Schloßkapelle von Wartholz vollzogen, die geschmackvoll dekoriert war – mit einer Fülle von Blattpflanzen aus den Gärten von Schönbrunn. Danach lud Karl zu einem einfachen Déjeuner für einundzwanzig Personen. Franz Ferdinand überreichte der Erzherzogin ein Geschenk des Kaisers, der sich noch am Tage der Geburt persönlich nach Zitas Befinden erkundigt hatte. Es war ein herrliches Diamantenkollier, eine Ergänzung des kaiserlichen Brautgeschenks.

Natürlich beging auch Reichenau die Geburt des Erzherzogs feierlich. Am Abend ehrten die Vereine der Umgebung den neuen hohen Erdenbürger mit einem festlichen Fackelzug. Der Zug bewegte sich aus dem reichgeschmückten Ort in den Schloßpark, allen voran die Ternitzer Werkskapelle. Der glückliche Vater empfing zusammen mit seiner Mutter und seinen Schwägern Felix und René die Gratulanten, und die junge Mutter verfolgte die herzliche Huldigung von einem Fenster ihres Zimmers aus. Gerührt lächelnd ließ sie sich von der Blasmusikkapelle den »Erzherzogin-Zita-Walzer« von Hermann Dostal vorspielen. Am Schluß erschallten brausende Hochrufe.

Auch zwei Offiziere der Siebener-Dragoner, die sich gerade in Wien in der Korpsoffiziersschule aufhielten, waren zur Taufe geladen. Karl und Zita machten sich nichts daraus, wenn es einige Angehörige ihrer Kreise für unangemessen hielten, daß das erzherzogliche Paar mit »Unstandesgemäßen« befreundet war. Schon am Tag der Geburt hatte Karl seine einstigen Siebener-Dragoner benachrichtigt. Und an Oberleutnant Hans von Gruber telegraphierte er sogleich nach Wien: »Teile Ihnen als dem ältesten Siebener in Wien mit, daß Erzherzogin Zita heute morgens eines gesunden kräftigen Prinzen entbunden wurde. Alles wohl. Bitte allen Siebnern in Wien mitteilen. Erzherzog Karl.«[6]

Einige Wochen nach der Geburt des Erzherzogs, der »Otto« und nicht »Franz Joseph« gerufen wurde, schrieb die Erzherzogin an die Frau des Rittmeisters Dudek: »Der Kleine hat auch schon ausfahren können, so schön und warm war es. Er wächst und gedeiht prächtig, vorige Woche hat er 42 Deka zugenommen. Er lacht auch schon sehr oft und ist wirklich sehr brav und ruhig.«[7] Zita stillte den kleinen Otto selbst, und schon im März 1913 konnte der Prinz mit seiner Mutter dem Vater nach Bruck folgen, wo das Infanterieregiment Lager hielt. Dort bekam er seinen ersten Zahn.

Ende Januar konnte das Paar endlich seinen Wohnsitz nach Hetzendorf verlegen. Das eher kleine, aber schöne Schloß – der Thunhof, wie es in früheren Zeiten hieß –, war 1694 den Augustinermönchen abgekauft und 1712 von Johann Lukas von Hildebrandt für den damaligen Fürsten von Liechtenstein umgestaltet worden. 1742 erwarb die Hofkammer den Besitz. Maria Theresia ließ das Schloß dann von Nikolaus Pacassi erweitern und bestimmte es als Wohnsitz für die Kaiserin-Witwe Elisabeth. Joseph II. vergrößerte das Gebäude und bewohnte das Schloß zeitweise selbst.

Hier, in der Nähe von Schönbrunn, wandelte sich das Alltagsleben des erzherzoglichen Paars grundlegend. Der Kaiser und der Erzherzog kamen sich näher, und Karl wurde immer häufiger zu repräsentativen Aufgaben herangezogen. Zita war nun die erste Dame im Reich. Die Zeit der großen Galaempfänge und Prunkbälle war jedoch vorbei. Der letzte Hofball hatte mit Rücksicht auf das Alter des Monarchen im Januar 1911 stattgefunden. Nur noch einmal sollte eine Veranstaltung den Glanz früherer Tage aufleben lassen: eine »Soirée dansante« am 16. Februar 1914 in Schloß Schönbrunn. Der Kaiser hatte den Wunsch geäußert, die Gattinnen der seit 1911 beglaubigten Missionschefs kennenzulernen. Nach dem Diplomaten-Circle erschien der greise Monarch an der Spitze des Hofes im Ballsaal – an seinem Arm Erzherzogin Zita.[8]

Karl und Zita drängten sich der Öffentlichkeit nicht auf, sondern zeigten sich bescheiden und zurückhaltend. Insofern unterschieden sie sich wohltuend vom Erzherzog-Thronfolger, der überall ein betont autoritäres Gehabe zur Schau stellte. »So kam es«, erinnerte sich Franz Josephs Flügeladjutant, Albert Freiherr von Margutti, »daß sich nicht bloß der alte Kaiser, sondern auch seine Umgebung und bald ebenso die Bevölkerung der Reichshauptstadt dem jungen Erzherzog und seiner ebenso geistig hochstehenden als anmutigen Gemahlin mit wachsender Sympathie zuwandten. Dem Kaiser behagte vornehmlich das traute Familienmilieu in seinen alten, vereinsamten Tagen umso mehr, als leider manchmal Dissonanzen viele Jahre seiner eigenen Ehe verbittert hatten . . .«[9]

Im März 1913 wurde Margutti im Hetzendorfer Schloß von Karl und Zita in Audienz empfangen. Dabei fiel ihm vor allem die Einfachheit der Hofhaltung auf. Hier war nichts von all der Förmlichkeit zu spüren, die am Hof Franz Josephs gepflegt wurde. Im Empfangszimmer kamen ihm – entgegen dem Protokoll – der Erzherzog und die Erzherzogin »aufs liebenswürdigste entgegen; beide reichten mir die Hand, und der Erzherzog forderte mich sofort auf, Platz zu nehmen. Dadurch wurde das Gezwungene einer sonstigen Audienz behoben und diese mit dem Charakter eines familiären Besuches angetan.«[10] Besonders beeindruckt zeigte Margutti sich davon, daß »Erzherzog und Erzherzogin mit warmer Anteilnahme sich nach meinen privaten Verhältnissen erkundigten. Derartiges war bei Kaiser Franz Joseph grundsätzlich ausgeschlossen; er vermied es geradezu peinlichst, das Eigenleben der vor ihm Erscheinenden – wenn diese nicht den höchsten Gesellschaftssphären angehörten – auch nur irgendwie andeutend zu berühren.«[11]

Erzherzog Karl versah seinen Dienst in der Stiftskaserne. Morgens war er stets als erster der Bataillonskommandeure dort oder am Übungsplatz im Prater. »Oft kam seine Gemahlin Zita mit«, erinnerte sich später einer seiner Soldaten, Ernst Dominig, »und sie blieb im Winter, wenn . . . Mannschaftsschule abgehalten wurde, mit einem Buch in der Hand stundenlang im Auto sitzend, im Hofe, bis nach Beendigung des Dienstes beide wieder gemeinsam wegfuhren.«[12] Daß Karl auch am Weihnachtsfest 1913 Dienst tat – anstelle eines Kameraden, der kein Auto besaß und am Heiligen Abend bei seinen Kindern sein wollte –, entsprach ganz seiner, von verschiedenen Zeugen gerühmten, Kameradschaftlichkeit.

Ehe er am 24. Dezember 1913 zum Dienst ging, gab es auf Schloß Hetzendorf gleich dreimal Weihnachtsbescherung. Karl und Zita schmückten selbst einen Baum für die armen Kinder der Umgebung, die sie zu sich luden, und auch die Schloßwache bekam ihren eigenen großen Christbaum. Kurz vor Mitternacht, als sein Dienst zu Ende war, eilte der Erzherzog auf kürzestem Weg nach Hetzendorf in die Kapelle zurück, wo die Mitternachtsmette zelebriert wurde. Für Zita hatte er eine besondere Überraschung vorbereitet: Er ließ einen ausgesuchten Chor vertraute Weihnachtslieder aus Zitas Kinderzeit singen.

Nur wenige Tage später, ein gutes Jahr nach Ottos Geburt, brachte Zita auf Hetzendorf ihr zweites Kind zur Welt – dieses Mal ein Mädchen. Seine Namen: Adelhaid, Maria, Josepha,

Sixta, Antonia, Roberta, Pia, Theresa, Beatrix, Franziska, Isabella, Henriette, Maximiliana, Genoveva, Ignatia, Marcus d'Aviano.[13] Die Geburt war jedoch nicht ganz ohne Komplikationen verlaufen, denn Zita erlitt eine Herzschwäche. So spendete Karl – zum Dank dafür, daß der Himmel doch noch alles gut gefügt hatte – einen gold- und silbergeschmiedeten Kranz für das Grab des seligen Marcus d'Aviano.

Bereits am 1. Februar 1914 erschien die Erzherzogin wieder in der Öffentlichkeit – zum Industriellenball in den Konzerthaussälen, der unter ihrem Protektorat stand. Und drei Tage später lud das Erzherzogspaar zum Thé dansant nach Hetzendorf.

Sarajevo – Auftakt zum grossen Krieg

Der 28. Juni 1914 war ein wolkenloser, heißer Tag. Aber aus dem Himmel fuhr der Blitz. Ein Blitz, der ganz Europa entflammen sollte.

In den Nationen Österreich-Ungarns – zwölf Sprachen wurden in der Habsburger Monarchie gesprochen – brodelte es seit langem. Vor allem Rußland und Serbien schürten das Feuer unter den Slawen, die sich – bis zu einem bestimmten Grad zu Recht – in der Vielvölkerfamilie stiefmütterlich behandelt fühlten, vor allem gegenüber den privilegierten Ungarn. Hinzu kam, daß die lange Regierungszeit Kaiser Franz Josephs zu Schwerfälligkeit und Verkrustung in der Verwaltung geführt hatte, wodurch Reformen und neue Ideen behindert wurden. So blickten viele hoffnungsvoll auf den Thronfolger, der energisch Pläne verfolgte, den Slawen mehr Eigenständigkeit zu geben. Zunächst schwebte ihm eine Dreier-Lösung vor. Danach sollten die Südslawen – neben dem deutschen und dem ungarischen Teil der Monarchie – eine eigenständige Einheit unter der einen Habsburger-Krone bilden. Dann neigte er mehr einer föderativen Struktur zu, die den einzelnen slawischen Einheiten bestimmte Eigenrechte verleihen sollte. Auf jeden Fall mußte endlich etwas geschehen, sollten die Gefahren einer noch stärkeren Unzufriedenheit und Radikalisierung in den slawischen Teilen der Monarchie unterbunden werden.

Gerade dies aber bedeutete Franz Ferdinands Todesurteil. Ein ausgleichender Mann, der dem aggressiven Panslawismus, gestützt und geschürt von Petersburg, den Wind aus den Segeln nahm, war für die Radikalen in Serbien und Rußland die größte Gefahr. Also mußte er beseitigt werden.

Karl und Zita verbrachten den Tag, an dem das Unfaßbare geschah, in Reichenau – in der Villa Wartholz, ihrem Lieblingsaufenthalt. Diese war vom Vater Franz Ferdinands, Karl-Ludwig, zu Anfang der siebziger Jahre des 19. Jahrhunderts nach den Plänen Baron Ferstels, des Erbauers der Wiener Votivkirche, errichtet worden. Zu ihr gehörten drei Nebenvillen und ein Areal von zehn Hektar Land, ein Park mit Obstbäumen, Blumen- und Gemüsegärten, mit Tennisplatz und Teich. Franz Ferdinand hatte diesen Besitz seinem Neffen Karl zur Verfügung gestellt. Erst später, 1918, sollte Karl das Schlößchen aus dem Familienfonds erwerben. Eingerichtet war es, seitdem Karl und Zita es bewohnten, »mit größter Einfachheit, ja nahezu mit bürgerlicher Schlichtheit«, wie sich Arthur Graf Polzer-Hoditz erinnert. »Das Zweckmäßige war entscheidend. Der größte und lichteste Raum, ehemals Speisezimmer, war zum Kinderzimmer gemacht worden.«[1]

Von der Villa aus, die auf einer hübschen Anhöhe lag, bot sich eine herrliche Aussicht auf das Tal, an dessen südlichem Ende man den Viadukt der Semmeringbahn erblickte. Auch konnte man von hier aus die Vorberge des Schneebergs sehen, die Feuchta und den Saurüssel. Im Park stand eine größere Blockhütte, die einst Karl-Ludwig – einer Tradition vieler Habsburger folgend, sich in einem Handwerk zu versuchen – mit Hilfe eines alten Tischlers errichtet hatte. Darin befand sich eine gemütliche Wohnstube, davor eine romantische Veranda.

Hier saßen Zita und Karl an jenem verhängnisvollen Tag. Sie wurden ungeduldig, da sie schon allzu lange auf die Hauptspeise warten mußten. Seitdem die Suppe serviert worden war, war ungewöhnlich viel Zeit vergangen. Was war geschehen? Plötzlich, so erinnerte sich Zita später, »kam ein Diener und brachte ein Telegramm, und als mein Mann es gelesen hatte, wurde er ganz bleich und sagte dann: ›Onkel Franz und Tante Sophie sind ermordet worden!‹« Zita hatte, wie sie sagte, »gleich das Gefühl, daß dies sehr schwerwiegende Folgen haben könnte. Aber meine allererste Reaktion war: Die armen Kinder [Franz Ferdinands]! Die sind jetzt plötzlich Vollwaisen!«[2]

Eine Zeitlang saß das Erzherzogspaar wie versteinert da. Keiner sagte ein Wort. Beiden wurde mit einem Mal bewußt, was dieser Mord für sie selbst zu bedeuten hatte. Mit ihm waren sie nun zum Thronfolgerpaar aufgestiegen. Und da der Kaiser schon sehr alt war, würde wohl auch die Krone nicht mehr lange auf sich warten lassen. Eine schwergewordene Krone. Karl war nun siebenundzwanzig, Zita zweiundzwanzig Jahre alt. Aber die aufkommenden Gefühle des Stolzes und der ehrwürdigen Verpflichtung wichen der Trauer, dem Mitleid mit der Familie Franz Ferdinands, mehr aber noch der großen, angstvollen Frage, was dieses Attentat für die politische Entwicklung, für die Monarchie – und vielleicht für ganz Europa – bedeuten konnte.

Dann erhob sich Karl plötzlich. Er eilte ins Schloß und ließ sich am Telefon mit dem Kaiser verbinden. Währenddessen wanderten Zitas Gedanken unwillkürlich zurück zu jener Privataudienz nach der Verlobung, als Papst Pius X. beharrlich darauf bestanden hatte: »Er [Karl] wird der nächste Kaiser sein . . .« Hatte er also doch eine Vision gehabt?[3] Und noch etwas fiel ihr jetzt ein. Sie erinnerte sich an einen Abend im vergangenen Winter auf Schloß Belvedere, als Franz Ferdinand ihr und Karl in Todesahnung zuflüsterte: »Ich . . . ich werde demnächst ermordet werden!« Und weiter: »Wie Ihr wißt, ist in Artstetten alles vorbereitet, die Gruft wartet. Demnächst werde ich dorthin gebracht werden.«[4] Dann teilte er Karl mit, daß er ein Regierungsprogramm ausgearbeitet habe und sich die Papiere in einem Schreibtisch seines böhmischen Schlosses Konopischt befänden. Sie seien nur für Karls Augen bestimmt.[5]

Wenig später erfuhren Karl und Zita, was sich im einzelnen in Sarajevo ereignet hatte, wohin Franz Ferdinand wegen der dort stattfindenden Manöver gefahren war. Seine Gattin, die Herzogin von Hohenberg, war ihm zu einem »privaten Aufenthalt« – wie es hieß – nach Bosnien nachgereist.

Es war 10.45 Uhr, als die tödlichen Schüsse fielen. »Sopherl, bleib – für die Kinder!« hatte der Erzherzog noch gefleht, aber auch die Herzogin war tödlich getroffen.

Es war bereits der zweite Attentatsversuch an diesem Tag. Am Appelkai, bei der Cumurja-Brücke, hatte der serbische Verschwörer Nedeljko Čabrinović eine Bombe auf das Auto des Thronfolgers geworfen, in dem sich dieser gerade auf dem Weg zum Rathaus befand. Geistesgegenwärtig schleuderte Franz Ferdinand den Sprengsatz mit der Hand vom Dach des Wagens. Er explodierte im folgenden Wagen, wodurch ein Oberstleutnant schwer verletzt wurde. Čabrinović konnte auf der Stelle verhaftet werden; später wurde er exekutiert.

Nach dem Besuch im Rathaus bestand der Thronfolger darauf, die Verwundeten im Garnisonskrankenhaus zu besuchen. Auf dem Weg dorthin ereignete sich die blutige Tat. Zwar war eine neue Route festgelegt worden, doch hatte man es verabsäumt, die Chauffeure davon zu unterrichten. So bog der erste Wagen mit dem Bürgermeister und dem Polizeikommissar nach rechts in die Franz-Joseph-Straße ein, wie es der ursprüngliche Plan vorsah. Als Landeschef Potiorek dies bemerkte, schrie er den Chauffeur an, und dieser stoppte. Genau in diesem Moment fielen die Schüsse. Gavrilo Princip, ein achtzehnjähriger Gymnasiast, hatte zweimal geschossen.[6]

Diese Tat war keine spontane Aktion einzelner Fanatiker. Vielmehr war das Attentat gut vorbereitet und vom serbischen Geheimbund »Schwarze Hand« organisiert worden. An seiner Spitze stand der Oberst im Generalstab Dragutin Dimitrijević, genannt Apis. Er sollte später, der Verschwörung gegen den serbischen Prinzen Alexander angeklagt und zum Tode verurteilt, die Planung des Attentats von Sarajevo gestehen.[7]

Freilich: Auch in Österreich-Ungarn gab es nicht wenige, die den Tod des Thronfolgers zunächst mit Gleichgültigkeit hinnahmen. Denn Franz Ferdinand war nicht eben sehr beliebt gewesen.

Er hatte weithin als schwieriger Mann gegolten, als empfindlich und herrschsüchtig, obwohl es in den allerhöchsten Kreisen nur wenige derart vorbildlich geführten Ehen gegeben haben dürfte wie die des Erzherzogs mit der Herzogin von Hohenberg. Franz Ferdinand genoß in der Bevölkerung keine großen Sympathien. Der Abgeordnete Josef Redlich notierte nach dem Attentat in sein Tagebuch: »in der Stadt [Wien] herrscht keine Trauerstimmung, im Prater und hier draußen bei uns in Grinzing ist an beiden Tagen überall Musik . . .«[8]

Vor allem in Ungarn hatte man mit wachsendem Mißtrauen die Pläne Franz Ferdinands verfolgt. So bemerkte Redlich, boshaft scherzend: »Man wird drüben wohl sagen: Der ›Gott der Magyaren‹ hat die Hand und die Kugel des elenden serbischen Wichtes gelenkt . . .«[9]

Kennzeichnend für das überzogene Protokolldenken am Wiener Hof war es, daß die Aufbahrung und Überführung des Sargs der Herzogin mehrere Tage lang Gegenstand von Diskussionen war. Wahrscheinlich war die Sorge, die Nicht-Ebenbürtige könnte allzu sehr aufgewertet werden, einer der Gründe dafür, daß die ausländischen Fürstlichkeiten – selbst der dem Ermordeten nahestehende Kaiser Wilhelm II. – gebeten wurden, von der Teilnahme an den Trauerfeierlichkeiten abzusehen. Dies wurde vielfach kritisiert – nicht nur, weil sich darin ein ungerechtes Standesdenken offenbarte, sondern auch, weil eine solche Begegnung ausländischer Fürstlichkeiten in Wien die Möglichkeit eröffnet hätte, mit Hilfe von Gesprächen manche Mißverständnisse aus dem Weg zu räumen. Gerade das bezweifelt allerdings Erzherzog Otto von Habsburg, siebzig Jahre nach den Ereignissen von der Autorin dazu befragt. Zu dieser Beerdigung wären wohl die Souveräne gekommen, meint er, nicht aber die Minister, auf die es im wesentlichen angekommen wäre.[10] Ähnlich argumentierte auch Zita: »Es wird nur zu oft geglaubt, daß bei solchen zeremoniellen Anlässen größere Gespräche geführt werden können. Die Praxis zeigt, daß dies nur in äußerst seltenen Fällen so geschieht. Es sind die Teilnehmer so sehr mit Einzelheiten überladen, daß es kaum zu einer ruhigen Auseinandersetzung kommen kann. Es wären außerdem gerade diejenigen, die am meisten für die späteren Entwicklungen verantwortlich waren, ganz besonders die Russen, voraussichtlich nicht gekommen.«[11]

Am 7. Juli trat dann, reichlich spät, der gemeinsame österreichisch-ungarische Ministerrat zusammen, und bei dieser Gelegenheit wurde eine Aktion gegen Serbien erwogen. Die meisten votierten für einen Krieg, aber zunächst sollte der Anstifter, der hinter allem stand, gefunden werden. Die ganze Welt sollte sehen, daß die Fäden in Serbien zusammenliefen. Am 19. Juli beschloß der Ministerrat, Serbien eine Note zu übergeben, die einem Ultimatum gleichkam. In ihm wurde die serbische Regierung aufgefordert, ihre antiösterreichische Propaganda mit allen ihr zustehenden Mitteln zu unterbinden, Lehrer, Beamte und Offiziere, die sich an ihr beteiligten, zu entlassen und österreichischen Behörden die Erlaubnis zu erteilen, bei der Eindämmung der subversiven Tätigkeiten gegen die Monarchie mitzuwirken. Die Note wurde am 23. Juli, um achtzehn Uhr, in Belgrad vom österreichisch-ungarischen Gesandten Freiherr von Giesl überreicht. Doch was da verlangt wurde, war niemals zur Gänze zu erfüllen, wollte Serbien sich nicht allzu stark seine Souveränität beschneiden lassen.

Daher entsprach die Antwort Serbiens nicht den Forderungen Wiens. Dennoch war sie entgegenkommend und zurückhaltend. Immerhin sanft genug, um Kaiser Wilhelm aufatmen zu lassen, der einen Krieg nunmehr für »überflüssig« hielt. Serbien nahm darin einige österreichische Forderungen an – nicht aber jene, auf die es Wien ankam. Es wehrte sich entschieden gegen das Ansinnen, daß Organen der Monarchie erlaubt werde, in Serbien nach den Tätern von Sarajevo zu fahnden. So erklärte Wien die Antwort Belgrads als unzureichend und brach die diplomatischen Beziehungen ab. Zwei Tage später begann Serbien mit den Kriegsvorbereitungen, und am selben Tag noch gab Kaiser Franz Joseph, von seinen Militärs um Franz Conrad von Hötzendorf gedrängt, den Befehl zur Mobilmachung für den »Kriegsfall Balkan« aus. Am 28. Juli befahl der Zar die Teilmobilmachung in

Rußland, zwei Tage später mobilisierte er die gesamten Streitkräfte.

Und nun ging alles ganz schnell, der Mechanismus der Bündnisse funktionierte mit unerbittlicher Präzision. So erklärte am 31. Juli Deutschland, Österreichs Verbündeter, den Krieg an Rußland, am 3. August an Frankreich. Nach dem deutschen Einmarsch in Belgien folgte am 4. August die britische Kriegserklärung. Am 11. August schließlich erklärte Frankreich Österreich-Ungarn den Krieg. England folgte tags darauf.

Für Zita war diese Entwicklung um so entsetzlicher, als sie gerade die Gegnerschaft zu Frankreich in besonderem Maße schmerzen mußte. Sie fühlte sich von Abstammung und Geburt her als Französin – nun aber war sie zuerst, und vor allem, Österreicherin. Überrascht war sie gleichwohl nicht. Denn sie hatte all die Jahre aufmerksam die politischen Ereignisse verfolgt und ihre Problematik mit Fachleuten, nicht zuletzt mit ihrem Mann, diskutiert. Sie sah die Gefahr eines Krieges und hatte doch, wie sie der Autorin berichtete, »bis zuletzt gehofft, daß der Krieg noch einmal vermieden werden könnte«[12].

Österreichs Unmut über Serbien war ohne Zweifel begründet. Denn Belgrad schielte nach den südslawischen Gebieten der Monarchie und nach einem Zugang zum Meer. Rußland begehrte die Herrschaft über die Meerengen, wollte aber auch auf dem Balkan und in Galizien die Oberhand erringen. Rumänien gierte nach einem Stück Ungarns, und Frankreich forderte Revanche für den verlorenen Krieg von 1870/71. Vor allem bestand es auf der Rückgabe von Elsaß-Lothringen. Deutschland fühlte sich umzingelt. England sah mit Argwohn auf die weiter aufstrebende Industriemacht Deutschland, die sich zu einer Welthandelsmacht zu entwickeln schien, und fürchtete vor allem, seine Vorherrschaft zur See einzubüßen. Diese wollte es sich unter keinen Umständen rauben lassen, sondern sie noch ins Mittelmeer ausdehnen, wo die Stellung Italiens und der Türkei zunächst ungeklärt schien. Italien begehrte die italienischen Gebiete der Monarchie, später auch einiges darüber hinaus, wie zum Beispiel Südtirol – unter der Devise »Italien bis zum

Brenner«. Österreich-Ungarn dagegen ging es nicht um eine Vergrößerung des Landes, sondern um den Erhalt der bestehenden Grenzen. Dabei flammten selbstverständlich auch alte Ressentiments auf – wie der habsburgisch-bourbonische Gegensatz im Kampf um die Vormachtstellung Europas, der durch den Aufstieg Preußens zwar in den Hintergrund getreten, aber nicht erloschen war.[13]

Das komplizierte und hochexplosive Gemisch von Ansprüchen, Ängsten, Rechten, Emotionen und Herrschaftsgelüsten brauchte nur noch einen Funken, um zu detonieren. Diesen Funken entzündete der Balkan, Schauplatz der beiden Balkankriege. Dabei war die Schuld am Krieg keineswegs einseitig einer bestimmten Nation zuzuteilen. Gegenüber der Autorin meinte Ex-Kaiserin Zita im Mai 1984: »Sachlich gesehen, ist diese Schuld weitgehend geteilt. Ich bin heute wie damals der Überzeugung, daß die meisten Regierungen den Krieg nicht wollten, aber sozusagen in den Ablauf der Ereignisse hineingerissen wurden . . . Einzig und allein gewisse Persönlichkeiten in Rußland und Belgrad wollten diesen Krieg in der damaligen Zeit.«[14]

Tatsächlich war man in Wien zunächst der Meinung, der Konflikt lasse sich auf Österreich und Serbien eingrenzen. Den Provokationen der Serben aber müsse ein für alle Mal ein Ende gesetzt werden. »Es ist nicht möglich, die Geschichte sozusagen im Sandkasten noch einmal durchzuspielen«, meinte Zita später im Gespräch mit der Autorin. »Wer die damalige Zeit sachlich zu studieren versucht, muß sich sagen, daß selbstverständlich auf allen Seiten Fehler gemacht worden sind. Allerdings könnte nur der, der damals handelnd mitgewirkt hat, genau sagen, ob er diese Fehler auch gemacht hätte oder nicht. Ich glaube nämlich, daß gerade von österreichischer Seite es keinen bewußten bösen Willen gegeben hat, wohl aber dürfte es Fehleinschätzungen der Lage gegeben haben. Dabei ist es natürlich immer leichter, im nachhinein Urteile zu fällen, als im Augenblick selbst.«[15]

Im Augenblick selbst. Als der Augenblick da war, zählte Karl – und mit ihm Zita – keineswegs zu denjenigen, die »damals handelnd mitgewirkt« haben. Karl wurde nicht um seine Meinung gefragt, als es um die Reaktion auf die serbische Antwort ging. Er hielt sich in Reichenau auf und wartete auf den Ruf des Monarchen. Dieser blieb jedoch aus. »Das waren die bangen Wochen nach der Tragödie von Sarajevo«, meinte Ex-Kaiserin Zita später gegenüber dem Wiener Fernsehjournalisten Erich Feigl. »Wir warteten auf den Ausgang der Verhandlungen, der komplizierten, vielfach verflochtenen Überlegungen. Erzherzog Karl wurde zu den Beratungen nicht ein einziges Mal zugezogen. Während all dieser schicksalsschwangeren Tage hatten wir in Wartholz nichts als zuzuwarten.«[16] Für diese Vorgänge hat Zita eine entschuldigende Erklärung: Der Kaiser wollte »seinen Thronfolger und Erben aus jeglicher Verstrickung heraushalten«, damit er freie Hand für eine eigene Politik bekomme. Karl, so Zita, »sollte ein ›unbeschriebenes Blatt‹ bleiben«[17]. Der Autorin erklärte Zita dazu: »Die Ereignisse haben sich damals sehr stark überstürzt, und es war infolge der doch sehr unerwarteten Entwicklung offensichtlich den Institutionen nicht möglich, schnell auf einen neuen Thronfolger zu schalten. Als allererster hat dies Kaiser Franz Joseph getan, der damals mit dem neuen Thronfolger eine Reihe von Problemen besprach.«[18]

So trat Karl in den Tagen nach dem Mord von Sarajevo nur einmal an die Öffentlichkeit. Er wartete auf dem Bahnhof in Penzing auf den greisen Monarchen, als dieser am Tag nach dem Attentat nach Wien zurückkehrte. Neugierig blickten die unzähligen Menschen auf ihn, die sich zum Empfang der Majestät eingefunden hatten. Zum ersten Mal stand Karl im Mittelpunkt des Interesses. Der neue Thronfolger – wer war er? Da stand er nun, in fescher Paradeuniform, als Oberleutnant des ungarischen Infanterieregiments Nr. 39, zu dem er am 1. Mai dieses Jahres befördert worden war. Die Straßen entlang der Route, die Kaiser und Thronfolger nahmen, waren mit dichten Menschenreihen gesäumt; mit lauten Hochrufen begrüßten die Bürger den Herrscher und seinen Nachfolger.

Dennoch: Der Erzherzog-Thronfolger blieb weiterhin fern den Schalthebeln der Wiener Politik. Das ging sogar so weit, daß Karl vom Ultimatum an Serbien erst aus einem Telefonat mit einer Bankfiliale erfuhr. Diese Erfahrung machte ihn traurig und ärgerlich zugleich, traf ihn tiefer, als er es sich nach außen hin anmerken ließ. Und doch versetzte ihn dieser Umstand in eine vorteilhafte Lage: Er konnte als ein Mann auftreten, der am Kriegsausbruch nicht im geringsten schuld war. Jeder mußte ihm dies bestätigen.

Jetzt erst rückte Karl ins Zentrum öffentlicher Aufmerksamkeit. Denn bis zum Attentat von Sarajevo war das Erzherzogspaar in breiten Bevölkerungskreisen ziemlich unbekannt. Was nur, fragte man sich allenthalben, ist von diesem jungen Mann zu erwarten? Wie dachte er politisch, ja, dachte er überhaupt etwas? Und seine Frau? Man sprach von einer »Italienerin«, etikettierte sie mit den Begriffen »bigott« und »klerikal«. Und doch blickten die meisten Menschen mit Wohlwollen auf das junge Paar. Eine hübsche Frau an der Seite eines jungen Thronfolgers – das war gut, und auch für die Nachfolge war gesorgt.

»Der nunmehrige Thronfolger«, berichtete der bayrische Gesandte in Wien, Heinrich Freiherr von Tucher, seinem König nach München, »ist bis jetzt sehr wenig hervorgetreten und daher wenig bekannt. Er wird mir als pflichttreu, seiner neuen Verantwortung bewußt, für seine hohe Mission wenig vorbereitet und als von mittlerer Begabung bezeichnet. Es wird jetzt daran gedacht, ihn mit geeigneten Persönlichkeiten zu umgeben und allmählich in die Regierungsgeschäfte einzuweihen. Der junge Erzherzog spricht gut ungarisch und hat nicht die Abneigung seines heimgegangenen Onkels gegen Ungarn. Der Kaiser sieht mit Liebe und Wohlwollen auf seinen Großneffen . . .«[19]

Der neue Thronfolger gebot über keine Hausmacht. Welch ein Unterschied zu seinem Vorgänger, der im Schloß Belvedere eine Art von Nebenregierung etabliert hatte! Karl war in Fragen der Politik unerfahren und verstand sich vor allem nicht aufs Intrigieren, denn er war ja fern vom Hof aufgewachsen. Außerdem hätte dies nicht seinem Naturell entsprochen. Und auch seine ganze Ausbildung war nicht hinreichend genug auf das hohe Amt hin ausgerichtet gewesen. Zwar hatte er eine gediegene Grundlage in allen wichtigen Allgemeinfächern erhalten, wobei man allergrößten Wert auf Sprachen legte. Ferner hatte er zahlreiche Reisen unternommen und – für einen Erzherzog bislang ungewöhnlich – als externer Schüler an den naturwissenschaftlichen Unterrichtsstunden im renommierten Wiener Schottengymnasium teilgenommen. In Prag war er von hervorragenden Lehrkräften ausführlich in die Staats- und Rechtswissenschaften eingeführt worden. Aber all dies war eine solide Grundlage – nicht mehr. Auf ihr sollten das eigentliche Wissen und die eigentliche Praxis aufgebaut werden, die für die Führung eines so großen, vielfältigen und problembeladenen Staatswesens nötig waren.

Karls militärische Laufbahn war nicht minder grotesk. Über Jahre hinaus tat er in den entlegensten Garnisonen Dienst, was ihm zwar hohe Achtung unter Kameraden, aber keineswegs den nötigen Überblick verschafft hatte. Erst Ende 1912 wurde er nach Wien versetzt, wo er auch seine Generalstabsstudien wieder aufnahm, ohne jedoch an der politischen oder militärischen Machtausübung direkt beteiligt zu sein. So war er im Sommer 1914 tatsächlich nicht in der Lage, in die Fußstapfen seines ermordeten Onkels zu treten, der seit August 1913 Generalinspekteur der gesamten Streitkräfte gewesen war.

Auch Franz Ferdinand hatte nicht viel getan, um seinen Neffen mit späteren Aufgaben vertraut zu machen. Persönlich verstanden sich die beiden gut, doch reagierte Franz Ferdinand stets recht empfindlich, wenn Karl irgendwo als künftiger Thronfolger bezeichnet wurde. Was wiederum zu allerlei Gerüchten Anlaß gab, etwa zu dem, daß Franz Ferdinand nach dem Tod Franz Josephs seinen Eid brechen und seinem Sohn Max doch noch die Thronfolge sichern wolle.[20]

Seltsamerweise waren die Männer, die Franz Ferdinand treu ergeben waren, keineswegs daran interessiert, Karl zu stützen. Vielmehr drängten sie den Kaiser, die Militärkanzlei im Belvedere aufzulösen. Sie zeigten sich in diesem Punkt auf einmal eines Sinnes mit den ehemaligen Gegnern Franz Ferdinands im engsten Kreis um den Kaiser. Diese wachten eifersüchtig darüber, daß Karl nicht in die Lage versetzt würde, zuviel über die

Staatsgeschäfte zu erfahren und so in eine ähnliche Rolle zu schlüpfen, wie sie Franz Ferdinand gespielt hatte. Ein junger Mann konnte schließlich – was wußte man schon von ihm – leicht unbequem werden. Dagegen stellte der alte Kaiser eine berechenbare Größe dar, bei der man vor Wandlungen und Überraschungen sicher war. Er lebte völlig abgeschieden in Schönbrunn, trat in der Öffentlichkeit kaum noch in Erscheinung, und auch die recht spärlich abgehaltenen allgemeinen Audienzen unterblieben nun nahezu ganz. Der greise Monarch widmete sich beinahe ausschließlich dem Studium der Akten und beschäftigte sich mit jedem Detail, bearbeitete jedes Gesuch, das auf seinen Schreibtisch kam, mit peinlicher Akribie – und war es noch so unwichtig. Fast schien es, als wolle er sich mit all dem betäuben, um den Schmerz wesentlicher, lebenswichtiger Entscheidungen nicht durchstehen zu müssen.

Der Kaiser hätte dem Thronfolger, dem er im übrigen persönlich herzlich zugetan war, gewiß sofort mißtraut, wenn dieser versucht hätte, politische Initiativen zu ergreifen. Deshalb glaubte Karl nicht, den Kaiser um eine eigene Militärkanzlei bitten zu können. »Ich habe gerade in dieser Hinsicht die allerschlechteste Position, die sich nur denken läßt«, klagte Karl einmal. »Onkel Franz hat mir – natürlich nicht mit Absicht, aber tatsächlich – meine Stellung als Thronfolger furchtbar erschwert.«[21]

Die zerrissenen Parmas

Bevor noch der Krieg seine schlimmsten Auswüchse zeigte, war über Zitas Familie, in der sie sich so lange glücklich und geborgen gefühlt hatte, die Katastrophe hereingebrochen. Die Herzogsfamilie spaltete sich: Wer war Österreicher und wer gehörte zu den Feinden – zu den Franzosen? Eine Tragödie für die Erzherzogin, die im Elternhaus als Französin aufgewachsen war und nun ihr Leben Österreich und den Habsburgern geweiht hatte. Niemand in den allerhöchsten Kreisen der Monarchie dürfte von diesem

Krieg so schmerzhaft getroffen worden sein wie sie selbst.[1] Und dennoch war ihr klar, wohin sie nun mit ihrer ganzen Seele und ihrer ganzen Kraft gehörte: zu Österreich, an die Seite ihres Mannes.

Dagegen erwachte in anderen Mitgliedern des Hauses Parma jetzt erst recht ein glühender französischer Patriotismus. Und dieser hatte auch eine ganz rationale, eigennützige Seite. So hatte Zitas Bruder Sixtus in seiner Dissertation den – »rechtmäßigen« – Anspruch aller Bourbonen auf den französischen Thron begründet. Für ihn gab es keine Zweifel, daß er in dieser tragischen Auseinandersetzung – die um so tragischer war, als Österreich mit Frankreich eigentlich gar nicht zerstritten war – zu seiner französischen Heimat gehörte. Ein Standpunkt, den auch sein Bruder Xavier teilte.[2] Im Gegensatz hierzu traten die Zita-Brüder Elias, René und Felix bald in die österreichisch-ungarische Armee ein, wobei ihnen freilich zugesichert wurde, daß sie niemals direkt gegen Frankreich eingesetzt würden.

Doch die Lage verschärfte sich zusehends, und so stand für Sixtus und Xavier fest, daß sie – gemeinsam mit Don Jaime von Bourbon –, nach Frankreich reisen und auf dessen Seite kämpfen würden. So leicht war das allerdings nicht. Zunächst wurde ihnen die Ausreiseerlaubnis verweigert, denn schließlich planten sie ja den Eintritt in eine feindliche Armee. Karl und Zita mußten – wenn auch schweren Herzens – vermittelnd eingreifen. So notierte Xavier in seinem Tagebuch: »Zita und Karl erhalten vom Kaiser die Genehmigung unserer Abreise in die Schweiz. Er [Franz Joseph] sagte: ›Ich verstehe, daß sie ihre Pflicht tun wollen.‹ Karl reist heute nach Galizien. Der Abschied zwischen uns vieren ist sehr bewegt. Aber Zita ist sehr tapfer und läßt sich vor uns nichts anmerken. Sie hat sich endgültig in Schönbrunn niedergelassen. Karl sagt uns, daß ebenso, wie es seine Pflicht sei, zur Armee zu gehen, es unsere Pflicht sei, Frankreich zu dienen.«[3]

Am 20. August telefonierten die Geschwister ein letztes Mal miteinander. Zita hatte ihre Brüder in Schwarzau angerufen, um ihnen den Tod des Papstes mitzuteilen. Sie hatte Pius X. sehr verehrt. »Der liebe Gott hat nun seinen Botschafter zurückgerufen«, schrieb Xavier in sein Tagebuch und nannte den Papst die »letzte Stimme des Friedens«.[4]

Den letzten Abend vor der Abreise verbrachten die Prinzen bei der Mutter. Maria Antonia weinte, und alle fürchteten, daß dies ein Abschied für immer sein würde, jedenfalls von Schwarzau. »Es war noch nie so traurig in Schwarzau«, erinnerte sich später Xavier, »und dennoch, . . . so traurig der Abend auch war, dieser Abend auf der Terrasse . . ., noch niemals zuvor waren wir uns dessen so sehr bewußt geworden, wie fest wir zusammengehören, daß uns ein unzerreißbares Band verbindet.« Wehmütig dachte er an die Zeit, »als Zita sich mit Karl vermählte. Wie haben wir einander geschworen, jetzt noch mehr zusammenzustehen! Einen Ring wollten wir bauen um sie, sie schützen in dieser furchtbaren Zeit, weil wir doch ahnten, was kommen würde. Jetzt ist es da. Sie wollen uns alle vernichten, den Glauben, die Kirche, den Staat, Europa, die Menschen . . . Seltsam. Wir kämpfen an ganz verschiedenen Fronten, und doch stehen wir alle im gleichen Lager . . . Das Lager, das Europa verteidigt gegen die Nationalisten und gegen jene, die unseren Kontinent vernichten wollen . . .«[5]

Am 21. August schließlich verließen die Prinzen Schwarzau und erreichten in Feldkirch (Vorarlberg) die Grenze. In diesem Städtchen hatten sie das Gymnasium am Jesuitenkolleg Stella Matutina besucht. Sieben Tage später waren sie in Frankreich, nachdem sie ihre Reise in Wartegg am Bodensee unterbrochen hatten. Vergeblich bemühten sie sich jedoch in den folgenden Wochen um ihre Aufnahme in die französische Armee. Sie mußten sich einem Gesetz aus dem Jahre 1889 beugen, demzufolge Mitglieder der Familien Bourbon und Bonaparte nicht in den Dienst der Republik aufgenommen wurden. Aber auch von den Engländern wurden die Prinzen abgelehnt. So stellten sie sich vorerst dem Roten Kreuz zur Verfügung. Ihre Cousine Elisabeth, Königin der Belgier, konnte jedoch erreichen, daß Sixtus und Xavier in die belgische Armee eintreten durften.

Die Bande zwischen den Geschwistern zerrissen nie. Diese

Tatsache sollte später noch von besonderer Bedeutung für Zita sein und für ihre Versuche, dem Krieg ein Ende zu bereiten.[6]

Es war kein Wunder, daß Zita vor allem dort empfindlich reagierte, wo es in diesem Krieg um die Belange Frankreichs ging und seinen wertvollen Kulturgütern durch Kriegseinwirkung Gefahr drohte. Nicht weniger als viermal schrieb sie selbst an den deutschen Kaiser, als sie erfuhr, daß die Kathedrale von Reims durch deutsche Bombardements gefährdet sei. Darüber »waren die Deutschen wütend«, berichtete Zita in einem 1922 mit dem Chefredakteur von *Le Matin*, Jules Sauerwein, geführten Gespräch. »Das erste Mal antwortete er [Wilhelm], daß die Kathedrale kaum beschädigt worden sei, daß aber nun einmal die Franzosen dort ihre Batterien versteckt gehalten hätten. Dennoch werde er diesbezügliche Befehle erteilen. Er war sehr verlegen.«[7]

»Auf Umwegen erhalten wir einen Brief der Erzherzogin Zita«, schrieb Prinz Xavier am 8. August in sein Tagebuch, »in dem sie uns nach Neuigkeiten über die Kathedrale von Reims fragt. Sie hat schon mehrmals, von Karl vermittelt, auf das deutsche Große Hauptquartier einzuwirken versucht, die Kathedrale zu retten, . . . die Reliquien unserer Geschichte Frankreichs.«[8]

Wenn Zita im hohen Alter dieses Engagement leugnete und der Autorin mitteilte, Karl habe das »sogleich spontan selbst versucht«[9], so hatte dies zweifellos seinen Grund darin, daß sie hinter ihren Mann zurücktreten und dessen Verdienste hervorheben wollte.

Inzwischen war Zita mit ihren beiden Kindern nach Schönbrunn übergesiedelt und lebte in nächster Nähe des alten Monarchen. Für den Herrscher war es, wie sein Flügeladjutant Margutti erzählte, »eine geradezu erquickende Zerstreuung, ein Weilchen im Kreise der jungen Erzherzogin und ihrer frohen Kinderschar zu verbringen. Namentlich für den entzückenden ältesten Sohn des erzherzoglichen Paares, den kleinen Erzherzog Franz Joseph Otto, hegte der Kaiser eine außerordentliche Vorliebe . . .«[10]

Im Laufe der nächsten beiden Jahre brachte Zita noch zwei

Kinder zur Welt: am 8. Februar 1915 Robert und am 31. Mai 1916 Felix.[11]

Bevor der Thronfolger im August 1914 an die Front zog – zunächst nach Galizien –, hatte das Erzherzogspaar noch eine Reihe von Repräsentationspflichten zu erfüllen. Am 1. August etwa besuchte Karl die Theresianische Militärakademie in Wiener Neustadt, wo vorzeitig einhundertdreißig Leutnants ausgemustert wurden. Und schon tags darauf vertrat er – gemeinsam mit Zita – den Kaiser in Budapest. Das Thronfolgerpaar überbrachte dem Land Ungarn den Dank des Königs für seine loyale Haltung bei der Kriegserklärung.

Die Bilder der Begeisterung ähnelten sich, wo immer man auch hinkam. Überall, ob in Wien, in Prag oder Budapest, zogen junge Männer begeistert in den Krieg – für die gerechte Sache, wie die meisten meinten. Jetzt durfte in Budapest ohne Widerspruch sogar die Kaiserhymne »Gott erhalte« gespielt werden, was bis dahin bei den auf Eigenständigkeit pochenden Ungarn unmöglich gewesen war, hatten sie doch ihre eigene Nationalhymne. Der Empfang für das Thronfolgerpaar in der ungarischen Hauptstadt war triumphal. »Eljen! Eljen!« (»Hoch! Hoch!«) riefen die Massen, und zuweilen waren auch Hochrufe auf den deutschen Kaiser Wilhelm II. zu hören. Karl jedenfalls machte in seiner neuen Uniform eine gute Figur: Am 24. Juli war er zum Obersten beim Husarenregiment No. 1 ernannt worden.

Die Repräsentationspflichten des Thronfolgers füllten seinen Reisekalender fast gänzlich aus: Empfänge, Audienzen, Besuche in Kasernen und auf militärischen Übungsplätzen. Die Erzherzogin wiederum besichtigte zahllose Krankenhäuser und Wohlfahrtseinrichtungen. Sie tat das gern. Immer schon hatten sie die Leiden anderer Menschen aufs innigste berührt, und sie fühlte sich überall zur Hilfe aufgerufen. So beabsichtigte sie damals, als Pflegerin Dienst zu tun, was ihr jedoch nicht gestattet wurde. Statt dessen gestaltete ihre Mutter das Schloß Schwarzau teilweise in ein Lazarett um, und auch ihre Schwiegermutter Maria Josefa sowie Tante Maria Theresia kümmerten sich um die Kranken.

Karl, der als Oberst eingerückt war, wurde dem Armee-

Oberkommando als mehr oder weniger tatenloser Zuschauer in Przemysl zugeteilt. Von Fall zu Fall sollte er ein Kommando führen, sich im übrigen aber nicht exponieren. Der mächtige Chef des Generalstabs, Franz Conrad von Hötzendorf, dem sich auch der Armee-Oberbefehlshaber Feldmarschall Erzherzog Friedrich völlig unterordnete, ließ ihm keinen Spielraum.

Schon wenige Wochen später aber erhielt Karl eine neue Aufgabe, um die er ausdrücklich nachgesucht hatte. Er wurde nun Verbindungsoffizier zwischen dem Kaiser und seiner Armee, so daß er in den folgenden eineinhalb Jahren nahezu sämtliche Frontabschnitte besuchen konnte und so – endlich – einen guten Überblick über das militärische Geschehen erhielt. Seine Berichte beweisen, daß er Mißstände durchaus erkannte und auch anprangerte, wenngleich er vorerst zu wenig Macht besaß, um wirklich etwas zu ändern.

Mit der Zeit wandelte sich auch seine Stellung beim alten Kaiser, wenngleich sie bis zuletzt nicht dem Rang entsprach, den er innehatte. Immer häufiger wurde der Erzherzog im Namen und Auftrag des Kaisers auf Reisen geschickt, vor allem an die Front. In Breslau (Dezember 1914) und Charleville (Januar 1915) traf er auch den deutschen Kaiser, der sich nach anfänglichen Reserven »sehr freundlich über den Thronfolger« äußerte.[12]

Doch war die Zeit ausgedehnter Reisen Mitte Juli 1915 bereits wieder zu Ende. Karl wurde zum Generalmajor und Konteradmiral befördert und gleichzeitig in die Umgebung des Kaisers berufen. Hier hatte er Gelegenheit, höchste politische und verwaltungstechnische Entscheidungen aus nächster Nähe kennenzulernen, ohne freilich in die Entscheidungsverantwortlichkeit mit einbezogen zu werden. So notierte der Chef der Kabinettskanzlei, Baron Schießl, am 17. Juli 1915: »Seine Majestät bemächtigt mich, dem Erzherzog Karl bereits resolvierte Vorträge zum Lesen zu geben, damit er sich über den Gang der Geschäfte informiere. Dabei handelt es sich nur um administrative, nicht politische Vorträge.«[13]

Immerhin aber bemerkte Margutti, daß Karl nun doch etwas einflußreicher geworden sei. »Manche Agenden der Militärkanzlei«, erinnerte er sich später, »und der Kabinettskanzlei wurden der Schlußfassung durch den Erzherzog oder seiner Erledigung in des Kaisers Auftrag vorbehalten.«[14] Und auch der Kaiser selbst besprach sich nun öfter mit dem Thronfolger.[15] Doch hatte sich dieser in allem konsequent an die Richtlinien der vorgeschriebenen gegenwärtigen Politik zu halten. Hierzu bemerkte der spätere Kabinettschef Karls, Arthur Graf Polzer-Hoditz: »Der österreichische und der ungarische Ministerpräsident nahmen die Sache [der politischen Unterrichtung des Erzherzogs] in die Hand und beordeten Minister und Sektionschefs aller Ressorts zum Vortrag bei Erzherzog Karl Franz Josef. Die vortragenden Herren erhielten strikte Weisungen darüber, was sie vorzutragen hatten. Es war ihnen streng verboten, das vorgeschriebene Geleise zu verlassen . . . Doch es war ein Fehler, den Thronfolger eines Reiches, welches in einer Zeit der größten geschichtlichen Umwälzungen an der Grenze der Existenzmöglichkeit stand und seinen weiteren Bestand nur durch tiefgreifende Reformen, durch eine Änderung des Kurses um 180 Grad erhalten konnte, nicht anders auf sein schweres Herrscheramt vorbereiten zu lassen als dadurch, daß man ihn auf Richtlinien für die Regierung hinwies, die auf ein Stockgeleise führten, und daß man es verhinderte, ihm den freien Blick über die Schwelle einer neuen Zeit zu öffnen.«[16]

Nun aber wurde auch Erzherzogin Zita laufend unterrichtet. Der Kaiser gab seinem Generaladjutanten Paar die Anweisung, Zita über die wesentlichen Entwicklungen auf allen Kriegsschauplätzen zu unterrichten. Aber die Erzherzogin fuhr schon damals täglich zu Erzherzogin Isabella, der Frau des Feldmarschalls und Armee-Oberbefehlshabers Erzherzog Friedrich, um sich über das Geschehen zu informieren. Das war um so erstaunlicher, als zwischen dem Thronfolgerpaar und Erzherzog Friedrich keine guten Beziehungen bestanden.[17] Aber Isabella standen wohl wesentlich mehr Informationen zur Verfügung als Zita, so daß die Erzherzogin darauf keinesfalls verzichten wollte.

Die enge Zusammenarbeit zwischen Karl und dem alten Kaiser war nicht von langer Dauer. Franz Joseph gab dem Drängen jener nach, denen der unberechenbare junge Erzherzog ein Dorn im Auge war, und verbannte ihn aus seinem engsten Kreis. Daraufhin wurde Karl das neuaufgestellte 20. Armeekorps an der italienischen Front übertragen. Am 23. Mai 1915 hatte Italien nämlich der österreichisch-ungarischen Monarchie den Krieg erklärt. »Bis jetzt habe ich geschwiegen und dem Armee-Oberkommando freie Hand gelassen«, erklärte Karl dem Kaiser, als er das Kommando übernahm. »Nun aber . . . will ich es [das Korps] auch wirklich führen . . . Ich übernehme mein Korps nur dann, wenn ich es so führen darf, wie es sich für einen gewissenhaften Kommandanten gebührt.«[18]

Karl bewährte sich an der Front ohne Zweifel. Er galt als tapferer Soldat, und selbst Franz Conrad von Hötzendorf bescheinigte ihm später großen Mut und Unerschrockenheit, wie sie Karl etwa in der ersten Schlacht bei Lemberg bewies, der Feuertaufe des Erzherzogs.[19] Anfang Juli wurde der Thronfolger dann an die bedrohte Nordostfront versetzt.[20]

Die politische Situation zu Hause spitzte sich jedoch weiter zu: Am 21. Oktober 1916 wurde Ministerpräsident Karl Graf Stürgkh ermordet – von Friedrich Adler, dem Sohn des Führers der österreichischen Sozialdemokraten, Victor Adler. Ein blutiger Protest gegen die Politik der gegenwärtigen Regierung, die ohne Parlament regierte. Ein »Aufschrei des Friedens«, wie man den Mord später, nach dem Zusammenbruch der Monarchie, interpretierte.

In dieser schwierigen Lage begehrte Karl dringend, ihm mehr Verantwortung zu übertragen. Er bat den Kaiser, ihn nach Wien zu berufen.[21]

Bald sollte der Erzherzog tatsächlich in Wien eintreffen. Aber ohne, daß ihn der Kaiser gerufen hätte.

Die Kaiserin

Auch am 12. November 1916 war es wie immer, wenn der Thronfolger von der Front nach Hause kam: Die Erzherzogin erwartete ihren Mann auf dem Bahnsteig, diesmal auf dem Bahnhof Wien-Stadlau, wo der Hofzug pünktlich um 13.45 Uhr einfuhr. Karl kam direkt aus der alten Sachsenstadt Schäßburg, wo das Siebenbürger Hauptquartier seit November stationiert war.

An diesem Tag aber begrüßte Zita ihren Gatten mit ernstem Gesicht, ganz ohne ihr gewohntes heiteres Lächeln, und auch der Erzherzog hielt sich nicht lange mit freundlichem Salutieren auf. Beide hatten es eilig. Kurz schloß Karl seine Frau in die Arme, dann ging das Paar schnellen Schrittes, nur von einer kleinen Gruppe diskreter Beamter in gemessenem Abstand begleitet, zum wartenden Auto. Ein paar Passanten blieben stehen, sie hatten den Thronfolger und seine Frau erkannt, einige winkten. Das Ziel der Autofahrt war klar: Schloß Schönbrunn, zum Kaiser.

Karl hatte sich sofort zur Heimreise entschlossen, nachdem ihm am Nachmittag des 11. November im Hauptquartier – er war gerade von einer Frontinspektion zurückgekehrt – die Nachricht des Obersthofmeisters Seiner Majestät überbracht worden war. Der Kaiser, so Fürst Montenuovo in seinem Telegramm, sei ernsthaft erkrankt, die Anwesenheit des Thronfolgers empfehle sich dringendst.[1] Waren die Stunden des Monarchen gezählt? So mußte es scheinen.

Karl und Zita waren einigermaßen überrascht, als sie vor Franz Joseph erschienen, der schwer atmend, gebeugt und heiser hustend hinter seinem Schreibtisch saß. Er arbeitete wie sonst auch. Hatte er sich wieder erholt? Es wäre nicht das erste Mal.

Natürlich mußte Karl seinem Großonkel verheimlichen, weshalb er zurückgekehrt war. Er wolle sich nur für seine Berufung zum Generalobersten bedanken, sagte er, und außerdem müsse er einen Magen- und Darmkatarrh auskurieren. Diese Ausrede sollte als Erklärung dienen, warum der Erzherzog nicht sofort wieder an die Front zurückkehrte. Jedenfalls verließen der Thronfolger und seine Frau den Kaiser mit dem Gefühl, daß es eigentlich nicht ganz so schlimm war. Und als es anderntags, Karl hatte den Kaiser noch einmal besucht, weiter aufwärts zu gehen schien, meinte der Thronfolger in einem Telegramm an Erzherzog Friedrich, »in vier bis fünf Tagen beruhigt abreisen zu können«[2]. Schließlich hatte Franz Joseph unmittelbar zuvor noch – wenn auch fiebernd – König Ludwig von Bayern empfangen.

Der Thronfolger zog sich nun mit seiner Frau nach Reichenau zurück, nachdem er vormittags noch mit dem Ministerpräsidenten und dem Minister des Äußeren konferiert hatte. Offiziell hieß es, Karl müsse hier sein Magenleiden auskurieren. In Wirklichkeit waren sich Karl und Zita darüber im klaren, daß der Zustand des Kaisers – wenn auch nicht so schlimm wie befürchtet – äußerst kritisch war. Deshalb fuhr Zita zu Kardinal Piffl und bewog ihn, im ganzen Land öffentliche Gebete für die Genesung des Kaisers anzuordnen, der seine Länder nun schon achtundsechzig Jahre lang regierte.

Jetzt erst begannen die meisten Bürger den Ernst der Lage zu begreifen, in der sich ihr Herrscher befand. Obwohl sie längst darauf hätten gefaßt sein müssen, daß der alte, immer wieder kränkelnde Mann auch einmal sterben werde, kam nun alles eher überraschend und für viele schockierend schnell. Vielleicht auch deshalb, weil die meisten Menschen im Vielvölkerreich ihn mit der alten Monarchie identifizierten und nicht wahrhaben wollten, daß es mit dieser zu Ende ging.

Am 18. November kam schlechte Nachricht aus Schönbrunn: Beim Kaiser war eine schwere Lungenentzündung festgestellt worden. »Seit gestern die erste Erscheinung von intellektueller Schwäche«, schrieb Franz Freiherr von Schießl, Chef der Kabinettskanzlei, in sein Tagebuch. Und am folgenden Tag: »Der Kaiser apathisch, fast verwirrt.«[3] Zwei Tage später notierte Karls Flügeladjutant in seinem Tagebuch: »Südwind. Schön, abends Regen. Befinden Seiner Majestät verschlimmert sich . . . Um 2 Uhr nachmittags fährt Seine Kaiserliche Hoheit [Karl] mit Frau Erzherzogin im Auto nach Wien. Suite folgt mit der Bahn abends nach. Seine Majestät hat über 39 Grad Temperatur, beiderseits Lungenentzündung konstatiert. Seine Kaiserliche Hoheit trifft 4 Uhr nachmittags im Augarten ein . . . Fährt 9 Uhr abends nach Schönbrunn.«[4]

Am Vormittag des 21. November erschienen Karl und Zita noch einmal vor dem Kaiser. Natürlich erwartete Franz Joseph den Erzherzog trotz seiner schweren Krankheit im Arbeitszimmer. Es kam für ihn nicht in Frage, vom üblichen Arbeitsrhythmus abzuweichen. Trotz hohen Fiebers arbeitete er angestrengt an den Akten über die Rekrutierung. Als er erfuhr, daß zusammen mit dem Thronfolger auch Zita ihn besuchen wolle, ließ er sogleich ausrichten, das Thronfolgerpaar möge ein wenig warten, er müsse sich noch seinen Waffenrock anziehen, wie sich das zum Empfang der Erzherzogin gehöre. Zita aber winkte energisch ab. Sie bestehe darauf, daß er keine Umstände mache, ließ sie ihm sagen, und widerwillig fügte sich der Monarch.

»Als wir hineinkamen«, erinnerte sich Zita später »machte der Kaiser einen durchaus normalen Eindruck und sprach wie gewöhnlich, trotz seines Fiebers und seiner Schwäche. Er sagte uns, wie glücklich er sei, den Segen des Papstes empfangen zu haben, und auch, welche Freude ihm die Siege, die unsere Armee gerade an der rumänischen Front erhielte, bereiteten.«[5]

Zita hatte bei dieser Begegnung nicht das Gefühl, daß das Ende unmittelbar bevorstand. Am späten Nachmittag schien der sechsundachtzigjährige Kaiser aber selbst zu fühlen, daß es ernst wurde, wenn er auch nicht geglaubt haben mochte, daß er binnen kurzem sterben würde. »Ich habe den Thron unter schwierigsten Umständen übernommen und hinterlasse ihn unter noch schwereren«, soll er, wie dies später Zita berichtet wurde, gegen Abend geseufzt haben.[6] Dann klagte er – was bisher nur selten geschehen war – über körperliche Übelkeit. Das war das Signal: Er mußte endlich ins Bett. Seine letzten Stunden waren gekommen. Ehe er einschlief, bat er noch, ihn »um halb vier zu wecken«, etwas früher als sonst. Offenbar hatte er bemerkt, daß er zwei Stunden vor der üblichen Zeit ins Bett gebracht worden war – um sieben Uhr.

Noch einmal erwachte er. Er hatte Durst, und der Kammerdiener Ketterl gab ihm ein wenig Tee. »Liegen Eure Majestät gut?« fragte der Diener.

»Es ist gut«, antwortete der Kaiser.

Das waren seine letzten Worte.

Karl und Zita wurden umgehend ans Sterbebett gerufen, und als sie gegen halb neun Uhr eintrafen, lebte der Kaiser noch, aber er schlief tief und wachte nicht mehr auf.

Das Zimmer füllte sich, nachdem Burgpfarrer Prälat Seydl zu dem Sterbenden getreten war, um ihm die Letzte Ölung zu spenden. Am Kopfende stand Leibarzt Dr. Ritter von Kerzl, ihm gegenüber Obersthofmarschall Fürst Montenuovo. Am Fußende knieten Karl und Zita. Mehrere hohe Mitglieder des Erzhauses und persönliche Bedienstete des Kaisers waren anwesend – nur eine war nicht da: seine Freundin, die ehemalige Burgschauspielerin Katharina Schratt, die dem Monarchen viele Jahre hindurch als verständnisvolle Partnerin das Leben erhellt hatte. Sie mußte im Vorzimmer warten und wäre vermutlich auch nach dem Tod des Kaisers nicht beachtet worden, hätte Karl sie nicht wahrgenommen und galant am Arm ins Sterbezimmer geleitet, wo sie unter Tränen drei weiße Rosen auf die Brust des geliebten Toten legte.

Jetzt, in Franz Josephs letzter Lebensstunde, standen oder knieten unter anderen Erzherzogin Maria Josefa und seine Schwägerin Maria Theresia am Sterbebett, außerdem Generaladjutant Graf Paar, die Flügeladjutanten Oberst Spanyik und Oberst Graf Hoyos, Hofrat Freiherr von Prileszky sowie die Leibkammerdiener Eugen Ketterl und Friedrich Spannbauer. Während der Krankensalbung trat noch Marie Valerie ein, die Tochter des Kaisers. Rasch löste sie sich vom Arm ihres Mannes, Franz Salvator, kniete am Bett ihres Vaters nieder und drückte ihm das Sterbekreuz in die Hand.

Eine halbe Stunde lang herrschte Schweigen, von leise gemurmelten Gebeten unterbrochen. Dann, fünf Minuten nach neun Uhr, fragte Marie Valerie den Leibarzt flüsternd: »Atmet er noch?«

Dr. Kerzl lauschte an der Brust des Kaisers und sagte: »Ich kann nichts mehr hören . . .«

Der Kaiser war tot.

Zita blickte auf. Vollkommen unbestimmbare Gefühle stürmten auf sie ein. Es war ein trauriger und zugleich auch feierlicher Augenblick. Dann sah sie Karl an, die Blicke der Eheleute trafen sich. Der Kaiser war tot, es lebte der Kaiser . . .

Die Anwesenden bekreuzigten sich, dann gingen sie langsam und still aus dem Zimmer in den überfüllten Vorraum. »Keiner wollte als erster sprechen«, erzählte Zita später, »und so herrschte für ein paar Augenblicke Schweigen. Dann aber ging Prinz Zdenko Lobkowitz – ich entsinne mich noch seiner lieben rundlichen Figur – auf Karl zu und machte mit Tränen in den Augen das Zeichen des Kreuzes auf seine Stirn. Und während er dies tat, sagte er: ›Gott segne Eure Majestät.‹ Es war das erste Mal, daß mein Mann mit dem kaiserlichen Titel angesprochen wurde.«[7]

»Gott segne Eure Majestät . . .«

Das hallte wider in Zita, und sie sollte es von dieser Stunde an noch oft hören. Ja, es war Wirklichkeit geworden, weit früher als sie sich das vorgestellt hatte damals, bei der heiteren Hochzeit von Schwarzau. Gott hatte es so gewollt – was wollte er nun mit Karl und mit ihr? Drinnen lag der ehrwürdige Monarch, den zwei bis drei Generationen als ihren Herrscher verehrt hatten. Ein Mann, der die Würde des Habsburgergeschlechts repräsentiert hatte, zugleich aber auch dessen Alter und Verfall. Nun schien er den Nachfolger dazu aufzufordern, das Alte zu bewahren; und doch ging es nun vor allem darum, eine ganz neue Welt zu schaffen. Denn der Krieg forderte täglich viele Tausende von Toten und Verwundeten. Es mußte wieder Frieden herrschen. War das noch möglich? Oder war es schon zu spät?

War es Angst, was Zita in diesem Augenblick empfand? Gewiß, und doch glaubte sie über die Kraft zu verfügen, gemeinsam mit Karl der schwergewordenen Krone neuen Ruhm zu bringen – wenn es auch nicht der Ruhm des Sieges war, der ihr vorschwebte, sondern der des Friedens. Stolz? Wohl auch das.

Sie war ganz, ganz oben angelangt, die kleine Prinzessin von Parma, und konnte mit ihrer Person der alten Würde Habsburgs ein neues Gesicht geben. Es war ein Stolz, der wenig mit Triumph gemein hatte.

»Gott segne Eure Majestät . . .«

Vorerst hieß das: Gott mußte helfen, diesen unfaßbar hohen Berg aus Hindernissen, Leiden, Kämpfen und Entbehrungen zu bezwingen, der sich vor dem jungen Kaiserpaar auftürmte. Und alles mußte zwei überragenden Zielen dienen: dem Ende des Krieges und dem Erhalt der – wie Zita glaubte: gottgewollten – Donaumonarchie.

Die Lage war indessen alles andere als hoffnungsvoll. Zwar planten die Mittelmächte, der Entente einen Friedensvorschlag zu übermitteln – was dann auch am 16. Dezember geschah –, aber dieser Vorschlag erschöpfte sich in Phrasen und Floskeln und enthielt kein echtes Zugeständnis von deutscher Seite. Die Alliierten beharrten auf ihren Kriegszielen. Dabei spitzte sich die Ernährungssituation in Österreich katastrophal zu, viele Menschen – vor allem in der Hauptstadt Wien – hungerten bereits. Eine schlechte Ernte tat noch ein übriges, und Ungarn, wo die Versorgungslage weit besser war als in Österreich, weigerte sich, die andere Reichshälfte ausreichend mit Lebensmitteln zu unterstützen. Was man in Rumänien, wo noch gesiegt wurde, erbeuten konnte, reichte bei weitem nicht aus, und immer wieder gerieten die dringend benötigten Lebensmitteltransporte ins Stocken. Die nationalen Spannungen verschärften sich, Kriegsmüdigkeit machte sich breit, und antimonarchistische Strömungen gewannen an Boden.

Zita erkannte, daß zahllose Erwartungen und Hoffnungen an die Person des neuen Kaisers geknüpft waren, von dem man freilich vorerst nicht wußte, welchen politischen Kurs er verfolgen würde. Aber der junge Kaiser hatte durchaus ein Programm. Oder anders formuliert: *Sie* – Karl und Zita – hatten ein Programm. Denn schon jetzt war nahezu alles, was der Kaiser an wesentlichen Ideen, Entwürfen und Entscheidungen erkennen ließ, eheliche Gemeinschaftsarbeit.

Auch wenn man noch wenig über das neue Kaiserpaar wußte – schon die Tatsache, daß es jung war, gab Hoffnung. Nach vielen Jahren hatte die Monarchie wieder eine Kaiserin und, in dem vierjährigen Erzherzog Otto, wieder einen Kronprinzen. Bei Franz Josephs Beerdigung versuchten Karl und Zita, ihrem ersten öffentlichen Auftritt als Kaiserpaar einen familiären Charakter zu geben. Dabei setzten sie sich über das übliche Protokoll hinweg. Ihm zufolge hätte hinter dem Sarg nicht die ganze Kaiserfamilie gehen dürfen, sondern nur der Kaiser. Ihm wären die Erzherzöge gefolgt – und erst dann die Kaiserin. Aber Karl hatte entschieden: »Der Kaiser geht mit der Kaiserin und dem Kronprinzen. Das Zeremoniell mache ich!«[8]

Kurz nachdem der tote Kaiser in der Hofburgkapelle aufgebahrt worden war – man hatte ihn am Spätabend des 27. November aus seinem Schönbrunner Sterbezimmer hierher überführt –, drängten sich die Volksmassen auf den Straßen. In endlosen Schlangen warteten die Menschen, oft stundenlang, auf Einlaß in die Kapelle. Am Tag der Beerdigung säumten sie den Weg, den der Trauerzug nahm, in dichten Reihen. Nach der Einsegnungsfeier im Stephansdom wurde der Sarg von der kaiserlichen Familie, von fremden Fürstlichkeiten, Mitgliedern des Erzhauses, Gesandten und Regimentsdeputationen in die Kapuzinergruft begleitet.[9] Dort nahmen die Mönche nach altem Zeremoniell den Leichnam des Monarchen in Empfang. Des letzten Herrschers, der in Österreich gestorben war.

Vielleicht erinnerte Zita sich in diesem Augenblick an vergangene, glückliche Zeiten, als der Obersthofmeister, Fürst Montenuovo, jetzt mit seinem goldenen Stab dreimal an die verschlossene Pforte der Kapuzinergruft klopfte. Dreimal hatte der Zeremonienmeister damals, auf jenem herrlichen Hofball, ebenfalls mit einem goldenen Stab, auf den Boden geklopft. Damals aber war der lebendige Kaiser mitten im Glanz der Hofgesellschaft erschienen. Jetzt begehrte derselbe Kaiser als »armer Sünder« Einlaß in die Gruft, in die Ewigkeit. Fünf Jahre waren seitdem vergangen, daß der Hofball ihr Herz hatte höher schlagen lassen. Wie hatte sich doch alles verändert! Ja, sie hatte wohl alles erreicht, was man erreichen konnte. Aber welche Zeiten herrschten nun!

Zita betete. Für den verstorbenen Monarchen, den sie liebgewonnen hatte. Und für den neuen Monarchen, ihren Mann. Und daß endlich der Friede wieder einzöge in dieses geschüttelte Land.

Aber seltsam: So neugierig und von zaghafter Hoffnung erfüllt die Menschen in Wien auch die Beerdigung des Kaisers mitverfolgten, insgesamt erschien die Anteilnahme am Tod des Monarchen weit weniger bewegt, als man dies zuvor erwartet hatte. Wie oft war doch in der zurückliegenden Zeit die Befürchtung geäußert worden, mit dem Tod Franz Josephs werde das Reich untergehen. Und wie oft hatte man andererseits gehört, mit dem Ende des Kaisers könne endlich alles besser werden! Jetzt aber lag, wie der Abgeordnete Josef Redlich in seinem Tagebuch vermerkte, »eine tiefe, bis zur Gleichgültigkeit gesteigerte Müdigkeit« über der Stadt. »Weder Trauer über den Verstorbenen noch vollends Jubel für den Nachfolger sind zu erkennen.«[10]

Denn die Menschen wollten vor allem eins: Frieden. Konnte ihn das neue Herrscherpaar bringen? Manche hofften dies. Andere resignierten oder sahen ihre Hoffnung im Ende dieses Vielvölkerreichs, im Ende der Monarchie . . .

Was will das neue Kaiserpaar?

In der Hofburg wehte plötzlich ein neuer Wind – jedenfalls soweit es um den Regierungsstil des neuen Kaisers ging. Für manche Mitarbeiter am Hof, die gedacht hatten, jetzt werde alles nach dem alten Schema weitergehen, bedeutete dies eine kalte Dusche, die sie bereits zu spüren bekamen, als der alte Kaiser noch in seinem Sterbezimmer aufgebahrt lag. Nebenan herrschte bereits ein neuer Ton. Und es paßte durchaus zu dem neuen Monarchenpaar, wenn es vorerst dieselben vergleichsweise engen und bescheidenen Räumlichkeiten im Schönbrunner

Schloß bewohnte, die es gut zwei Jahre zuvor bezogen hatte: die Wohnung der Eltern Franz Josephs.

So war auch General Margutti nicht wenig erstaunt, als er bereits am Tag nach dem Tod des alten Kaisers feststellte: Ich begab »mich gewohnheitsgemäß mit meinem Frührapporte nach Schönbrunn. Als ich in das Adjutantenzimmer trat, war Graf Paar [der Generaladjutant] nicht da. Es gab keinen Frührapport mehr. Alles war anders geworden.«[1]

Sogleich wurde deutlich, daß das neue Herrscherpaar wenig von der überzogenen Hofetikette hielt, der unter Franz Joseph so überschwenglich gehuldigt worden war. Karl und Zita hielten an ihr nur in den Fällen fest, wo sie ihnen aus Repräsentationsgründen unumgänglich schien. Die Hofsekretäre waren ziemlich überrascht, als ihnen Seine Majestät die Hand reichte und sie aufforderte, Platz zu nehmen, bevor sie ihre Vorträge hielten. Ungarische Referenten wurden vom neuen Kaiser sogar gebeten, in ihrer Muttersprache zu sprechen. Außerdem schaffte Karl unmittelbar nach Amtsantritt den Frackzwang ab, den es bisher bei kaiserlichen Audienzen gegeben hatte.[2]

Vor allem stellten Karl und Zita sofort die neue Technik in ihren Dienst. Das war eine Revolution. Denn der alte Kaiser hatte moderne Apparaturen zutiefst verabscheut. Er hatte niemals einen Lift benutzt und es beharrlich abgelehnt, seinen Schreibtisch mit einem Telefon auszustatten.

Kaum war Karl Kaiser, standen auf seinem Schreibtisch gleich mehrere Telefonapparate, und Reisen unternahm das junge Kaiserpaar stets mit der Bahn oder im Automobil. Dem kaiserlichen Hof-Sonderzug wurde ab sofort ein Telegrafenwagen angehängt, der mit drei drucktelegrafischen Apparaten – sogenannten Hughes-Maschinen, benannt nach ihrem britischen Erfinder David Edward Hughes – ausgestattet war.

Diese und andere Reformen im Arbeits- und Repräsentationsstil kamen den meisten allzu plötzlich, »orkanartig, ohne Gewährung jeglicher Übergangsfrist«, wie Margutti vermerkt.[3] Das war für manche Beamte alles andere als bequem. Denn im Gegensatz zum alten Herrscher, dessen Tagesablauf vom Aufstehen bis zum

Schlafengehen aufs genaueste festgelegt war, änderte der neue Chef fortwährend seine Pläne. Vieles wurde improvisiert, anderes abgesagt, es war – mit einem Wort – ungemütlich geworden. Nicht von ungefähr nannte man den Kaiser am Hofe bald »Karl der Plötzliche«.

Zu den wichtigsten Arbeitsprinzipien des verstorbenen Monarchen hatte die Pünktlichkeit gezählt, und peinlich genau hatte er Wert darauf gelegt, nur mit wirklich zuständigen Herren zu sprechen, ohne ausführliche Beratungen. Ganz anders Karl. Er sprach mit jedem und brachte die verwöhnten Höflinge damit in einige Verwirrung. So geriet der festgelegte Zeitplan ständig durcheinander.

Aber auch in einem anderen, wichtigeren Bereich entfaltete der neue Monarch eine verblüffende Aktivität: Zwar bestätigte er die alte Regierung zunächst im Amt, aber schon bald begann er, neue Männer einzusetzen und alte zu entlassen. »Mit atemloser Hast und Ungeduld«, schrieb Margutti, verschwanden alte Ratgeber und Vertrauensleute vom Hof. Ministerpräsident Koerber wich dem neuen Regierungschef Clam-Martinic, nachdem der ursprünglich designierte Ministerpräsident, Spitzmüller von Hamersbach, vergeblich versucht hatte, ein Kabinett zu bilden.[4]

»Der junge Kaiser«, meldete der deutsche Botschafter Graf Wedel schon am 20. Dezember 1916 nach Berlin, »zeigt viel Temperament. [Den Obersthofmeister] Hohenlohe soll er ernannt haben ohne vorherige Besprechung mit Koerber und [dem ungarischen Ministerpräsidenten Stephan] Tisza. Koerber hat er am 13. den Kopf gewaschen. Er soll ihm sogar vorgeworfen haben, er habe ihn falsch orientiert. Koerber . . . scheint darauf auch kein Blatt vor den Mund genommen zu haben, worauf der Kaiser ihn kurzer Hand aufgefordert hat, seinen Abschied einzureichen . . .« Und Wedel fügt hinzu: »Der junge Kaiser denkt sich das Regieren wohl leichter als es ist. In dem Tempo kann's nicht weitergehen, und trotz seiner Popularität erschrickt man hier vor dem allzu persönlichen Regiment.«[5]

Schenkt man den Äußerungen Wedels Glauben, so lösten

diese eiligen Revirements keineswegs den Eindruck der Entschlossenheit aus, sondern erschienen ganz im Gegenteil als »unsicheres Tasten, ein Überstürzen von Entschließungen, ein nicht ganz planmäßiges Experimentieren mit neuen Männern«. Und all dies habe die Vorstellung hervorgerufen, »daß unter dem alten Regime das ganze Staatsgebäude noch mehr gelitten habe, noch morscher geworden sei, als angenommen wurde, woraus ein nervöses Suchen nach Baumeistern, die den drohenden Zusammenbruch aufhalten sollten, sich erklären lasse«[6].

Nun mochte Wedel schon seinen eigenen Grund gehabt haben, dem neuen Monarchen zu mißtrauen: Es konnte ja sein, daß hier eine ganz neue Politik eingeleitet werden sollte, die sich vom Bündnis entfernte und auf eigenen Wegen nach einem Frieden suchte. Dergleichen Absichten hatte man dem Erzherzog schon nachgesagt, wenn auch von seinen konkreten politischen Vorstellungen so gut wie nichts bekannt war.

Welchen politischen Kurs wollte der neue Monarch einschlagen? Hier herrschte zunächst überall Ratlosigkeit, denn vor seinem Regierungsantritt hatte Karl sich diesbezüglich extrem verschlossen gezeigt. Er habe es nicht als seine Kompetenz betrachtet, erinnerte sich Zita später gegenüber der Autorin, irgendwelche politischen Pläne zu entwickeln, solange der Kaiser lebte.[7] So wußte man jetzt wohl, daß er *gegen* so manches Bestehende war, aber *wofür* er war, darüber herrschte allgemeine Unsicherheit. Das war bei Franz Ferdinand ganz anders gewesen, und selbst über die Denkweise von Kronprinz Rudolf war einiges bekannt, obwohl die Krone für ihn – der Kaiser war seinerzeit noch vergleichsweise jung – außer Reichweite lag. Über die Vorstellungen Karls aber wußten selbst besser Informierte nichts. »Einst sprach ich darüber den Grafen Paar«, erzählte Margutti später, »der nahm die Sache leicht und meinte einfach lachend, Erzherzog Karl habe überhaupt kein Programm. Wenn er einmal den Thron bestiegen haben werde, werde er nichts Besseres zu tun wissen, als im alten Geleise weiter zu fahren, so gut es eben gehe. Das sei auch das Vernünftigste, was man tun kann.«[8]

Dieser Eindruck war indes völlig falsch. Karl hatte durchaus ein Programm, und schon vor seiner Thronfolgerzeit hatte er darüber mit Zita gesprochen, die seine Gedanken stützte und ergänzte. Es bestand im großen ganzen aus zwei Schwerpunkten: Erstens sollte der deutsche Verbündete möglichst rasch dazu veranlaßt werden, zusammen mit Österreich-Ungarn den Weg des Friedens zu beschreiten, selbst wenn dabei Gebietsverluste in Kauf genommen werden mußten. Zweitens sollten die Länder der Monarchie befriedet werden, aber nicht in dem Sinne, wie Franz Ferdinand es ursprünglich mit seiner Dreier-Lösung vorhatte. Dem Gedanken eines südslawischen Reichs als eines dritten Standbeins neben Österreich und Ungarn setzte Karl vielmehr eine echte föderative Lösung entgegen, wie er sie später – leider viel zu spät – in seinem Völkermanifest vom Oktober 1918 proklamierte: Jeder Stamm sollte seine politische Eigenständigkeit unter der Habsburger-Krone erlangen. Darin trafen sich die Vorstellungen Karls und Zitas durchaus mit den späten Plänen Franz Ferdinands. »Zum ersten Mal«, erzählte Zita später, »hörte ich seine [Karls] Ideen über die Monarchie im April 1911«, und es ist anzunehmen, daß es bei dieser Gelegenheit nicht bei einem einseitigen Hinhören Zitas auf Karls Vorstellungen blieb, sondern daß Karl und Zita diese Pläne, zumindest teilweise, gemeinsam entwickelten. Dieses Gespräch fand auf einem Jagdausflug nach St. Jakob statt, »als wir uns eben verlobt hatten«, berichtete Zita, »und der Thron noch in weiter Ferne schien«. »Der Dualismus ist nicht gerecht«, habe Karl damals befunden, »und geht nicht weit genug. Die einzige Lösung ist eine echt föderative, um allen Völkern gleiche Möglichkeiten zu geben . . .«[9]

Es sollte nicht bei den Ideen bleiben. Deshalb versuchte der junge Monarch auch sogleich, mit neuen Köpfen seine Politik zu gestalten. Sein Unglück aber war, daß er über keine Hausmacht verfügte. Auch die neuen Leute konnten insofern nicht »seine« Leute sein. Und so schwenkte er bald auf einen Kurs des geringeren Konflikts ein, um wenigstens auf diese Weise im Laufe der Zeit neue Akzente setzen zu können. Vollkommen anders gestaltete sich hingegen die Suche nach dem Frieden, wo ohnehin ganz unkonventionelle Wege zu gehen waren. Hier ergriff er – gemeinsam mit Zita – entschlossen die Initiative.

Das Thronbesteigungsmanifest jedoch, das am Tag nach dem Tod des alten Monarchen veröffentlicht wurde, schien zunächst all jenen Recht zu geben, die meinten, der neue Kaiser werde eigentlich gar nichts tun, sondern alles im alten Geleise weiterfahren lassen. »Es machte«, schrieb sein späterer Kabinettschef Polzer-Hoditz, »den peinlichen Eindruck einer in großer Verlegenheit und in letzter Minute geleisteten, gedanklich dürftigen Arbeit.«[10] Es war, mit einem Wort, nichtssagend.

Das verleitete zahlreiche deutsche Politiker, unter ihnen zeitweise auch Kaiser Wilhelm II., zu der irrigen Annahme, mit diesem jungen Mann sei leicht umzugehen, auf jeden Fall aber sei es nun an der Zeit, sich in die österreichische Politik einzumischen. Diese Einschätzung ließ nicht nur Karls Mentalität außer acht, sondern vor allem auch die Frau an seiner Seite, von der sich zu diesem Zeitpunkt erst wenige eine dynamische Rolle in der Politik erwarteten.

Derlei Versuche, Karl für deutsche Interessen zu vereinnahmen, waren freilich schon vor seiner Thronbesteigung unternommen worden. So hatte am 10. Oktober 1915 der damalige deutsche Botschafter in Wien, Heinrich von Tschirschky, angeregt, eine solche Einmischung »für die gegebene Zeit . . . im Auge zu behalten«[11]. Und kurz vor dem Tod des alten Monarchen schrieb Tschirschky an Reichskanzler Bethmann Hollweg: »Je länger der Krieg dauert, desto mehr drängt sich die Frage auf, wie lange die österreichisch-ungarische Monarchie noch im Stande sein wird, den Kampf auszuhalten, und zwar sowohl in militärischer wie auch in wirtschaftlicher Beziehung . . . Ich komme daher nochmals auf den Euerer Exzellenz von mir gemachten Vorschlag zurück, den Erzherzog-Nachfolger in das Hauptquartier einzuladen und ihn auf die Gefahren, die der Monarchie drohen, nachdrücklichst aufmerksam zu machen. Ich kann nur in einem Wechsel an den leitenden Stellen der Monarchie noch die Möglichkeit erblicken, den Willen zum Durchhalten in den breiten Schichten neu zu beleben ...«[12] Darüber hinaus machte Tschirschky sich auch schon konkrete Gedanken, wen man Karl für das Amt des Ministerpräsidenten empfehlen könnte. Dabei dachte er unter anderem an Erzherzog Eugen, den populären Bruder des deutschfreundlichen Feldmarschalls Friedrich, der seit Mai 1915 Kommandant an der italienischen Front war.

Am 7. November 1916 telegrafierte Generalfeldmarschall Hindenburg an Bethmann Hollweg: »Das Nichteinmischen in die inneren Verhältnisse Österreich-Ungarns vor dem Krieg und während desselben hat unsere Kriegführung auf Schritt und Tritt erschwert. Scheuen wir auch weiterhin vor einem solchen Einmischen, da wo unsere Interessen unmittelbar in Frage kommen, zurück, so geben wir damit die Hoffnung auf eine Stärkung Österreich-Ungarns endgültig auf, und es entsteht die Frage, warum wir uns überhaupt noch für Österreich schlagen ...« Bethmann Hollweg wies dieses Ansinnen allerdings mit dem Hinweis zurück, daß er »überhaupt keine Machtmittel« habe, »um dem Wiener Kabinett in Fragen der inneren Politik unseren Willen aufzuzwingen«[13].

Kaiser Wilhelm, der nach Franz Josephs Tod am 28. November einen kurzen privaten Besuch in Wien absolvierte, um dem toten Kaiser seine Reverenz zu erweisen – zu den Beisetzungsfeierlichkeiten war er angeblich wegen einer Erkältung, wahrscheinlich aber aus Angst vor einem Attentat nicht gekommen – machte sich in diesem Punkt gleichfalls Illusionen, die er jedoch bald korrigieren mußte. So erinnert sich Botschafter Wedel, Tschirschkys Nachfolger in Wien, daß er von Wilhelms Gefolge ermahnt worden sei, er möge doch auf den Kaiser »beruhigend zu wirken suchen, da er [Wilhelm] Lust zeige, dem jungen Kaiser die Regierungsgeschäfte abzunehmen, was bei der lebhaften unternehmenden Stimmung besonders bedenklich ...«[14].

Insgesamt hatte sich der deutsche Kaiser, von seinen Generälen darin bestärkt, eine unangemessene Geringschätzung Österreichs und namentlich des neuen Kaisers zueigen gemacht. So hat sich, wie Wedel in einem privaten Brief erzählte, bei jenem

Wiener Besuch Wilhelms eine bezeichnende Episode abgespielt. Der deutsche Kaiser zeigte sich ungehalten darüber, daß die Österreicher auf verschiedene deutsche Vorschläge zur Lösung der Ernährungsfrage nicht eingegangen waren. Bei einer Besprechung blickte er um sich und forderte in scharfem Befehlston: »Ich will die österreichischen Minister sehen! Ich will dem Ministerpräsidenten und anderen meinen Standpunkt klarmachen!«

»Die Minister sind nicht befohlen, Majestät«, entgegnete Wedel, »die Österreicher fassen Eure hohe Anwesenheit als intimen Besuch auf . . .«

»Was heißt hier ›nicht befohlen‹?« unterbrach ihn der Kaiser barsch, »dann werde *ich* sie eben befehlen lassen!«

Dazu kam es aber nicht, der Kaiser hatte sich getäuscht. Schließlich nahm er Wedel zur Seite und meinte aufmunternd: »Lassen Sie sich von den Karls hier nur nichts gefallen – vor allem wenn sie mit ihren Privatwünschen kommen. Immer antworten: Jetzt führen wir Krieg, jetzt laßt Hindenburg machen!«

Am Abend nach Wilhelms Abfahrt aber beobachtete Wedel: »Der junge Kaiser [machte] ein sehr zufriedenes Gesicht, als wollte er nach Wiener Art sagen: ›Gut is gangen, nix is g'schehn!‹«[15]

Gewiß wurde Karl in seinem Unabhängigkeitsbestreben gegenüber dem deutschen Bündnispartner gleichfalls von seiner Frau unterstützt, wenn nicht gar oft dazu angetrieben. Erst die wenigsten hatten bemerkt, welch großen Einfluß Zita auf ihren Mann ausübte. Manche hatten zunächst sogar einen ganz entgegengesetzten Eindruck gewonnen. So erzählte man sich bei Hofe noch, wie Josef Redlich notierte, »die Kaiserin habe an Koerber einen Brief in einer Wohltätigkeitssache geschrieben, diesen Brief dem Kaiser gezeigt, der ihn aber zerrissen und gesagt habe, sie solle sich in die Geschäfte nicht einmischen«[16].

Erfahrungen ganz anderer Art machte schon damals zum Beispiel Albert Graf Mensdorff, der bis zum Kriegsausbruch österreichisch-ungarischer Botschafter in London war. Die Kaiserin, bemerkte er in seinem Tagebuch, habe »auf alle, mit denen sie sprach, einen sehr guten Eindruck gemacht«. Er bewunderte ihren hübschen Gang, ihre graziöse Haltung, berichtete aber auch: »Sie hat mit einer gewissen Frische . . . in die Besprechungen Koerber-Tisza persönlich eingegriffen« und den beiden Ministerpräsidenten außerordentlich imponiert.[17]

Zita unterhielt sich schon damals gerne und ausführlich mit Politikern, von denen sich viele um eine Audienz bei ihr bemühten, denn alle waren gespannt darauf, was für eine Frau diese neue Kaiserin war. Nicht jeden ihrer Gesprächspartner entzückte sie jedoch mit ihrer Schönheit, sondern manche sahen sie auch anders. So gibt Redlich die Eindrücke des damaligen Ministerpräsidenten Koerber von ihrem Äußeren folgendermaßen wieder: »Mitten während derselben [der Audienz beim Kaiser] kam die Kaiserin herein, Koerber wurde vorgestellt und zum Handkuß zugelassen: Koerber findet sie gar nicht hübsch, sie hat den rauhen Teint der Italienerinnen.«[18] Doch befand sich Koerber mit dieser Meinung, wie zahlreiche gegenteilige Äußerungen belegen, ganz gewiß in der Minderheit.

Am 2. Dezember 1916 übernahm der Kaiser das Oberkommando über die Armee, und natürlich war auch dies der Anfang personeller Veränderungen, die in der Ablösung des Generalstabschefs Franz Conrad von Hötzendorf am 1. März 1917 gipfelten. Franz Conrad von Hötzendorf war einer der energischsten Kriegsverfechter, der schon lange vor Kriegsausbruch einen Präventivschlag gegen Serbien empfohlen hatte. An seine Stelle berief der Kaiser Arthur Arz von Straussenburg, den bisherigen Kommandanten der 1. Armee. Gewiß lag der Grund für Conrads Ablösung in seiner gesamten Haltung, aber es ging auch das Gerücht um, der ehemalige Generalstabschef sei vor allem Zita ein Dorn im Auge gewesen, weil er eine (nach ungarischem Recht) geschiedene Frau geheiratet hatte.

Den ihm längst mißliebigen Oberbefehlshaber der Armee im Felde, Erzherzog Friedrich, machte Karl zum stellvertretenden Oberbefehlshaber; später enthob er ihn ganz seines Postens. Das Hauptquartier des Armee-Oberkommandos verlegte er von

Teschen nach Baden bei Wien, also in die Nähe der Regierungszentrale, um dem angeblich allzu leichten Leben der Offiziere, wie sie es in Teschen geführt hatten, besser entgegenwirken zu können. Den Frauen wurde nicht gestattet, nach Baden mitzuziehen.

Die personellen Umbesetzungen in der Armee stießen natürlich auf viel Kritik, und nicht wenige glaubten, daß sich nun die Sünden der Vergangenheit rächten. So klagte Oberst Maximilian Ronge, Chef der Nachrichtenabteilung des AOK: »Wie Kaiser Karl eine Anzahl neuer Ratgeber berief sowie die Funktionäre seiner engeren Umgebung auswechselte, so ersetzte er nun bald alle prominenten Persönlichkeiten des AOK durch neue Kräfte. Man hatte den Fehler begangen, seinerzeit den Thronfolger während seiner Zuteilung zur höchsten militärischen Behörde vom Getriebe des Armee-Oberkommandos fernzuhalten . . . [Meine] wiederholten Vorträge . . . über den Nachrichtendienst, die bei ihm großes Interesse geweckt hatten, waren Ausnahmen gegenüber der sonstigen geflissentlichen Zurückhaltung.«[19]

Karl amtierte in Baden im sogenannten »Kaiserhaus«, einem zweistöckigen Gebäude mit einfach gegliederter Fassade. Noch heute steht es unbeschädigt auf dem Hauptplatz der Kurstadt und hebt sich durch keinerlei Auffälligkeiten von den benachbarten Häusern ab. Zwei toskanische Säulen flankieren den Eingang und tragen einen kleinen Balkon. Als Karl hier residierte, war das Gebäude hellgelb gestrichen, die Fensterläden waren grün. Im Jahre 1813 hatte es Kaiser Franz I. erworben, der sich mit seiner Gemahlin häufig in Baden zur Kur aufhielt. Später erweiterte er den Besitz durch den Ankauf eines angrenzenden Gebäudekomplexes, der zum Augustinerkloster gehörte. Man wohnte sehr beengt hier, nur im ersten Stock gab es einige etwas größere Räume. Das mittlere Zimmer diente dem Kaiser als Arbeitsraum; auf der einen Seite grenzte es ans Eßzimmer, auf der anderen ans Schlafzimmer. Anfang Februar übersiedelte auch die kaiserliche Familie ins »Kaiserhaus«. Die Kinder, denen auch nur kleine, finstere Zimmer zur Verfügung standen, vergnügten sich tagsüber meist im Weilburgpark. Diese Verhältnisse waren in der Tat nicht über einen längeren Zeitraum zu ertragen, und so wurde das Schloß Laxenburg umgehend instandgesetzt, das die Kaiserfamilie am 15. März bezog. Der Kaiser fuhr fortan täglich von dort aus nach Baden.

Unmittelbar nachdem Karl ins »Kaiserhaus« eingezogen war, wurde dort eine Geheimleitung installiert. Sie führte, wie der Telegrafist Möller berichtete, »nach Wien zur Hofburg und war in erster Linie für die Kaiserin bestimmt«, wenn sich diese in der alten Residenz aufhielt. Obwohl es strengstens verboten war, Telefonate mit anzuhören, machten sich die Telefonisten das Vergnügen, interessanten Gesprächen Karls mit Zita oder mit Ministern, Hofbeamten, den Parmas oder der Kaiser-Mutter zu lauschen. Am meisten amüsierten sie sich, wenn sich Kaiser und Kaiserin in akustischen Zärtlichkeiten ergingen. »Liebes Herzerl«, pflegte etwa der Kaiser seine Frau fernmündlich zu liebkosen, und oft nannte er sie auch »liebes Mausi«. Zeigte die Kaiserin sich über eine Neuigkeit verwundert, pflegte sie stets vor Entzücken in ein »Ach nein!« auszubrechen. »Mindestens drei- bis viermal« telefonierte der Kaiser täglich mit seiner Frau. Er sprach »langsam, bedächtig, mit tiefem Ton«. Die Stimme der Kaiserin erschien Möller als »sehr sympathisch, . . . ein legeres Deutsch, bisserl Wienerisch«[20].

Von Möllers Hand gibt es auch eine anschauliche Beschreibung der Kaiserin vom Frühjahr 1917. Sie sei etwas größer gewesen als ihr Mann, heißt es hier, und ihm sei vor allem ihr »typisch istrianisches Gesicht« aufgefallen mit den »schönen dunklen Augen«. Im Schloß habe sie sich sehr einfach gekleidet und meist Halbschuhe mit niederen, breiten Absätzen getragen. Ungemein elegant aber habe sie in größerer Toilette gewirkt. »Dankte sehr lieb für Gruß mit leichtem Kopfnicken, liebem Blick . . . Kümmerte sich im Schloß um nichts in der Hofhaltung, überließ alles Fräulein Löw. Um so mehr sprach sie mit Kammerfrauen . . . über jede Person im Schloß, über deren Familienverhältnisse. Sie litt im Hause keine Tiere [wie Hunde, Vögel usw.], dafür Blumen. Auch durfte niemand in ihren Zimmern rauchen – selbst der Kaiser nicht. Man sagte: krankhafte Abneigung. Befaßt sich viel mit den Kindern, las alle neuen Bücher, Modejournale, bekam separat an ihre Adresse gerichtete Zeitungen. Auf den Kaiser entschieden großen Einfluß, dürfte auch intelligenter sein . . .«[21]

Glatteis vor Ungarns Thron

Es war ein kalter Morgen. Die Straßen waren vereist, der Winter hatte sich – spät – angekündigt. Und doch sollte es ein Tag werden, wie ihn Budapest seit nahezu fünfzig Jahren nicht mehr erlebt hatte. Damals, am 8. Juni 1867, war Kaiser Franz Joseph I. zum König von Ungarn gekrönt worden und seine schöne, von den Ungarn stürmisch verehrte Frau Elisabeth zur Königin. Diese Zeremonie fand nach dem österreichisch-ungarischen Ausgleich statt, der die Monarchie in zwei gleichberechtigte Hälften geteilt und erbitterte Auseinandersetzungen der Ungarn mit ihrem Herrscherhaus beendet hatte.

Jetzt wurde wieder ein König gekrönt – und eine Königin. Die Feierlichkeiten im tristen Kriegsjahr 1916 – man schrieb den 30. Dezember – konnten allerdings mit jenen des letzten Jahrhunderts nicht konkurrieren. Angesichts eines blutigen Krieges mit täglich Tausenden von Todesopfern und Millionen hungernder Menschen schienen prunkvolle Gelage und mehrtägige verschwenderische Volksfeste unangemessen.

Die Krönung war ein ergreifendes Ereignis und eine nationale Weihe für das temperamentvolle, zur Theatralik neigende Volk. In ihr manifestierte sich wie sonst nirgendwo die ungarische Selbständigkeit. Nur wer die Stephanskrone trug, durfte sich als rechtmäßiger Herrscher der Ungarn fühlen, nur der hatte die Staatsgewalt, die Einheit von Volk und Monarch bedeutete. So war die Verpflichtung zur Krönung bereits 1791 im Gesetz niedergelegt worden.

Schon seit dem Morgengrauen hatten sich gewaltige Menschenmengen durch die Straßen bewegt. Um halb sieben Uhr, als die Krönungssitzung des Abgeordneten- und Magnatenhauses begonnen hatte, hatten auf dem Blocksberg einundzwanzig Kanonenschüsse den Beginn der Krönungsfeierlichkeiten verkündet. Jetzt, kurz vor dem Krönungsakt in der Mathiaskirche, bildeten die Budapester dichte Reihen und ließen die prächtig bespannten Karossen mit den Bannerherren an sich vorbeiziehen – Magnaten, Minister, militärische und zivile Würdenträger, Diplomaten mit Damen. Reich war der Weg geschmückt, überall leuchteten die ungarischen Farben von den beflaggten Häusern, an den Fenstern und Balkonen hingen jubelnde Menschen in dichten Trauben – und überall Girlanden und Reisig. Die Tribünen waren bis auf den letzten Platz besetzt.[1]

Die Krönungskirche erstrahlte ganz in Rot: Ein roter Teppich bedeckte den Boden, die Thronsessel waren mit rotem Samt überzogen und zeigten das Doppelkreuz. Den Sessel der Königin zierte zudem die bourbonische Lilie. Über beiden Thronsesseln, die in der Mitte des Sanktuariums standen, erhob sich ein Baldachin, der innen weiß und außen rot war. Selbst der Altar war ganz in Rot gehalten.

Gegenüber den Thronsesseln nahmen die Mitglieder der kaiserlichen Familie Platz, im Hauptschiff die Mitglieder der Parlamente, des diplomatischen Korps und der Armee. Währenddessen hatten sich draußen, vor der Kirche, im Halbkreis Vertreter der ungarischen Komitate in farbenprächtigen Volkstrachten und mit Bannern aufgestellt. Sie kamen aus den verschiedensten Ständen und demonstrierten die Anwesenheit des gesamten Volkes bei der Krönungsfeier.

Um halb neun Uhr erreichte der Krönungszug die Kirche. Allen voran ritt eine halbe Eskadron Honved-Husaren in braunen Atlas-Umhängen, roten Hosen und schwarzen Stiefeln, die Säbel in den Händen. Ihnen folgte eine Abordnung der Haupt- und Residenzstadt Budapest im Wagen, dann kamen die Hoftrompeter, die Pauker und Lakaien, der königlich ungarische Herold mit erhobenem Stab in der Hand hoch zu Pferd, dahinter die Hofchargen, gefolgt vom Banus von Kroatien, Slawonien und Dalmatien. Hinter ihnen schließlich schritt Graf Stephan Tisza, Ungarns Ministerpräsident – als Stellvertreter des Palatins.[2]

Es war fünf Minuten vor neun Uhr, als die Glocken das Nahen des Herrscherpaares verkündeten. Die Militärmusik intonierte die Nationalhymne, die Truppen salutierten mit dem Säbel.

Und dann kamen sie: der König, die Königin und der kleine Kronprinz. Entgegen der Etikette saß Zita in dem achtspännigen Galawagen rechts vom König – ein Zeichen der Hochschätzung Karls für seine Gattin. Zu beiden Seiten des Wagens gingen je drei Hoflakeien. Neben ihnen ritten je drei königlich-ungarische Leibgardisten.[3]

Der ungarische Obersthofmeister und der Obersthofmeister der Königin halfen dem Paar aus dem Wagen und geleiteten es zu einem Baldachin am Hauptportal der Kirche, wo es der Fürstprimas von Ungarn, Janos Kardinal Csernoch, empfing. Der Kronprinz, den sein Erzieher, Graf Wallis, in die Kirche begleitete, nahm im Oratorium rechts vom Hauptaltar neben König Ferdinand von Bulgarien Platz. Oftmals sah man ihn während der Krönungszeremonie auf den Stuhl steigen, damit er der Handlung besser folgen konnte. Der Kronprinz trug ein Zeremonienkleid, das der ungarische Maler Benczur entworfen hatte und das aus weißem Atlas mit Gold- und Silberstickereien bestand und mit Hermelin verbrämt war. »Klug war die Wirkung des kleinen Prinzen berechnet worden«, kommentierte Botschafter Wedel, »denn die Ungarn schwärmten von dem Knaben . . ., der übrigens durch Artigkeit und Frische allgemein gefiel.«[4]

Unter den Klängen von Posaunen und Trommelwirbel ging das Paar zunächst in die Lorettokapelle, wo es kurz im Gebet verharrte, ehe es mit dem Gefolge feierlich in die Kirche einzog, allen voran der Obertürhüter mit dem Stab. Der König war mit der roten, goldverzierten Uniform eines ungarischen Feldmarschalls bekleidet, um den Hals trug er das Goldene Vlies, an seiner rechten Brustseite glänzte ein Brillantstern, eine Kombination aller österreichischen Großkreuze aus dem Besitz von Kaiser Franz I., und an der rechten Seite trug er das einfache stählerne Franz-Josephs-Kreuz. Königin Zita schritt in einem weißen, reichbestickten Kleid aus schwerem Brokat zum Altar, das nach einem Muster aus der Zeit von Kaiserin Maria Theresia angefertigt worden war. Die Stickereien zeigten stilisierte Rosen, Blätter und Zweige und waren teils in mattem, teils in glänzendem Gold ausgeführt. Alte ungarische Spitzen zierten die Taille. Aus ihnen waren auch die kurzen, dreireihig gepufften Ärmel genäht. Von der Goldhaube herab fiel ein Schleier aus Goldspitzen, der Kronschmuck funkelte in seiner Diamanten- und Perlenpracht. Der Krönungsmantel war aus Hermelin.

»Tiefer Ernst ruht auf dem Gesicht des Königs«, schrieb anderntags die *Neue Freie Presse*, »die Königin schreitet durch die Kirche dem Hochaltar zu, in sichtbarer Rührung.«[5]

Nahezu drei Stunden dauerte die kirchliche Zeremonie, die aus drei Teilen bestand: der Messe, der Krönung und der Kommunion. Und es waren wohl die feierlichsten Stunden in Zitas bisherigem Leben. Sie dachte an die Worte des Fürstprimas vom vorhergehenden Tag, mit denen er »unsere allergnädigste Königin« gebeten hatte, sie möge »geruhen, den heißen Wunsch der stets mit schwärmerischer Liebe ihrer Königin zugetanen ritterlichen ungarischen Nation zu erfüllen, daß sie Eure kaiserliche und königliche Majestät als Königin von Ungarn kröne, auf daß die Nation in ihrer Königin in dem strahlenden Kranz der Krone des heiligen Stephan ihren Schutzengel erblicke«. Und sie hatte geantwortet: »Mit Freude erfülle ich den Wunsch der ungarischen Nation, der Meinem innigen Wunsche begegnet. Ich segne die göttliche Vorsehung, die Mich diesen erhebenden Augenblick erleben ließ . . .«[6]

Der Augenblick war nun gekommen. Nach der Krönung des Königs salbte sie der Bischof auf dem rechten Armgelenk und in der Mitte der Schultern. Dann legte ihr der Fürstprimas die Stephanskrone, mit der Karl zuvor gekrönt worden war, auf die rechte Schulter, wobei ihm Graf Tisza assistierte. Danach wurde dem König die Krone wieder zurückgegeben, die Königin mit der Hauskrone geschmückt. Schließlich führte sie der Fürstprimas zum Thron, wo sie an der Seite des Königs – als König von Ungarn war er Karl IV. – Platz nahm. Draußen ertönte Kanonendonner. Die Ungarn wußten: Wir haben wieder eine Königin.

Als Zita nach der Zeremonie allein aus der Kirche trat – der König schlug in der Kathedrale noch eine Anzahl von erwählten Kandidaten zu Rittern des Goldenen Sporns – schien, wie der Gesandte Heinrich Freiherr von Tucher berichtete, über dem »dichtgefüllten Platze die am Morgen schmerzlich vermißte Sonne; die Königin hielt auf der Schwelle einen Augenblick inne und dankte der ihr jubelnd huldigenden Menge. Dieses Bild wird wohl keiner der Anwesenden leicht vergessen.«[7] Und der deutsche Botschafter schrieb noch am Silvestertag nach Berlin: »Das Herrscherpaar hat bei dieser Krönung alle ungarischen Herzen gewonnen, wozu die hoheitsvolle Erscheinung und Haltung der Königin nicht wenig beigetragen hat.«[7a]

Als dann der König zu den Klängen der ungarischen Hymne – Zepter und Reichsapfel in den Händen – unter freiem Himmel auf dem Sockel der Dreifaltigkeitskirche den Krönungseid leistete und danach auf einem Schimmel wie seine Vorgänger im Galopp den Hügel hinaufritt und die traditionellen Schwertstreiche in die vier Himmelsrichtungen austeilte, da kannte die Begeisterung der Menge keine Grenzen mehr. Im Stöckel der Burg, wohin sie sich als Zuschauer zurückgezogen hatten, zeigten sich die Königin und der Kronprinz. Die Königin winkte, die Zuschauermenge brach in nicht enden wollende Eljen-Rufe aus. Beim Abstieg, berichtete der Reporter der *Neuen Freien Presse*, wandte der König »sein Gesicht der Königin zu, die in freudigster Erregung mit den Augen jeder Bewegung ihres Gatten gefolgt war. Sie winkte ihm aus dem offenen Fenster zu, und freudestrahlend erwiderte der König die Grüße seiner Gattin.«[8]

Selbst Außenminister Graf Ottokar Czernin bekannte sich »tief erschüttert« über »die Großartigkeit des Geschehenen«. »Erst jetzt«, gestand er während der Feierlichkeiten seinem Nachbarn, »verstehe ich, weshalb die Ungarn so nachdrücklich auf der Krönung bestanden [die es in Österreich nicht gab; d. Verf.]. Wer jemals eine ungarische Krönung gesehen hat, der wird sie nie vergessen. Der politische Scharfblick der Ungarn kommt auch hier zum Ausdruck, denn schon vom ersten Augenblick an kommen sie dem Herzen des Herrschers nahe – nicht nur durch den Glanz und die Pracht, die bei der Krönung entfaltet wird, sondern auch durch die Begeisterung. Und vielleicht keine andere Nation der Welt ist imstande, ihre eigene Begeisterung in einem solchen Maße auf andere zu übertragen wie die ungarische.«[9]

Diese Begeisterung steckte auch das Königspaar selbst mehr an, als ihm in Wirklichkeit guttat. Durch sie wurden seine Zweifel und Bedenken zerstreut, die es zunächst gegenüber einer raschen Krönung – längst vor Ablauf der Frist von sechs Monaten nach dem Tod des letzten Königs – gehegt hatte. Und durch sie ließ das Königspaar sich so sehr einnehmen, daß es alle Pläne, die letztendlich auf eine Beschneidung der ungarischen Privilegien hinausliefen, zurückstellte – für die Zeit nach dem Krieg.

Dabei hätte Karl gerade in diesem Punkt ein deutliches Signal setzen können, ein Signal dafür, daß er nun ernst machen wollte mit der Aufwertung der slawischen Volksgruppen innerhalb der Monarchie. Daß Karl und Zita überaus euphorisch zur Krönung nach Budapest eilten, verbitterte die Slawen aufs neue und bestärkte sie in ihrem Urteil, daß sich auch unter dem neuen Kaiser kaum etwas ändern werde.

Der Kaiser hätte gegenüber den zur Krönung drängenden Ungarn genügend einleuchtende Gründe zur Hand gehabt, um Zeit zu gewinnen. Denn es gab eine Reihe von Punkten, in der die ungarische Verfassung der österreichischen widersprach. Diese Unvereinbarkeiten hätten erst einmal aus dem Weg geräumt werden müssen, bevor der Kaiser und König einen Eid auf eine der beiden Verfassungen schwor. Graf Polzer-Hoditz, der spätere Chef der Kabinettskanzlei, hatte dies sofort erkannt. Am 22. November hatte er dem Grafen Wallis, dem ehemaligen Erzieher des Kaisers, ein Promemoria überreicht, das er zusammen mit einigen Experten aus dem Umkreis des ermordeten Thronfolgers verfaßt hatte. Darin wies Polzer-Hoditz auf die zahlreichen, einander widerstreitenden Punkte in den beiden Verfassungen hin – zum Beispiel auf die Stellung Dalmatiens, auf die Gesetzgebungsrechte der Delegationen und auf die staatsrechtliche Stellung der Armee. Es sei doch, so Polzer-Hoditz,

»ausgeschlossen . . ., daß ein Herrscher bei Regierungsantritt einander widerstreitende Pflichten übernimmt, die ihn in unlösbare Kollision mit seinem Gewissen und mit seinen Regentenpflichten bringen müssen«. Karl hätte demnach mit den feierlichen Proklamationen so lange warten müssen, bis diese gesetzlichen Widersprüche behoben waren. Er hätte erklären müssen, daß er sich – so Polzer-Hoditz – »vor der Krönung mit der gesamten ungarischen Nation auseinanderzusetzen habe, daß er aber den ungarischen Reichstag als eine Vertretung der gesamten ungarischen Nation um so weniger ansehen könne, als die gegenwärtige Wahlordnung [es gab in Ungarn noch kein allgemeines, gleiches und geheimes Wahlrecht] . . . nur einem verschwindend kleinen Bruchteil der Bevölkerung das Recht auf politische Mitarbeit gewähre . . .«[10]

Das heißt, Karl hätte die Ungarn mit einem hinausgezögerten Krönungstermin unter Druck setzen können. Denn allein schon eine Änderung des Wahlrechts hätte den einzelnen Volksgruppen innerhalb Ungarns mehr Rechte verschafft. Gerade dies aber wollten die Magyaren auf jeden Fall verhindern. Zu jenem Zeitpunkt beherrschten sie nämlich, obwohl sie im ganzen nur 48,1 Prozent der ungarischen Bevölkerung ausmachten, das politische Leben völlig. Und vor allem beherrschte es der ungarische Adel mit seinen umfassenden Privilegien. Bei einer politischen Neuorganisation hätten die Magyaren gegenüber den kroatischen, serbischen, rumänischen, slowakischen, deutschen und ruthenischen Volksgruppen in ihrem Land erheblich an Gewicht verloren. Denn 393 magyarischen Abgeordneten saßen nur zwanzig Nicht-Magyaren im Abgeordnetenhaus gegenüber.[11] Am meisten fürchteten die Magyaren aber, daß Franz Ferdinands Pläne doch noch durchgesetzt werden könnten und die Südslawen zur dritten Kraft im Vielvölkerreich aufsteigen könnten.

In seinem feierlichen Krönungseid hatte Karl jedoch geschworen, »daß . . . Wir die Grenzen Ungarns und seiner angeschlossenen Länder nicht aufgeben werden noch irgend etwas, was zu diesen Ländern, unter welchem Titel immer, gehört. Wir werden ihre Gebiete nicht verkleinern, sondern soweit als möglich vergrößern und ausdehnen.«[12]

Dieser Eid mußte sich ohne Zweifel als Hemmschuh für eine Neuordnung der Monarchie erweisen. Wie sollte Karl jetzt noch offen sein für jene anderen Pläne, die ihm ebenfalls vorschwebten – Pläne für eine föderative Lösung des Nationalitätenproblems?

Vielleicht war diese Entscheidung Karls und Zitas, dem Drängen Graf Tiszas vorschnell nachzugeben, einer der größten Fehler des Kaiserpaars. Der Grund für dieses überstürzte Handeln dürfte wohl in dem Bestreben zu suchen sein, einen Frieden nach außen zu schaffen. Unvorhergesehene Schwierigkeiten, neue Reibungen und Umwälzungen im Inneren hätten sich dabei nur störend ausgewirkt. Das Problem sollte auf die Friedenszeit vertagt werden. Daß es in Wirklichkeit aber nicht vertagt werden konnte, sondern auf diese Weise nur an Schärfe gewann, hatten Karl und Zita nicht mit der nötigen Klarheit gesehen.

Graf Tisza hatte sich vor allem auf dringend erforderliche Gesetze berufen, die nicht in Kraft treten könnten, solange nicht ein rechtmäßig gekrönter ungarischer König sie sanktioniert habe. »Nicht einmal die ganzen sechs Monate durften unter diesen besonderen Umständen ungenutzt vergehen«, meinte die Kaiserin auch später dazu. »Der Kaiser wußte, was er tat, und kannte auch die formellen Auswirkungen, die dies auf seine Reformpläne haben mußte. Aber die rechtlichen Argumente waren unwiderlegbar, und so war eben Eile notwendig. Er stimmte zu, um in der Lage zu sein, den Krieg rasch beenden zu können. In gewisser Hinsicht waren natürlich Tisza und seine starren Ideen über Ungarn der Ruin all der weitreichenden Pläne des Kaisers. Spannungen zwischen den Nationalitäten waren das größte Problem der Monarchie. Aber der Kaiser glaubte, daß dies Fragen wären, die man für die Friedenszeit zurückstellen müsse. Im Krieg bildete Ungarn eine Säule der Doppelmonarchie. Tisza war der Mann aus Eisen, der diese Säule trug.«[13]

Der Mann aus Eisen hatte – kurz gesagt – das Kaiserpaar überrumpelt. Aber seine Tage als Ministerpräsident waren gezählt. Schon ein knappes halbes Jahr später sollte er über das Problem der Wahlrechtsreform stürzen, gegen die er sich hartnäckig zur Wehr setzte. Zita hatte ihn schon anläßlich der Krönung mit eher skeptischen Blicken betrachtet, denn Tisza hatte die Funktion des Stellvertreters des Palatins übernommen, ja, mit Gewalt sich nach ihr gedrängt, und wirkte somit bei der Krönung des ungarischen Königs mit. Und dies schien nicht nur Zita, sondern auch manch anderem bei Hofe unangebracht. Denn Tisza war nicht Katholik, sondern Calvinist.

Einen Palatin, also einen Stellvertreter des Königs, gab es damals nicht, weil Kaiser Franz Joseph keinen mehr ernannt hatte. So hatte man sich gefragt, ob nicht Erzherzog Josef die Rolle des Stellvertreters übernehmen sollte. Er war der Enkel des gleichnamigen letzten Palatins und Chef der ungarischen Linie des Erzhauses. Graf Tisza aber setzte sich durch. Er bestand darauf, daß diese Aufgabe dem Führer der Mehrheitspartei – also ihm selbst – zukommen müsse. Dabei berief er sich auf die letzte Königskrönung von 1867, bei welcher gleichfalls der damalige Ministerpräsident, Julius Graf Andrássy, dieses Amt wahrgenommen hatte.[14]

Nun hatte die rigoros anmutende Abneigung Zitas gegen einen nicht-katholischen Palatin allerdings ihren guten Grund, der von den Vorstellungen der damaligen Zeit her beurteilt werden muß. Die Krönung war ja nicht nur ein staatsrechtlicher, sondern auch ein kirchlicher Akt mit genau vorgeschriebenem Ritus, der im »Pontificale Romanum« aus dem sechzehnten Jahrhundert niedergelegt war. Alle katholischen Könige – die früheren französischen Könige ebenso wie die von Belgien, Spanien und Portugal – waren, von kleineren Abweichungen abgesehen, nach diesem Zeremoniell gekrönt worden. So erwartete man, was einer gewissen Logik nicht entbehrte, für diesen speziell katholischen Akt eben auch einen katholischen Palatin.[15]

Sicher aber ist, daß Zita sich mit großem Engagement für die Krönung einsetzte. Einwände von Vertrauten, die Feierlichkeiten in Ungarn könnten andere Völker verbittern, wehrte das Kaiserpaar mit dem Plan ab, Karl solle auch zum Kaiser von Österreich und zum König von Böhmen gekrönt werden, was ein Novum dargestellt hätte. Daß Zita persönlich solche Vorhaben eifrig unterstützte und mit Hofbeamten besprach, ist eindeutig belegt.[16]

Auf jeden Fall vermittelte Zita mit ihrem glanzvollen Auftritt in Budapest zahlreichen Zeugen die Gewißheit, daß hier eine kraftvoll mitgestaltende, von der Aufgabe durch und durch beseelte Frau an der Spitze des Reiches stand. »Darf man eine Voraussage wagen«, schrieb etwa Botschafter Wedel einen Tag nach der Krönung, »so ist es diese, daß in dieser Ehe und in dieser Regierung die Kaiserin eine große, vielleicht die entscheidende Rolle spielen wird, denn sie scheint an Klugheit und Leidenschaft ihrem Gemahl überlegen und wird, wenn sie in einigen Jahren aufhören wird, Kinder zu bekommen, mit ihrem romanischen Ehrgeiz und ihrem katholischen Feuer sich keinesfalls auf die Mutter und Repräsentantin beschränken, sondern in jeder Rücksicht und wohl auch als Frau eigene Wege gehen . . .«[17]

Die Wunden des Krieges

Es war wohl eine harte Prüfung Gottes – so jedenfalls mußte es Zita erscheinen. Denn warum waren Millionen unschuldiger Menschen dazu verurteilt, die unfaßbaren Leiden dieses immer schrecklicher werdenden Krieges erdulden zu müssen? Und so, als ob's der Prüfungen nicht schon genug gäbe, brach Ende 1916 auch noch ein strenger Winter über Österreich herein. Die Temperaturen sanken, und die Kohlevorräte schwanden. War irgendwo noch Brennstoff aufzutreiben, dann hatten in der Zwei-Millionen-Stadt Wien vor allem kleine Haushalte große Schwierigkeiten, ihn heranzutransportieren, da nur noch wenige Pferde zur Verfügung standen. Soweit es noch welche gab, litten diese an Unterernährung, waren schwach und krank. In dieser Situation sorgte ein Entschluß des Kaiserpaares für Aufsehen. Ein Aufsehen, das bei der Bevölkerung der Donaustadt breiten Beifall fand, das aber auch manchen, in falschem Traditionsbewußtsein befangenen Höfling schaudern machte: Karl und Zita beschlossen, die Hofpferde für solche Transporte zur Verfügung zu stellen.

Freilich war der Pferdebestand der Hofstallung nicht mehr so umfangreich wie um die Jahrhundertwende, als es noch an die fünfhundert Pferde gab; jetzt waren es gerade noch zweihundertfünfzig Tiere. Schließlich hatte inzwischen das Auto an Bedeutung gewonnen. Aber auch Lastwagen konnten kaum noch eingesetzt werden, denn es fehlte an Treibstoff.

Die Pferde vom Hof waren kräftig, denn sie hatten ja nicht – wie die meisten anderen – auf schmale Kost gesetzt werden müssen. So waren sie imstande, die doppelte Fuhr zu bewältigen. Eine große Fuhr faßte sechzig bis fünfundsechzig Meterzentner (Doppelzentner), also konnten hundert Hofpferde-Paare pro Tag 12 000 Meterzentner von den Bahnhöfen zu den Verkaufsstellen befördern.[1]

Ohne Zweifel war es vor allem Zita, die sich für diese Hilfeleistung eingesetzt hatte. Denn so umstritten ihre Rolle als politische Gestalterin werden und bleiben sollte, so unangefochten blieben ihre sozialen Verdienste, auch wenn ihre Gegner nach dem Zusammenbruch der Monarchie ungern davon sprachen. Auf keinen Fall hat Zita über ihren politischen Ideen und Vorhaben jemals ihre Pflichten für Arme, Kranke, Kinder und Verwundete vergessen. Im Gegenteil! In der gesamten Geschichte der Habsburger dürfte es noch nie eine Frau in allerhöchsten Kreisen gegeben haben, die sich mit solch innerem Engagement den Opfern einer grausamen Zeit annahm. Stets betrachtete Zita ihr Amt weniger als Privileg denn als Pflicht. Als eine heilige, zwingende Pflicht.

»Die Pflichten einer Kaiserin«, faßte sie ihre Einstellung in einem Gespräch mit der Autorin zusammen, »sind andere inmitten eines Weltkrieges, als sie es in Friedenszeiten wären. Die großen Empfänge und Repräsentationen fallen großenteils weg. Bei mir standen die Besuche in den Lazaretten, bei den Verwundeten im Vordergrund, die ich manchmal auch unangesagt machte, um die wirklichen Verhältnisse zu sehen. Meine

Schwiegermutter und Schwiegergroßmutter waren beide in der Krankenpflege tätig und konnten mir schon wichtige Hinweise in dieser Richtung geben. Es war auch das Werk für Kriegswitwen und Kriegswaisen, das mich viel beschäftigte und über das ich mich ständig unterrichten ließ.«[2]

Und so war es auch wirklich. Immer wieder versetzte Zita Lazarett-Oberärzte und Chefköche von Kranken- und Waisenanstalten in Panik, wenn sie völlig unangemeldet auftauchte, ihre Visiten machte, Anregungen gab, in der Küche das Essen probierte und Lob und Tadel verteilte. Um so freudiger und dankbarer nahmen die Kinder, Kranken, Verwundeten und Armen ihre Besuche auf. Denn Zita besaß die Gabe, den Opfern dieses furchtbaren Krieges nicht nur ihr Gesicht, sondern auch ihr Herz zu zeigen, Trost zu spenden und christliche Hoffnung, die sie selbst ihr Leben lang beseelte, zu vermitteln.

Schon als Erzherzogin-Thronfolgerin hatte sich Zita an die Spitze der Kriegspatenschaften gestellt. »Der Schutz und die Pflege der Säuglinge sichern uns eine gesunde Generation«, hatte sie seinerzeit an das Kuratorium der Kriegspatenschaften geschrieben. Sie übte diese Schirmherrschaft auch als Kaiserin aus und übernahm ferner zusammen mit ihrem Mann die Schutzherrschaft über den österreichischen Militär-Witwen- und Waisenfond.[3]

Ende Oktober 1916, kurz vor der Thronbesteigung ihres Mannes, war Zita nach Siebenbürgen gefahren, um die Verwundeten zu besuchen, die unter dem Oberbefehl Karls gestanden hatten. Dabei bewies sie eine seltene Gabe: Ihr Blick und ihr Händedruck gaben den Soldaten weit mehr als nur die mit Neugier gemischte Ehre, daß die Thronfolgerin persönlich zu ihnen gekommen war. Es war eine innere Kraft, die sie schenkte – wahrscheinlich ihre eigene unerschöpfliche Kraft, die sie auf fast wunderbare Weise weiterzugeben verstand. Soweit es möglich war, trat sie an jedes einzelne Bett, reichte jedem die Hand, lächelte und unterhielt sich geduldig mit den Verwundeten. Oft ließ sie sich lange Kriegs- und Krankengeschichten erzählen. Sie beehrte jedoch nicht nur Österreicher und Ungarn mit ihrem Besuch, sondern auch Deutsche, wobei man Zita nachsagte, sie habe sich besonders um Bayern gekümmert. Trost brachte sie auch den Gefangenen aus der rumänischen Armee. Gern unterhielt sie sich mit den Betroffenen in deren Muttersprache und verteilte kleine Geschenke – Amulette, Zigarren, Zigaretten, Pfeifen, Notizbücher, Spiegel und Mundharmonikas. Auf dem Bahnhof Székély-Udvárhely (Siebenbürgen) tröstete sie Frauen und Kinder, die aus ihrer Heimat hatten fliehen müssen und nun, da diese zurückerobert worden war, wieder heimkehren konnten. Sie half ihnen mit Geldspenden. Darüber hinaus besuchte sie die von den Rumänen niedergebrannten und verwüsteten Ortschaften, wo sie unter der Bevölkerung Geld und Wäsche verteilte.[4] Hauptmann Ottrubay berichtete dem Chef der Militärkanzlei Bolfras am 30. Oktober 1916 über Zitas Reise durch Siebenbürgen: »Während ihrer Reise bei der 1. Armee widmete sich Ihre k. u. k. Hoheit . . . dem Besuche der Spitäler in Medgyes, Segesvar und Székély-Udvárhely; die höchste Frau hat durch ihre gütige und liebenswürdige Art, mit welcher Höchstsie die Verwundeten befragte und tröstete, alle Herzen im Sturm erobert.«[5]

Dabei waren diese Besuche an der Front keineswegs einfach und ungefährlich. Die Straßen befanden sich in einem miserablen Zustand, und Truppenbewegungen sowie der Nachschub versperrten die Wege. Dennoch besuchte Zita auch entlegene Feldspitäler, wobei sie sich unter anderem intensiv für die technischen Einrichtungen interessierte.

Ihre herzliche Verbindung zu den Soldaten riß auch dann nicht ab, als sie Kaiserin wurde. Nach der 10. Isonzo-Schlacht eilte sie an die Front, besuchte Verwundete und Kranke und spendete den Sterbenden einen letzten Trost. So kam es, daß Zita sich gerade bei den Soldaten großer Popularität erfreute, bis die Propaganda gegen sie zu wirken begann.

Zitas erste Aktion als Kaiserin hieß »Für das Kind«, mit der sie eine große Sammlung zugunsten notleidender Kinder einleitete. Sie rief Priester, Ärzte, Lehrer und in Sozialberufen Tätige, aber auch alle Mütter und Väter auf, ihre Dienste und Erfahrungen diesem Unternehmen zur Verfügung zu stellen. So überreichte der Obersthofmeister der Kaiserin am 26. Dezember 1916 dem österreichischen Ministerpräsidenten einen Scheck über 650 000 Kronen der Österreichisch-Ungarischen Bank samt einem Verzeichnis der eingegangenen Waren, die auf die österreichische Reichshälfte entfielen: 15 000 Kilogramm Schokolade, 31 200 Dosen Kondensmilch, ein halber Waggon Trikotwäsche, warme Kinderkleider und ungefähr 75 000 Paar Kinderschuhe.[6]

Die Versorgung der Bevölkerung verschlechterte sich von Tag zu Tag. So mußten im Januar 1917 für Milch Bezugskarten ausgegeben werden, wie es sie für Mehl und Brot schon gab. Bis zur Vollendung des ersten Lebensjahrs bekamen Kinder täglich einen Liter Milch. Ein- bis Zweijährige durften dreiviertel Liter und Zwei- bis Sechsjährige einen Viertelliter pro Tag haben. Die normale Tagesration für die übrige Bevölkerung betrug ein Achtelliter – wofür es jedoch keine Garantie gab. Nur werdende und stillende Mütter waren von dieser Regelung ausgenommen; sie konnten einen Liter täglich bekommen.

Es war typisch für Zita, daß sie auch am Hofe keinen Luxus mehr duldete, während andere hungerten. Ja, sie unterwarf schließlich die eigene Familie den Restriktionen – jedenfalls bis zu einem bestimmten Grad. Weißbrot und Schokolade gab es ab sofort nicht mehr. So konnte es geschehen, daß die Kinder des Kaisers eine Tafel Schokolade dankbarst annahmen, die ihnen – zusammen mit einem Röllchen Kekse – der amerikanische Journalist Hyatt geschenkt hatte.[7] Rigoros lehnte es der Kaiser ab, einer Aristokratin zu helfen, die ihn gebeten hatte, für ihr Kind zusätzliche Milch nach Wien einführen zu dürfen. Und im Offizierskasino wurden von einem auf den anderen Tag keine Semmeln mehr serviert, nachdem der Kaiser hier einen Besuch gemacht hatte.

Vorrang hatten für Zita aber auch weiterhin die Kriegspatenschaften. Dabei verpflichten sich die Paten für die Zeit des Krieges, für ein Kind monatlich zwölf oder vierundzwanzig Kronen zu zahlen, wobei sie selbst entscheiden konnten, ob sie das Kind kennenlernen wollten oder nicht. Außerdem konnte bis Anfang Januar 1917 hunderttausend Müttern geholfen werden, die sich dank der Spenden in den letzten sechs Wochen der Schwangerschaft schonen durften. Zu jener Zeit kamen in Österreich jährlich zwei Millionen Kinder zur Welt, von denen allerdings zwanzig Prozent schon im Säuglingsalter starben. Nun konnten bedürftige Mütter ihre Kinder zur kostenlosen Untersuchung in die Krankenhäuser bringen.[8]

Zahllos waren die sozialen Aktionen der Kaiserin. Die Kriegsblinden gehörten ebenso zu ihren Schützlingen wie die Waisen. Zusammen mit ihrem Mann hatte Zita auch die Schirmherrschaft über die Österreichische Gesellschaft vom Roten Kreuz übernommen.[9]

Aber auch auf politischem Terrain wurde die soziale Frage groß geschrieben, und gerade Zita war es, die Karl hier aufs entschiedenste drängte. Beim Ministerpräsidenten Heinrich Graf Clam-Martinic fanden Karl und Zita für ihre Anliegen ein offenes Ohr. So schrieb Josef Maria Baernreither, Minister ohne Portefeuille in der ersten Regierung Kaiser Karls, über Ministerpräsident Clam-Martinic: »Er wußte, daß wenn eine Regierung in der Kriegszeit es unternimmt, in die staatlichen und nationalen Probleme ordnend, ohne Parlament, einzugreifen, sie ein starkes Gegengewicht an sozialen Maßregeln bedarf.«[10] Dann verfaßte Baernreither ein ausführliches Aide-mémoire über die Organisation der Jugendfürsorge und die Einrichtung eines Jugendamtes im Ministerium des Inneren, das schließlich zum ersten Sozialministerium Europas führen sollte. In seinem Tagebuch berichtet Baernreither: »Ich war gestern bei der Kaiserin in Audienz. Ihre ›Spende für das Kind‹ war der Anlaß, daß ich ein Mémoire über die Regelung der Jugendfürsorge verfaßte, das Clam der Kaiserin befürwortend vorlegte. Davon war in der Audienz die Rede. Sie hatte das Mémoire nicht nur genau gelesen, sondern sprach mehr als eine halbe Stunde mit mir ganz eingehend darüber. Sie sagte, es sei ihr eine große Freude (dieses Wort wiederholte sie mehrmals), daß die Konzentration der Jugendfürsorge endlich zustande komme. Es sei das ihr längst gehegter Wunsch, weil sie von der Notwendigkeit der Zusammenfassung aller Kinderpflege- und Jugendfürsorgebestrebungen überzeugt sei. Ich erklärte ihr ausführlich die Einzelheiten des Plans. Sie folgte nicht nur aufmerksam meinen Ausführungen, sondern machte Zwischenbemerkungen, die ihr volles Verständnis zeigten. Eine neue Luft weht in der Hofburg.«[11]

Nur wenige Tage später ist Baernreither abermals bei der Kaiserin. »Heute abermals zur Kaiserin gerufen, die sich nach dem Jugendamt erkundigt und außerdem wissen will, was mit der Spende geschehen ist, die aus Kleidern, Schuhen und Eßwaren besteht und die sie gewidmet hat für arme Kinder. Sie wünschte rasche Unterstützung, denn ›sonst ist der Winter vorbei, ehe die Kinder was bekommen‹. Es kommt Leben in unseren Betrieb. Gott sei Dank!«[12]

Allerdings zeigte sich bald, daß der Weg von der Idee zur praktischen Ausführung ein beschwerlicher war. Denn die Staatsmaschinerie arbeitete langsam, sie war es nicht gewohnt, einem jungen, sprunghaften Herrn zu dienen. So manch guter Gedanke blieb in den Maschen der Bürokratie hängen. So sprach auch Baernreither bald von »großer Enttäuschung«, denn sein Vorschlag, alle Aufgabengebiete der Jugendfürsorge in einem Amt zu vereinen, stieß überall auf Widerstand. »Diese Jugendfürsorge ist ja ein verhältnismäßig kleines Gebiet«, seufzte Baernreither. »Wie erst wird es mit der Bewältigung der großen Dinge aussehen?«[13]

Schließlich waren die Bemühungen Baernreithers doch noch von Erfolg gekrönt. Am 2. März 1917 konnte Clam-Martinic die Gründung des Jugendamtes bekannt geben, und am 1. Juni stimmte der Kaiser mit Allerhöchstem Handschreiben der Errichtung eines Ministeriums für Volksgesundheit und Soziale Fürsorge zu. Allerdings dauerte es noch über ein Jahr, bis der Gesetzentwurf alle Hürden überwunden hatte und das Ministerium Wirklichkeit wurde; als erster Minister stand ihm Ernst von Seidler vor.

Bestimmt wurde Zitas Verständnis für die Belange von Kindern und Jugendlichen durch ihre eigene Rolle als Mutter gefördert. Am 10. März 1918 schenkte sie zum fünften Mal einem Kind das Leben: Karl Ludwig.[14] Der Kaiserin, die auf jedes ihrer

Kinder einzugehen versuchte und sich gründlich mit ihrer Erziehung befaßte, blieb bei der Fülle ihrer Aufgaben nur wenig Zeit für die häuslichen Arbeiten. Deshalb wurde zur täglichen Betreuung der Kleinen eine hervorragende Erzieherin engagiert: die Gräfin Therese Korff-Schmising-Kerssenbrock, die fortan ihr ganzes Leben der kaiserlichen Familie widmen sollte. Die Richtlinien der Erziehung wurden von Zita selbst klar vorgegeben. Dabei dachte die Kaiserin in vielem durchaus modern: Ihre Kinder sollten einfach und anspruchslos erzogen werden und im späteren Leben mit jeder Situation fertig werden. Am Abend versuchten Kaiser und Kaiserin nach Möglichkeit ein, zwei Stunden bei ihren Kindern zu sein. Die größeren durften oft noch später abends bei den Eltern sitzen und ihnen beim Abendessen Gesellschaft leisten.

Bis zuletzt blieb die Kaiserin ihrer sozialen Arbeit treu, auch dann noch, als die Situation hoffnungslos geworden war. So hatte sie im September 1918 die Idee, in hungerbedrohten Gebieten eine Kette von Kinderkrippen und Schutzstationen zu errichten. Deshalb lud Obersthofmeisterin Prinzessin Lobkowitz-Schönborn im Auftrag der Kaiserin eine Anzahl von Persönlichkeiten in den Marmorsaal der Hofburg.

»Schlag 10 Uhr trat die Kaiserin in den Kreis der Geladenen«, berichtet Friedrich Funder, der Chefredakteur der *Reichspost*. »Seit ich den Feierlichkeiten zu ihrer Vermählung vor acht Jahren in Schwarzau hatte beiwohnen können, hatte sie sich wenig verändert. Nur blässer war sie als damals. Sie war eine graziöse Erscheinung. Sie richtete an die Versammlung eine kurze Ansprache, die eindringlich das Kinderelend und die daraus erwachsenden Probleme kennzeichnete; nicht zufrieden damit, ließ die Kaiserin jeden einzelnen der Erschienenen zu sich rufen, um an ihn einige ermunternde Worte zu richten. Es gab im Saale schwerlich einen, der nicht unter dem Eindruck der Persönlichkeit dieser Frau gestanden und nicht den sittlichen Ernst ihrer Motive verspürt hätte . . .«[15]

Nervös ging die Kaiserin im oberen Salon von Schloß Laxenburg auf und ab. Der Kaiser stand still an einem der hohen Fenster und blickte nachdenklich ins verschneite Geäst draußen im Park. Man schrieb den 23. März 1917. Voll innerer Unruhe warteten die Majestäten auf zwei Männer, die schon im Laufe des Tages angereist und zunächst im Palais des Rittmeisters Graf Erdödy in der Wiener Landskrongasse abgestiegen waren. Dieses geheimnisvolle Treffen war lange vorbereitet worden, und es war ebenso brisant in seiner Zielsetzung wie abenteuerlich in seiner Durchführung.

Es war ein kalter Abend. Dicke Schneeflocken fielen zur Erde. »Wie Zuckerbäckerwerk«, erinnerte sich später der kaiserliche Sekretär Karl Freiherr von Werkmann, nahmen sich »die beschneiten Wipfel des Parks« aus, »die Umrisse eines Dornröschenschlosses. Rings herum die niedrigen Häuser einer weltfernen Ortschaft. Nur aus wenigen Fenstern drang Lichtschein. Man sparte Öl und Kohle . . .«[1]

Nichts ließ den Frühling ahnen. Nur in den Herzen des Kaiserpaares blühte bei allem Bangen doch Hoffnung auf, eine letzte, zitternde Hoffnung. Vielleicht konnte sich doch noch, gebe es Gott, manches zum Guten wenden.

Soeben hatte Erzherzog Max, der jüngere Bruder des Kaisers, den Schloßhof verlassen. Er chauffierte den großen dunklen Mercedes selbst. Notdürftig erhellten die Scheinwerfer die Straße. Da tauchte plötzlich ein anderes Auto im Lichtkegel auf. Wer mochte nur so spät noch zum Kaiser kommen? Das war ungewöhnlich. Denn wenn das Kaiserpaar nur kurze Zeit in Laxenburg zubrachte, pflegte es zu solch vorgerückter Stunde keine Besuche mehr zu empfangen. Jetzt erkannte Max drei in Pelze gehüllte Männer. War der eine von ihnen nicht Prinz Sixtus von Bourbon-Parma? Aber der kämpfte doch auf der Seite der Feinde! Der Erzherzog schüttelte den Kopf. Er war wohl einer Sinnestäuschung erlegen, dachte er und fuhr weiter.

Aber er hatte sich nicht geirrt. Die Männer, die an diesem 23.

März so sehnlich erwartet wurden, waren Offiziere einer mit Österreich-Ungarn verfeindeten Armee – der belgischen. Und sie waren niemand anderer als die Brüder der Kaiserin.

Karls Vertrauter Graf Tamas Erdödy war mit der heiklen Mission betraut worden, die beiden Parma-Prinzen, die sich als österreichische Offiziere verkleidet und mit dem Namen »Ingenieure Bertrand« getarnt hatten, in Genf zu treffen und nach Wien zu schleusen. »Streng geheim selbstredend. Kein Mensch darf auch nur eine Ahnung davon haben, wer die beiden Herren sind, die dich begleiten«, war der Auftrag des Kaisers.[2]

Am 22. März waren sie mit dem Zug von Genf abgefahren; man hatte für sie ein Doppelabteil reservieren lassen. Nach der Ankunft in Wien brachte Erdödy die beiden Prinzen mit dem Auto in seine Wohnung, wo sie, um nicht erkannt zu werden, die einbrechende Dämmerung abwarten wollten. Der Kaiser erwartete sie um sieben Uhr.

Mit einiger Verspätung bogen die Prinzen mit Erdödy nun in den Schloßhof von Laxenburg ein und stoppten hinter den Stallungen, wo sie Burghauptmann Weber schon erwartete, ohne zu wissen, wer die Fremden waren. Dort bekamen sie den »Feldruf« und die Losung, um etwaige Wachen passieren zu können. Doch gelangten die Besucher ohne Zwischenfall zu jener Geheimstiege, die man die »blaue Treppe« nannte und zu deren Tür Erdödy einen Schlüssel besaß.

Im ersten Stock nahmen die Majestäten ihre Gäste in Empfang und zogen sich eilig mit ihnen in den Salon zurück, während Erdödy im Vorraum wartete. Jetzt erst begrüßten sie sich richtig, fielen sie sich in die Arme. Ein Bild, das – wäre es auf einem Foto festgehalten worden – später manchen Feinden der kaiserlichen Politik als anschaulicher Beleg für den angeblichen »Verrat« gedient hätte, den man vor allem der Kaiserin anlastete.

Jedenfalls begann mit diesem bis spät in die Nacht hinein geführten Gespräch jene berühmte »Sixtus-Affäre«, an der die Kaiserin sowohl von ihrer verwandtschaftlichen Mittlerstellung als auch von ihrem persönlichen Engagement her einen – wenn nicht sogar *den* – entscheidenden Anteil hatte. Und was die

Prinzen zu sagen hatten, war zuallererst und zuallerletzt dies: Ein Separatfrieden mußte her – zwischen Österreich-Ungarn auf der einen, Frankreich und Großbritannien auf der anderen Seite. Auch Zita und Karl wollten den Frieden. Aber ein Alleingang – ohne den deutschen Verbündeten – schien ihnen, wie die Kaiserin später der Autorin berichtete, »nur im äußersten Notfall, wenn alle anderen Schritte versagen sollten«, geboten.[3] Jedenfalls traf man sich anderntags erneut, und nachdem die Gespräche beendet waren, trug Sixtus einen hochbrisanten Brief des Kaisers in der Tasche. In ihm erkannte Karl die französischen Rückforderungsansprüche auf Elsaß-Lothringen gegenüber dem Deutschen Reich an, begrüßte die Wiederherstellung Belgiens samt Kolonien und die Unabhängigkeit Serbiens mit Zugang zum Meer. Im Hinblick auf Konstantinopel und seine mögliche Abtretung an Rußland wollte er warten, bis die Lage in Petrograd klar war, nachdem der Zar abgedankt hatte.[4]

Dieser Brief hatte es in sich. Was Karl da anerkannte, wurde ihm und Zita, die man als Drahtzieherin verdächtigte, später als Verrat am Verbündeten ausgelegt. Denn in diesem Brief hieß es schwarz auf weiß: ». . . bitte ich dich [Sixtus], geheim und inoffiziell Herrn Poincaré, dem Präsidenten der französischen Republik, zur Kenntnis zu bringen, daß ich mit allen Mitteln und unter Aufwendung meines ganzen persönlichen Einflusses bei meinem Verbündeten die *gerechten* Rückforderungsansprüche Frankreichs mit Bezug auf Elsaß-Lothringen unterstützen werde.«[5]

Später wurde hitzig darüber diskutiert, ob der Brief nun vom Kaiser allein oder in Zusammenarbeit mit der Kaiserin, hauptsächlich von ihr oder vorwiegend von Prinz Sixtus verfaßt worden war. Glaubhaft versicherte die Kaiserin noch in späten Jahren, daß ihr Mann den ganzen Tag über eifrig an dem Brief gearbeitet habe und daß schließlich eine ganze Menge Entwürfe vorgelegen hätten.[6] Weniger glaubhaft ist, daß Karl ihn allein verfaßt hat. Jedenfalls schloß Arthur Graf Polzer-Hoditz, der des Kaisers Schreib- und Ausdrucksweise besonders gut kannte, diese Vermutung entschieden aus. Er hält es für möglich, »daß die Kaiserin ihm dabei behilflich war«, »doch auch diese Annahme ist nicht genügend, da die Diktion des Briefes eine Gewandtheit in der spezifisch politischen Ausdrucksweise verrät, von der ich nicht glaube, daß sie der Kaiserin eigen ist. Es scheint mir außer Zweifel zu stehen, daß der Brief das Ergebnis eingehender Beratung und wechselnder Entwürfe in gemeinsamer Arbeit war, an der Prinz Sixtus teilnahm.«[7]

Heftige Diskussionen entzündeten sich später vor allem an der Frage, inwieweit diese Aktion vor dem Außenminister geheimgehalten worden war. Außenminister Graf Czernin jedenfalls bestritt die Aussage Zitas, die sie später machte, Karl habe sich über technische Details und einige konkrete Formulierungen mittels direkter Telefonleitung mit ihm beraten. Vielmehr behauptete er, weder diesen noch einen zweiten, später verfaßten Brief an Sixtus gekannt, geschweige denn etwas von seiner Existenz gewußt zu haben.[8] Letztendlich war es aber wohl kaum wesentlich, ob er den Wortlaut des Briefes nun gekannt hat oder nicht. Entscheidend war, daß er bei den Beratungen anwesend war und genau wußte, welche Friedenswege nun beschritten werden sollten.

Dem Brief an Sixtus war ein langes Ringen um das Problem vorangegangen, dem – aus kaiserlicher Sicht – die ganze Mission dienen sollte: dem längst fälligen Frieden, den niemand nötiger hatte als die k.u.k. Monarchie.

Dafür sprach vor allem der gefährliche Kräfteschwund des Vielvölkerreichs, der wesentlich einschneidender war als der des Deutschen Reichs, dessen Generalität immer noch – und jetzt mit hoffnungsvollem Blick auf den U-Boot-Krieg – auf den »Endsieg« setzte. Die militärische Lage Österreich-Ungarns war demgegenüber trostlos, die Ernährungssituation schwierig. Roggen und Weizen waren schon so gut wie ausgegangen und konnten nur teilweise durch Gerste ersetzt werden. Die Not drohte in eine wahre Hungerkatastrophe auszuarten. Immer stärker entwickelte sich der Weltkrieg zu einer Materialschlacht, mit der die Waffen- und Munitionsproduktion schon längst nicht mehr Schritt halten konnte. Diese schwierige Gesamtlage war es jedoch keineswegs allein, ja nicht einmal zuallererst, die dem Kaiserpaar so energische und eben auch unkonventionelle Bemühungen um den Frieden nahelegte.

Nachdem Karl 1916 den Thron bestiegen hatte, konnte er sich der Situation unbefangen stellen. Er hatte diesen Krieg weder entfesselt noch im mindesten persönlich mitzuverantworten. Sein Vorgänger und Großonkel Franz Joseph I. hatte ihn als Thronfolger nicht in den vordersten Reihen der Politik eingesetzt – bewußt vielleicht, um ihm später freiere Hand zu lassen. Das aber hatte auch seine Kehrseite: Karl waren die komplizierten Querverbindungen innerhalb des Hofes und die Gepflogenheiten des politischen Alltags fremd. Er war deshalb nicht selten in seinen Entscheidungen unsicher und versuchte – ohnehin von Natur aus eher konfliktscheu – möglichst vielen Seiten gerecht zu werden.

Vor allem übte er sich niemals im Taktieren. Er verstand sich nicht aufs hintertückische Polit-Intrigieren und die eingefahrene Wiener »Freunderlwirtschaft«. Allerdings wäre in diesem Punkt eine größere Hofnähe zu früheren Zeiten auch nur wenig von Nutzen gewesen. Denn Karl war durch und durch ehrlich, und vielleicht bedeutete gerade deshalb die Sixtus-Affäre, bei welcher sich der Kaiser im späteren Verlauf zu einer Notlüge herabließ, eine so niederschmetternde Katastrophe.

In einem jedenfalls war es dem jungen Kaiser zutiefst ernst gewesen: Er wollte den Krieg beenden und Frieden herbeiführen. In diesem Bestreben traf er sich ganz mit seiner Frau. Ebenso wie sie war auch er von einer hingebungsvollen Frömmigkeit. In den Kategorien von Sieg und Niederlage zu denken, war ihm verhaßt. Tiefes Mitleid erfaßte ihn mit den Soldaten an der Front und den Notleidenden in der Bevölkerung. Mehrfach ist bezeugt, daß Karl bei Besuchen auf den Schlachtfeldern seinen Tränen freien Lauf ließ.[9]

Karl und Zita verabscheuten den Krieg auch im Falle eines siegreichen Ausgangs, und schon deshalb konnte ihnen die deutsche Siegeszuversicht nicht behagen. So sorgte sich Karl bereits als Thronfolger, daß sich das Bündnis mit Deutschland selbst bei einem Sieg der Mittelmächte, »wenn auch nicht formell, so doch tatsächlich in ein Vasallenverhältnis der Habsburger zu den Hohenzollern, Österreichs zu Deutschland, umwandeln und zu einer Vergewaltigung der nicht-deutschen Nationen in der Monarchie führen« könnte, wie Arthur Graf Polzer-Hoditz berichtet, der Karl seit dessen Jugendtagen kannte und mit dessen Erzieher, Graf Georg Wallis, befreundet war.[10]

Karl und Zita teilten die tiefe Skepsis gegenüber einer reichsdeutschen Allgewalt. Darüber hinaus erschienen ihnen die Deutschen mit ihren weitgespannten Kriegszielen als gefährlich, obschon das Kaiserpaar die Kriegsgründe der Alliierten als weithin ungerecht, die der Mittelmächte hingegen als grundsätzlich und ursprünglich gerecht betrachtete.

So erinnert sich Albert Freiherr von Margutti an eine bezeichnende Audienz bei der jungen Kaiserin in den letzten Januartagen des Jahres 1917. Margutti war »von der Kaiserin fasziniert, nicht bloß wegen ihres persönlichen Charmes und der von ihrer erlauchten Persönlichkeit ausgehenden Anmut«, sondern auch »ob der geistigen Schärfe, die aus ihren Gesprächen durchleuchtete«. Sie kam »bald auf den Friedenswunsch des Kaisers zu reden und auf Deutschlands bezüglichen Widerstand«[11]. »Kaiser Wilhelm«, sagte sie, »will alle Feinde niederwerfen und dann erst, als Sieger, mit ihnen Frieden schließen! Aber wer gibt uns die Gewähr, daß dies gelingt? Ich glaube, wir müssen nun trachten, nach und nach mit unseren Gegnern in Verhandlungen zu treten und uns damit begnügen, den Pfad für einen Verständigungsfrieden zu finden.« Nun beginne Deutschland wieder, »mit verschärftem Unterseebootkrieg und allem Möglichen zu drohen«, klagte sie, »und ladet uns sicher bald noch Amerika auf den Hals! Wie sollen wir uns alles dessen noch erwehren? Deshalb heißt es, irgendwie doch einmal ein Pförtchen zur Verständigung bei den Feinden zu erschließen, und dies halte ich für meine und des Kaisers wichtigste Aufgabe.«[12]

Für Zitas Haltung aber gab es, wie schon erwähnt, noch einen ganz besonderen Grund: Sie war nicht – wie die deutschnationale Propaganda später kolportierte – eine »Italienerin«, denn ihre Familie fühlte nicht im geringsten italienisch. Aber sie war eine Bourbon-Parma, eine Französin. So kann es nicht verwundern, daß dieser Krieg Zita innerlich entzweien, in besonderem Maße schmerzen mußte. Für Zita also hieß es Frieden um fast jeden Preis – allerdings nicht um den der »gerechten« Ordnung der österreichisch-ungarischen Monarchie. Diesem Österreich in den Rücken zu fallen, wäre ihr selbst als eines der schwersten Vergehen erschienen. Daß sie, wie später behauptet wurde, Stellungen der Österreicher an die Italiener verraten haben soll, gehört wohl zum blühendsten Unsinn der Geschichte. Die Frage war jetzt nur, wie man diesem Österreich noch helfen konnte.

Die Prinzen Sixtus und Xavier hatten das erzherzogliche Paar schon im Sommer 1914 mehrmals auf Schloß Hetzendorf besucht. Die Zita-Brüder, überlegen-intelligente, selbstbewußte, weltläufige und gutaussehende junge Männer, waren dort stets willkommen. Zwischen ihnen und Karl entwickelte sich im Laufe der Zeit eine Freundschaft, und in den politischen Zielen zeigten sich viele Berührungspunkte, so unterschiedlich auch die Ausgangspositionen und Motive sein mochten. Für die Bourbon-Parmas war es wichtig, Österreich-Ungarn gegenüber dem französischen Erbfeind Deutschland zu stärken und von diesem abzutrennen. Ihre Interessen galten ausschließlich Frankreich, und als Bourbonen fühlten sie sich in der Pflicht. Ihr Engagement war mit der gar nicht abwegigen Hoffnung verbunden, sie könnten einen günstigen Friedensschluß für Frankreich, der unter anderem die Rückgabe von Elsaß-Lothringen durch Deutschland an den westlichen Nachbarn beinhaltete, als einen Erfolg für sich verbuchen, der sie ihrem fernen Ziel näher bringen würde: der Thronanwartschaft in Paris. Sie strebten also einen Separatfrieden mit Österreich-Ungarn an und waren an einer starken österreichisch-französischen Allianz interessiert – ganz im Sinne des alten Grafen Kaunitz, der als Staatskanzler unter Maria Theresia mit einem solchen Bündnis dem aufstrebenden Preußen entgegenwirken wollte. Kaiser Karl dagegen hatte vor allem den Fortbestand der Monarchie im Auge, die immer mehr an den Rand des Zusammenbruchs geriet. Das vordringlichste Ziel aber war dasselbe: ein baldiger – möglichst sofortiger – Friede.

So bedurfte es keiner großen Anstrengungen, um die Prinzen nach Karls Thronbesteigung um Vermittlungsdienste bei der Suche nach dem Frieden zu bitten.[13]

Zunächst hatten allerdings die Franzosen die Initiative ergriffen, um über Sixtus entsprechende Separat-Abmachungen mit Österreich-Ungarn zu erreichen. Diese Kontakte liefen unter anderem über den früheren, Karl bestens bekannten Diplomaten M. de Freycinet. Dann versuchten die Franzosen, Sixtus dazu zu veranlassen, mit dem Thronfolger in Wien Verbindung aufzunehmen, um Friedensverhandlungen einzuleiten und Österreich-Ungarn von der Seite des deutschen Verbündeten loszureißen. Sixtus hatte in diesen Bemühungen zu jenem Zeitpunkt noch keinen Sinn gesehen und die französischen Bitten deshalb abgelehnt. Denn Karl verfügte noch nicht über die notwendige politische Entscheidungsgewalt, und Franz Joseph war für derlei Absichten nicht zu gewinnen.

Das änderte sich nun aber nach Karls Thronbesteigung. Jetzt konnte Karl entscheiden. Und so traten dieselben französischen Kreise, die von der freundschaftlichen Beziehung zwischen Sixtus und Karl wußten, erneut an den Prinzen heran, ohne ihn jedoch zu einer sofortigen Aktion zu ermuntern. Beinahe zur gleichen Zeit wurde man auch in Wien aktiv. Zita schrieb an ihren Bruder einen Brief, in dem sie ihn bat, nach Möglichkeit Kontakte zu den Franzosen herzustellen. Sie tat das schon wenige Tage nach Kaiser Franz Josephs Tod. Später legte die Kaiserin freilich entschieden Wert auf die Feststellung, der verstorbene Monarch habe sie ausdrücklich um diesen Brief gebeten.[14]

Doch wer nun schließlich wen bat, war bei dem regen Gedankenaustausch, den das Ehepaar pflegte, von untergeordneter Bedeutung. Fest steht, daß zunächst die Kaiserin schrieb und nicht der Kaiser. Und fest steht auch, daß Zitas Mutter das entscheidende Treffen ihrer Söhne mit der Schwester und ihrem kaiserlichen Schwiegersohn anregte und schließlich in die Wege leitete. Sie engagierte sich aktiv bei der Friedenssuche und traf am 29. Januar 1917 unter strenger Geheimhaltung in Neuchâtel mit Sixtus und Xavier zusammen.

Zita jedenfalls war die Person, bei der alle Fäden zusammenliefen, sie war die eigentliche Schlüsselfigur in dem großen Spiel. Und so sprachen, wenn von den geheimen Aktivitäten hinter den Kulissen die Rede war, Kenner der Situation wie Glaise von Horstenau, Mitglied der Obersten Heeresleitung, respektvoll, aber mit unverhohlener Kritik von den »hohen Frauen«[15], die für diese Friedenspolitik verantwortlich waren. Andere wiederum bezeichneten diesen familiären Zirkel mit außenpolitischen Ambitionen, den Außenminister Graf Czernin mit größtem Mißtrauen betrachtete, gar als »Nebenregierung«.

Die Herzogin drängte. Am 5. und 14. Dezember schrieb Maria Antonia an ihren Sohn Sixtus, sie müsse ihn umgehend treffen. Gleichzeitig bat sie das belgische Königspaar in einem Brief, ihren Söhnen, die am Weihnachtsabend 1916 bei der Königsfamilie als Gäste erwartet wurden, ihren Wunsch zu übermitteln, sie wiederzusehen. Und das war keineswegs nur privat-familiär gemeint, sondern der Beginn einer großangelegten Friedensinitiative.[16]

Am 23. Januar 1917 fuhren Sixtus und Xavier zunächst nach Paris; sie hatten Dokumente des belgischen Königs Albert bei sich. Sechs Tage später langten sie in Neuchâtel ein, wo sie mit ihrer Mutter zusammentrafen, die zwei Tage vor ihnen eingetroffen war. Maria Antonia bat ihre Söhne nachdrücklich um eine Vermittlung bei der Friedenssuche, womit sie bei Sixtus und Xavier offene Türen einrannte. Sie teilte ihren Söhnen aber auch den Wunsch ihres kaiserlichen Schwiegersohns mit, möglichst bald nach Wien zu kommen, um persönlich mit ihm Pläne zur Erreichung des Friedens zu besprechen. Für die strenggeheime Reise, so die Herzogin, sei schon alles vorbereitet und der Polizeioberst an der Grenze habe die nötigen Geheiminstruktionen erhalten. Könnten die Prinzen sich jedoch nicht sofort zur Reise entschließen, werde Karl einen Vertrauten in die Schweiz schicken, der die Vorstellungen des Kaiserpaares skizzieren würde.

Sixtus und Xavier entschieden sich für letzteres, denn sie wollten sich zunächst auch noch einmal mit Paris in Verbindung setzen. Daraufhin überreichte die Herzogin ihren Söhnen noch einen Brief ihrer Tochter, in dem Zita bat, den Kaiser bei der Verwirklichung seines Wunsches nach Frieden zu unterstützen.[17]

Prinz Sixtus legte seine Ansichten über die Minimalforderungen der Entente dar, die Karl unterbreitet werden sollten. Im wesentlichen bestanden diese aus vier Punkten: 1) Rückgabe von Elsaß-Lothringen an Frankreich in den Grenzen von 1814 – ohne Ausgleich; 2) Wiederherstellung Belgiens und seiner Kolonien; 3) Selbständigkeit Serbiens und dessen Erweiterung durch Albanien (mit echtem Zugang zum Meer); 4) Abtretung Konstantinopels an Rußland.[18]

Am 1. Februar 1917 fuhren Sixtus und Xavier über Pianore, wo sie für einige Tage blieben, nach Paris. Zuvor hatten sie noch über den Vertrauensmann Charles Salomon, der sie schon nach Neuchâtel begleitet hatte, Verbindung mit der französischen Regierung aufgenommen. Und am 11. Februar trafen sie sich zum erstenmal mit Graf Erdödy in Neuchâtel.

Dieser hatte erst am Morgen desselben Tages seine Instruktionen erhalten. Aus der Hand des Außenministers nahm er einen Paß und eine plombierte Aktentasche in Empfang. Die Kaiserin überreichte ihm einen Stadtplan von Neuchâtel in der Größe einer Ansichtskarte, auf dem der Weg vom Bahnhof zur Rue du Pommier 7 eingezeichnet war. Dadurch sollte unter allen Umständen vermieden werden, daß Erdödy irgend jemanden unterwegs um Auskunft bitten mußte.

»Der Besitzer dieses Hauses«, sagte die Kaiserin, »ist Monsieur Boys de la Tours. Er ist von Ihrem Besuch informiert, er wird Sie erwarten. Dieser Herr wird Sie sodann in seiner Wohnung mit zweien meiner Brüder bekanntmachen. Übergeben Sie meinen Brüdern diese Briefe . . .« Dabei zog der Kaiser zwei Kuverts hervor, die Erdödy sogleich in seine Brusttasche steckte.

»Hören Sie mich an, Támas«, fuhr die Kaiserin fort, »Sie haben lediglich Befehl, diese Briefe meinen beiden Brüdern zu übergeben, nichts sonst . . . Sie haben es strikt abzulehnen, selbst irgendwelche Fragen, die Ihnen meine Brüder stellen, zu beantworten. Vor allem haben Sie sich unbedingt zu weigern, irgendein Wort über die Situation der Monarchie zu sagen. Keine Andeutung über unsere innere, über die Wirtschaftslage, Ernährung, Stimmung oder was immer darf über Ihre Lippen kommen.« Und der Kaiser fügte hinzu: »Außer uns dreien und [Außenminister] Czernin *weiß niemand von diesen Briefen* ... Deine Mission dient der Sache des *Friedens* ... Ich *will meine Verbündeten zur größten Nachgiebigkeit zwingen,* wenn ich auch niemals geneigt sein werde, sie im Stich zu lassen ...«[19]

Am 13. Februar, um 13.30 Uhr, war es dann soweit. Erdödy stand den beiden Prinzen gegenüber und überreichte ihnen mehrere Dokumente: ein französisches, vom Kaiser unterzeichnetes Schreiben, das auf einem Memorandum von Czernin basierte, eine geheime persönliche Botschaft des Kaisers, einen Brief von Zitas Schwester Maria Antonia und zwei Briefe Zitas. In ihnen beschwor die Kaiserin ihre Brüder, nach Wien zu kommen. »Ein halbstündiges Gespräch ist mehr wert als ein Dutzend Reisen«, zitierte sie den Außenminister.[20]

Daraufhin entschlossen sich die bourbonischen Prinzen zu jener abenteuerlichen Reise nach Wien-Laxenburg, von der bereits weiter oben die Rede war. Den politisch hochbrisanten Brief, mit dem sie schließlich nach Frankreich zurückkehrten, überreichten sie am 31. März dem französischen Präsidenten Poincaré, der sich sofort mit König Georg V. von England in Verbindung setzte.

Während die Prinzen noch versuchten, Gespräche zwischen den Alliierten und Österreich-Ungarn in die Wege zu leiten, hatte es in Frankreich eine schicksalhafte Wende gegeben: Die Regierung Aristide Briand mußte dem Kabinett Alexander Ribot weichen. Dieser Wechsel in der politischen Spitze Frankreichs wirkte sich auf die Friedensbemühungen des Kaiserpaars verhängnisvoll aus. Noch im hohen Alter beklagte Zita im Gespräch mit der Autorin diesen Umstand als den eigentlichen Grund für das Scheitern der gesamten Mission.[21] Denn Ribot hielt wenig von den geheimen österreichischen Aktivitäten. Trotzdem fuhr er am 11. April nach England, um Premier Lloyd George zu treffen. Dieser las langsam und aufmerksam den bedeutsamen Brief. Dann blickte er erstaunt auf und rief: »Aber das bedeutet ja den Frieden . . !«[22]

Dennoch kam alles anders. Die neue französische Regierung stellte sich ebenso quer wie Italien, dem die Alliierten im Londoner Vertrag vom 26. April 1915 (von dem Karl und Zita noch nichts wußten) Tirol bis zum Brenner versprochen hatten, außerdem den adriatischen Hafen Triest sowie einen großen Teil von Istrien und die Hälfte Dalmatiens.

Lloyd George und Alexander Ribot vertagten vorerst ihre Antwort an Wien. Karl und Zita kämpften indes weiter: für den Frieden und die Rettung der Monarchie, bevor es zu spät war . . .

Der kalte Frühling von Bad Homburg

Es war höchste Zeit, den Winter abzuschütteln – und mit ihm den Krieg, den millionenfachen Tod. Für Österreich-Ungarn konnte bald das Ende nahen, fürchtete das Kaiserpaar. Die Fronten hatten sich festgefahren, die Ernährungslage war katastrophal. Ein »ehrbarer Friede« war nur noch zu erreichen, solange die Situation für die Mittelmächte nicht ganz aussichtslos war. Und davon galt es nun den deutschen Verbündeten zu überzeugen, denn von ihm wurden weitgehende Zugeständnisse verlangt.

So sandte Kaiser Karl ein Telegramm an den deutschen Monarchen. »Es würde mich sehr freuen«, hieß es darin, »wenn ich Zita Ihrer Majestät [der deutschen Kaiserin] vorstellen könnte. Da ich andererseits aus allerdringendsten politischen Gründen unbedingt noch vor Ostern mit Dir sprechen muß, bitte ich um freundliche Nachricht, ob wir Dienstag, den 3. April, bei Dir eintreffen dürfen.«[1]

Sie durften und kamen. Pünktlich um neun Uhr vormittags rollte an jenem 3. April 1917 der Hofzug in den kleinen Bahnhof von Bad Homburg vor der Höhe ein. Ein passenderer Ort für das entscheidende Treffen der beiden Monarchen war in der Tat nicht denkbar. Denn in dem weltberühmten Heilbad im Taunus war auch das Hauptquartier der Obersten Heeresleitung, des Oberkommandos aller deutschen Truppen. Sie bestimmte längst den politischen Gang der Dinge, der sich mehr und mehr nach dem militärischen Geschehen richtete.

Es ging nicht prunkvoll zu bei diesem Besuch. Auch der Empfang der hohen Gäste aus Wien war eher nüchtern. Prunkvolle Bankette, Gelage und andere festliche Veranstaltungen fehlten. Es war eben ein nüchternes Arbeitstreffen, eilig einberufen. Und zu ernst, zu schicksalhaft war, was es zu entscheiden galt. »Ich war bei keinem der Gespräche dabei«, versicherte Zita später[2], aber ebenso gewiß ist, daß sie über alles auf dem laufenden gehalten wurde und über vieles mitentschied, wie immer, wenn sie ihren Mann auf offiziellen Reisen begleitete.

Hier in Homburg – das Kaiserpaar war von Wilhelm II. und seiner Gattin Auguste Viktoria am Bahnhof empfangen worden – sah Zita noch einmal eine große Chance, im Einklang mit dem Verbündeten zu einem erträglichen Frieden zu gelangen und damit jenes Konzept zu verwirklichen, das so maßgebend von ihr und ihrer Familie mitgeprägt war. Die Kernpunkte lauteten: Das Deutsche Reich sollte sich zum Friedensschluß mit Frankreich unter Abtretung von Elsaß-Lothringen bereitfinden, wie Paris das als unabdingbare Voraussetzung jedweden Friedens verlangte. Polen sollte dafür als eigenständiges Königreich ganz dem Einfluß Deutschlands überantwortet werden. Zudem war Österreich-Ungarn bereit, an diesen neuen Staat auch Galizien abzutreten.

Natürlich hatten beide Kaiser zu dem Treffen enge Mitarbeiter und Berater mitgebracht. In Karls Gefolge sah man Außenminister Ottokar Graf Czernin und den hochdekorierten neuen Chef des österreichischen Generalstabs, Arthur Freiherr von Arz; den deutschen Kaiser begleiteten Reichskanzler Theobald von Bethmann Hollweg, Generalfeldmarschall Paul von Hindenburg sowie General Erich von Ludendorff, Deutschlands Erster Generalquartiermeister. Unmittelbar nach der Ankunft gab es im Salon des Schlosses die allgemeine Vorstellung der Majestäten und Exzellenzen mit ihren Damen, anschließend die große Tafel, ehe Wilhelm seine Gäste auf die Saalburg führte, ein unweit Bad Homburg im Taunus gelegenes ehemaliges römisches Kastell des Limes, das er hatte restaurieren lassen. Dann kam man zur Sache. Gegen halb fünf Uhr begannen die Hauptgespräche, nachdem die Fachleute in kleineren Kreisen bereits erregte Diskussionen geführt hatten.

Zita, die dem Ausgang der Verhandlungen gespannt entgegenfieberte, war während des Diners dazu verurteilt, sich protokollgerecht mit der politisch unbedarften Kaiserin Auguste Viktoria aus dem Hause Schleswig-Holstein-Sonderburg-Augustenburg zu langweilen. Immerhin nutzte sie die Gelegenheit, sich »aus privaten Gründen« bei Hindenburg über die gezielte Bombardierung der Villa des belgischen Königs Albert I. zu beklagen. Wie so oft, tat sie es auf sanft-spöttische Art.

Zunächst hatte sie sich nur einer makabren Vorstellung hingegeben: Da saßen doch auf einem Fleck gleich zwei Kaiser samt Mitarbeiterstab zusammen. Wenn nun eine Bombe mittenrein fiele in diese allerhöchste Gesellschaft – was hätten die Kriegsgegner da für eine sensationelle Tat vollbracht . . .!

Kaiserin Auguste bemerkte, daß Zita ins Sinnieren geraten war.

»Woran denkst du?« fragte sie.

»Ich habe mir eben vorgestellt«, sagte Zita, »was da los wäre, wenn hier in dem Salon eine Bombe hochginge . . . Zwei Kaiser, wichtige Minister, höchste Militärs – sie wären mit einem Schlag . . .«

Die deutsche Kaiserin erschrak zutiefst. »Ja!« rief sie dann aus, »es ist wahr! Wenn die Franzosen wüßten, wer hier versammelt ist, o Gott, – die wären doch gewiß imstande, gleich zu kommen und uns zu bombardieren . . .«

»Nein«, unterbrach sie Zita, »das glaube ich nicht. Gewiß würden die Franzosen nicht absichtlich Bomben auf zwei Frauen werfen . . .«

Sie machte eine Pause und fuhr dann nachdenklich fort:

»Freilich ist es schon möglich, daß irgendwelche Leute so was machen . . . vielleicht ein paar junge Flieger, die meinen, daß sie sich damit auszeichnen können . . .«

»Ja eben!« Auguste war fassungslos.

»Wie es zum Beispiel einige deutsche Piloten getan haben«, fügte Zita hinzu. »Sie haben tatsächlich die Villa des belgischen Königs mit Bomben angegriffen, und dabei hätte doch auch seine Gemahlin getötet werden können.«

»O nein . . . !«

»Aber das geschah gewiß aus Versehen«, fügte Zita ironisch hinzu.

Auguste Viktoria war außer sich. Sie eilte sogleich zu Hindenburg, der wenig später an Zita herantrat und sich ihre Beschwerde anhörte.[3]

Zuvor hatte Zita noch die politische Souveränität des deutschen Kaisers auf die Probe stellen können – mit dem Ergebnis, daß sie ihre Befürchtung erneut bestätigt fand, in Wahrheit regierten in Deutschland längst nur noch die Generäle.

»Du mußt viel wichtigere Dinge zu tun haben, als dich um mich zu kümmern«, suchte Zita die geschäftige Fürsorglichkeit Wilhelms zu bremsen.

»Nein«, erwiderte der Kaiser, »ich habe jetzt Zeit, denn es ist Krieg. Es gibt keine zivilen Probleme mehr, und um die militärischen Angelegenheiten kümmern sich meine Generäle. Sie berichten mir jeden Abend, was sich ereignet hat . . .«[4]

General Ludendorff, den ihr der deutsche Kaiser mit demonstrativem Stolz vorführte wie ein hochprämiiertes Schlachtroß, wirkte auf Zita furchterregend martialisch. Karl teilte ihren Abscheu. »Eine Bestie«, soll er später, im Frühjahr 1918, den General in einem Telefonat mit Graf Czernin genannt haben, wie sich der Hoftelegrafist Wilhelm Möller erinnerte.[5]

Es war nur allzu wahr: An Frieden dachten die deutschen Militärs nicht, an einen Verzicht auf Elsaß-Lothringen erst recht nicht. Vergeblich versuchte Karl, von Graf Czernin unterstützt, den Bundesgenossen klar zu machen, daß das Opfer Elsaß-Lothringen unumgänglich war, wenn noch rechtzeitig ein ehrenvoller Friede zustande kommen sollte. Dafür war er, wie erwähnt, bereit, auf Galizien zu verzichten, es Polen zuzuschlagen und den neuen polnischen Staat Deutschland anzugliedern. Die Deutschen hörten sich das widerwillig an und – sagten gar nichts. Weder nahmen sie den Vorschlag an, noch lehnten sie ihn ab. Tatsächlich freilich bedeutete das: Sie verweigerten ihre Zustimmung. Und auch Karls Schilderung der Krisensituation in Österreich-Ungarn rührte sie kaum. Wenn der Friede nicht endlich zustande komme, werde Österreich-Ungarn bald am Ende sein, beschworen Karl und Czernin den Bündnispartner. Dann müsse Deutschland ohne den Bundesgenossen weiterkämpfen.

Es waren vergebliche Worte. Denn die Deutschen setzten immer noch auf Sieg. Immerhin war Belgien, waren einige Provinzen Frankreichs von ihnen besetzt. Die moralische Verfassung der französischen Armee war zudem verheerend. Vor allem aber hofften die Deutschen nun, mit ihrer U-Boot-Waffe einen Blitzsieg zu erringen. Aber sie täuschten sich. Und die Angst des österreichischen Kaiserpaars vor einem Kriegseintritt der Vereinigten Staaten sollte sich schon drei Tage nach diesem Homburger Treffen bitter bewahrheiten.

Die Stimmung war düster, als Karl und Zita von Bad Homburg abreisten. »Es gibt schreckliche Schwierigkeiten mit den Deutschen«, seufzte der Kaiser, »weil sie einfach nicht Vernunft annehmen wollen. Am Ende werden wir vielleicht unsere eigenen Wege gehen müssen, selbst auf das Risiko hin, von ihnen ›übernommen‹ zu werden. Aber vorher müssen wir alles nur Mögliche versuchen. Vielleicht wird es schließlich doch gehen.«[6]

Karl und Zita hatten die Hoffnung also noch immer nicht aufgegeben. Und doch dürften sie spätestens auf dieser Rückfahrt nach Wien den Entschluß gefaßt haben, notfalls im Alleingang, ohne den deutschen Verbündeten, den Weg zum Frieden zu finden.

Diese Lösung freilich sollte nur im äußersten Notfall angestrebt werden. Und gerade die stets aufs neue auftauchende Frage, ob dieser Notfall bereits eingetreten war oder nicht, ließ

Karl so lange zögern – bis es zu spät war. Ob Zita hierbei eher drängte, auf einen Separatfrieden einzugehen, und nur aus unbedingter Treue zu Karl dessen Entschluß – oder Entschlußlosigkeit – mittrug, oder ob sie selbst – wie Karl – den »äußersten Notfall« für noch nicht gegeben hielt, ist bis heute ungewiß geblieben. Zita selbst hat später immer wieder versucht, sich als die Passivere hinzustellen, was mit Sicherheit nicht der Wirklichkeit entsprach. Gewiß aber hat es in diesen Fragen keinerlei wesentliche Meinungsverschiedenheiten zwischen ihr und ihrem Gemahl gegeben. Und schon gar nicht existiert irgendein Beleg dafür, daß sie hinter dem Rücken ihres Mannes eigene Friedensinitiativen unternahm.

Ein Friede gegen den Willen der Verbündeten barg eben allzu große Unwägbarkeiten in sich, erschütterte möglicherweise auch das Innere der Monarchie noch weiter, ja, schloß sogar nicht aus, daß deutsche Truppen einrückten. Also hieß es, so lange die Entscheidung zum Alleingang hinauszuzögern, bis sicher war, daß kein anderes Mittel den Untergang der Monarchie aufhalten konnte. Zugleich aber waren die Friedensbemühungen verstärkt fortzusetzen.

Ganz offenbar aber liefen die mannigfachen Aktivitäten, mit welchen Gespräche und Kontakte über die feindlichen Linien hinweg vorbereitet wurden und zum Teil stattfanden, über Zita und ihre parmesische Familie. Zwar waren diese Friedensfühler nicht die einzigen, die in diesen Monaten ausgestreckt wurden.[7] Aber sie waren die am ehesten erfolgversprechenden, die geheimnisvollsten und abenteuerlichsten.

Zunächst jedoch unternahmen Karl, Zita und Czernin einen nochmaligen Versuch, Deutschland umzustimmen. Am 12. April 1917 schickten sie dem Bündnispartner eine Denkschrift, in welcher sie die Situation der Doppelmonarchie in düsteren Farben aufzeigten.[8] Zusammen mit einem persönlichen Brief des Kaisers wurde das Memorandum von Karls Flügeladjutanten Ledóchowski nach Homburg gebracht. »Wir kämpfen gegen einen neuen Feind, welcher gefährlicher ist als die Entente«, hieß es in Karls Brief, »– gegen die internationale Revolution, die in der allgemeinen Hungersnot den stärksten Verbündeten findet. Ich beschwöre Dich, diese so schicksalsschwere Seite der Frage nicht zu übersehen und zu bedenken, daß nur eine rasche Beendigung des Krieges – eventuell unter schweren Opfern – die Möglichkeit bietet, den sich vorbereitenden Umsturzbewegungen mit Erfolg entgegenzutreten.«[9]

Dies war ein letzter, verzweifelter Appell an den deutschen Monarchen, sich endlich der Bevormundung durch seine Generäle zu entziehen und sich dem engen, in bloßen Kategorien von Sieg und Niederlage befangenen Denken zu entwinden. Und Karl hatte damit die größte Gefahr für die bestehenden europäischen Monarchien und deren traditionelle Ordnung beim Namen genannt. Es war eine Bedrohung, die von Wilhelms Generälen nicht nur nicht gesehen wurde, sondern sogar unverantwortlich gefördert worden war. Sie waren es ja gewesen, die dem im Schweizer Exil lebenden Revolutionär Wladimir Iljitsch Uljanow, genannt Lenin, den Weg durch Deutschland geebnet hatten.

Er sollte nur ruhig Revolution machen in Rußland, war das Kalkül der Deutschen, das an Kurzsichtigkeit nicht mehr überboten werden konnte. Dann nämlich werde in Rußland alles drunter und drüber gehen, und die Bolschewisten würden Frieden schließen. Die militärischen Kräfte an der Ostfront könnten dann gegen den Westen geworfen werden.

Karl und Zita dagegen hatten schon seit langem die Gefahr der Revolution gesehen. Sie spürten deren Vorboten freilich auch viel deutlicher am eigenen Leib als die Deutschen. Denn je heftiger es in den verschiedenen nationalen Gruppen innerhalb der Monarchie brodelte, desto rasanter wurde dort der Boden für den Umsturz bereitet. Der Hunger tat ein übriges. Und es waren ja nicht nur die Bolschewisten, die man zu fürchten hatte. Auch andere revolutionäre Strömungen – linksradikale, nationalradikale, aber auch demokratisch-sozialistische und liberal-republikanische – setzten der alten monarchistischen Ordnung mehr und mehr zu. Gewiß – das war Zita seit langem klar – war es ein Regierungssystem, das der Reform bedurfte, vor allem im sozialen Bereich, und das einem frei gewählten Parlament die ihm zukommenden Rechte gewähren mußte. Doch im wesentlichen war es für sie eine gerechte Ordnung, eine gottgewollte, die dem Kaiser heilige Pflichten auferlegte, wie sie von gewählten Präsidenten oder gar Diktatoren wohl nie mit demselben Ernst wahrgenommen werden konnten. Und schließlich garantierte nur die monarchische Herrschaftsform mit ihrer alten Tradition den Zusammenhalt der Donauvölker, den sie für noch nicht verloren hielt.

Also sollten – so die Denkschrift, die formell an Kaiser Karl gerichtet, aber für Kaiser Wilhelm bestimmt war – die Friedensverhandlungen rasch aufgenommen werden, »in einem Augenblicke . . ., in welchem unsere ersterbende Kraft den Feinden noch nicht zum vollen Bewußtsein gekommen ist . . . Dieser Krieg hat eine neue Ära der Weltgeschichte eröffnet; er hat keine Vorbilder . . . Euer Majestät haben die wiederholten Versuche unserer Feinde, uns von unseren Bundesgenossen zu trennen, unter meiner [Graf Czernins] verantwortlichen Deckung abgelehnt, weil Euer Majestät keiner unehrlichen Handlung fähig sind. Aber Euer Majestät haben mich gleichzeitig beauftragt, den verbündeten Staatsmännern des Deutschen Reiches zu sagen, daß wir am Ende unserer Kräfte sind und daß Deutschland über den Spätsommer hinaus nicht mehr auf uns wird rechnen können . . .«[10]

Die Antwort des deutschen Kaisers war nichtssagend. Indessen fand in dem kleinen französischen Kurort Saint-Jean-de-Maurienne im Departement Savoie ein bemerkenswertes Treffen statt. Dort kamen der französische Staatspräsident Alexandre Ribot, der britische Premierminister David Lloyd George und Italiens Außenminister Sidney Sonnino zusammen und berieten über die Möglichkeit eines Sonderfriedens mit Österreich-Ungarn, wie sie Prinz Sixtus den Franzosen und Engländern nahegelegt hatte. Ein solcher Sonderfriede hätte jedoch bedeutet, daß Italien vom Londoner Vertrag hätte abrücken müssen. Sonnino aber wischte jedwede Diskussion vom Tisch, obwohl Österreich gerade an der italienischen Front sehr stark war und kein einziger italienischer Soldat auf österreichischem Territorium stand.[11] So machte Lloyd George in einem weiteren Gespräch Prinz Sixtus klar, daß ohne eine Abtretung des Trentino, Dalmatiens und der Küstenländer ein solcher Separatfriede nicht zustandekommen könne; allenfalls über Triest ließe sich noch reden. Ende April konnte Sixtus seinem kaiserlichen Schwager dann schriftlichen Bericht erstatten, den Graf Erdödy überbrachte.

Zuvor aber hatte es ein brisantes Angebot gegeben. Der italienische Armee-Oberbefehlshaber Cadorna hatte über einen Stabsoffizier des italienischen Hauptquartiers der Deutschen Gesandtschaft in der Schweiz die Mitteilung zukommen lassen, Italien sei zum Frieden bereit, wenn Österreich das Trentino abtrete. War das ernst gemeint oder nur dazu angetan, Österreich zu verunsichern? Und war es ein Alleingang oder entsprach es der offiziellen italienischen Linie? Mißtrauen war jedenfalls am Platze, und Kaiser Karl wollte zunächst einmal die Antwort der Entente auf seine von Sixtus übermittelten Friedensbemühungen abwarten. »Die Stimmung gegen Italien«, berichtete Zita selbst später der Autorin, »war im ganzen Land sehr ablehnend. Nach dem Verrat Italiens [es war ja vom Bündnis mit den Mittelmächten zur Entente übergeschwenkt] ist jedes Angebot Roms von der Regierung wie von der ganzen Bevölkerung mit Skepsis aufgenommen worden.«[12]

Immerhin aber war dies für Kaiser Karl ein kleiner Hoffnungsschimmer. Wenigstens blockte Italien nun nicht mehr jeden Friedensvorschlag ab. Bisher war es ja von Sixtus als das große Haupthindernis auf dem Weg zum Frieden angesehen worden. Kam nun doch Bewegung in die starren Fronten?

Karl und Zita beschlossen, den Parma-Prinzen noch einmal nach Wien zu bitten. Wiederum wurde Erdödy in die Schweiz geschickt, wo er Sixtus zwei Briefe überreichte, einen vom Kaiser, in welchem dieser seinen Schwager zu einem neuen Gespräch einlud, einen anderen von Zita. »Es gibt neue Entwicklungen«, schrieb die Kaiserin darin an ihren Bruder, »die nicht klar sind. Italien versucht, sich durch Dich mehr zu sichern, als es von uns direkt fordert. Komm'!«[13]

Sixtus zögerte nicht. Zusammen mit Erdödy verließ er am 5. Mai Neuchâtel; die Nacht verbrachten die beiden Männer in einem kleinen Schweizer Dorf im Rheintal. Am nächsten Tag erreichten sie die Grenze. In Wien trafen sie am 7. Mai ein, und Sixtus wohnte wieder bei Erdödy in der Landskrongasse.

Der 8. Mai war ein herrlicher Frühlingstag, und so empfing der Kaiser seinen Schwager mittags in einem von Gardisten bewachten Teil des Laxenburger Parks. Sixtus kam sogleich zur Sache. Ein Friedensschluß sei im Moment sehr günstig, erklärte er Karl. Rußland, Serbien und Rumänien stellten, militärisch gesehen, keine Gefahr mehr dar, ein sofort geschlossener Frieden versetze die Bevölkerung in die Lage, die Ernte des nächsten Jahres vorzubereiten, während die Position der Entente inzwischen durch den Kriegseintritt der Vereinigten Staaten sehr gestärkt sei. Sollte aber ein solcher Friede erst viel später geschlossen werden, könne es sein, daß Amerika die Ansprüche der Monarchie übersehen und in die Teilung des Reiches einstimmen werde.

Der Kaiser pflichtete seinem Schwager bei. Er sei durchaus auch zu Konzessionen gegenüber Italien bereit, erklärte er, doch solle die Tapferkeit der österreichischen Truppen an der Tiroler Grenze irgendwie honoriert werden. Allerdings sollten solche Kompensationen, wie Graf Czernin meinte, der zum Gespräch hinzugezogen wurde, ausschließlich aufs italienische, nicht aufs deutsche Konto gehen. Dann sagte der Kaiser entschlossen: »Wenn Deutschland sich weiterhin weigert, unsere vernünftigen Vorschläge anzuhören, werden wir den Frieden ohne es schließen; es ist dies gleichzeitig unser Recht und unsere Pflicht. Im Falle eines Bruches zwischen Deutschland und uns aber muß ich auf die Unterstützung der Entente rechnen können . . .«[14]

Am nächsten Tag erhielt Sixtus einen weiteren Brief von Karl, den sogenannten »zweiten Kaiserbrief«, der in der späteren Auseinandersetzung, die als sogenannte »Sixtus-Affäre« in die Geschichte einging, eine Rolle spielen sollte. In ihm bekräftigte der Kaiser seinen Wunsch, mit Frankreich und England zu einem Frieden zu gelangen. Die Antwort auf die italienischen Forderungen werde er auf den Zeitpunkt einer französisch-britischen Antwort vertagen. Zudem übergab Karl dem Prinzen zwei Bogen gelblichen Papiers, auf denen Czernin in vier Punkten zusammengefaßt hatte, was am Vortag besprochen worden war.

Eine neue Ära für die Monarchie erhoffte sich die Kaiserin nun, da der Weg zu einem Frieden eröffnet schien. Es war ihr fünfundzwanzigster Geburtstag, den das Kaiserpaar eher still und ohne große Festlichkeit feierte.

Aber Karl und Zita wurden tief enttäuscht. Die hoffnungsreiche Friedensinitiative versandete. Prinz Sixtus unterrichtete die maßgeblichen Stellen in Paris und London über den Plan des österreichischen Kaiserpaars und über die vermeintlichen Versuche der Italiener, gleichfalls Frieden zu schließen. Sogleich forderten die Alliierten vom italienischen Bündnispartner Aufklärung. Aber die Italiener leugneten, Friedensfühler ausgestreckt zu haben. Daraufhin luden die Westmächte, mit der Antwort unzufrieden, König Viktor Emanuel III. zu einem Gespräch an die Westfront. Doch der Monarch kam nicht. Die Parma-Prinzen kehrten an die Front zurück . . .

Die Sixtus-Affäre

Das Unglück wurde zur Lawine, die alle Hoffnungen überrollte und begrub. Die Lage auf den Schlachtfeldern und im hungergeschüttelten Österreich-Ungarn verschlimmerte sich täglich. Unruhen und Streiks erschütterten die Donaumonarchie. Nur noch ein rascher Friede konnte den Zusammenbruch verhindern. Die Bemühungen des Kaiserpaars waren indessen gescheitert, der günstige Augenblick war vertan. Jetzt, im Frühjahr 1918, war nur noch ein harter Verzichtfrieden denkbar. Und ebenso war ein Sonderfrieden schwer erreichbar geworden. Jetzt, da sich die Alliierten – wenngleich kriegsmüde und stellenweise von Einzelerfolgen der deutschen Truppen überrascht – insgesamt in einer vorteilhafteren Position befanden, ging es nicht mehr um bloße Gebietsabtretungen. Franzosen und Engländer sahen einen alten Wunschtraum verlockende Wirklichkeit werden: Ein auf lange Zeit, wenn nicht für immer, niedergedrücktes Deutschland, das somit als bewaffnete Macht und als wirtschaftlicher Konkurrent ausschied. Ein Sonderfrieden mit Österreich-Ungarn konnte nur noch zweierlei bedeuten: Erstens, daß die Monarchie auf alle Abtretungs- und Teilungsabsichten der Entente eingehen mußte, zweitens, daß dieser Frieden den Westmächten dazu verhalf, den deutschen Partner der Habsburger endgültig niederzuringen, der im Jahre 1914 aus Bündnistreue gegenüber Österreich in den großen Krieg eingetreten war. Kurz gesagt: Jetzt bedeutete ein Sonderfrieden mit Österreich die Niederlage Deutschlands.

Aber immer noch hofften Karl und Zita, daß die Deutschen – wenn auch unter größten Opfern – einen raschen Frieden suchen und daß die Alliierten ihre Forderungen nicht auf die Spitze treiben würden. Vor allem erwarteten sie, daß die Großmächte Frankreich und England nach einem – wenn auch harten – Frieden weiterhin am Erhalt der Donaumonarchie interessiert waren.

Da platzte, als gäbe es nicht schon genug Unheil und Verwirrung, ein Skandal wie eine Bombe in das ohnehin bis zum Siedepunkt erhitzte Land, ein Skandal, der alle weiteren Schritte des Kaiserpaars diskreditierte und die Monarchie in ihren Grundfesten erschüttern sollte. Und weil er seine Wurzeln in jener geheimen Friedenssuche hatte, bei der Zitas Bruder Sixtus vermittelte, ging er als »Sixtus-Affäre« in die Geschichte ein und rückte vor allem eine überragende Persönlichkeit in den Mittelpunkt: die Kaiserin.

Karl und Zita verdankten es dem Außenminister, daß ihre geheimen Kontakte zu Frankreich nun vor der Öffentlichkeit ausgebreitet wurden, obwohl sie doch längst gescheitert waren. Denn Ottokar Graf Czernin, damals fünfundvierzig Jahre alt, ein Mann von unberechenbarem Temperament mit rabiaten Ellbogen, hatte sich etwas Besonderes einfallen lassen, um den französischen Ministerpräsidenten Georges Clemenceau, wegen seiner Härte »der Tiger« genannt, in der französischen Öffentlichkeit unglaubwürdig zu machen. Clemenceau gab sich bekanntlich als unerbittlicher Deutschenfeind und unnachgiebiger Kriegspolitiker. Deshalb ließ Czernin Europa aufhorchen, als er in einer Rede vor einer Abordnung des Wiener Gemeinderats am 2. April 1918 enthüllte: »Herr Clemenceau hat einige Zeit vor Beginn der Westoffensive bei mir angefragt, ob ich zu [Friedens-]Verhandlungen bereit wäre und auf welcher Basis. Ich habe sofort im Einvernehmen mit Berlin geantwortet, daß ich hierzu bereit sei und gegenüber Frankreich kein anderes Friedenshindernis erblikken könne als den Wunsch Frankreichs nach Elsaß-Lothringen. Es wurde aus Paris erwidert, auf dieser Basis sei nicht zu verhandeln. Daraufhin gab es keine Wahl mehr. Das gewaltige Ringen ist entbrannt . . .«[1]

Nun bezog sich diese beispiellose Indiskretion eines Außenministers allerdings nicht auf die Friedensinitiativen Karls und Zitas, sondern auf die Gespräche, die ab August 1917 zwischen dem österreichischen Legionsrat Graf Revertera und dem französischen Major Graf Armand in der Schweiz stattgefunden hatten. Und es war damals auch nicht Clemenceau, sondern sein Vorgänger Ribot gewesen, in dessen Auftrag Armand verhandelte. Doch fühlte sich Clemenceau angegriffen und schlug zurück. Und jetzt erst – im Zuge eines Kommuniqué- und Pressekriegs, den Czernin mit beharrlicher Verbissenheit weiterführte, obwohl der Schaden für die Monarchie immer offenkundiger wurde – brachte Clemenceau die Briefe Kaiser Karls an Sixtus zur Sprache, die am 24. März und 9. Mai 1917 in Wien verfaßt worden waren. Schließlich veröffentlichte der französische Ministerpräsident sogar die Abschrift des brisanten »ersten Kaiserbriefs«, in dem Karl die »gerechten Rückforderungsansprüche Frankreichs mit Bezug auf Elsaß-Lothringen« und die Wiederherstellung Belgiens unterstützt hatte.[2] Der »zweite Kaiserbrief« war weniger explosiv, aber immerhin bezeugte er, daß die bewußten Friedensschritte in vollem Einvernehmen mit dem Außenminister erfolgt waren.

Czernin schäumte vor Wut. Er wisse von keinem der beiden Briefe des Kaisers etwas, behauptete er. Tatsächlich hatte der Außenminister den Wortlaut des ersten Briefs nicht gekannt, doch war er bei allen Beratungen und Besprechungen zugegen gewesen und mußte daher ziemlich genau darüber informiert gewesen sein, was er beinhaltete. Vom zweiten Brief jedoch versicherte Zita immer wieder, daß die einzige Abschrift damals Czernin übergeben worden sei, der sie eingesteckt und mitgenommen habe.[3]

Karl aber, von Czernin eindringlich befragt, reagierte unklug. Erst leugnete er, überhaupt einen anderen Brief als den, den Czernin kenne, geschrieben zu haben. Dann gab er die Existenz eines solchen Schreibens zu, versicherte dem Minister jedoch, daß es in ihm keinen Passus über »gerechte Rückforderungsansprüche Frankreichs« gegeben habe.

Daher dehnte Czernin die Fehde mit Clemenceau noch aus. Clemenceau lüge, behauptete er; die ganze Publikation über die Agence Havas und in der Zeitschrift »L'Illustration« sei eine Fälschung, nichts weiter. Und aus der Umgebung des Kaisers kam als Beweis hierfür eine Abschrift des Kaiserbriefs. Nur: Es handelte sich nicht um jenes Schreiben, das Sixtus mitgenommen hatte, sondern um eine andere Fassung, in der die explosive Passage über Elsaß-Lothringen fehlte. Im Wortlaut des Briefs, den Czernin nun als Dementi veröffentlichte, hieß es sogar ganz im Gegenteil: »Ich [Karl] hätte meinen ganz persönlichen Einfluß zugunsten der französischen Rückforderungsansprüche Elsaß-Lothringens eingesetzt, wenn sie gerecht wären. Sie sind es aber nicht.«[4]

Vieles spricht dafür, daß diese Variante dem Hirn Czernins entsprungen war. Denn schwerlich kann das Gegenteil dessen, was später im echten Brief niedergelegt wurde, in einer vorangehenden Fassung gestanden haben. Wohl aber könnte Czernins Dementi auf einem Entwurf beruht haben, in dem von Elsaß-Lothringen nicht die Rede war.

Unwahrscheinlich jedenfalls ist die Erklärung, die Zita später immer wieder abgab: Karl habe sich einfach nicht mehr erinnert, aus welchem der Entwürfe – und es befanden sich mehrere in seiner Verwahrung – der echte »erste Kaiserbrief« hervorgegangen war. Das würde von einer Leichtfertigkeit zeugen, wie sie

Karl und Zita nicht unterstellt werden kann. Denn gerade die Aussage über Elsaß-Lothringen war von einer solchen Brisanz, daß sie vom Verfasser oder Mit-Verfasser kaum als Nebensache betrachtet werden konnte. Zudem war Karls Gedächtnis als hervorragend bekannt, ja, es zählte zu seinen herausragenden Eigenschaften.

Also verhielt es sich wohl ganz anders: Der Kaiser hatte sich zu einer Notlüge verstiegen, und gewiß war auch dieser eine eingehende Beratung mit Zita vorausgegangen. Schließlich, glaubte das Kaiserpaar, könne ihnen niemand die Behauptung widerlegen, bei Clemenceaus Veröffentlichung handele es sich um eine Fälschung. Denn mit Prinz Sixtus war ja vereinbart worden, daß er den Brief nur kurz den verantwortlichen Herren zeigen dürfe. Tatsächlich aber hatte sich das Schreiben lange genug im Besitz der französischen Staatskanzlei befunden, so daß ein Sekretär eine Kopie herstellen konnte. So war die Wahrheit nicht mehr zu leugnen, nachdem Clemenceau angedroht hatte, prominente Zeugen sprechen zu lassen, die den Brief damals eingesehen hatten und die Echtheit der Abschrift bestätigen konnten.

Kurz zuvor hatte Karl noch eine Depesche an Kaiser Wilhelm II. gesandt. Die Deutschen nämlich zeigten sich über die Enthüllungen Clemenceaus erstaunt und erbost. Wie kam der Bundesgenosse Österreich dazu, Frankreichs Ansprüche auf Elsaß-Lothringen »gerecht« zu nennen und gutzuheißen? »Die Anschuldigungen Clemenceaus gegen Mich«, ließ Karl also am 15. April 1918 den deutschen Kaiser wissen, »sind so niedrig, daß Ich nicht gesonnen bin, mit Frankreich über diese Sache zu diskutieren. Unsere weitere Antwort sind Meine Kanonen im Westen. In treuer Freundschaft, Karl.«[5]

Natürlich glaubte man in Deutschland nicht an Karls Version. Vor allem aber war das Ansehen des Kaiserpaars in Österreich selbst aufs Schlimmste ramponiert, als man erfuhr, daß der Kaiser die Unwahrheit gesagt hatte. Warum hatte er gelogen? Er mußte wohl etwas ganz Besonderes im Schilde geführt haben. Kein Wunder, daß nun all die Verratslegenden wucherten, die deutschnationale Propagandisten und andere Kräfte, die an Unruhen in der Monarchie interessiert waren, längst eifrig verbreiteten. Waren sie nicht für schlichte Untertanen einleuchtend? Die Kaiserin war ja keine Deutsche, sie war – so sagte man – Italienerin. Sie fürchtete sich vor nichts so sehr wie vor einem mächtigen Deutschland. Sie empfand überhaupt nicht »deutsch«. Machte sie also gemeinsame Sache mit den Feinden? Nichts war in jenen Tagen zu simpel und einfältig, als daß es nicht von einem großen Teil der Bevölkerung geglaubt wurde.

Mißtrauen aber schöpften nun auch andere gegen das Kaiserpaar, auch solche, die dem Verratsmärchen keinerlei Glauben schenkten. Was war das für ein Kaiser, der so taktierte? Stimmte es also doch, daß er weniger Herr seines Willens als Diener seiner Frau war? War er der Kaiserin und deren Familie hörig, die vielleicht nicht immer nur österreichische Interessen verfolgten?

Dazu kam schließlich, daß sich Czernin nun ein unglaubliches Auftreten leistete, das letztendlich mit seiner Demission enden mußte. Doch war der Außenminister in breiten Bevölkerungskreisen sehr populär. Viele sahen in ihm den Friedensminister. Denn er hatte soeben eine ganze Kette von Friedensschlüssen bewerkstelligt: mit der Ukraine, mit Rußland, mit Rumänien, und unermüdlich schien er in diese Richtung weiterzuarbeiten. Er hatte auch durchaus Karls Vertrauen. Mit ihm teilte er auch die Ansicht, daß der Frieden notfalls, wenn nichts anderes mehr helfen sollte, im Alleingang erreicht werden müsse. Und erst in jüngster Zeit hatte er gegenüber Deutschland eine Kurskorrektur vollzogen. So war etwa dem österreichischen Finanzminister in Karls erster Regierung, Alexander Spitzmüller, noch in Erinnerung, was sich auf einem Diner im Januar 1917 abgespielt hatte. Bei dieser Gelegenheit hatte Czernin gefordert, Österreich müsse sich notfalls von Deutschland trennen, um das Reich zu retten.[6] Jetzt aber war Czernin mit einem Mal der Herold der Bündnistreue – im Kontrast zu Karl. Zwar hatte er selbstverständlich die Friedensbemühungen des Kaiserpaars nicht nur gekannt, sondern auch mitvollzogen.

Dafür gibt es genügend Belege.[7] Tatsache aber war: Der Rücktritt Czernins trug noch zusätzlich dazu bei, das Ansehen des Monarchenpaars zu untergraben.[8]

Am 13. April war der Außenminister im Kaiserhaus Baden erschienen, wie schon am Tag zuvor. Er verlangte vom Monarchen eine Ehrenerklärung, die er schon aufgesetzt hatte. In ihr hieß es, Karl habe an seinen Schwager nur einen einzigen – privaten – Brief geschrieben, der jedoch die umstrittenen Passagen nicht enthalten habe. Einen zweiten Kaiserbrief (dessen Abschrift Zita zufolge damals Czernin ausgehändigt worden war) habe es nie gegeben. Der Kaiser hatte an jenem Morgen einen Herzanfall erlitten und mußte sich am Vormittag ins Bett legen. Also bat er Zita, Czernin zu empfangen.

Erregt stürmte der Minister ins Arbeitszimmer des Kaisers, wo ihm die Kaiserin gegenüberstand.

»Ich brauche dringend eine Ehrenerklärung Seiner Majestät«, flehte er, und seine Augen und Gesten erschienen so erregt und hektisch, als sei er nicht mehr Herr seiner Sinne. »Ich benötige sie für mich und meine Familie.«

»Aber Sie wissen doch, was wirklich war«, entgegnete die Kaiserin, »Sie haben doch von allem gewußt. Und Sie haben auch die Abschrift des zweiten Kaiserbriefs.«

»Natürlich weiß ich, was wirklich geschehen ist«, räumte Czernin ein, »trotzdem verlange ich die Unterschrift des Kaisers unter diese Erklärung. Ja, ich weiß, was das für ein Ehrenwort ist, aber ich muß es haben! Ich brauche es unbedingt . . .«

»Graf Czernin, sind Sie sich klar, was Sie da fordern?« wandte die Kaiserin ein. »Sie können nicht erwarten, daß der Kaiser so etwas unterschreibt. Und es würde Ihrer Ehre und der Ihrer Familie mehr nützen, wenn Sie es nicht verlangen würden . . .«

Czernin wurde rot im Gesicht und atmete laut hörbar. Dann verlor er offenbar vollends die Kontrolle über sich selbst.

»Der Kaiser hat die Wahl: entweder er unterschreibt, oder er tut es nicht«, fuhr er mit erhobener, drohender Stimme fort. »Aber ich sage Euer Majestät: Wenn er sich weigert, werde ich sofort nach Berlin fahren, und dann wird es mit Österreich zu

Ende sein! Ich weiß – und auch Euer Majestät wissen –, welche Pläne die Deutschen haben. Diese Pläne werden durchgeführt werden, und ich werde die Macht übernehmen und dann hier der eiserne Kanzler sein . . .!«

Zita sah erschrocken und verwundert auf den Außenminister. War er überhaupt noch normal?

»Wenn der Kaiser die Erklärung nicht unterschreibt«, brach es schließlich aus ihm hervor, »dann bleibt uns dreien nichts anderes übrig als der Selbstmord – Ihnen, dem Kaiser und mir . . .!«

Zita traute ihren Ohren nicht.

Doch auch in der Aussprache mit dem Kaiser – Karl empfing ihn nach etwa einer Stunde, als er sich wieder einigermaßen hergestellt fühlte – drohte der Außenminister mit Selbstmord. Und gewiß auch mit dem Gang nach Berlin – was den Kaiser noch mehr hätte ins Zwielicht bringen müssen. Jedenfalls hatte der Kaiser unterschrieben, als die Türe wieder aufging und Czernin nach Wien zurückeilte, um die Ehrenerklärung – entgegen der Vereinbarung – an die große Glocke zu hängen.

So jedenfalls schilderte die Kaiserin selbst den Vorfall – die einzige Zeugin, die es für diese Szene gibt.[9] Doch daß sie den Dialog nicht erfunden hat, kann – wenigstens indirekt – Friedrich Funder, Chefredakteur der *Reichspost*, bezeugen, der den Außenminister bestens gekannt hat. Er hatte kurz nach Czernins Besuch bei der Kaiserin und beim Kaiser mit ihm gesprochen. Dabei war, wie sich Funder erinnerte, Czernin in steigende Erregung geraten und aufgesprungen. »Es ist um mein Leben und die Ehre meiner Familie gegangen«, stieß er hervor, »ich habe den Kaiser auf dem Sofa liegend angetroffen, eine Kompresse um den Kopf. Er war erschöpft, fertig. Ich sagte ihm: ›Entweder unterschreiben Sie die Erklärung oder ich erschieße mich!‹ Da unterschrieb er . . .«

»Wie konnten Sie das nur tun, gegen alle Wahrheit?!« rief Funder aus, entsetzt und empört.

Das Gespräch brach ab. »Es blieb ohne spätere Fortsetzung«, berichtet Funder.[10]

Damit aber war die Affäre noch nicht zu Ende. Denn zunächst

versuchte Czernin, Karl abzusetzen und einen Regenten – man dachte an Erzherzog Eugen oder Erzherzog Friedrich – ins Amt zu heben. Die Aktion scheiterte, Czernin bat um seine Entlassung.[11]

Aber die Sixtus-Affäre war nicht die einzige, die böses Blut zwischen den Verbündeten schuf und in der Bevölkerung das Mißtrauen anwachsen ließ. Schon ein knappes Jahr zuvor, im Sommer 1917, hatte der Reichstagsabgeordnete Matthias Erzberger, einer der profiliertesten Friedenspolitiker in Deutschland, die Denkschrift in die Hände bekommen, die Karl am 12. April 1917 an Wilhelm geschickt hatte. In ihr war, wie schon dargestellt wurde, Österreich-Ungarns kritische Lage in düsteren Farben gemalt worden. Die Monarchie werde einen neuen Kriegswinter nicht durchstehen, hatte es darin geheißen. Erzberger verlas die Denkschrift in der Fraktion und vor dem Reichsausschuß seiner Zentrumspartei und versicherte, er sei dazu von maßgebender Seite ausdrücklich autorisiert worden.

Von wem? Hatte das österreichische Kaiserhaus dem Abgeordneten das geheime Dokument zugespielt, damit er nachdrücklich für einen raschen Verständigungsfrieden argumentieren konnte? Und mußte das Eingeständnis der Österreicher, daß sie einen neuen Kriegswinter schwerlich überstehen würden, nicht bei den Feindmächten Hoffnungen wecken, die den Interessen der Mittelmächte zuwiderliefen? Schon hieß es, Erzberger sei ein Verräter. Und als man erfuhr, wo er sich erst vor wenigen Monaten aufgehalten hatte – nämlich bei der Familie Parma auf Schloß Schwarzau –, war es für viele Gewißheit: Das Papier war durch Zita oder über deren Angehörige in die Hände des deutschen Politikers gelangt. Der kaiserliche Legationsrat Grünau zum Beispiel erklärte das – nach angeblichen Gesprächen mit dem Nuntius Eugenio Pacelli und dem Fürsten Isenburg – so: »Die Schwiegermutter des Kaisers Karl und seine Lieblingsschwägerin Maria Antonia sind fanatische Katholiken und hassen das protestantische Preußen-Deutschland und das Haus Hohenzollern . . . Sie beeinflussen die Kaiserin und mittelbar den Kaiser und die österreichische Regierung in dieser Richtung und halten es für ihre Pflicht, zu verhindern, daß katholische Länder an Deutschland angegliedert werden. Es steht fest, daß Erzberger bis zu drei Wochen Gast in Schwarzau gewesen ist, und es wird angenommen, daß er dort Informationen erhalten und seinerseits Einfluß ausgeübt hat . . . Es erklärt sich hieraus [auch] die Rolle, die er in letzter Zeit gespielt hat und die darauf hinausläuft, im Verein mit dem Hause Parma und der durch dieses beeinflußten österreichischen Regierung Deutschland um die Früchte seiner Kämpfe zu bringen – eine geradezu hochverräterische Handlungsweise . . .«[12]

Tatsache ist, daß Erzberger am 23. April 1917 von Kaiser Karl zu einer einstündigen Audienz empfangen worden war. Dabei hatte der Abgeordnete dem Monarchen einige Schriftstücke mit der Bitte um Rückgabe nach erfolgter Lektüre überlassen. Am nächsten Morgen schon bekam er die Papiere zurück. Aber unter diesen befand sich zu Erzbergers Erstaunen ein Kuvert mit der besagten Denkschrift.[13] Dies sei aus Versehen geschehen, gab Karl später an, doch wurde – unter anderem auch von Czernin – gemutmaßt, der Kaiser habe dies lediglich auf sich genommen, weil er eine andere Person aus seiner unmittelbaren Umgebung schützen wollte – eine Person, die das Dokument durchaus absichtlich in Erzbergers Hände gespielt hatte.[14] Zita, von der Autorin zu diesem Vorgang befragt: »Diese Frage wurde nie eindeutig geklärt.«[15] Ihr Sohn Otto von Habsburg vertrat allerdings gegenüber der Autorin die Auffassung, daß die Denkschrift tatsächlich versehentlich in Erzbergers Papiere geraten sei. »Kaiser Wilhelm hatte die Denkschrift ja schon erhalten«, stellte er fest, »daher war es kein solches Unglück.«[16]

Ein Unglück war es dennoch. Nicht, weil etwa ein Abgeordneter als Unbefugter diese Schrift früher erhalten hatte als mancher Befugte. Und auch nicht aus dem Grunde, daß die Feindmächte nun über die schlechte Versorgungslage in Österreich unterrichtet wurden, von der sie bereits wußten. (Allerdings lag es nicht im Interesse der Mittelmächte, daß die Entente nun auch erfuhr, wie die österreichische Regierung selbst ihre Kriegsaussichten einschätzte.) Ein Unglück war es aus einem ganz anderen Grunde

– für das Kaiserpaar: Jetzt nämlich erhielten die Gerüchte, die seit einiger Zeit in Umlauf waren, erneut Nahrung. Ihnen zufolge versuchten Karl und Zita, einen Frieden nicht gemeinsam mit Deutschland, sondern gegen Deutschland und möglicherweise sogar hinter dessen Rücken zu erreichen.[17] Dies schürte eine Stimmung, die nach der Sixtus-Affäre breite Kreise erfaßte und zu einem tiefen Vertrauensverfall führte. Die Deutschen begannen an den Österreichern zu zweifeln, und innerhalb Österreichs mißtrauten Deutschösterreicher – vor allem Deutschnationale – dem eigenen Kaiser. Und auch andere Kräfte, denen an Unruhen gelegen war, schürten die Skepsis gegenüber dem Monarchen, von dem mehr und mehr behauptet wurde, er stehe unter dem Einfluß Zitas und der Parmas.

So kam es schließlich zu einer gezielten Hetzkampagne, die sogar bis zum heutigen Tag noch nicht ganz abgeklungen ist. Sie war deshalb so erfolgreich, weil sie sich geschickt gewisser gegebener Tatsachen bediente, die in simpler Manier überzeichnet wurden. Aus der nicht-deutschen Kaiserin wurde eine »Italienerin«, aus Bemühungen um einen Frieden im Alleingang »Verrat«, aus der selbstbewußten, politisch mitbestimmenden Monarchin eine herrschsüchtige Politikerin, die einen schwachen Kaiser unter dem Pantoffel hatte. Die Vorgänge um Erzberger und die Sixtus-Briefe machten solche Verzerrungen für viele plausibel.

Der steinige Weg bergab

Die bösen Gerüchte wirkten ansteckend. Wie eine Seuche ergriffen sie das ganze Land, und wie giftige Pfeile trafen sie Zitas Herz. Hatte sie das verdient? Die Menschen sehnten sich doch nach Frieden! Und was anderes hatte sie ihnen geben wollen? Warum zürnte ihr das Volk? Bewies nicht gerade die immer schlimmer werdende Lage, wie recht Karl und sie gehabt hatten, als sie schon vor mehr als einem Jahr die Deutschen zu einem Verständigungsfrieden drängten? Und wäre ein Sonderfrieden als Ausweg nicht immer noch weit besser gewesen als das, was man nun erlebte und noch zu erwarten hatte? Statt dessen sah sich Zita an den Pranger gestellt. Als hätte sie – weil von Geburt Ausländerin – den Mittelmächten die militärischen Erfolge vereitelt. Daß von »Verrat« die Rede war, schmerzte sie besonders tief.

Ohne Zweifel hatte das Kaiserpaar durch manch ungeschicktes Taktieren einigen Anlaß gegeben, die Gerüchte glaubhaft zu machen. Und gewiß hatte vor allem die emsige Geschäftigkeit der Parma-Familie mit ihrem allzu offenkundigen Klerikalismus den Verdacht genährt, sie ziehe in Wahrheit die Fäden hinter den Kulissen. Deshalb blickten auch treue Gefolgsleute Karls mit unguten Gefühlen nach Schwarzau. Einer von ihnen, der Obersthofmeister Josef Hunyady, der Karl später ins Exil folgen sollte, machte seinem Ärger Luft.

Auf einer Fahrt von Baden nach Schönbrunn, wenige Wochen nach der Sixtus-Affäre, meinte Hunyady plötzlich:

»Majestät, ich würde wünschen, daß über Schwarzau eine Fliegerbombe abgeworfen wird . . .«

Der Kaiser war sprachlos.

»Ja«, fuhr Hunyady erbost fort, »eine richtige Bombe, und zwar so, daß alle Insassen des Schlosses vernichtet werden . . .«

Karl schwieg. Dann sah er den Vertrauten eher traurig als entrüstet an.

»Nein«, tadelte er ihn schließlich, »so dürfen Sie mir von der Familie der Kaiserin nicht reden.«

Sonst sagte der Monarch nichts. Er trug Hunyady das offene Wort nicht nach.[1]

Und doch waren die Parmas in Wirklichkeit nicht die Drahtzieher im Hintergrund, als die sie angeprangert wurden, wenn sie auch immer irgendwie dabei waren, allüberall ihre Sonderwünsche vorbrachten, in vielen – meist in recht nebensächlichen – Dingen mitmischten und ein inniges familiäres Verhältnis zur Kaiserin, ihrer Tochter und Schwester, pflegten. Aber verständlicherweise wucherten die Gerüchte um den unseligen Parma-Einfluß nun erst recht, nachdem bekannt geworden war, daß zwei Prinzen aus diesem Hause die Friedensinitiative wesentlich mitbestimmt hatten. Zudem waren sie noch Angehörige einer feindlichen Armee.

Es gab also genug Nährstoff für die eifrige deutschnationale Propaganda, die zum Großteil von Deutschland aus gelenkt wurde, aber in Österreich dankbare Weiterverbreiter und phantasievolle Verstärker fand. Das Urteil war nun perfekt: Das Kaiserpaar war mit seinem Alleingang dem deutschen Verbündeten in den Rücken gefallen. Und schuld daran war in erster Linie die Kaiserin, die »Italienerin«, die ihren Mann beherrschte.

So einfach, wie es die Ex-Kaiserin im Gespräch mit der Autorin sah, ist der Angriff auf ihre Person freilich nicht zu erklären. »Kaiser Karl war sehr beliebt«, sagte Zita. »Direkte Kritik an ihm wäre nicht angekommen. Man konnte ihn am leichtesten durch seine Frau treffen.«[2] Kaum aber hätten die Gerüchte so viele offene Ohren gefunden, wäre Zita eine politisch unbedarfte, nur auf Repräsentationspflichten konzentrierte Kaiserin gewesen. Die Kritik an ihr hatte hier einen durchaus realen Hintergrund: Zita war eine politische Gestalterin; sie beeinflußte ihren Mann ganz entscheidend. Und nimmt man alles in allem, so verargten ihr viele Menschen gar nicht so sehr die Friedenssuche im Alleingang als vielmehr die Tatsache, daß sie nicht geglückt war.

Natürlich durchschauten die wenigsten die Heuchelei und falsche Moral, die hinter der Kampagne steckte. Denn in Wirklichkeit hatten die maßgebenden Kreise in Deutschland längst von der Friedensaktion Karls und Zitas über die Parma-Brüder erfahren – noch während sie im Gange war. So berichtete Graf Wedel zwei Jahre nach dem Untergang der k.u.k. Monarchie in der *Neuen Freien Presse,* ihm sei damals, als deutschem Botschafter in Wien, durchaus »bekannt gewesen . . ., daß Verbindungen mit dem Prinzen Sixtus von Parma bestanden, sowie sein Besuch in Wien 1917«[3]. Wenigstens teilweise hat auch Reichskanzler von Bethmann Hollweg das Wissen um die Sixtus-Aktion zugegeben. »(Anfang Mai 1917) bat mich Graf Czernin zum Zwecke einer wichtigen Mitteilung um eine mündliche

Besprechung. Ein Friedensangebot der Feinde liege vor. Ich kam dann (am 12. Mai) nach Wien. Dort teilte mir Graf Czernin am 13. folgendes mit: England, Frankreich und Italien hätten Österreich-Ungarn ein Angebot zu einem Sonderfrieden gegen Abtretung des Trentino und einiger Inseln an Italien gemacht. Österreich-Ungarn, so führte der Graf aus, würde uns durch den Abschluß eines solchen Friedens nicht schädigen; denn die an der italienischen Front frei werdenden Truppen könnten den Schutz unserer Ostfront übernehmen, so daß wir unsere eigenen östlichen Truppen an die Westfront werfen könnten . . .«[4]

Immerhin also wußte man in Deutschland, daß Karl einen Frieden – möglicherweise einen Sonderfrieden – anstrebte, und daß es hier bereits konkrete Kontakte gab. Nur das war wichtig. Denn wie die Verhandlungen im einzelnen liefen, mußte selbstverständlich geheim bleiben, wie es den diplomatischen Regeln entsprach.

So berichtete auch der deutsche Gesandte in Brüssel, Freiherr von Lancken, der sich selbst in der Schweiz zu Friedensverhandlungen mit Frankreichs Ministerpräsidenten Briand zusammensetzen sollte, Briand habe seiner Freundin erzählt, »die Verhandlungen mit Österreich seien schon ziemlich weit gediehen . . . Kaiserin habe Gelübde getan, bis Jahresschluß (1917) Frieden zustande zu bringen«[5].

Der Historiker Reinhold Lorenz will schließlich sogar herausgefunden haben, daß der griechische König Konstantin I. in seinem Zürcher Exil in die Sixtus-Aktion eingeweiht war. Er habe das seinem behandelnden Arzt, dem berühmten deutschen Chirurgen Ferdinand Sauerbruch, erzählt. »Und dieser selbst«, so Lorenz, »wurde im Zusammenhang mit dieser Affäre vorübergehend zum Amateurdiplomaten. Kaiser Wilhelm machte ihn anfangs 1918 in einer vertraulichen Unterredung auf Schloß Bellevue in Berlin auch mit dem Wortlaut des geheimen Dokuments vertraut . . .«[6]

Jedenfalls konnte die deutsche Regierung nicht eben aus allen Wolken gefallen sein, als die Sixtus-Affäre bekannt wurde. Und sie hätte ohnehin wenig Grund gehabt, sich allzusehr über die mangelnde Bündnistreue Österreichs zu entrüsten, denn sie selbst hatte ja zum selben Zeitpunkt, da Sixtus seine Schritte unternahm, Friedenskontakte zu Frankreich geknüpft. Und bevor Italien auf der Seite der Entente in den Krieg eingetreten war, hatte der deutsche Botschafter von Bülow Rom weitgehende Zugeständnisse auf Kosten des österreichischen Bündnispartners gemacht, ohne Wien zu informieren. Auch mit dem verschärften U-Boot-Krieg war die Doppelmonarchie vor vollendete Tatsachen gestellt worden. Die österreichische Zustimmung wurde erst erbeten, als es kein Zurück mehr gab.

Aber wer wußte schon von all dem? Die Stimmungsmacher hatten leichtes Spiel. Zwar schätzte der deutsche Botschafter in einem Brief an seinen Reichskanzler, daß »etwa zwei Drittel der Bewohner Österreich-Ungarns ententistisch sind und nur ein Drittel noch auf dem Boden des Bündnisses steht«, doch waren die Verhältnisse im deutsch-österreichischen Kernland wohl anders.[7] Vor allem aber hatten am wachsenden Mißtrauen der Bevölkerung gegenüber dem Kaiserhaus nicht nur die Deutschnationalen, sondern auch alle jene Kräfte ein Interesse, die diese Monarchie abschaffen wollten. So wirkten sich die Gerüchte vor allem an der Front verheerend aus. »Es handelt sich nicht mehr um das gedankenlose Weitergeben eines sensationellen Tratsches«, meinte etwa der Chef des Generalstabs, Arthur Arz von Straussenburg, »es ist vielmehr eine wohlorganisierte feindliche Propaganda am Werke, um das Vertrauen und die Zuversicht der Bevölkerung zu untergraben.«[8] Also hängten sich auch die Italiener bequem an die Mär von der italienischen Kaiserin an – mit dem Tenor: Wenn sogar Eure Kaiserin nicht gegen uns kämpfen will, was wollt dann Ihr noch? Italienische Flieger überflogen Teile der Monarchie und warfen Flugblätter ab, auf welchen behauptet wurde, die Kaiserin stehe auf ihrer Seite.

So schossen die abenteuerlichsten Geschichten wie Pilze aus dem Boden des Hasses. Die Kaiserin, hieß es etwa, habe Österreich an die Italiener verraten, sie habe dem eigenen Land die Niederlage am Piave beigebracht. Und all dies gipfelte in absurden Schauermärchen. So wollten Soldaten oftmals eine

»schwarze Gestalt« hinter ihren Reihen wahrgenommen haben, die den Italienern Zeichen gab ...

Der Unsinn trieb Blüten. Natürlich glaubte man nicht alles, vielleicht nur das Wenigste. Aber etwas blieb immer hängen. Und so wurden nun auch ganz harmlose, wohlgemeinte Unternehmungen auf eine merkwürdige Art ausgedeutet. Deshalb schien es Baernreither »unvorsichtig« und unklug, daß Zita, als sie ein Innsbrucker Spital besuchte, »sich besonders lang mit italienischen Verwundeten unterhielt«[9]. Und weil die Kaiserin für italienische Kulturdenkmäler und deren Verschonung von Bombenangriffen eingetreten war[10], mußte sie auch dafür verantwortlich sein, daß gegen die Italiener an der Front kein Cyan-Gas zum Einsatz kam. Die Kaiserin wolle damit die Italiener schonen, war die Erklärung, und für das Tränengas, das somit als einziges Gas verwendet wurde, fand sich bald die spöttische Bezeichnung »Zita-Gas«.[11] In Wahrheit waren technische Gründe dafür ausschlaggebend, daß kein Cyan-Gas eingesetzt wurde. Schließlich stellten findige Leute fest, daß im Haushalt der Parmas auffallend viele Italiener beschäftigt waren. Was sich freilich ganz natürlich erklärte: Diese Bediensteten waren schon seit vielen Jahren bei der Familie beschäftigt.

Der Nährboden für all diese Märchen war ohne Zweifel schon viel früher bereitet worden, von angesehenen Persönlichkeiten, die der »italienischen« Kaiserin mit Blick auf das Bündnis mit Deutschland von vornherein mißtrauten. So überzeichneten sie bestimmte Erfahrungen und kursierende Berichte dermaßen, daß die ganze österreichische Regierungsspitze schließlich nur noch als eine Dependance der Maria Antonia und ihrer Tochter, der Kaiserin, erschien. Ein griffiges Klischee für alle möglichen Berichterstatter.

»Den hohen Frauen welscher Abkunft ist welsches Wesen sympathisch und behaglich, deutsches Wesen ist ihnen fremd und schwer verständlich.« So hatte der deutsche Botschafter Graf Wedel im Frühjahr 1917 die Kaiserin und ihre Familie charakterisiert. ». . . Trotz ihrer persönlichen Grazie und Liebenswürdigkeit nimmt die Popularität der Kaiserin ab. Man hat zu der

Italienerin und ihrer Sippe kein volles Vertrauen.«[12] Und ein andermal schrieb er nach Berlin: »Die Kaiserin ist Exponent einer anderen Richtung, einer internationalen Richtung mit welscher Vorliebe. Germanisches Wesen ist ihr nicht verständlich, deutsches Streben und deutsche Macht erschreckt sie.«[13] Daran mochte einiges stimmen, jedenfalls wenn germanisches Wesen und deutsche Macht so auftraten, wie Zita sie erlebte.

Nach der Sixtus-Affäre notierte General Cramon, Verbindungsoffizier Kaiser Wilhelms bei Kaiser Karl: »Die Bestürzung im hiesigen Offizierskorps ist unbeschreibbar, die Folgen noch nicht zu übersehen . . . In der Bevölkerung hört man die schärfsten Urteile über das Kaiserpaar, und die Majestätsbeleidungen sollen nicht zu zählen sein. Die Erbitterung richtet sich in erster Linie gegen die Kaiserin Zita und das Haus Parma, in welchem der Herd des Übels erblickt wird.«[14]

»Gerüchte, Geschichten, Tratsch wuchern«, bemerkte auch der Abgeordnete Josef Redlich, »Kaiser und Kaiserin sind der Mittelpunkt. Aber in Tirol und Nordböhmen wird offen der Anschluß an das ›Verpflegungsgebiet Deutschland‹« verlangt, und Baernreither notierte: »Das Volk ruft nach Abdankung.«[15]

Hätte eine stärkere kaiserliche Autorität – wie etwa die eines Franz Joseph – den Vertrauensschwund der Dynastie aufhalten können? Wohl kaum. Und doch hat das junge Kaiserpaar mit seinem legeren und nicht-autoritären Regierungs- und Repräsentationsstil die Respektlosigkeit gefördert, die nun in die Höhe schoß und republikanische Tendenzen beflügelte. Auch dem Adel, den Hofschranzen und allen, die sich als »Bessere« dünkten, nun aber vom Allerhöchsten belehrt wurden, daß es die riesigen Standesunterschiede gar nicht gibt, paßte der Stil nicht. So berichtete der Minister Freiherr von Wieser: »Bei der gestrigen Revue auf der Schmelz, die als Vorbereitung für den 1. Mai gehalten wurde, fiel den Offizieren die übergroße Freundlichkeit des Kaisers auf, der überall die Hand drückte und alle belobte.« Das sei »nicht kaiserlich«, meinte er. Zu vielen reichten Karl und Zita die Hand, zu freigebig seien sie mit Ordensverleihungen an Normalbürger, und die adligen Herren fühlten sich übergangen.[16]

Auch daß sich das Herrscherpaar wieder oft in dem kleinen Palais in Baden aufhielt, gefiel vielen nicht. Man argwöhnte, der Kaiser wolle sich dorthin zurückziehen, weil er sich nicht mehr nach Wien getraue. Und eine Zeitlang sah es tatsächlich so aus. Karl und Zita befanden sich in einer verzweifelten Situation. Dazu kamen immer wieder soziale Unruhen. Schon zu Beginn des Jahres 1918 waren Hungerrevolten ausgebrochen, gab es Arbeiterunruhen und Streiks. Bei vielen von ihnen ging es längst nicht mehr nur um soziale Belange. Es waren Proteste gegen den Krieg. Und gegen das System.[17]

Dann aber raffte sich das Kaiserpaar auf und beschloß, allem zum Trotz, sich künftig wieder häufiger in der Öffentlichkeit zu zeigen. So besuchte es Wohltätigkeitsveranstaltungen, Ausstellungen, Volksküchen und Krankenhäuser. Peinlich und grotesk: Es fanden sich nicht mehr genug Jubler. Also inszenierte man den Applaus. Ohne Wissen des Kaisers und Zitas setzten die Organisatoren zum Beispiel am Äußeren Burgplatz Offiziere in Zivil dafür ein. Baernreither notierte in seinem Tagebuch: »Ovationen für Kaiser und Kaiserin gemacht. Einige hundert Detektive und gemietete Menschen winken mit weißen Sacktüchern . . . Hohenlohe äußert sich, es sei unverantwortlich, die Majestäten so zu täuschen . . .«[18]

Oft wurden dem Paar Beleidigungen aus der Menge zugerufen, und manches Vorhaben mußte abgesagt werden, weil man um die Sicherheit des Kaisers und der Kaiserin besorgt war. So ging auch Zitas Wunsch nicht in Erfüllung, ihren sechsundzwanzigsten Geburstag am 9. Mai 1918 mit einer Fahrt vom Westbahnhof durch die Mariahilferstraße zum Stephansdom zu begehen, wo das Hochamt stattfinden sollte. Bürgermeister Weiskirchner hatte dringend davon abgeraten. Er könne die Verantwortung nicht übernehmen, ließ er die Majestäten wissen. »Majestätsbeleidigungen fliegen nur so in der Luft rum . . .«[19]

Es waren grausame Zeiten, und sie wurden noch grausamer.

Am 15. Juni faßte die österreichisch-ungarische Armee noch einmal ihre Kräfte zusammen und leitete eine neue Offensive gegen die Italiener ein. Es war die letzte. Sie scheiterte nach vier Tagen.

Zuvor aber, vom 19. bis 21. Mai, hatte das Kaiserpaar einen längst zugesagten Staatsbesuch in Konstantinopel absolviert. Zita beeindruckte wie immer. Lächelnd und selbstbewußt, als glänzte das Kaiserreich noch in den stolzesten Farben, zeigte sie sich der türkischen Bevölkerung. Als das Paar eintraf, »sandte der Himmel«, wie der Berichterstatter der Deutschen Botschaft schrieb, »gerade den ersten Sommertag mit leuchtendem Sonnenschein«[20]. Konstantinopel zeigte sich in seiner ganzen märchenhaften Pracht. Zita wußte: Bald konnte es Nacht werden, würde alles vorbei sein. War dies nun das letzte Aufbäumen des sterbenden Kaisertums? Nein, nicht des sterbenden, korrigierte sie sich. Des kranken, des besiegten, aber nicht des sterbenden . . .

In ihr war immer noch Hoffnung. Es war eine Hoffnung, die sie ihr ganzes Leben lang behalten sollte. Nichts hat sie gebeugt und verzweifelt gemacht. Nur manchmal, wenige Augenblicke lang, konnte die ganze Traurigkeit, der ganze Zweifel, die ganze Unsicherheit des Menschen Zita hervorbrechen. Einen dieser Augenblicke hat Friedrich Funder erlebt. Mit ihm sprach Zita im Herbst 1918, also kurz vor dem Zusammenbruch der Monarchie, nach einer Veranstaltung. Unvermittelt fragte sie:

»Was glauben Sie, lieber Doktor: Werden wir durchhalten?«

Der Journalist starrte die Kaiserin an und wußte nicht, was er sagen sollte. Dann fügte sie, ganz überraschend und mit einem fast hilflosen Blick, hinzu:

»Ich habe so große Angst . . .«

Funder erinnerte sich: »Es war mir bei diesen Worten, sie stehe vor mir nicht mehr als Kaiserin, sondern als eine arme Mutter, die um ihren Gatten und ihre Kinder bangt und die in ihrer Not zwischen all den Etikettenmenschen nach einem freundlichen Wort hascht, auf ein Zeichen der Liebe . . . wartet. Ich habe damals so gesprochen, wie man gar nicht zu einer Kaiserin spricht, sondern zu jemandem, den man in tiefer Qual sieht, für den man alles tun möchte . . .«[21]

Als die Abgeordneten und Parteiführer auf dem Bahnhof von Baden aus dem reservierten Erste-Klasse-Waggon kletterten, erlebten sie eine Überraschung: Niemand empfing sie auf dem Bahnsteig, kein Abgesandter, kein Offizier, kein Diener, kein Chauffeur. Dabei waren sie von Seiner Majestät dem Kaiser höchstpersönlich geladen – zu einer dringenden Sitzung. Das einzige, das sie hier sehr zeitgemäß empfing, war das Chaos. Das Chaos, das schon die ganze Donaumonarchie erfaßt hatte.

Ein Passant wies den Politikern schließlich den Weg zu einer Villa, in der Karl seine Audienzen abzuhalten pflegte. So stapften sie bei strömendem Regen und durch tiefen Matsch zu dem beschriebenen Gebäude. Hier erst fand sich ein Hofbeamter, der sie an den richtigen Platz geleitete. Die Audienz konnte beginnen.

Fünf Stunden dauerten die Gespräche an diesem 12. Oktober 1918. Denn ein Völkermanifest der Kronländer sollte nun endlich eine neue Entwicklung einläuten. Die einzelnen Nationalitäten innerhalb der Monarchie sollten ihr »eigenes staatliches Gemeinwesen bilden«, Österreich sollte »zu einem Bundesstaat werden«. Allerdings durfte diese Neugestaltung »die Integrität der Länder der Heiligen Ungarischen Krone in keiner Weise berühren«[1].

Und hier lag auch schon ein Kernproblem. Denn nach wie vor zeigte sich Ungarn unnachgiebig, und solange die nationale Umgestaltung nicht auch für dieses Land mit seinen zahlreichen slawischen Minderheiten galt, waren die Südslawen nicht bereit, eine solche Lösung auch nur zu erwägen. Und Karl konnte seine Vorstellungen nicht *gegen* die Magyaren durchsetzen. Denn als König Ungarns hatte er bekanntlich seinerzeit auf jener erhebenden Krönungsfeier knapp zwei Jahre zuvor geschworen, die Grenzen Ungarns niemals eigenmächtig zu verändern.

Dabei war diese föderalistische Lösung schon immer das Wunschkonzept des Kaiserpaares gewesen, ja, schon vor der Thronbesteigung hatten Karl und Zita hierin die einzige Möglichkeit einer Befriedung der Nationen im Vielvölkerreich erblickt. Aber der Kaiser verschob diese Probleme auf die Zeit nach dem Krieg. Denn allzu viele Widerstände behinderten ihn – vor allem von ungarischer Seite.

Und jetzt war es zu spät. Tschechen und Südslawen verlangten mehr. Und den Alliierten war nicht mehr daran gelegen, die Donaumonarchie zu erhalten. Seit einem guten Jahr stützten sie zunehmend slawische Exilgruppen und deren Propaganda. So drängten jetzt mehr und mehr Slawen zur vollkommenen nationalen Souveränität. Sie wollten eigene Staaten bilden, außerhalb der Monarchie. Wozu brauchten sie noch die Krone Habsburgs?

Also stand jedenfalls eines fest, als die Gespräche mit dem Kaiser nach fünf Stunden zu Ende gingen: Das Manifest, das Karl fünf Tage später veröffentlichen sollte, adressiert »an Meine getreuen österreichischen Völker«, wurde von Tschechen und Südslawen abgelehnt.

So fuhren die Politiker wieder nach Hause, und keiner wußte, wie es nun weitergehen sollte. Die einen blickten mit bitteren Befürchtungen in die Zukunft, sahen sich von revolutionären Strömungen überrollt, trauerten schon jetzt um das verlorene große Vaterland, das wohl nie mehr so werden würde, wie sie es von Kindheit auf kannten und liebten. Andere wiederum waren von Hoffnung erfüllt, erwarteten eine neue, freiere Zeit, sahen junge Staaten mit Elan unter demokratischer Regierungsform erblühen. Und mancher Deutschösterreicher sah nur noch einen Ausweg: den Anschluß ans Deutsche Reich.

Vielleicht war es ungeschickt vom Kaiser gewesen, in dieser Stunde, da selbst Kaisertreue am Wert der Krone zu zweifeln begannen, die Politiker im bürgerlich-engen Milieu von Baden empfangen zu haben. Er hätte sich ganz als Monarch zeigen sollen, jetzt erst recht, im Glanz der Würde. In der Hofburg, inmitten historischer Mauern und alten, ehrwürdigen Mobiliars, unter den Bildern habsburgischer Ahnen, hätte diese Konferenz stattfinden müssen. »Die Regie war schlecht«, befand denn auch Handelsminister Freiherr von Wieser; die ganze

Sitzung »war nicht der kaiserlichen Würde gemäß«[2], einer Würde, die sich nun trotziger als je der harten Wirklichkeit zu stellen hätte.

Indessen überstürzten sich die außenpolitischen Ereignisse. Vor wenigen Tagen erst, am 4. Oktober 1918, hatten sich die Mittelmächte an den amerikanischen Präsidenten Wilson gewandt und ihn gebeten, Verhandlungen für einen Waffenstillstand einzuleiten. Der Präsident ließ mit seiner Antwort an Österreich-Ungarn warten. Ein Gerücht jagte das andere, eine Hiobsbotschaft löste die nächste ab. Von der Front kamen immer schlimmere Berichte: Soldaten meuterten, ganze Truppenteile, vor allem nichtdeutschsprachige, liefen zum Feind über.

Seit dem Sommer war die Aussichtslosigkeit der militärischen Operationen immer offenkundiger geworden. Dabei hatten die deutschen Militärs noch im Frühjahr, nach einigen Teilerfolgen, ihre Lage als glänzend beurteilt. Allerdings brachten die deutschen Frühjahrsoffensiven an der Westfront nicht den entscheidenden Durchbruch. Der 8. August 1918, der Tag des britischen Tankangriffs von Amiens, ging als der »Schwarze Tag des deutschen Heeres« in die Kriegsgeschichte ein. Jetzt mußten auch Hindenburg und Ludendorff, die im Frühjahr 1917 noch ganz auf den Siegfrieden fixiert gewesen waren, eingestehen, daß der Krieg nicht mehr erfolgreich weitergeführt werden konnte. So kam Kaiser Karl am 14. August 1918 unter ganz anderen äußeren Umständen als damals im April 1917 in Bad Homburg ins deutsche Große Hauptquartier nach Spa, nachdem er den Deutschen an der Westfront soeben sechs österreichisch-ungarische Divisionen zur Verfügung gestellt hatte. War er knapp anderthalb Jahre zuvor nicht im Recht gewesen, als es noch möglich gewesen wäre, einen günstigen Frieden zu erlangen? Aber es war nicht der Ort und nicht die Zeit für Rechthaberei.[3]

Doch auch jetzt kam es noch zu keiner Einigung über einen raschen Frieden. Noch immer hoffte Wilhelm II. auf eine glückliche Schicksalswende. Er jedenfalls gedachte noch etwas abzuwarten. Dennoch wandte sich Österreich-Ungarns Außenminister Graf Burian am 14. September mit einem Friedensvorschlag an die kriegführenden Mächte. Auf einer allgemeinen Friedenskonferenz an einem neutralen Ort sollten sie alle ihre jeweiligen Bedingungen nennen. Dies aber setzte voraus, daß die Entente-Mächte überhaupt bereit waren, mit den Unterlegenen auf gleicher Stufe zu verhandeln. Tatsächlich waren sie es nicht.

Und was war von jenem Wort des britischen Premiers Lloyd George noch übrig, »die Zerschlagung Österreich-Ungarns« gehöre »nicht zu unseren Kriegszielen«?[4] Jetzt machten sich Engländer und Franzosen daran, eben dies zu tun: die Monarchie zu zerschlagen. Von einem Zusammenhalt des Vielvölkerreichs wollte keiner mehr etwas wissen. Vor allem erfuhr der zehnte Punkt in US-Präsident Wilsons 14-Punkte-Friedensprogramm vom Januar 1918 nun eine spitze Deutung gegen den Fortbestand der Monarchie. Ihm zufolge nämlich sollte »den Völkern Österreich-Ungarns, deren Stellung unter den anderen Nationen wir sichergestellt und gewahrt zu sehen wünschen, . . . die freieste Gelegenheit zu einer autonomen Entwicklung geboten werden«[5].

Im April 1918 hatte in Rom ein »Treffen der unterdrückten Völker« stattgefunden, auf dem Exil-Slawen der Donaumonarchie, Vertreter Serbiens und Rumäniens sowie französische und italienische Politiker vertreten gewesen waren. »Das Habsburgerreich besteht nicht mehr«, hatte dort Eduard Beneš, Generalsekretär des Tschechoslowakischen Nationalrats in Paris und späterer tschechoslowakischer Staatspräsident, erklärt, »es zerfällt langsam, aber sicher.« Die Alliierten forderte er auf, alle als Mitkämpfer anzuerkennen, die sich vom »österreichisch-magyarischen Joch befreien« und selbständige Staaten bilden wollten.[6]

Die Exil-Tschechen hatten Erfolg. Am 9. Juni bestätigte ihnen Frankreich das Recht auf Unabhängigkeit, am 14. August erkannte auch England einen souveränen tschechoslowakischen Staat an, am 3. September folgten die Vereinigten Staaten. Überall in den slawischen Volksgruppen Österreich-Ungarns führten nun »Nationalräte«, Vorbereitungskomitees für selbständige Staaten, das Wort. Nicht alle stellten sich schon außerhalb der Monarchie. So wurde am 16. August in Laibach der slowenische Nationalrat gebildet, der sich noch nicht von Österreich-Ungarn abwandte, jedoch auf das Selbstbestimmungsrecht pochte.

Am 23. September 1918 war die Katastrophe fast komplett: Bulgarien verließ die Front der Mittelmächte und bat um einen Waffenstillstand.[7]

In Ungarn stieß der Kaiser und König auf Granit. Nicht nur, daß die Magyaren an ihrem Eigenstatus nicht rütteln ließen, – sie wollten auch von einer Wahlrechtsreform nichts wissen, die den verschiedenen Nationen in Ungarn wenigstens mehr Mitsprache in der ungarischen Politik eingeräumt hätte. Tragischerweise wurde Karl in diesem Punkt nur von dem revolutionär gesonnenen Grafen Károlyi unterstützt. Dagegen nahm Ministerpräsident Wekerle jede Gelegenheit wahr, mögliche Reformen schon im Ansatz abzublocken.

Dann endlich, am 19. Oktober, kam die lange erwartete Antwort aus Washington. Das heißt, sie lief als Meldung über die Ticker der britischen Nachrichtenagentur Reuter und erreichte erst zwei Tage später als offizielle Note die k.u.k. Regierung.

Sie war niederschmetternd.

Präsident Wilsons Deklaration gemäß müsse allen Nationen die freieste Möglichkeit zur autonomen Entwicklung gewährt werden, hieß es darin. Damit habe die Regierung der USA auch anerkannt, daß der Tschechoslowakische Nationalrat, die Exil-Organisation, eine Regierung sei, die mit Österreich im Krieg liege. Ebenso habe Washington auch die Rechtmäßigkeit der nationalen Freiheitsbewegungen der Südslawen bestätigt. Deshalb könne der Präsident »nicht mehr die bloße Autonomie dieser Völker als Grundlage für den Frieden anerkennen«. Und das hieß, daß nach Ansicht der Vereinigten Staaten die slawischen Völker selbst bestimmen sollten, »welche Aktion auf seiten der österreichisch-ungarischen Regierung die Aspiranten . . . der Völker . . . befrieden wird«[8]. Somit könne er, der Präsident der Vereinigten Staaten, nicht mehr »Richter« in dieser Sache sein.

Das war das Ende. »Die Antwort Wilsons wirkte wie eine

Bombe«, schrieb Österreichs Außenminister Burian in seinen Erinnerungen.[9]

Wenige Tage zuvor war in Agram die südslawische Dachorganisation »Narodno Vijeće« gegründet worden. Sie übernahm jetzt die Führung der nationalen Politik mit dem Endziel der Vereinigung von Slowenen, Kroaten und Serben. Ende Oktober wurde der »SHS«-Staat ausgerufen – »Staat der Serben, Kroaten und Slowenen« –, der dann am 1. Dezember 1918 – vier Wochen nach dem Waffenstillstand zwischen Österreich-Ungarn und den Alliierten – in Belgrad feierlich als Königreich Jugoslawien gegründet wurde. Rasch vollzog sich nun der Abfall der Länder vom großen Österreich. In Lemberg hatten unterdessen die ukrainischen Reichs- und Landtagsabgeordneten sowie Herrenhausmitglieder den Ukrainischen Nationalrat gebildet. Am 21. Oktober formierte sich die Provisorische Nationalversammlung Deutschösterreichs. Am 28. Oktober wurde die unabhängige Tschechoslowakei proklamiert. Das Reich der Habsburger war zerfallen.

Am 26. Oktober kündigte Kaiser Karl schließlich das Bündnis mit Deutschland, zwei Tage später ging sein Sonderfriedensangebot via Stockholm in die Vereinigten Staaten. Österreich-Ungarn war am Ende.

Der Entschluß war von der Not geboten; er war logisch und vernünftig. Und doch schmerzte er den Kaiser zutiefst. Das hatte schon einen knappen Monat zuvor der deutsche Botschafter Graf Wedel bemerkt, der nach Berlin meldete: ». . . (Ich höre), . . . Kaiser bewahre vor der Welt entschlossen Haltung, sei in der Familie aber ganz gebrochen, spreche nur vom Frieden. Kaiser befinde sich in schwerem Gewissenskonflikt, da er glaube, seinen Völkern den Frieden und uns die Treue schuldig zu sein. Er fürchte einen Bruch mit Deutschland und habe lange Besprechungen mit seinem Beichtvater.«[10]

Vor allem anderen, erkannten Karl und Zita, komme es nun darauf an, weiterem Blutvergießen Einhalt zu gebieten und noch zu retten, was zu retten war.

Wenige Tage vor Karls Entschluß zum Sonderfrieden brach

die Familie nach Ungarn auf. Man reiste mit viel Gepäck; nahm Schmuck, Pferde und sogar mehrere Automobile mit. Offenbar war ein längerer Aufenthalt in Ungarn geplant – was nicht ohne Kritik blieb. So fand Glaise von Horstenau, in solcher Lage habe sich »der Habsburger der Wurzeln seines Geschlechts zu besinnen – und die sind in den deutschen Alpenländern . . .«[11]

Wahrscheinlich hielt Karl Ungarn für sicherer, so daß er wenigstens seine Kinder auf absehbare Zeit dort – etwa auf Schloß Gödöllö – aufgehoben sehen wollte. Tatsächlich reiste er selbst mit Zita auch bald wieder nach Wien zurück und ließ die Kinder in Ungarn.

Außerdem wollte die kaiserliche Familie einige Städte Ungarns besuchen – vor allem Debreczin, wo eine neue Universität eröffnet werden sollte. Eine Reise als Betäubung? Um neuen Mut zu fassen? Aus Nostalgie? Wie hatte Zita ihre früheren Besuche in diesem Land genossen! Noch vor wenigen Monaten, am 6. Juli, war die königliche Familie in Preßburg mit demonstrativer Herzlichkeit und Wärme empfangen worden. Das größte Vergnügen hatte Otto gehabt. Für ihn war die Dampferfahrt auf der Donau ein Erlebnis, das ihm bis heute in Erinnerung blieb.

Und immer noch gab es hier in Debreczin jubelndes Volk. Die Königin dankte mit lächelndem Charme. Mit einer Anmut, die auch jetzt, in schwerer Zeit, nicht von ihr gewichen war.

Von Debreczin ging's nach Gödöllö, zum einstigen Lieblingsschloß der Kaiserin Elisabeth. Diesmal aber war es weder idyllisch noch glanzvoll dort. Es herrschte fieberhafte Hektik. Österreichische und ungarische Politiker gaben sich die Türklinke in die Hand. Bis tief in die Nacht hinein konferierte das Kaiserpaar mit verschiedenen Abgeordneten, Parteivorsitzenden und hohen Offizieren. Der ungarische Ministerpräsident Wekerle und Außenminister Burian hatten ihre Ämter zur Verfügung gestellt, und auch der Stuhl des österreichischen Regierungschefs war neu zu besetzen. Hierbei entschied sich Karl für den international geschätzten Rechtsgelehrten und Pazifisten Professor Heinrich Lammasch.

Das Kaiserpaar brach anschließend wieder nach Wien auf, denn dort wartete man auf den Kaiser. Die Einsetzung der neuen Regierung war fällig. Mit ihm fuhr Graf Károlyi, der auf seine Ernennung zum neuen ungarischen Ministerpräsidenten wartete. Wie Zita später erzählte, war das ihr großes Glück. Denn eine extremistische Gruppe hatte einen Anschlag auf die Eisenbahnstrecke geplant und diese Absicht nur fallengelassen, weil sich auch Károlyi im Zug befand.[12]

Der unfreiwillige Schutzengel kam allerdings nicht auf seine Rechnung. Denn Karl machte zunächst Erzherzog Josef zu seinem vorläufigen Stellvertreter in Ungarn. Dieser aber ernannte nun nicht Károlyi, sondern den Grafen Andreas Hadik, einen Anhänger der bisherigen Politik, zum Ministerpräsidenten. Károlyis meist linke Anhänger waren verbittert – und setzten ihren Kampf fort.

Karl und Zita waren in Schönbrunn, die Kinder in Gödöllö. Zita hielt das für eine gute Lösung, denn sie war überzeugt, daß es dort nicht oder doch weniger rasch als in Wien zur Revolution kommen werde. Bis eines Tages Ministerpräsident Lammasch den Kaiser warnte. »Majestät halten Ungarn für Eure sicherste Krone«, sagte er, »aber das ist ein Irrtum. Sie ist die unsicherste. Es kann geschehen, daß man Ihre Familie drüben zu Geiseln erklärt . . .«[13] Das Kaiserpaar war betroffen. Aber es schwieg. Zita begann sich immer heftigere Sorgen zu machen. Vielleicht hatte Lammasch recht?

Bald schon bewahrheitete sich seine Befürchtung. Die ungarischen Regimenter, die bislang als die besten und treuesten der Monarchie gegolten hatten, waren nicht mehr »zuverlässig«, wie jetzt der Kriegsminister befand. So sollen in der Hofburg von Budapest Offiziere mit gezogenem Säbel bis in die Räume eingedrungen sein, die unmittelbar vor den kaiserlichen Gemächern lagen. Und schließlich war es soweit: In Budapest brach die Revolution aus. Das war in der Nacht vom 30. zum 31. Oktober 1918.

Zita hob den Telefonhörer ab, als der Kommandant der Budapester Garnison, Géza Lukachich, zu ungewöhnlicher Stunde den Kaiser zu sprechen wünschte.

»Was ist passiert?« fragte Zita.

Lukachichs Stimme klang erregt und angstvoll. »Die Revolution ist in der Stadt ausgebrochen«, erklärte er. »Ich muß unbedingt Seine Majestät sprechen . . .!«

Zita weckte ihren schlafenden Gemahl. »Ich melde Eurer Majestät, daß hier die Revolution ausgebrochen ist«, wiederholte der Kommandant, »aber ich habe nur ein paar bosnische Einheiten und das unzuverlässige ›Budapester Regiment‹ zur Verfügung. Diese Leute sind niemals imstande, die rote Revolution niederzuhalten und für Ordnung und Sicherheit zu sorgen . . .«

Der Kaiser war bestürzt, denn schon vor einiger Zeit hatte er gefordert, Budapest möge sich stärker mit kaisertreuen Truppen rüsten.

»Tun Sie alles, was Sie können!« befahl er schließlich. »Ordnung und Sicherheit müssen unbedingt gewahrt bleiben!« Mehr konnte er nicht tun.

Sorgenvoll legte Karl den Hörer wieder auf und schloß seine Frau in die Arme. Beide wurden vom gleichen entsetzlichen Gedanken erfaßt:

»Die Kinder . . .!«

Es mußte sofort etwas geschehen. Die Kinder mußten eilends unerkannt nach Wien gebracht werden. Prinz René, Zitas Bruder, und Obersthofmeister Hunyady, die sich in Gödöllö befanden, wurden sofort alarmiert. Und sogleich brachen sie auf. Die Straßen waren nicht mehr sicher, die allgemeine Stimmung explosiv. So erhielten die Chauffeure den Befehl, ihre Hofuniformen gegen gewöhnliche Militärmonturen auszutauschen und die an den Wagenschlägen angebrachten Kaiserkronen zu übermalen.

Es war anzunehmen, daß die direkte Straße nach Wien bereits von radikalen Gruppen kontrolliert wurde. Deshalb beschloß man, der kaiserlichen Kinder wegen einen Riesenumweg über die Slowakei zu machen. 480 Kilometer legten die Kraftwagen an einem Tag zurück – für die damaligen technischen Verhältnisse ungeheuer viel.

Unruhig ging Zita auf und ab. Immer später wurde der Abend. Noch immer waren die Kinder nicht eingetroffen. Endlich, gegen

Mitternacht, hörte sie im Hof Autos vorfahren. Die Kaiserin eilte selbst hinunter und nahm ihre schlafenden Kinder in Empfang. Sie waren wohlauf.[14]

In Ungarn gab unterdes Erzherzog Josef dem Druck der Straße nach und ernannte Károlyi zum Ministerpräsidenten. Dieser leistete zunächst seinen Eid auf den König, erklärte jedoch schon tags darauf die Monarchie für abgeschafft. Stephan Graf Tisza, der frühere Ministerpräsident, wurde in seiner Wohnung von Soldaten ermordet. Und Erzherzog Josef? Er nahm einfach den Namen Josef von Alcsuth an und machte sich auf den Weg zu seinen ungarischen Gütern, auf denen er sich fortan niederlassen wollte. Karl jedoch hielt ihn zurück. Widerwillig mußte er weiterhin in Budapest bleiben.

Zita atmete auf. Und sie mußte sich eingestehen, daß oftmals die Mutter in ihr doch stärker war als die Kaiserin. Denn keine noch so quälende Sorge, keine Angst und keine Demütigung hatte sie bisher so schmerzhaft durchlitten wie diese Stunden der Ungewißheit in Schönbrunn.

Abschied einer Kaiserin

Der 4. November 1918 war ein freundlicher Sonntag. Nach Tagen fieberhafter Betriebsamkeit war es für kurze Zeit ruhig und still geworden in Schönbrunn. Prachtvoll stand das barocke Schloß mit der herrlichen Gloriette im Sonnenlicht des Spätherbsts. Seit zweihundert Jahren war es schon Zeuge unzähliger glanzvoller wie trauriger Ereignisse gewesen. Karl VI. und Maria Theresia hatten es erbauen lassen, und später beherbergte es auch den Eroberer Napoleon. Sollte es nun Zeuge der radikalsten Wende werden, die Österreichs Geschichte bisher gekannt hatte? Ging Habsburgs Herrschaft nun unter – nach über sechshundert Jahren Glanz und Ruhm?

Noch immer wohnten hinter diesen Mauern ein Kaiser und eine Kaiserin. Noch immer trugen sie die Krone. Ihr Thron aber war schon gestürzt.

Jetzt lag tiefe Traurigkeit über dem Schloß. Es war nicht die Ruhe des Friedens, die hier herrschte, sondern die Ruhe vor dem Sturm. Gefahr lag in der Luft, und in der Nacht kam es in der Nähe des Schlosses immer wieder zu kleineren Schießereien. Die Arbeiterräte und roten Bataillone beherrschten weithin die Stadt, patrouillierten auf den Straßen. Es war nicht ausgeschlossen, daß aufgehetzte Massen Schönbrunn zu stürmen versuchten.

Die Glocken riefen zur Messe in die Schloßkapelle, denn der 4. November war auch in anderer Hinsicht ein besonderer Tag: es war der Namenstag des Kaisers, der alljährlich im Volk festlich begangen wurde. Auch der 4. November 1918 sollte keine Ausnahme sein.

Der Monarch erschien ohne seine Frau zum Gottesdienst. War es zuviel für Zita? Dafür begleiteten ihn der sechsjährige Kronprinz und die kleine Erzherzogin Adelhaid, jetzt vier Jahre alt. Der Kaiser stand aufrecht da wie immer, aber man sah ihm an, daß er nur noch wenig schlief. In seine Stirn hatten sich Falten eingegraben; unter den Augen zeigten sich Ringe. Beim Beten schlug er manchmal die Hände vors Gesicht. Ließ er sie dann wieder fallen, konnte man – wie sich ein anwesender Offizier erinnerte – bemerken, daß sein Gesicht »tieftraurig« war und daß sich »seine Augen mit Tränen gefüllt« hatten.[1]

Auch im Stephansdom fand, wie immer am Namenstag des Kaisers, ein Hochamt statt. Geschlossen nahm daran das letzte kaiserliche Kabinett teil. Der Apostolische Nuntius war erschienen, aber nur ein einziger General. Kardinal Piffl, der Erzbischof von Wien, zelebrierte die Messe. »Eine bedrückende Stimmung lag über den Andächtigen«, erinnerte sich Josef Redlich. »Die siegreiche Revolution in ganz Österreich steht im schreienden Gegensatz zu dem ›Te Deum laudamus‹ (›Wir loben Dich, Gott‹) und zu den Worten der Volkshymne: ›. . . führe uns mit weiser Hand . . .!‹«[2]

Wehmütig entsinnt sich ein anderer Zeuge jener Stunden des 4. November 1918, als zum letzten Mal in der alten Kathedrale das »Gott erhalte . . .« erklang. »Das Hochamt wurde in der üblichen solemnen Weise abgehalten, nur konnte ich nicht entnehmen, ob beim Tedeum der Glückwunsch für den Kaiser gesprochen wurde . . . Klar und unzweideutig erscholl aber von der Orgel die Volkshymne. Ich hätte am liebsten geheult und dankte, daß ich so im Winkel stand und niemand sehen konnte, wie ich mich anstrengen mußte, um die Bewegung der Tränen zurückzuhalten. Daß ich dieses Ende der Volkshymne werde erleben müssen, hätte ich nie geglaubt . . .«

Es war schon soweit: Kaum jemand glaubte mehr an den Erhalt der Monarchie. Jetzt war man gespannt, ob es überhaupt noch ein Österreich geben werde. Jedenfalls wußten die Menschen: Sie traten in eine neue Welt.

Zwei Tage zuvor, am 2. November, war der Kronrat zusammengekommen. Er votierte für die Annahme der harten Waffenstillstandsbedingungen der alliierten und assoziierten Mächte: Sofortige Feuereinstellung, Abrüstung der k.u.k. Armee bis auf zwanzig Divisionen, Auslieferung der Hälfte der Artillerie, Rückzug aus allen besetzten Gebieten, Übergabe von Südtirol bis zum Brenner, von Görz, Triest und dem nördlichen Dalmatien, Freilassung der Kriegsgefangenen und freies Bewegungsrecht aller alliierten Truppen in der Monarchie.

Kaiser Karl verfügte im Grunde über keine aktionsfähige Regierung mehr. Sein Kabinett Lammasch war machtlos, es konnte nichts mehr entscheiden, überall hatten sich Nationalregierungen gebildet, die keinen Kontakt mehr mit der Krone hielten. Die Armee war im Begriff, sich aufzulösen. Die Befehle gelangten nur noch bis zu den höheren Kommandos. In Wien herrschte die Rote Garde, und die Sozialdemokraten bauten die Volkswehr auf. Galt es also nur noch, das Ende zu besiegeln? Und wie? Oder konnte man wenigstens für spätere Zeiten Hoffnung schöpfen?

Eben dies tat Zita. Sie glaubte fest daran, daß es wieder ganz anders kommen würde – vielleicht nicht einmal eines sehr fernen Tages. Und wann immer Karl zweifelte und Ansätze von Verzagtheit zeigte, munterte sie ihn wieder auf. Für sie stand fest: Karl durfte niemals, niemals auf die Krone verzichten! Sie war ihm von Gott gegeben worden, und nur er – so sah es die

Kaiserin – konnte bestimmen, ob und wann er sie absetzte, nicht eine zweifelhafte Nationalversammlung, nicht siegreiche Mächte, nicht der Mob der Straße. All dies war der Spuk einer aus den Fugen geratenen Zeit. Das Kaisertum der Habsburger aber war so beständig, wie Irdisches es nur sein konnte – über die kurzatmigen Zeitwirren hinweg.

Um zwei Uhr mittags an diesem 4. November trafen dann die Mitglieder des Staatspräsidiums in Schönbrunn ein, an der Spitze der Sozialdemokrat Karl Seitz, der bald Präsident der ersten Nationalversammlung werden sollte, und Viktor Adler, der Führer der Sozialdemokraten. Als sie mit eineinhalbstündiger Verspätung die große Freitreppe heraufstiegen, gab es einen Zwischenfall. Adler, schwer von seiner Herzkrankheit gezeichnet, brach zusammen. Er mußte gestützt werden, rang nach Luft und röchelte. Zita hörte dies und eilte sogleich herbei. Sie rief nach einem Glas Kognak und ließ es ihm schließlich von Fregattenkapitän von Schonta reichen. Adler aber wehrte ab. Als er wieder zu Atem kam, fragte er: »Wollen Sie mich töten?!«

Die Politiker der neuen Zeit nahmen im Blauen Salon Platz, auf den mit Goldbrokat überzogenen Fauteuils im Halbkreis rund um den Kaiser, der auf dem Sofa saß. Karl teilte ihnen kurz die Waffenstillstandsbedingungen mit und zog sich dann zurück. Schließlich kamen die Mitglieder des Staatsrates zu dem Entschluß, die Verantwortung abzulehnen. Die trage der Kaiser. So tagten noch bis halb zwölf Uhr abends Ministerrat und Kronrat. Ihr Beschluß lautete dann: Die Bedingungen müssen angenommen werden.[2a]

Was sollte aus dem Kaiser und seiner Familie werden? Mit Schrecken erinnerte man sich daran, wie die Bolschewiken mit der Zarenfamilie verfahren waren. Nicht einmal die Kinder hatten sie am Leben gelassen. Daher wurde erwogen, den Kaiser an einem ruhigeren Ort auf dem Land unterzubringen, wo er die Ereignisse abwarten und zu gegebener Zeit wieder zur Macht zurückkehren konnte. Kaiser Karl sollte nach diesem Plan, den vor allem Konrad Prinz zu Hohenlohe verfocht, der frühere Obersthofmeister, zeitweilig auf die Wahrnehmung der Regierungsgeschäfte verzichten, später sollte ein Volksentscheid über die künftige Regierungsform stattfinden. Doch kam es bei dieser Sitzung zu keiner Entscheidung.[3]

In Schönbrunn jedoch wurde es immer gefährlicher. In den Tagen darauf mußte das Kaiserpaar mitansehen, wie das ungarische Infanterieregiment Nr. 69 – es bildete das Hauptkontingent der Wachtruppen im Schloß – sich zum Abzug rüstete. Zita und Karl ließen nachfragen, was denn los sei. »Wir ziehen ab, weil der König nicht mehr in Schönbrunn ist«, war die Erklärung. Daraufhin begab sich der Kaiser in seinen kleinen Privatgarten, um zu beweisen, daß er noch anwesend war. Aber das beeindruckte die Wachsoldaten nicht. Sie marschierten gleichwohl ab. Der unmittelbare Anlaß dazu war ein am Morgen aus Budapest eingetroffener Befehl des neuen revolutionären Kriegsministers Béla Linder, dem zufolge alle ungarischen Regimenter die Waffen niederlegen sollten.

Dann verschwanden auch die Garde-Truppen nach und nach. »Die einzigen Leute, die von da an ständig in Schönbrunn waren – abgesehen vom Kaiser, von mir selbst und unseren Kindern – waren eine kleine Anzahl Hofdamen und Adjutanten«, erzählte Zita später, »einige Diener, Hausangestellte und Gardeoffiziere.«[4]

Dann aber erschienen – wie durch ein Wunder – zwanzig begeisterte junge Leute vor dem Schloß. Es waren Kadetten der Wiener-Neustädter-Militärakademie, die den Kaiser und seine Familie schützen wollten, blutjunge Männer mit fast kindlichen Gesichtern. Als am Vortag der Befehl gekommen war, nach Schönbrunn zu ziehen und den Schutz des von den Truppen größtenteils verlassenen Kaisers zu übernehmen, hatten sie sich sogar heftig darüber gestritten, wer nun mitkommen durfte und wer nicht. »Alle Akademiker wollten nach Schönbrunn«, erzählte später Hauptmann Josef Seifert, der den Zug anführte. Hier nämlich »wankte die Treue zum Kaiser keinen Augenblick, und jeder der jungen Männer hätte bedenkenlos für den Kaiser Gut und Leben geopfert«[5].

»Es war eines der schönsten Beispiele von Treue, die ich in meinem Leben erfahren habe«, sagte Zita später der Autorin.[6]

Erzherzogin Zita (Aufnahme von 1914)

Ganz oben: Zita als Kind (ganz links) zusammen mit ihren Geschwistern Maria Antonia, René und Felix

Oben: Prinz Sixtus von Bourbon-Parma (zweiter von rechts) im Kreis seiner fünf Brüder: Xavier (dritter von links), Felix, René, Ludwig und Gaetan

Rechts: Hochzeitsbild mit Karl und Zita von 21. 10. 1911

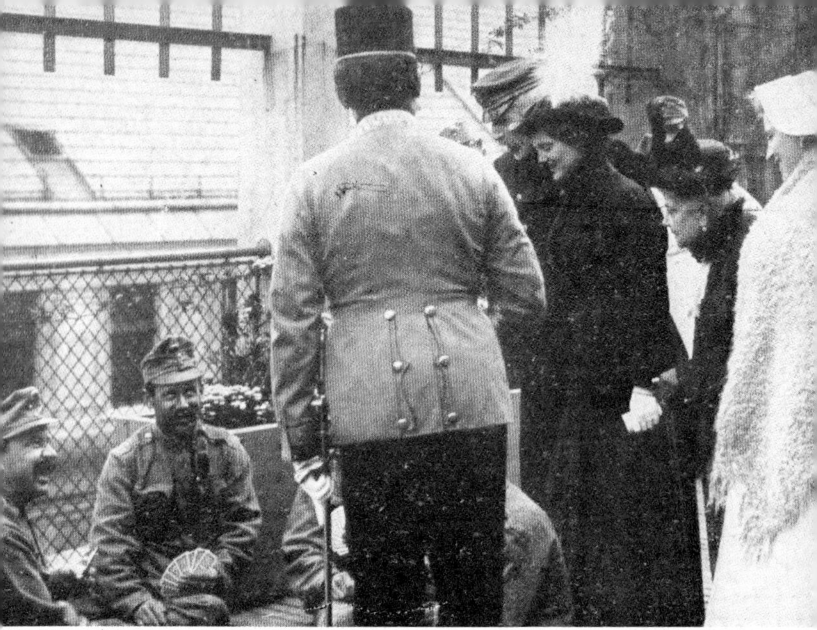

Erzherzogin Zita im Reservelazarett Nr. 11 in Wien am 8. 5. 1915 auf dem Dachgarten im Gespräch mit kartenspielenden Invaliden

Karl, Zita und Otto im Krönungsornat anläßlich der Krönungsfeierlichkeiten in Budapest am 30. 12. 1916

Im November 1917 besuchen Kaiser Karl und Kaiserin Zita Triest

Die kaiserliche Familie in der Schweiz, 1921. Von links nach rechts: Karl-Ludwig, Felix, Zita mit Charlotte, Karl mit Rudolf, Adelhaid, Otto und Robert

Villa Quinta del Monte auf Madeira, das Sterbehaus Kaiser Karls I.

Kaiserin Zita mit ihren Kindern auf dem Weg zur Beisetzung Kaiser Karls I. auf Madeira am 5. 4. 1922

Kaiserin Zita zusammen mit ihrem Sohn Dr. Otto von Habsburg anläßlich ihres 90. Geburtstags am 9. 5. 1982 in Zizers (Schweiz)

Kaiserin Zita mit dem Landeshauptmann von Tirol, Eduard Wallnöfer, in Innsbruck am 29. 5. 1983

Kaiserin Zita mit Dr. Tamara Griesser-Pečar und Dr. Hermann A. Griesser auf Schloß Waldstein am 4. 9. 1982

Schließlich trafen weitere Angehörige der Militärakademien Mödling und Traiskirchen zur Verstärkung ein. Ohne Eid und Verpflichtung leisteten sie ihren Wacht- und Waffendienst, »ihren ersten und letzten unter dem alten Doppeladler«[7].

Das Kaiserpaar bewahrte Haltung. Hofbeamten erschienen die Majestäten nach außen hin ruhig und gelassen. Karl machte auf manchen Beamten sogar einen »fast heiteren« Eindruck.[8]

In diesen Tagen dehnte das Kaiserpaar seine Spaziergänge mit den Kindern gerne aus – über den Kammergarten bis zur Menagerie. Und oftmals betraten Karl und Zita nun den der Öffentlichkeit zugänglichen Teil des Parks. »Nie in seiner zweijährigen Regierungszeit«, erinnerte sich später ein Hofbeamter, »ist Seine Majestät von den Wienern mit soviel herzlich teilnehmender Achtung gegrüßt worden wie auf diesen denkwürdigen Schönbrunner Spaziergängen. Allerdings hatte der Gruß der Leute eine eigenartig neue, dem Monarchen sicher zum Bewußtsein gekommene Note. Die Wiener begegneten ihrem vom Schicksal schon gezeichneten Kaiser mit einer herzlichen und teilnehmenden Vertraulichkeit, die nicht im mindesten taktlos wirkte . . .«[9]

Auch Zita empfand dies nicht als Demütigung, sondern als Trost. Denn eines zeigte das offenkundige Mitleid der Menschen: Daß sie dem Kaiserpaar den furchtbaren Krieg nicht persönlich anlasteten, der Hunderttausenden von ihnen Leben, Gesundheit und Eigentum zerstört hatte. Daß dieses Volk nun vielleicht doch erkannt hatte, wie sehr sich Karl und Zita dem Frieden verpflichtet sahen. Gewiß war es eben diese Stimmung, die die Kaiserfamilie in den Novembertagen 1918 rettete. Die Radikalen wußten, daß die Bevölkerung Grausamkeiten gegen das Herrscherpaar nicht dulden würde.

Im Ministerrat wurde unterdessen über den Rücktritt der Regierung diskutiert. Sollten die Minister gehen oder bleiben? Natürlich war nicht verwunderlich, daß nun persönliche Interessen besonderes Gewicht bekamen. Schließlich war das alte Reich untergegangen, und man mußte sich fürs neue rüsten oder doch zusehen, wie man davonkam. Der eine dachte an seine Familie, der andere besann sich auf seinen Ruf als Deutscher, andere wiederum hatten Angst vor der Demütigung: Man könne sich doch am 12. November – für diesen Tag war die Abstimmung in der Nationalversammlung vorgesehen – nicht einfach wegschikken lassen, hieß es.

Der Kaiser aber bat die Minister ausdrücklich zu bleiben. Einer von ihnen, Josef Redlich, erinnert sich an seine letzte Audienz am 8. November 1918: »Der herrliche Blick aus dem Adjutantenzimmer in den Park stimmte mich nicht freudig; ich hatte das Gefühl, an einer Szene einer historischen, aber nicht großartigen Tragödie teilzunehmen . . . Im Augenblick, da wir die Nachricht von der Ausrufung der bayrischen Republik, der Eroberung der Kieler Flotte durch den Matrosenrat, der Revolution in Hamburg bekommen, da die alte k.u.k. Armee in eine Million Atome zerstoben ist, da der Kaiser keine Spur mehr von der alten Macht des Erzhauses besitzt, weder in Wien noch in Prag, weder in Budapest noch in Agram, in diesem Augenblick erscheint mir in dem milden Tageslicht eines heiteren Novembertages gerade in dem frohen Prunk dieser stolzen Heimstätte des habsburgischen Hauses [nämlich Schönbrunn] die tiefste Tragik irdischen Ruhmes und menschlicher Macht symbolisiert.«[10]

Als dann schließlich am 9. November die Abdankung des deutschen Kaisers bekannt wurde, erörterte man im Ministerrat stundenlang, was dies für Karl zu bedeuten habe. Noch am selben Abend fuhr Ministerpräsident Lammasch nach Schönbrunn. Und am nächsten Tag fanden sich bei den Ministern die Staatsratsmitglieder Karl Renner und Karl Seitz ein. Vor allem wurde nun die Verzichtsproklamation des Kaisers ausgearbeitet und Wort für Wort diskutiert. Der erste Teil orientierte sich an einem Entwurf Karl Renners, des späteren Staatskanzlers, der zweite Teil an einer Vorlage von Lammasch.

Für die Monarchie jedenfalls wollten sich die meisten nicht mehr schlagen. Den Sozialdemokraten war klar, daß die Republik ausgerufen werden mußte. Die Deutschnationalen waren zwar keineswegs für das Haus Habsburg, aber sie zögerten noch, sich offen gegen die Monarchie auszusprechen. So bildeten die

Christlich-Sozialen das Zünglein an der Waage. Es schien, als befürworteten sie noch – wenn auch nur mit geringer Mehrheit – die Monarchie. Aber auch sie votierten schließlich dafür, daß der Kaiser, jedenfalls vorerst, seine Regierungsgeschäfte auch offiziell niederlegen müsse. »Die christlich-sozialen Führer«, interpretierte Kardinal Piffl deren Ansicht, »glauben, ihre Parteigenossen leichter bei der Stange halten zu können, wenn die Monarchie sich – dem demokratischen Geiste der Zeit entsprechend – auch auf das Volk stützte.«[11] Deshalb solle der Kaiser seine Rechte freiwillig zurückstellen und die Entscheidung über die künftige Staatsform »in die Hände des Volkes legen«. Unterschreibe der Kaiser also eine dahingehende Erklärung, könne dies am 12. November, auf der Sitzung der Provisorischen Nationalversammlung, als Argument für die Monarchie in die Debatte geworfen werden. In Wirklichkeit freilich bröckelte schon jetzt die pro-monarchistische Front der Christlich-Sozialen rasant ab.

So kam auch das letzte kaiserliche Kabinett, das am 10. November nachts noch einmal tagte, zur Erkenntnis, daß die Mehrheit für die Republik stimmen werde. Also ging es eigentlich nur noch um die Frage, ob und wie der Kaiser abdanken sollte. Dankte er ab, blieb ihm die Absetzung erspart. Andrerseits verbaute er sich damit jeden Weg zurück.

Schließlich lag ein Entwurf für eine Proklamation vor, den Karl – wie auch Lammasch und Innenminister Ritter von Gayer meinten – zur Not akzeptieren konnte. Oder besser: den er akzeptieren mußte, wenn er nicht in größte Gefahr geraten wollte. Denn nach der Proklamation der Republik befürchtete man einen Sturm der Roten Garden auf Schönbrunn.

Dann brach jener schicksalhafte 11. November 1918 an. Zita und der Kaiser hatten nicht geschlafen. Die ganze Nacht hindurch hatten sie überlegt, welcher Weg wohl der beste sei, wenn der Deutschösterreichische Staatsrat auf einem Manifest bestehen sollte, das die Abdankung bedeutete. Einen Teil des Entwurfs hatten sie noch am späten Abend des Vortags einsehen können. Der endgültige Text sollte ihnen an diesem Tage zugehen.

Für Karl und Zita stand fest: Eine Abdankung kam nicht in

Frage. Andrerseits drohte der Bürgerkrieg, mußte man zumindest damit rechnen, daß die Radikalen energisch gegen Kaisertreue vorgehen würden, wenn Karl nicht unterschrieb. Auch mußte das Kaiserpaar an seine Kinder denken. Was würde ihnen geschehen? Wieder tauchten in Zitas Gedanken die schrecklichen Bilder von Jekaterinburg auf; die Kinder des Zaren, erbarmungslos ermordet.

Wo also lag der Ausweg?

Gott mußte ihn zeigen. Zita betete. Aber Gott konnte auch das Letzte aus ihrer kaiserlichen Verantwortung herausholen: daß Kaiser und Kaiserin für die Krone sterben mußten. Denn Kaisertum hieß Verpflichtung. Und ganz zutreffend hat Otto von Habsburg später – im Gespräch mit der Autorin – seine Mutter als eine »Verpflichtungsfanatikerin« bezeichnet.[12]

Kurz vor elf Uhr vormittags trafen Lammasch und Gayer ein.

Der Kaiser empfing sie ruhig und gefaßt. Er trug die Uniform eines Generalobersten. Lammasch überreichte ihm den endgültigen Entwurf des Manifests. Und der Kaiser las:

»Seit meiner Thronbesteigung war ich unablässig bemüht, Meine Völker aus den Schrecknissen des Krieges herauszuführen, an dessen Ausbruch Ich keinerlei Schuld trage.

Ich habe nicht gezögert, das verfassungsmäßige Leben wiederherzustellen, und habe den Völkern den Weg zu ihrer selbständigen staatlichen Entwicklung eröffnet.

Nach wie vor von unwandelbarer Liebe für alle Meine Völker erfüllt, will Ich ihrer freien Entfaltung Meine Person nicht als Hindernis entgegenstellen.

Im voraus erkenne Ich die Entscheidung an, die Deutschösterreich über seine künftige Staatsform trifft.

Das Volk hat durch seine Vertreter die Regierung übernommen. Ich verzichte auf jeden Anteil an den Staatsgeschäften. Gleichzeitig enthebe Ich Meine österreichische Regierung ihres Amtes. Möge das Volk von Deutschösterreich in Eintracht und Versöhnlichkeit die Neuordnung schaffen und befestigen. Das Glück Meiner Völker war von Anbeginn das Ziel Meiner heißesten Wünsche.

Nur der innere Friede kann die Wunden dieses Krieges heilen.

Wien, am 11. November 1918.

Karl«[13]

Der Kaiser las den Text im Stehen, langsam – und dann nochmals. Schließlich blickte er auf und sagte: »Das ist doch eine Abdankung! Aber ich danke nicht ab.«

»Wir haben keine andere Wahl«, wandte Gayer sogleich ein. »Wir sind von tiefer Sorge um Eure Allerhöchste Person und Familie erfüllt . . .«

»Das kann jetzt nicht unsere einzige Überlegung sein«, warf der Kaiser ein.

Aber Lammasch drang weiter in ihn: »Ich halte es für möglich, Majestät, daß heute schon verhetzte Arbeiterbataillone in Schönbrunn auftauchen werden. Wem ist geholfen, wenn Euer, der Kaiserin und Eurer Kinder Leben grausam ausgelöscht wird und Eure Getreuen sterben müssen?«

»Ich bitte Euer Majestät dringend, zu unterschreiben . . .«, wiederholte Gayer.

Der Kaiser setzte sich. Ein weiteres Mal überflog er den Text der Erklärung, dann griff er eine Passage heraus: »›Im voraus erkenne Ich die Entscheidung an, die Deutschösterreich über seine künftige Staatsform trifft . . .‹ Ist das denn keine Abdankung?«

Lammasch und Gayer beeilten sich, ihm zu versichern, daß darin keine Abdankung zu sehen sei. Schließlich bedeute dies, daß das Volk die Entscheidung treffen müsse, nicht irgendeine Nationalversammlung. Und der »Verzicht« beziehe sich ausdrücklich auf die Staatsgeschäfte, nicht auf die Krone.

Lange schwieg der Kaiser. Dann fragte er seinen Sekretär und Vertrauten, Karl Freiherr von Werkmann, nach seiner Meinung. Werkmann riet ihm dringend, zu unterschreiben.

»Dann sagen Sie das auch Ihrer Majestät, Baron«, sagte der Kaiser. »Begründen Sie der Kaiserin Ihre Ansicht.«

Schon nach wenigen Minuten stand Kaiserin Zita im Saal. Sie wirkte übernächtigt, was die etwas herbe Schönheit ihrer Gesichtszüge nicht beeinträchtigte. Der Kaiser bat die Minister zu warten, er werde noch eingehend mit seiner Frau zu Rate gehen.

Lammasch protestierte: »Wir brauchen das Manifest sofort, Majestät! Es muß ja noch in die Staatsdruckerei und soll um drei Uhr kundgemacht sein. Nur diese Kundmachung, Majestät, nur diese Kundmachung kann die noch aufhalten, die vor nichts zurückschrecken . . . !«

Wortlos zog sich das Kaiserpaar nun mit Werkmann ins Porzellanzimmer zurück. Zita studierte das Manifest. Aufgeregt wanderten ihre Augen von Zeile zu Zeile.

»Niemals!« rief sie – und nach einer kurzen Pause brach es aus ihr heraus: »Das ist ausgeschlossen, daß du das unterschreibst! Das ist ja eine Abdankung!«

»Es ist keine Abdankung, Majestät«, wandte Werkmann ein, aber die Kaiserin beachtete ihn nicht.

»Niemals kann ein Herrscher abdanken!« sagte sie nachdrücklich. »Er kann abgesetzt werden, er kann seiner Herrscherrechte verlustig erklärt werden – nun gut, das ist eben Gewalt. Aber diese Gewalt verpflichtet nicht zur Anerkennung, daß er seine Rechte verloren habe. Er muß sie weiterverfolgen – je nach Zeit und Umständen . . . Aber abdanken? Nie, nie, nie!«

Sie möge doch auch bedenken, was mit ihrer Familie geschehen könne, warf Werkmann ein.

»Nein, Karl«, fuhr Zita fort, »lieber falle ich hier mit dir! Dann wird Otto kommen. Und selbst wenn wir alle, alle hier fallen sollten – noch gibt es andere Habsburger . . .«

Die Kaiserin »flammte und glühte in Erregung und Entschlossenheit«, schrieb Werkmann später in seinen Erinnerungen. »Es war schwer, sie vom Gegenteil zu überzeugen.«[14]

Zahlreiche Störungen während der wenige Minuten dauernden Beratung erschwerten dies noch. Immer wieder wurde an die Tür geklopft. Man hörte dringende Ermahnungen, sich zu beeilen. »Seit zwei Tagen«, erzählte Zita später, »hatten sie versprochen, ihm die Kompromißformel vorzulegen. Nun wollten sie die Erklärung . . . binnen fünfzig Minuten im Parlament proklamieren.«[15]

Dem Kaiser riß die Geduld. »Wenn Sie mich das Dokument nicht einmal lesen lassen, wie können Sie dann erwarten, daß ich es unterschreibe?!« rief er.

Werkmann versuchte weiter, der Kaiserin klarzumachen, daß es sich hierbei nicht um Abdankung handele und daß im übrigen kein Weg an der Unterschrift vorbeiführe. Auch müsse es nun rasch gehen, denn »die aufgewiegelten Arbeiterbataillone könnten bereits in wenigen Stunden die Tore Schönbrunns einrennen«.

Schließlich hatte er Erfolg. Die Kaiserin fügte sich.

»Mit dem Argument, ein kaiserliches Österreich würde nur einen schlechten Frieden aushandeln können, haben die Sozialisten selbst treue Anhänger Eurer Majestät wankend gemacht«, argumentierte Werkmann. Denn im Moment spiele nicht die klare Überlegung die große Rolle, »sondern die Leidenschaft, die Verführung, die Vergewaltigung.« Und da »die treuesten Anhänger Eurer Majestät zu diesem Schritte raten«, dürften Kaiser und Kaiserin diesem Rate vertrauen.

»Was morgen im Parlament geschehen soll«, meinte Werkmann schließlich, »wird nicht die Äußerung des Volkswillens sein, sondern der Ausdruck der Vergewaltigung des Volkswillens.«

»Bis das Volk entschieden haben wird«, erwiderte Zita, »wird Österreich elend geworden sein . . . Wer kümmert sich denn um das Vaterland, wenn nicht der führt, den nicht Parteiinteressen leiten, sondern der Gedanke an die Zukunft aller Bewohner des Staates?«

»Heute regiert der Irrsinn«, sagte Werkmann. »In einem Narrenhause gibt es keine Herrscher. Seine Majestät möge die Genesung der Völker abwarten. Dazu hält das Manifest die Wege offen. Eure Majestät möge unterfertigen . . .«

Zita nickte und schwieg. Einige Sekunden war es ganz still. Dann sagte der Kaiser entschlossen: »Sagen Sie dem Ministerpräsidenten, daß das Manifest, so wie es mir vorgelegt worden ist, veröffentlicht werden kann!«

Gegen drei Uhr nachmittags kam Gayer nochmals mit der

Reinschrift des Manifests. Zu diesem Zeitpunkt hatte die kaiserliche Botschaft schon das Volk erreicht, das sich um Plakatwände und Litfaßsäulen scharte.

Jetzt setzte der Kaiser mit einem metallenen Bleistift rasch seine Unterschrift unter das historische Papier.

Die über sechshundertjährige Herrschaft der Habsburger war zu Ende. Ein Paukenschlag der Weltgeschichte.

So freilich empfanden das Karl und Zita nicht. Vor allem die Kaiserin war überzeugt davon, daß dies nur ein Abschied auf Zeit war – und doch vielleicht auf sehr lange Zeit. Der Kaiser war erschöpft. Wie sollte es nun weitergehen? Sie berieten kurz und entschieden sich, vorerst nach Eckartsau zu übersiedeln. Zuvor hatte ihnen Gayer berichtet, daß die Besetzung Schönbrunns, der Museen und der Burg polizeilich angeordnet sei.

Nun wollten Karl und Zita keine Stunde länger als nötig in diesem Schloß bleiben. Doch ehe sie abreisten, ereignete sich ein Zwischenfall. Die Rote Garde beschlagnahmte zwei Automobile, die für den Transport der kaiserlichen Begleitung gebraucht wurden. Gayer gelang es jedoch, sie zurückzubekommen.

Vierundzwanzig Gardisten der Leibgarde-Infanterie fuhren im Lastauto voraus nach Eckartsau, um dort den Sicherheitsdienst zu übernehmen. In der Zwischenzeit rückte in Schönbrunn bereits ein Volkswehr-Bataillon ein.

Ehe das Kaiserpaar abreiste, rief es noch einmal Karls Privatsekretär Karl von Werkmann zu sich. Er erinnerte sich später: »Im Arbeitsgemach saß die Kaiserin. Der Kaiser setzte sich zu ihr, und auch ich wurde eingeladen, Platz zu nehmen. Die Kaiserin hätte mir etwas zu sagen. Die Kaiserin erklärte, sie sei vormittags unnötig erregt gewesen. Jetzt, nach genauer Prüfung des Manifests, habe auch sie erkannt, daß es keine Zukunft begräbe. Die Kaiserin sprach voll Vertrauen von dieser Zukunft, die ihr nicht nahe, aber gewiß schien . . .«[16]

Abends um halb sieben versammelten sich alle, die nicht mit nach Eckartsau fahren sollten, im Zeremoniensaal des Schlosses. Zuerst begab sich das Kaiserpaar mit seinen Kindern in die Schloßkapelle. Wenige Minuten lang knieten sie, im Gebet versunken, vor dem Altar. Und in Sekundenschnelle zogen in Zitas Erinnerung die vielen glücklichen und die vielen schweren Stunden vorbei, die sie als Kaiserin erlebt hatte. Gott hatte sie hoch hinaufgehoben, er hatte sie geprüft und verlangte nun Ausharren und Tapferkeit. Was aber verlangte er von diesem leidgeprüften Land? Er möge es schützen, dieses teure Österreich, das nun so ungewissen Zeiten entgegensah.

Dann betraten Karl und Zita den Zeremoniensaal und verabschiedeten sich von den Dienern und Getreuen. Jedem reichten sie die Hand. Die meisten weinten. Mit kleinem Gefolge begab sich die kaiserliche Familie dann zu den Autos, die sie nach Eckartsau bringen sollten. Aufrecht schritten sie die große Freitreppe hinab, und gerührt sahen sie, daß sich zu ihrem Abschied noch über hundert Menschen an der Einfahrt versammelt hatten. Das Kaiserpaar winkte und drückte noch einige Hände. »Es gab herzzerreißende Szenen und viele Tränen«, erzählte ein Augenzeuge.[17] Dann verließen die Wagen langsam den Schloßhof.

Eine Ära war zu Ende.

Schönbrunn war zum Denkmal geworden. Kein Kaiser wohnte mehr hier. Jetzt wohnte hier nur noch die Erinnerung.

Um 15.55 Uhr des folgenden Tages – es war der 12. November 1918 – dröhnten Maschinengewehrsalven durch die Schönbrunner Luft. Die Provisorische Nationalversammlung hatte gegen die Monarchie votiert – auch mit allen Stimmen der Christlich-Sozialen.

Österreich war Republik geworden.

Die Verbannte

Karl liebte die Jagd. Aber er war diesem Sport niemals so fanatisch ergeben wie sein Onkel Franz Ferdinand, der die Knallerei im Wald und auf der Heide zum wahren Kult erhoben hatte. Jetzt aber, im einstigen Jagddomizil des ermordeten Thronfolgers, hatte Karl andere Gründe fürs Jagen als reines Vergnügen: Sein Haushalt brauchte dringend das erlegte Wild. Für die Küche. Denn wie die übrige Bevölkerung Österreichs litten auch die kaiserliche Familie und ihr Gefolge unter dem Versorgungsmangel. Darüber hinaus fehlte es an Heizmaterial, an Streichhölzern und Kerzen.

Schwer lastete auf dem Kaiserpaar die Sorge um die Familie, die nun von den verschiedensten Seiten gefährdet war: von Radikalen, die sich in der Gegend herumtrieben, von der Kälte, die allen Kindern reihum schwere Erkältungen einbrachte, von den seelischen Strapazen der Zeit. Nicht weniger aber quälte sie die Sorge um dieses Land. Würde es im Chaos untergehen? Würden sich verantwortungslose Radikale mit Gewalt durchsetzen? Würde Österreich ganz und gar von der Landkarte verschwinden?

Zwei Tage nach seiner Ankunft in Eckartsau, am 13. November 1918, hatte sich für Karl die Verzichtsprozedur wiederholt. Eine ungarische Abordnung war eingetroffen und hatte dem König ein Papier zur Unterschrift unterbreitet, eine Thronverzichtserklärung ähnlich der österreichischen. Karl unterzeichnete sie. Damit legte er seine ungarischen Regierungsgeschäfte offiziell nieder, aber er dankte nicht ab. »Als König von Ungarn«, erklärte er den Delegationsmitgliedern, »habe ich Gott dem Allmächtigen einen Eid geleistet. Nur Gott kann mich durch den Tod dieses Eides entbinden.«[1]

Aber was war zu tun? Täglich berieten die Eheleute stundenlang, wie es weitergehen solle. Eine unwürdige Ausreise, eine Art Flucht, kam nicht in Frage und schon gar nicht eine Lösung, die die Familie trennte. Es war gut, wenn der Kaiser im Land blieb. Andererseits war keinem geholfen, wenn die Familie bei den Unruhen den Tod fand. Warum also sollte der Monarch nicht im Ausland auf die Möglichkeit der Rückkehr warten, diese dort vorbereiten? Karl neigte einem solchen Plan zu, Zita war skeptisch. Eines aber stand für beide fest: Keine Macht der Welt konnte einen Monarchen zur Abdankung zwingen. Tatsächlich bahnten sich gerade in jüngster Zeit Versuche der Sozialdemokraten an, vom Kaiser einen deutlicheren Verzicht zu verlangen, als es das Manifest vom 11. November gewesen war. Sie fürchteten, daß »das Bürgertum«, wie es etwa die *Arbeiterzeitung* ausdrückte, »zu lau, [nur] gezwungen republikanisch«[2] sei, mithin also noch ungefestigt und einer Restauration aufgeschlossen. Österreich sei »eine Republik ohne Republikaner«[3], hatte die *Arbeiterzeitung* – angeblich in Anlehnung an ein Wort des Staatskanzlers der Provisorischen Regierung Deutsch-Österreichs, Karl Renner, geschrieben. In einem anderen Artikel hieß es: »Das gegenrevolutionäre Potential eines ganzen Großstaates« sei »in unserem kleinen Lande zusammengedrängt. Noch beugt es sich unter dem Sturm der revolutionären Ereignisse, doch hockt es im Hinterhalt, gewärtig hervorzuspringen . . .«[4] Schließlich: »Die Verbannung ist das bestüberlieferte Beseitigungsmittel.«[5] – »Die Dynastie soll auswandern . . .«[6]

Um diese Forderung zu unterstreichen, fuhr Renner im Januar persönlich nach Eckartsau. Der Kaiser empfing ihn nicht, aber sein Flügeladjutant Ledóchowski hörte sich die Ratschläge des Kanzlers an. Sie liefen darauf hinaus, daß der Kaiser möglichst bald ausreisen solle, da es »ernste Befürchtungen vor unvorhergesehenen Handlungen unüberlegter Elemente« gebe und der Staat keinen ausreichenden Schutz bieten könne.[7] In Wirklichkeit fürchteten sich die Sozialdemokraten in dieser unsicheren Zeit vor einer möglichen pro-habsburgischen Stimmung, die ein im Lande lebender – und praktisch unter Arrest stehender – Kaiser beflügeln könnte.

Offenbar aber hatte Karl selbst bereits die Möglichkeit eines Exils in der Schweiz sondiert, und zwar schon vor seinem Regierungsverzicht. So hatte die Schweizerische Gesandtschaft in Wien am 11. November 1918 beim Auswärtigen Amt in Bern angefragt, ob eine Aufnahme der kaiserlichen Familie durch die Schweiz möglich sei. Das Außenamt hatte dann am 15. November geantwortet, ». . . daß wir mit der Visa-Erteilung zur Einreise nach der Schweiz mit Gefolge von fünf Personen und einigen Dienern einverstanden sind, obschon nach unserer Erfahrung der Aufenthalt abgesetzter Staatsoberhäupter samt Gefolge und Anhang uns immer Schwierigkeiten bereitet . . .«[8] Und wenige Tage später hatte die Schweizer Gesandtschaft das »lebhafte Interesse« der neuen (österreichischen) Regierung an der Ausreise des Kaisers gemeldet.[9]

Doch kurze Zeit darauf änderten die Schweizer Behörden ihre Haltung. Die internationale Lage hatte sich zugespitzt, und nun war den Eidgenossen die mögliche Ankunft des gestürzten Herrschers unheimlich. Daher telegraphierte das Departement des Auswärtigen in Bern an die Gesandtschaft in Wien, »daß die Reise Kaiser Karls nach der Schweiz sehr unerwünscht wäre«, so daß die Bewilligung nicht erteilt werden sollte, sofern es nicht schon eine Zusicherung gebe.[10] Und wenige Tage später, am 3. Dezember 1918, wollte die Schweiz überhaupt nur noch eine Durchreisebewilligung erteilen.[11]

Karl und Zita zeigten Haltung und Gelassenheit. Die Kaiserin strahlte bei allem Ernst, bei aller geheimen Angst, die sie erfüllte, nach außen weiterhin Freundlichkeit und Zuversicht aus. Sie schlief nicht viel. Dennoch war sie gesund. Sie war allerdings blasser geworden, und die Sorgen und Anstrengungen dieser furchtbaren Zeit gruben sich mehr und mehr in ihre Gesichtszüge.

Karl hielt den Strapazen nicht stand. An der Erkältung, die er sich im schlecht geheizten Schloß zugezogen hatte, litt er lange, obwohl er bisher dergleichen stets schnell überwunden hatte. Den Weihnachtsabend 1918 – ein trauriges, aber von christlicher Hoffnung erfülltes Fest – verbrachte er im Lehnstuhl, und am Neujahrstag 1919 brach er ohnmächtig zusammen.

Natürlich war Eckartsau keine dauernde Bleibe. Das Schloß war für einen längeren Aufenthalt ungeeignet, es hatte bisher ja nur zur kurzen Erholung gedient. Die schlechte Ernährungslage tat ein übriges, die Stimmung zu drücken. Es erging der kaiserlichen Familie nicht anders als den meisten Österreichern. Alle Kinder litten unter Mangelernährung und erkälteten sich reihum. Was anti-habsburgische Propagandisten nicht davon abhielt, Geschichten von glanzvollen Festmenüs mit fünfzehn Gängen auf Schloß Eckartsau zu verbreiten.

Zwei Glücksfälle im Unglück ließen sich mit Namen nennen. Der eine hieß Johannes Schober, der andere Edward Lisle Strutt. Schober – der spätere Bundeskanzler – war Polizeichef in Wien. Als Freund Habsburgs sorgte er engagiert für die Sicherheit der kaiserlichen Familie. Er kommandierte seine besten Polizeikräfte ab, um Schloß Eckartsau zu bewachen. Und das war nötig, denn immer ungehemmter machten sich die Roten Garden und andere linksextremistische Banden bemerkbar. Im ganzen Land kam es zu Unruhen und Gewalttaten. Diese nahmen derart zu, daß die zehn mit Karabinern und Revolvern bewaffneten Polizisten, die auf Eckartsau Dienst taten, nicht ausgereicht hätten, um einen Überfall abzuwehren. Etwa dreihundert Rotgardisten, hieß es im Februar 1919, zögen in der Gegend umher.

Eben deshalb war die zweite Hilfe von so entscheidender Bedeutung: Die britische Regierung, gedrängt von Thomas Bridges[12], dem englischen Oberkommandierenden auf dem Balkan, schickte der kaiserlichen Familie einen erfahrenen Offizier, der sich fortan um ihre persönliche Sicherheit kümmern sollte. Denn auf dem Balkan hatten die Briten »aus sicherer Quelle« gehört, daß die kaiserliche Familie ermordet werden sollte – von wem, wurde nie geklärt. Hier plagte die Engländer wohl auch das schlechte Gewissen. Denn sie mußten sich vorwerfen lassen, daß die Familie des russischen Zaren gerettet worden wäre, hätte sich das – mit Zar Nikolaus verwandte – englische Königshaus ihren Schutz angelegen sein lassen. So war es auch Aufgabe des britischen Offiziers, Initiativen zu einer baldigen Ausreise des Monarchen zu ergreifen.

Oberst Edward Lisle Strutt war bis dahin Verbindungsoffizier der Briten zu den kombinierten Armeen der Entente gewesen. Er war adliger Abkunft, sehr gebildet und beherrschte mehrere Sprachen, auch Deutsch.

Als Strutt am 22. Februar 1919 in Eckartsau eintraf, empfing ihn der Kaiser in der Uniform eines Feldmarschalls, geschmückt mit dem Orden vom Goldenen Vlies, dem Eisernen Kreuz und dem britischen Großkreuz des Viktoria-Ordens. Er beeindruckte Strutt durchaus, als freundlicher, warmherziger und aufrechter Monarch, der seine Macht verloren, aber seine Würde behalten hatte. Hingerissen aber war er von Zita. »Sie war schwarz gekleidet«, schrieb er in sein Tagebuch, »trug wunderbare Perlen und sah bleich und krank aus. Der erste Eindruck, den sie auf mich machte, war der einer außerordentlichen Charakterstärke, aufgelockert durch bemerkenswerten Charme. Entschiedenheit ist in die Linien ihres eckigen kleinen Kinns geschrieben, Intelligenz zeigt sich in ihren lebhaften braunen Augen, Intellekt auf ihrer hohen Stirn, die halb versteckt ist in der Masse ihrer braunen Haare.« Beiden, Zita und Karl, bescheinigte Strutt »einen großen Sinn für Humor«. Ein »liebevolleres und sich ergebeneres Paar als diese beiden« könne »kaum gefunden werden«[13].

Es war keine leichte Arbeit, die Strutt hier übernommen hatte. Er sorgte dafür, daß die Versorgung der Schloßbewohner gewährleistet war und schlief nachts stets mit einem Revolver unter dem Kopfkissen, um nötigenfalls der kaiserlichen Familie zu Hilfe kommen zu können. Vor allem aber versuchte er, den Kaiser und die Kaiserin zu einer möglichst raschen Ausreise zu drängen. Gemeinsam mit Oberst Sir Thomas Cunninghame von der britischen Militärmission in Wien schaltete er sich selbst in Gespräche mit der österreichischen und der schweizerischen Regierung ein.

Am 7. März 1919 sprach Cunninghame in der Schweizerischen Gesandtschaft in Wien vor. Staatskanzler Renner, so berichtete er dort, habe ihm eröffnet, daß er im Lauf der folgenden Woche ein Gesetz einbringen wolle, wonach der Kaiser aufgefordert werden solle, endgültig abzudanken. Danach solle Karl ausgewiesen werden. Nach Berichten von Oberst Strutt aber weigere sich der Kaiser, abzudanken. Er habe sich jedoch entschlossen, in die Schweiz auszuwandern, sofern ihm die Möglichkeit gegeben werde. Nach Italien wolle er nicht übersiedeln, und Bayern könne zu gefährlich werden.

Ob denn nicht England in Betracht käme, wollte der Schweizer Gesandte wissen. Das war eine peinliche Frage, denn so weit ging die Nächstenliebe der britischen Regierung doch nicht. Die Engländer waren der Ansicht, daß den Kaiser ein Nachbarstaat aufnehmen müsse. Wenn dies aber nicht gleich geschehe, so Cunninghame, sei ernsthaft um das Leben der kaiserlichen Familie zu fürchten.[14]

Nun kamen die Dinge immerhin in Bewegung. Die Schweiz gab ihre starre Haltung auf und verständigte Wien, »daß der Aufenthalt des Kaisers in unserem Land gestattet werden könnte, falls von der britischen Regierung ein Gesuch um Aufnahme an uns gestellt wird . . .«[15]

Jetzt ging alles rasch. Der »Suprême Conseil de Guerre« wandte sich an die Schweizer Gesandtschaft in London. Dabei ließen die »Assoziierten Regierungen« (die alliierten Siegermächte) die Eidgenossen wissen, daß sie dankbar wären, wenn die Schweiz dem Ex-Kaiser Gastfreundschaft gewährte. Man sei bereit, dem Bundesrat die vertrauliche Versicherung abzugeben, daß der Schweiz durch die Aufnahme Karls keine Schwierigkeiten erwachsen würden.[16]

Inzwischen hatte die Regierung Renner beschlossen, die »Kaiser-Frage« zu lösen. Sie wollte den Kaiser – und dieser Entschluß wurde von beiden Koalitionspartnern, den Sozialdemokraten und den Christlich-Sozialen, getragen – nun vor folgende Alternative stellen: Kaiser und Kaiserin durften, wenn sie auf alle ihre und ihrer Nachkommen Rechte verzichteten, als einfache Bürger im Lande bleiben. Falls sie nicht abdankten, mußten sie ins Exil. Sollten sie sich schließlich beiden Lösungen widersetzen, würden sie interniert.

Am 18. März traf endlich das ungeduldig erwartete Telegramm aus Bern ein. Es lautete kurz und klar: »Erklären uns zur Aufnahme der ex-kaiserlichen Familie samt Gefolge bereit, geben aber der Hoffnung Ausdruck, es werde möglich sein, letzteres möglichst zu beschränken. Ohne daraus eine Bedingung machen zu wollen, rechnen wir auf circa zwanzig Personen . . .«[17]

Strutt wußte, daß nun eiliges Handeln geboten war. Die politische Lage verschärfte sich, und deshalb hatte er schon zuvor versucht, den Kaiser zu bewegen, allein – ohne Familie – bei Nacht und Nebel unerkannt die Grenze zur Schweiz zu überqueren. Doch diese Überredungsbemühungen scheiterten, denn weder kam es für den Kaiser in Frage, sich von der Familie zu trennen, noch wollte er sich aus seinem Land davonstehlen. »Bitte versprechen Sie mir«, sagte er zu Oberst Strutt, »daß ich das Land als ein Kaiser verlasse und nicht wie ein Dieb in der Nacht.«[18]

Zita hatte weiterhin starke Bedenken gegen die Ausreise. Durfte ein Monarch sein Land verlassen? Kam das nicht einer Flucht gleich, einer halben Abdankung? Die Frage quälte sie noch, als sie der Kaiser bereits beantwortet glaubte. Strutt argumentierte: »Ein toter Habsburger nützt keinem, ein lebender aber – mit Familie – könnte es tun.« Schließlich willigte sie ein, schüttelte Strutt beide Hände und bekundete ihm ihr Vertrauen: »Wir werden reisen unter Ihrem Kommando, und ich will alles tun, um Ihnen zu helfen.«[19]

Zita setzte nun sogleich ein Telegramm an ihre Mutter auf, die sich bereits seit Dezember 1918 auf Schloß Wartegg am schweizerischen Ufer des Bodensees aufhielt.

»Aus Österreich ausgewiesen«, schrieb die Kaiserin, »möchten wir – Karl, die Kinder und ich – Sie bitten, uns für einige Tage Gastfreundschaft auf Schloß Wartegg zu gewähren. Auch gestatten wir uns, Ihre große Güte noch mit der Bitte in Anspruch zu nehmen, uns für kurze Zeit Appartements in Staad, Rorschach oder Heiden für unsere Begleitung zu suchen – nämlich für meine Schwiegermutter, Oberst Strutt, Graf Ledóchowski, Bischof Seydl, Gräfin Bellegarde und Agnes Schönborn sowie für unsere Dienerschaft, fünf Dienerinnen und vier Diener. Wir kommen Montag in Staad an. Liebste Grüße – Zita.«[20]

So wurde nun also für die Abreise gerüstet, die am Abend des 23. März 1919 erfolgen sollte. Aber die Schwierigkeiten waren noch nicht zu Ende. Oberst Strutt stand eine heftige Auseinandersetzung mit Staatskanzler Renner bevor, dem zweierlei nicht paßte: Erstens, daß der Kaiser nun doch erhobenen Hauptes, ohne abgedankt zu haben, aus Österreich abreiste, was bei vielen Bürgern einen allzu positiven Eindruck hinterlassen könnte; zweitens, daß er nicht gänzlich mittellos, sondern mit einiger privater Habe und einem kleinen Gefolge in die Schweiz ziehen durfte.

Also kündigte Renner an, die Regierung werde veranlassen, daß der kaiserliche Sonderzug einer strengen Durchsuchung unterworfen werde. Strutt war kurz angebunden: Gut, sagte er, dann werde der Kaiser eben nicht reisen. Im übrigen aber trage er, Strutt, für den gesamten Inhalt die Verantwortung. Sollte die Abreise stattfinden und machten sich die Österreicher daran, den Zug zu kontrollieren, so werde er »mit Gewalt Widerstand leisten«[21].

Ihren Höhepunkt erreichte die Auseinandersetzung dann am Tag vor der Abreise. Renner bat Strutt eilig zu sich. Der Oberst ahnte, was bevorstand. Also setzte er rasch einen Entwurf für ein Telegramm an den »Direktor« des »Military Intelligence Service, London« auf, das er niemals abzuschicken gedachte. Das Ganze war ein Bluff. »Die österreichische Regierung«, hieß es darin, »verhindert die Abreise des Kaisers. Geben Sie daher Befehl, die Blockade wieder aufzurichten und alle Hilfszüge nach Österreich zu sperren. – Colonel Strutt.«[22]

Strutt hatte sich nicht geirrt. Tatsächlich kam Renner gleich zum Kern der Sache:

»Der Habsburger muß abdanken«, verlangte er geradeheraus.

»Das wird er aber nicht tun«, entgegnete Strutt ruhig.

»Das wird er nicht tun?« Renner war entrüstet. »Gut, dann wird er eben interniert . . .«

»So«, sagte Strutt nüchtern und reichte dem Kanzler den Entwurf des Telegramms, »dann werde ich eben dieses Papier da abschicken.«

Renner las es. »O Gott!« rief er dann – und schwieg eine Zeitlang. Er war fassungslos.

Der Bluff war geglückt. Als sich der Staatskanzler wieder erholt hatte, murmelte er nur: »Meinetwegen – dann soll er also gehen.«

»Ohne Bedingungen?«

»Ja, gut – ohne Bedingungen . . .«[23]

Damit war die letzte Hürde beseitigt. Karl und Zita gingen als Kaiserpaar außer Landes, das stolz und unverzagt seine Würde zeigte. Ihr Abreisetag, der 23. März 1919, wurde zu einem historischen Datum.

Um zehn Uhr vormittags nahmen Karl und Zita auf der Chorgalerie der Eckartsauer Schloßkapelle Platz. Die kleine Kirche war bis auf den letzten Stehplatz gefüllt. Die Messe war kurz, aber von einer tiefen, schmerzlichen Innigkeit. Otto ministrierte. Und als dann der Organist am Schluß der ergreifenden Eucharistiefeier die vertrauten Klänge Haydns anstimmte, brachen alle Versammelten in Tränen aus. Keiner schämte sich.

»Gott erhalte, Gott beschütze
unsern Kaiser, unser Land . . .«

Es war das letzte, das allerletzte Mal, daß diese Volkshymne vor einem österreichischen Kaiser gespielt wurde. Manche freilich glaubten, daß es kein Abschied für immer war.

Auch Zita war davon überzeugt. Und bis ins hohe Alter hinein sollte sie diesen festen Glauben behalten.

Am Nachmittag traf der zur Verfügung gestellte Sonderzug in Kopfstetten, einer kleinen Bahnstation nahe Eckartsau, ein: Er bestand aus drei Salonwagen, zwei Gepäckwaggons und einem offenen Frachtwaggon für die Autos. Die britische Eskorte zählte einen Unteroffizier und sechs Militärpolizisten, womit sie – wie Strutt bemerkte – »genau die Hälfte der bewaffneten Streitkräfte Großbritanniens in Wien« darstellte.[24] Zwei britische Lastkraftwagen mit je vier Mann Besatzung transportierten die Kisten und Koffer zum Beladen der Gepäckwaggons heran.

Vor der Abfahrt übergab Karl dem Oberst zwei Schlüssel. Der eine gehörte zu einem Koffer, der mit Juwelen gefüllt war, der andere zu einer Kiste mit Dokumenten. Beide Gepäckstücke trugen Strutts Namen auf dem Etikett. Dann überreichte ihm

Zita noch ihre sechsreihigen Perlen und das diamantene Kollier Maria Theresias – allesamt Wertgegenstände aus dem privaten Eigentum der Kaiserfamilie. Auch die Brieftasche des Kaisers mit einer größeren Geldsumme und ein Brotbeutel mit Juwelen der Erzherzoginnen Maria Theresia und Franziska wurden Strutt ausgehändigt.

Dann kam der Abschied. Mehr als hundert Bekannte und Bedienstete warteten am Abend in der Halle auf das Kaiserpaar. Endlich kam es – aufrecht, freundlich grüßend, mit einem tapferen Lächeln. »Alle fielen in die Knie«, erzählte Strutt. »Die Würde des kaiserlichen Paares in einem so herzzerreißenden Augenblick war unübertrefflich . . .«[25]

Gegen sieben Uhr fuhren die Autos mit Kaiser, Kaiserin und Gefolge am Bahnhof vor. Es war finster geworden, und es regnete. Im Lichte eines Salonwagens, dessen Jalousien hochgezogen waren, konnte man jedoch die vielen Menschen – vielleicht zweitausend – erkennen, die sich hier zum Abschied ihres Kaisers eingefunden hatten. Alle waren still. Es war, als ob ihre Blicke einem Sarg folgten, der zur Gruft getragen wurde. Erst jetzt, da der Kaiser das Land verließ, war der Untergang der Monarchie endgültig geworden. Eine Ära wurde beerdigt.

Vor dem letzten Wagen standen die Soldaten der britischen Militärpolizei. Auch sie waren gerührt von der feierlichen Traurigkeit dieser historischen Minuten.

Die Soldaten salutierten, als der Kaiser kam. Er trug eine graue Feldmarschalluniform. So hatten ihn die Bürger all die Jahre gekannt – als Soldaten. Selbst unschuldig an dem furchtbaren Krieg, war er zum Kriegskaiser geworden, der schließlich die entsetzliche Niederlage besiegeln mußte.

Karl salutierte und stieg ein. Zita folgte ihm, nachdem sie zuvor noch einige verwundete Soldaten begrüßt hatte. Dann blieb das Kaiserpaar am offenen Fenster stehen, bis der Zug anfuhr. In der Menge hörte man ein dumpfes Raunen. Es war eine letzte, der Trauerstimmung angemessene Reverenz für den unglücklichen, tapferen Monarchen.

Es war sieben Uhr und fünf Minuten.

Strutt stand hinter dem Kaiser. Dieser wandte sich ihm zu und sagte dann leise und nachdrücklich:

». . . nach siebenhundert Jahren . . .«

Zita schwieg. Sie schwieg lange und dachte an das seltsame Schicksal, das Gott ihr und ihrer Familie zugedacht hatte. Etwas später, beim Abendessen, bemerkte sie zu Strutt: »Meine Familie ist aus Frankreich, Italien und Portugal vertrieben worden. Durch meine Heirat wurde ich Österreicherin. Und nun bin ich aus Österreich vertrieben.« Dann fragte sie: »Sagen Sie mir, Oberst Strutt, zu welchem Land gehöre ich jetzt . . .?«[26]

Der Zug fuhr durch Zell am See, als Zita nach einer kurzen, zum größten Teil durchwachten Nacht am Morgen des 24. März aus dem Fenster blickte. Der See war noch zugefroren. Kitzbühel – Wörgl – Schwaz – Innsbruck. In Imst stand eine britische Ehrenwache von fünfundzwanzig Mann auf dem Bahnsteig und präsentierte das Gewehr. Es war die einzige offizielle Ehrung, die das Kaiserpaar beim Verlassen der Heimat erfuhr. Den Arlbergtunnel, den Kaiser Franz Joseph eröffnet hatte, passierte der Zug um die Mittagszeit, und am frühen Nachmittag erreichte er Feldkirch. Hier, auf seiner letzten österreichischen Station, unterschrieb der Kaiser sein bereits vorbereitetes Manifest. Er weiche allein der Gewalt, nicht dem Recht, hieß es darin. Und: »Was die deutschösterreichische Regierung, die Provisorische und Konstituierende Nationalversammlung seit dem 11. November 1918 in diesen Belangen beschlossen und verfügt haben und weiter resolvieren werden, ist demnach für Mich und Mein Haus null und nichtig . . . Im Krieg wurde Ich auf den Thron der Väter gerufen, zum Frieden trachtete Ich Meine Völker zu geleiten, im Frieden wollte und will Ich ihnen ein gerechter und treusorgender Vater sein . . .«[27]

Das Manifest war nicht zur Veröffentlichung in Österreich gedacht, denn Karl fürchtete, daß es zu diesem Zeitpunkt bolschewistischen Kräften Auftrieb geben könnte. Doch wurde es an eine Reihe von Staatsoberhäuptern und an den Papst geschickt.

Es war drei Uhr und vierzig Minuten, als der Zug die österreichisch-schweizerische Grenze passierte. Zita blickte aus dem Fenster. Einmal noch sah sie ein kleines Stück österreichisches Land

– den Feldkircher Stadtschroffen, die freundlichen Hügel mit dem Ardetzenberg und ganz hinten die Berge, die sich unmerkbar mit den schweizerischen vereinigten.

Wann würde sie Österreich wiedersehen? Nach Jahren? Nach Jahrzehnten? Niemals mehr?

Es sollten dreiundsechzig Jahre werden. Die Frau mit dem jugendlichen, vornehmen Gesicht sollte erst als Neunzigjährige wiederkehren.

Die neue Welt beginnt am Bodensee

Der Bahnhof von Buchs war militärisch abgesperrt. Nur wenige Menschen empfingen den gestürzten Herrscher auf seiner ersten Station im Exil. Der Zug hatte den Fahrplan der ordentlichen Schweizer unliebsam durcheinandergebracht. Dennoch bemühten sich Behörden und Bahnpersonal um Freundlichkeit. Es gab eine kurze amtliche Begrüßung, die gleichwohl herzlich war. Auf dem Bahnsteig hieß Dr. Bossinger, Legationssekretär beim Politischen Departement, die Familie willkommen und überbrachte die Grüße des Bundespräsidenten. Der Kaiser dankte bewegt, mit wenigen Worten.

Indessen mußte sich Graf Ledóchowski nochmals ausdrücklich die Bedingungen für die Aufnahme der Kaiserfamilie erläutern lassen. Dabei erschien den Schweizern ein Punkt besonders wichtig: Der Kaiser und seine Umgebung müßten sich »jeder Propaganda enthalten«, da »der Bundesrat sich andernfalls genötigt sehen könnte, die Aufenthaltsbewilligung zurückzuziehen. Auch müsse Karl wissen, daß polizeiliche Maßnahmen zum Schutze der Familie nicht getroffen würden.«[1]

So wurde der Zug nun nach Staad geleitet, wo die Herzogin von Parma auf dem Bahnsteig wartete. Erstmals verließ Karl den Waggon im dunklen zivilen Anzug; in Buchs hatte er noch die Uniform eines Infanteriegenerals getragen, die Brust mit dem Orden vom Goldenen Vlies und der Goldenen Tapferkeitsmedaille geschmückt.

Zita sank ihrer Mutter in die Arme, erschöpft und mit einem merkwürdig zwiespältigen Gefühl, das tiefe Trauer, Schmerz und gottergebene Erleichterung in einem war. Und zugleich immer wieder die schwere, hinter allem gegenwärtige Sorge: Was wird nun aus den Ländern der alten Monarchie?

Mehrere Autos brachten die Ankömmlinge nach Wartegg. Und noch am selben Tag sandte Karl ein Danktelegramm an den schweizerischen Bundespräsidenten.

Von Anfang an freilich war es Karl und Zita bewußt, daß sie auf Schloß Wartegg nicht lange bleiben konnten – trotz freundlichster Aufnahme und wohltuender Geborgenheit. Denn in dem Schloß, das seit 1860 im Besitz der Herzogin von Parma war, der Großmutter Zitas, hatten sich inzwischen schon allzu viele Familienmitglieder niedergelassen. Im Juni 1914 waren die vier Halbgeschwister der Kaiserin eingezogen, Maria Antonia war dann am 23. Dezember 1918 gefolgt, begleitet von ihren Kindern Isabella, René, Felix, Louis und Gaetano. Mit ihnen waren auch Herzogin Therese und Prinzessin Elisabeth von Braganza gekommen. Und schließlich hielt sich seit November 1918 Dom Miguel, der Bruder Maria Antonias, im Schloß auf.

Es war eine fast unwirkliche Atmosphäre, die Zita hier nach Jahren höchster Anspannung umfing. Jetzt, in der liebevollen Familienwelt von Wartegg, fand sie sich in Gedanken oftmals in ihre glückliche Kindheit und Jugend zurückversetzt – ins traumhafte Pianore, geliebt und umsorgt. Wenn sie über den Bodensee blickte, sah sie das Ligurische Meer vergangener Zeiten vor sich, die sonnigen Weiten und herrlichen Hügel der Toskana. Weit, weit weg schien ihr das alles zu sein, und doch war es – Zita erschrak, als sie sich dessen bewußt wurde – nur acht Jahre her, seit sie den letzten Sommer in Pianore verbracht hatte. Aber der furchtbare Krieg hatte die Jahre leidvoll gedehnt und alles, alles so schrecklich verändert. Zwischen dem Mädchen von Pianore und der Verbannten von Wartegg lag ein volles Leben mit glanzreichen Höhen und dunkelsten Tiefen.

Hier war Zita frei von stündlichen Termin-Verpflichtungen und kaiserlichen Alltagssorgen. Jetzt, nach Wochen und Monaten übermenschlicher Anstrengungen und Ängste, tat ihr dieses Klima wohl. Sie entspannte sich, und auch Karl schien sich etwas zu erholen. Die Eheleute hatten Zeit füreinander, und vor allem konnten sie sich nun endlich ausgiebig mit ihren Kindern beschäftigen.

Und doch brach in diese allzu plötzliche Idylle immer wieder das dumpfe Gefühl des Ausgesperrtseins ein. Karl war ja kein Ex-Kaiser und Ex-König – so sah sie es –, kein Monarch, der sich zur Ruhe gesetzt hatte. Immer noch trug er die Krone, war er der rechtmäßige Herrscher, der nur von der nackten Gewalt daran gehindert wurde, sein heiliges Amt auszuüben. Es war daher nur logisch, daß Karl und Zita mit Spannung und Sorge die Entwicklung ihrer einstigen Länder und der allgemeinen weltpolitischen Lage verfolgten. Sie waren fest davon überzeugt, daß ihr restliches Leben nicht an verträumten Ufern und malerischen Hängen der neutralen Schweiz verrinnen würde.

Allerdings gewann hier ein Ziel Zitas Vorrang vor allen anderen Plänen: Die Kinder – vor allem Otto – mußten konkret und zielbewußt auf ihre späteren Aufgaben vorbereitet werden. So verband Zita von nun an weit stärker als bisher ihre Rolle als Mutter und Erzieherin mit ihren weitgesteckten politischen Zielen.

Daher wird auch verständlich, daß Zita aktuellen politischen Konzepten, die Karl in diesen Tagen entwarf, nicht mit derselben Energie zugetan war, wie man sie von der amtierenden Kaiserin gekannt hatte. Und vieles spricht dafür, daß sie auch jenem großen politischen Abenteuer eher skeptisch gegenüberstand, ja, zeitweise von ihm abriet, das Karl schon in den Tagen von Wartegg vorbereitete: die Rückkehr nach Ungarn, um dort die Königsmacht wiederherzustellen. Jedenfalls scheint sie sich kaum an der praktischen Vorbereitung des Unternehmens beteiligt zu haben. Doch willigte sie schließlich ein und sah ihren Platz auch hier bedingungslos an der Seite ihres Mannes.

Von den Schweizern wurde die kaiserliche Familie freundlich und achtungsvoll aufgenommen. Selbst radikal antimonarchistische Organe, die Karls Einreise zuvor heftig kritisiert hatten, zügelten ihren Ton. Liberale Blätter würdigten das Wirken des Kaisers für den Frieden, konservative Zeitungen begrüßten ihn begeistert. Die Zuneigung war ganz gegenseitig. So knüpften Karl und Zita zahlreiche erfrischende Kontakte mit Schweizer Bürgern. Besonders lieb gewannen sie den Graubündner Pater und Schriftsteller Maurus Carnot. Dieser feingebildete und patriotische Rätoromane, der sich um die Erhaltung der Sprache und Kultur seiner Heimat bemühte, ergriff sofort für Kaiser Karl Partei. Er sollte sich in seinen Werken auch noch lange nach Karls Tod unermüdlich für den Ruf und das Ansehen des Kaisers einsetzen.

In seiner Heimat Österreich aber hielt der ausgewanderte Monarch weiterhin die Gemüter in Bewegung. Am 27. März 1919 wurde der angekündigte Gesetzentwurf Renners in der Nationalversammlung eingebracht, am 3. April verabschiedet. In ihm hob die Republik »alle Herrscherrechte und sonstigen Vorrechte des Hauses Habsburg-Lothringen sowie aller Mitglieder dieses Hauses . . . in Deutschösterreich für immerwährende Zeiten« auf.[2]

Was aber waren »immerwährende Zeiten«? Für Karl und Zita war dergleichen nur Anmaßung und Hochmut. Ewig war nur Gott, und er – nicht eine Nationalversammlung – bestimmte, was auf Erden über Jahrhunderte bestehen sollte.

»Im Interesse der Sicherheit der Republik« bestimmten die Gesetzeserläuterungen, daß »der ehemalige Träger der Krone und die sonstigen Mitglieder des Hauses Habsburg-Lothringen . . . des Landes verwiesen« wurden – letztere dann, wenn »sie nicht auf ihre Mitgliedschaft zu diesem Hause und auf alle aus ihr erfolgten Herrschaftsansprüche ausdrücklich verzichtet und sich als getreue Staatsbürger der Republik bekannt haben.« Das gleiche galt für die »mit dieser Familie verschwägerten Mitglieder des Hauses Bourbon-Parma«[3].

Daß sich die Republik Deutschösterreich auch habsburgischen Vermögens bemächtigen werde, war nur logisch. Doch ohne Zweifel griff sie dabei weit über das hinaus, was von einem Rechtsstaat zu erwarten war. So konfiszierte sie nicht nur das

Vermögen der »Krone«, sondern auch jenes Privatvermögen, das als Familienversorgungsfonds für alle Mitglieder des Erzhauses bereitstand. Der Fonds war von Kaiserin Maria Theresia aus dem privaten Nachlaß ihres Mannes, Franz Stephan von Lothringen, gestiftet worden – zur Versorgung und Ausstattung ihrer Kinder und deren Nachkommen. Wobei zu beachten ist, daß Maria Theresia den größten Teil des Privatvermögens ihres Gatten für die Sanierung der Staatsfinanzen eingesetzt hatte. Zum Familienversorgungsvermögen gehörten zum Beispiel Güter wie Eckartsau, Orth und Schloßhof im Marchfeld, die Waldgüter Pöggstall im Waldviertel und Mattighofen in Oberösterreich. Dem Zugriff der Republik fiel auch das Kaiser-Franz-Joseph-Fideikommiß anheim, das dieser aus seinem väterlichen Vermögen – sein Vater war nie Träger der Krone gewesen – errichtet hatte, und zwar mit der ausdrücklichen Bestimmung, daß es für den Fall des Verlustes der Krone frei vererblich sein sollte.

Offiziell unangetastet ließ die Republik das Privatvermögen der einzelnen Mitglieder des Erzhauses. Doch wurde auch dieses zunächst gesperrt – zur Sicherung von Vermögensabgaben und Steuern, wie es hieß. So waren dem Kaiser der Villenbesitz Wartholz zu Reichenau verblieben, den er 1918 für eineinhalb Millionen Kronen für sich erworben hatte, Schloß Feistritz bei St. Peter am Kammersberg, das er gemeinsam mit Zita für 110 000 Kronen gekauft hatte, etwas Barvermögen und Wertpapiere, Versicherungspolicen und Möbel. Davon aber war, wie gesagt, nichts freizubekommen. Zita besaß einen Anteil an der Villa delle Pianore.[4]

Die finanzielle Situation der kaiserlichen Familie im Exil war also keineswegs glänzend. Karls Vermögensverwalter wie auch sein Obersthofmeister hatten es versäumt, rechtzeitig genügend Barmittel in die Schweiz zu schaffen. Etwas allerdings war geschehen – und dies sollte nun das einzige, immerhin gewichtige finanzielle Rückgrat der Familie bilden: Am 1. November 1918, als der Kaiser noch in Schönbrunn residierte, hatte Oberstkämmerer Graf Berchtold im Auftrag Karls mehrere Familienjuwelen sowie die Insignien des Ordens vom Goldenen Vlies aus der Schatzkammer geholt und in die Schweiz gebracht, wo sie zunächst in der Schweizerischen Nationalbank deponiert wurden.[5] Dies war später als gieriger »Griff in die Vitrine«, als Aneignung von Staatsgütern, kritisiert worden, doch handelte es sich um nichts anderes als um die Rettung von Privatbesitz. Im übrigen nahm Karl nur noch Bargeld in Höhe von 7000 Schweizer Franken mit ins Exil.

So gewährte die Schweizerische Nationalbank Karl am Anfang seines Aufenthalts in der Schweiz einen hohen Kredit, mit dem er jedoch nicht nur seine Familie und sein Gefolge unterhielt, sondern auch zahlreiche heimkehrende österreichische Kriegsgefangene unterstützte, die durch die neue politische Lage alles verloren hatten und nun mittellos im Ausland lebten.

Im Blick aufs Materielle fehlte Karl und Zita auch ein Mindestmaß von dem, was man landläufig als »gesunden Egoismus« bezeichnet. Und schon gar nicht ließen sie sich jemals mit Geld Würden oder gar Grundsätze abkaufen.

Karls ehemaliger Ernährungsminister Fürst Ludwig Alois Windisch-Graetz, der damals ebenfalls in der Schweiz lebte und oft mit dem Kaiser zusammenkam, erzählte eine Geschichte, die Karls und Zitas Grundeinstellung illustriert. Dabei ist zwar zu beachten, daß Windisch-Graetz ein tausendprozentiger Parteigänger Karls war und daß deshalb manche seiner Darstellungen und Wertungen mit Vorsicht aufzunehmen sind. Doch gibt er in dieser Geschichte Karls Haltung so glaubhaft wieder, wie sie grundsätzlich auch von anderen Zeugen bestätigt wird.

Da stellte sich bei Karl Ende April 1919 eine Delegation von mehreren Herren ein. Sie vertraten alle Nachfolgestaaten der Monarchie mit Ausnahme Ungarns. Karl kannte sie alle, denn sie waren vormals Anhänger seiner Politik gewesen – so der Tscheche Dr. Udrzal, der Jugoslawe Budisavljević, der Pole Kobierski, der Österreicher Baron Veitschberger. Sie kamen gleich zur Sache. Der Kaiser könne von ihren Staaten, erklärten sie, sofort eine Ablösesumme von 184 Millionen Schweizer Franken bekommen – als Entschädigung für sämtliche in den Ländern der früheren Monarchie zurückgelassenen mobilen und immobilen Besitztümer und für alle in den ausländischen Geldinstituten im Namen des Hoffiskus deponierten Werte. Denn offenbar kamen sie an diese nicht so ohne weiteres heran. Dem Kaiser im Exil jedenfalls hätte diese Summe über alle künftigen Schwierigkeiten hinweggeholfen. Nur war das ganze Angebot an zwei Bedingungen geknüpft. Der Kaiser müsse abdanken und dürfe fünfundzwanzig Jahre lang den Boden der ehemaligen Monarchie nicht mehr betreten.

Karl hörte sich die Ausführungen der Herren ruhig an, ohne sie zu unterbrechen. Als sie geendet hatten, stand er plötzlich auf.

»Ich danke Ihnen für Ihre guten Absichten«, sagte er ebenso freundlich wie trocken, »aber ich kann die Frage des Verzichts nur im Einvernehmen mit meinen Völkern regeln. Rufen mich diese, so komme ich zurück.« Keinesfalls aber könne die Habsburgerkrone »Gegenstand des Schacherns sein«[6].

Am 20. Mai zog die kaiserliche Familie um – in die Villa Prangins am Genfer See. Das Haus bot mit Nebengebäuden genügend Platz für Familie, Gefolge und Dienerschaft. Es lag auf einer kleinen Anhöhe, mit einem traumhaften Blick auf die Savoyer Alpen und den Montblanc. Die Villa umgab ein schöner, stiller Park. Eine große Freitreppe führte ins Haus. Im Parterre wohnte und arbeitete die Familie. Ein Empire-Zimmer diente als Empfangsraum. Der schönste Raum aber wurde als Hauskapelle eingerichtet. Dort fing jeder Tag für die Familie an. Fast täglich gingen die älteren Kinder zur Kommunion.

Im ersten Stock waren die engsten Gefolgsleute untergebracht: Bischof Seydl, der Hausgeistliche, Oberst Graf Ledóchowski und die Gräfinnen Kerssenbrock und Bellegarde. Darüber, im zweiten Stock, wohnte ein Teil der Dienerschaft. Die Kaiser-Mutter lebte im Nebengebäude.

Nach den rastlosen Jahren kam wieder eine gewisse Ruhe in das Leben der kaiserlichen Familie. Der Tagesablauf regelte sich. Zita pflegte den Vormittag nahezu ganz den Kindern zu widmen, der Kaiser las Zeitungen und erledigte seine umfangreiche Korrespondenz. Das Mittagessen nahmen Karl und Zita meist in der Gesellschaft Maria Josefas ein.

Am 5. September 1919 brachte Zita dann ihr sechstes Kind zur Welt, den fünften Sohn. Man taufte ihn auf den Namen Rudolf. Das war vor allem hier in der Schweiz sehr beziehungsreich. Denn so hatte auch der Ahnherr und Begründer der habsburgischen Herrschaft in Österreich geheißen. Er war hier geboren worden, und die Familie besuchte auf ihren vielen Ausflügen auch die Habichtsburg, das Stammschloß der Habsburger im Kanton Aargau. In Prangins sollte noch ein Kind zur Welt kommen: Charlotte, die am 1. März 1921 geboren wurde.

Seine Audienzen hielt der Kaiser gern im Freien ab. Und unermüdlich arbeitete er an einem Zukunftskonzept für das Haus Habsburg und die Länder des Donauraums. Sein Programm lautete: Die Völker an der mittleren Donau sollten eine wirtschaftliche Gemeinschaft bilden, denn allein waren sie nach seiner Ansicht nicht lebensfähig. Sie waren während der Monarchie lange Zeit aufeinander angewiesen gewesen, und so war es nur natürlich, daß sie diese sich ergänzenden Querverbindungen weiter nutzten. Diese Gemeinschaft sollte gewissermaßen von der Krone überwölbt werden, die einzelnen Länder aber sollten im wesentlichen eigenständig und souverän bleiben.

Auch hatten Karl und Zita wieder Kontakt zu Frankreichs Ministerpräsidenten Aristide Briand aufgenommen – wiederum mit Hilfe von Prinz Sixtus. Karl bat Briand, er möge den ungarischen Soldaten in Szeged, die sich der roten Schreckensherrschaft des Béla Kún widersetzen wollten, bei der Bewaffnung behilflich sein.

In Ungarn nämlich hatte der Ausbruch des Bolschewismus nicht verhindert werden können. Károlyi, zum Staatspräsidenten avanciert, hatte am 21. März 1919 den Kommunisten Béla Kún zum Ministerpräsidenten ernannt. Dieser versuchte, ein radikales Rätesystem durchzusetzen. Schon als sich diese Entwicklung anbahnte, waren zahlreiche Politiker und Besitzende aus dem Land geflüchtet und hatten sich zum größten Teil in Wien niedergelassen. Hier sammelten sich die Kräfte gegen das neue ungarische Regime, darunter Männer wie Graf Bethlen und Paul Teleki. Auch in Ungarn selbst bildeten sich Zentren der Opposition, so vor allem in Szeged, wo Admiral Nikolaus von Horthy Truppen gegen das rote Regime in Budapest sammelte. Als schließlich am 1. August 1919 die Rumänen in Ungarns Hauptstadt einrückten, war es aus mit Kúns Herrschaft. Denn zugleich besetzte Oberst Anton Lehár mit seiner königstreuen Division kampflos Westungarn und verhinderte so die Ausdehnung der rumänischen Besatzung. Als sich die Rumänen dann zurückziehen mußten, hielt Lehár – der übrigens der Bruder des bekannten Operettenkomponisten war – Einzug in Budapest. Erzherzog Josef übernahm wieder die Funktion des König-Stellvertreters. Allerdings mußte er diesen Posten auf Drängen der Entente gleich wieder niederlegen. Dennoch blieb er in Kontakt mit Prangins und führte geheime Verhandlungen mit den Königstreuen.

Endlich wurde eine Nationalversammlung gewählt, die das Königreich unter der Stephanskrone wiederherstellte. Aber damit war Karl noch längst nicht in Amt und Würden, denn die königliche Gewalt wurde für ruhend erklärt. Horthy wurde »Reichsverweser auf Lebenszeit«. Und so folgte nun auf die linke Terrorherrschaft – nach einem kurzen, leidlich demokratischen Intermezzo – eine rechte Diktatur.

Aber Tatsache war: Karl war wieder unbestritten König im verfassungsgemäßen Sinn, Zita Königin. Die monarchische Staatsform war restauriert. Und so beeilten sich auch die Schweizer Behörden, den »Ex-Kaiser« offiziell wieder zum »König« zu machen. Warum aber mußte die monarchische Macht in Ungarn »ruhen«? Gewiß hatte die Entente ihre Vorbehalte gegenüber einem Habsburger auf dem ungarischen Thron ausgesprochen, und gewiß wandten sich die Staaten der Kleinen Entente – also die Habsburg-Nachfolgestaaten Tschechoslowakei und Jugoslawien sowie Rumänien gegen jedwede Restauration. Aber ein deutliches Votum der Ungarn hätte sie alle vor schwer korrigierbare Tatsachen gestellt, gegen die sie wohl kaum viel unternommen hätten, zumal bedeutende Kräfte in Frankreich Karl durchaus gewogen waren. Allerdings wollten diese offiziell nichts für ihn unternehmen. Das sollten die Ungarn selbst erledigen; danach wollte man sich auf Karls Seite stellen.

Allerdings gab es in Ungarn selbst etliche Strömungen gegen die Monarchie. Andere wiederum waren zwar für einen König, nicht aber für einen Habsburger. Wieder andere wünschten sich einen Habsburger, nicht aber Karl. Nicht wenige schließlich sprachen sich für die Wiedereinführung der freien Königswahl aus. Die Lage war unklar.

In dieser verworrenen Situation spielte Horthy ein raffiniertes und falsches Spiel. Gleich nach seiner Wahl am 1. März 1920 versicherte er den König im Exil seiner unbedingten Treue. Doch schon bald mußte Karl erfahren, daß die Offiziere der ungarischen Armee nicht auf den König, sondern auf den Reichsverweser vereidigt wurden – als sei Horthy der neue Wahlkönig Ungarns. Und immer häufiger wurden abfällige Bemerkungen Horthys über den König nach Prangins getragen.

Trotzdem hielt Zita noch längere Zeit viel von Horthy und begegnete ihrem Mann in der Diskussion ziemlich heftig, als er in den folgenden Wochen festzustellen glaubte, daß es mit der Treue dieses Mannes nicht sehr weit her war. Doch mehr und mehr kam auch sie zu der Erkenntnis, daß es Horthy letztlich nur um seine eigene Macht ging, nicht um die des Königs. Der Verrat schmerzte sie zutiefst.

Karl aber wurde gerade durch dieses Verhalten Horthys in seinem Entschluß bestärkt, möglichst bald selbst nach Ungarn zu gehen und sich als König zu zeigen. Er, der seinen Eid heilig hielt, den er am 30. Dezember 1916, seinem feierlichen Krönungstag, geschworen hatte, hatte keinen seiner Offiziere vom Eid entbunden. Ja, er mußte selbst zu seinen Ungarn kommen – er, der König.

Sicher ist, daß Karl seine Rückkehr nach Ungarn nicht ohne Wissen verantwortlicher Stellen in Frankreich betrieb. Das war zum Beispiel auch der Deutschen Gesandtschaft in Bern bekannt. Ein Vertrauensmann der Habsburger hatte ihr im Juli 1920 mitgeteilt, daß Karl über eine solche Rückkehr mit Frankreich verhandele.[7]

Graf Heinrich Degenfeld, Erzieher Ottos und ein enger Vertrauter Zitas, deutete in einem späteren Brief an Friedrich von

Wiesner auch an, daß Briand Karls Absicht nicht nur gebilligt, sondern sogar eigene Initiativen dazu ergriffen hatte. »Das erste dieser Encouragements«, schrieb er, »war via S.K.H. Prinz Sixtus, der von Briand direkt darum angegangen wurde. Da Prinz Sixtus dies nicht schriftlich an Seine Majestät senden wollte, schickte er jemanden ganz Verläßlichen mit der mündlichen Meldung an Seine Majestät in die Schweiz. Dieser Herr kam am Faschingsdienstag 1921 bei Seiner Majestät an. Derselbe drückte sich aber so vage und unpräcis aus, daß der Kaiser einen Herrn direkt zu Briand sandte und Briand fragen ließ, was er eigentlich wolle.«[8] Auch Oberst Strutt war offenbar einer der Mittelsmänner, die zwischen Prangins und Paris hin- und herpendelten. Briand versprach, Karl nach einer Restauration anzuerkennen und ihm zu helfen – freilich immer unter dem Vorbehalt, daß es dem König gelänge, die tatsächliche Macht an sich zu reißen. Der Ministerpräsident versprach sogar, das französische Militär zur Verfügung zu stellen, aber eben dies wollte Karl nicht. Statt dessen bat er um Waffen und Munition. Offiziell allerdings standen England und Frankreich der Restauration negativ gegenüber, wie dies die Botschafterkonferenz am 2. Februar 1921 ausdrücklich bekräftigte.

Karl trieb es geradezu nach Ungarn. Aber wie immer war auch hier Ungeduld ein schlechter Ratgeber. Der König erlag einer unheilvollen Illusion, vor welcher ihn Zita möglicherweise gewarnt hatte. Er verzichtete auf große strategische Vorbereitungen in der Meinung, keiner werde sich dem gekrönten König Ungarns mit Waffengewalt in den Weg stellen, wenn dieser unverhofft höchstpersönlich unter dem Volk erschien.

So brach er am Morgen des 24. März 1921 auf. Zita hatte – wie sie später einem kantonalen Polizeiinspektor in der Villa Prangins mitteilte[9] – alle Vorbereitungen für die Reise getroffen. Niemand außer ihr wußte etwas von seiner Abreise. Da sie gerade ihr siebtes Kind – Charlotte – zur Welt gebracht hatte, das sie auch selbst stillte, war sie außerstande, mit Karl zu fahren. Das tat ihr weh, weil sie dort sein wollte, wo er war, wenn Gefahr drohte. Denn sie schätzte die Lage weit gefahrvoller ein als Karl. So aber blieb sie nun mit ihren schweren Bedenken am Genfer See zurück und wartete gespannt auf Nachrichten aus Ungarn.

Karl überschritt die Grenze in Basel mit einem spanischen Paß in Begleitung von Prinz Sixtus. Er fuhr weiter nach Straßburg, wo er den aus Paris kommenden Zug nach Wien bestieg.[10] In der alten Kaiserstadt übernachtete er bei Erdödy. »Ein merkwürdiges Gefühl, unerkannt in der Heimat zu sein«, bemerkte Karl später in Erinnerung an diesen Abend.[11]

Am späteren Abend des folgenden Tages, etwa um zehn Uhr, erreichten Karl und Erdödy Steinamanger (ung. Szombathely). Geradewegs begab sich Karl ins bischöfliche Palais. Der Bischof wurde kreidebleich, als er den König leibhaftig vor sich sah. Sogleich wurde Oberst Lehár verständigt, der bald freudestrahlend eintraf.[12] Am frühen Morgen kam dann auch Ministerpräsident Teleki. »Es gibt nur zwei Möglichkeiten für Eure Majestät«, sagte Teleki, »entweder in die Schweiz zurückzureisen oder nach Budapest zu marschieren.« Natürlich wollte Karl nach Budapest.

Nun wurde nach längerer Diskussion beschlossen, alles zu vermeiden, was dem Unternehmen den Anschein eines Putsches geben und Horthy mißtrauisch machen könnte. Nein, meinte Lehár, der König dürfe keinesfalls Revolution machen, er müsse den gesetzlichen Weg beschreiten.[13]

Also sollte Teleki erst nach Budapest reisen und Horthy auf das Eintreffen des Königs vorbereiten. Als Karl aber – er war eine gute Stunde nach Teleki aufgebrochen – vor dem Gebäude des Ministerpräsidenten vorfuhr, präsentierte kein Soldat sein Gewehr. Teleki nämlich war noch gar nicht angekommen – angeblich wegen einer Autopanne.

So erstarrte Horthy förmlich, als der König urplötzlich im Türrahmen erschien. Es kam zu einem Wortduell von etwa zwei Stunden – bis Karl den Reichsverweser ultimativ aufforderte, ihm sogleich die Regierungsgeschäfte zu übertragen.

Horthy wußte im Augenblick keinen rechten Rat. Er mußte Zeit gewinnen, dann konnte er richtig taktieren. Und so verfiel er zunächst aufs Schachern.

»Was bieten Euer Majestät dafür, wenn ich jetzt übergebe?« fragte er ungeniert. Und ließ sich von Karl alles mögliche versprechen. Schließlich aber erinnerte Karl den Reichsverweser an den Eid. Aber darauf hatte Horthy nur eine kurze, nüchterne Antwort: Der frühere Eid sei vom neuen Schwur, den er vor der Nationalversammlung abgelegt habe, »überholt« worden. Die Armee, drohte Horthy, sei auf ihn eingeschworen und keineswegs verläßlich königstreu. Und dann sagte er entschieden: »Ich werde alle jene, die ihren Eid zu mir nicht halten, einfach als eidbrüchig und fahnenflüchtig erschießen lassen.«

Wie konnte Karl den Reichsverweser nur zur reibungslosen Übergabe der Macht zwingen? Er sah, daß Horthy sich verbissen an sein Amt klammerte. Und so griff Karl schließlich zum äußersten Mittel. Es gebe geheime Absprachen mit Frankreich, verriet er Horthy »im Vertrauen«, Frankreich stehe auf seiner, Karls, Seite. Horthy dachte nach. Dann erbat er sich nur noch etwas »Geduld«. Er brauche etwa drei Wochen zur Übergabe der Regierungsgeschäfte. Erschöpft gab Karl nach, betonte jedoch: Wenn Horthy nicht am 17. April in Steinamanger sei, werde er am nächsten Tag in Budapest erscheinen.

Natürlich dachte Horthy nicht daran, dem König zu gehorchen. Er bestellte sogleich den französischen Hochkommissar in Budapest zu sich. Was wahr sei an der Information, die ihm Karl im Vertrauen mitgeteilt hatte, wollte er wissen. Der Hochkommissar dementierte heftig: Frankreich habe Karl keinerlei Unterstützung zugesagt . . .

Damit war Karls Unternehmen auch schon gescheitert. Es war eben dilettantisch vorbereitet und übereilt ausgeführt. Die königstreuen Truppen des Obersten Lehár – 1500 Mann – kamen gar nicht erst zum Zug. Zunächst suchte Horthy Zeit zu gewinnen; so ließ er Teleki in Steinamanger glauben, daß er unter gewissen Voraussetzungen bereit wäre, die Macht zu übergeben. In Wirklichkeit war das nie seine Absicht gewesen. Und schließlich schürte er mit geschickter Panikmache die Angst vieler Ungarn vor einem Eingreifen der Kleinen Entente. Diese Gefahr war ja auch tatsächlich gegeben, sofern der Schwebezustand noch länger anhalten sollte. Deshalb drängten nun auch Monarchisten wie Lehár und Bethlen den König, seinen Restaurationsanspruch abzubrechen. Man sollte einen neuen Zeitpunkt abwarten, meinten sie, und das Unternehmen dann generalstabsmäßig planen.

Indessen ließ die Ungarische Gesandtschaft in der Schweiz die Eidgenossen ersuchen, die Rückkehr Karls zu gestatten.[14] Die Lage spitzte sich zu, die Gefahr eines ausländischen Eingreifens – des Staates »SHS« – wurde immer konkreter, und Horthy gelang es, Steinamanger militärisch zu isolieren.

So war Karl denn bereit, in die Schweiz zurückzukehren. Die Eidgenossen hatten zugestimmt, ihm weiterhin Aufenthalt zu gewähren. Aber sie zürnten ihm nun – nicht zu Unrecht. Sie fanden, er habe ihr Gastrecht verletzt. Daß er auf Schweizer Boden derlei brisante Unternehmen plante und organisierte, war den neutralen Schweizern unheimlich. Der Kanton Waadt jedenfalls weigerte sich, ihn erneut aufzunehmen. Oberstleutnant Kißling, der Sekretär des Militärdepartements, machte Karl klar, daß er nicht mehr nach Prangins zurückkehren dürfe. Die Schweiz gestatte es ihm auch nicht mehr, in einer Großstadt oder im Grenzgebiet zu wohnen. Vielmehr wurde er jetzt auf die Zentralschweiz verwiesen. Auch sollte er vorerst nur eine provisorische Aufenthaltserlaubnis bekommen, und auch diese sollte an die Bedingung geknüpft sein, daß künftig weder er noch seine Familie noch sonst jemand aus seinem Gefolge sich auf Schweizer Boden politisch betätigte. Überhaupt sei es nunmehr für ihn besser, sich anderswo als in der Schweiz ein Asyl zu suchen. Jedenfalls müsse es Karl den Behörden anzeigen, wenn er den neu gewählten Ort für mehr als vierundzwanzig Stunden verlassen wollte. Eine Ortsveränderung ins Ausland müsse achtundvierzig Stunden vorher angemeldet werden.

Als Karl aus Ungarn nun direkt nach Luzern reiste, kam Zita nach Buchs und stieg dort in sein Zugabteil. »Sie trug einen dichten Schleier«, beobachtete Karls Adjutant Aladar von Boroviczeny, »den sie während ihrer langen Autofahrt quer durch die ganze Schweiz anhatte. Der Kaiser entstieg nicht dem Zug. Als die Kaiserin den Schleier zurückschlug, zeigten ihre edlen Züge ein vollkommen ruhiges, aber sehr ermüdetes Gesicht. Sie war ja kaum erst aus dem Wochenbett aufgestanden, und welche Aufregungen mußte sie in den letzten Tagen erlebt haben . . .!«[15]

Den Monat April 1921 brachte das Kaiserpaar in Luzern zu, und Zita kehrte nur Mitte des Monats kurz nach Prangins zurück, um die Übersiedlung vorzubereiten. Am Vierwaldstätter See im Kanton Luzern ließ sich die Familie dann in einem ehemaligen Hotel nieder. Das Schloß Hertenstein lag auf einer Halbinsel gegenüber dem Bürgerstock. In wenigen Minuten konnte man von diesem großen, von einem ausgedehnten Park umringten Schloßgebäude zu Fuß die Ankerstelle des Schiffes erreichen, das nach festem Fahrplan in kurzen Abständen den See befuhr und so eine ständige Verbindung mit dem Ufer aufrechterhielt.

Natürlich wollten – und konnten – Karl und Zita sich auch hier nicht heimisch fühlen. Eifrig bemühten sie sich – nunmehr von den Schweizer Behörden unerwünscht – in einem anderen Land Exil zu erhalten. Aber vorerst ließ sich keines finden. England winkte ab – es bat darum, gar nicht erst anzufragen. Frankreich verhielt sich ebenso. An Italien glaubte sich das Kaiserpaar nicht wenden zu dürfen. Und mit Spanien zogen sich die Verhandlungen in eine Länge, die den Schluß nahelegte, daß man auch dort – trotz verwandtschaftlicher Bande – von einer Einreise Karls nicht begeistert war.

Für Karl waren diese Bemühungen jedoch keineswegs wichtig. Er nämlich wollte nur noch in ein einziges Land ausreisen: Ungarn. Der zweite Restaurationsversuch mußte anders geplant werden. Und er mußte gelingen. Für seine neue Zeit als König von Ungarn hatte er auch schon ein festes Programm, das er mit Zita eingehend besprochen haben mußte: »Von Ungarn aus muß vorerst der Anschluß an das kleine Österreich bewirkt werden, welches sich allein nicht ernähren kann und seit jeher auf die ungarische Landwirtschaft angewiesen ist . . . Die anderen Völker, Nord- und Südslawen, werden sich von selbst an die Verkehrsader der Donau anschließen, welche die gottgegebene, verbindende Lebensader Zentral- und Osteuropas ist . . .«[16]

Es war noch dunkel, Nebel hing über dem Vierwaldstätter See. Für den Kammerdiener, der am frühen Morgen des 20. Oktober 1921 die erste Tagesanweisung entgegennahm, war es ein Tag wie jeder andere auf Schloß Hertenstein.

»Wir fahren nach Interlaken – Ihre Majestät, ich und Graf Ledóchowski«, sagte Karl knapp, »bitte sorgen Sie dafür, daß der Chauffeur um neun Uhr mit dem Wagen bereitsteht.«

»Jawohl, Majestät.«

Der Wagen fuhr vor. Gut zwanzig Minuten später kam das Paar – wie sich Flügeladjutant Schonta erinnerte – »mit fröhlichen, ruhigen Zügen . . . die Treppe herab«. Ein kurzer Händedruck. Karl und Zita stiegen in den Fond des Wagens. »Das Auto fährt langsam los. Die Kinderschar läuft nach, springt auf die Trittbretter, jubelt, kreischt, hat noch Wünsche . . . Am Gittertor werden die übermütigen Kleinen abgeschüttelt. Kein Zug im Gesicht des Vaters oder der Mutter verrät die Bewegung in ihrem Innern . . . Dann schließt sich das Gitter.«[1]

Bis zum Parkausgang hatten die Eltern noch mit ihren Kindern gescherzt. »Wann kommt Ihr zurück?« wollten die Kleinen wissen. Zita, kurz und freundlich: »Am Abend sind wir zu Hause.« Großes Hurra – denn auf den nächsten Tag freuten sich die Kinder besonders. Sie hatten sich schon voll Ungeduld auf die Festlichkeiten vorbereitet. Denn Mama und Papa feierten ihren zehnten Hochzeitstag.[2]

In Wirklichkeit war es für Zita und Karl schon wieder ein Abschied. Ganz sicher ein Abschied von Hertenstein, gewiß auch ein Abschied von der Schweiz. Vielleicht aber auch ein Abschied für immer. Denn Karl und Zita brachen an diesem Tag zu einem Abenteuer auf, das mit neuer königlicher Würde, aber auch mit Gefangenschaft oder Tod enden konnte.

Zita wußte: Sie mußte tapfer sein, durfte sich ihre innere Erregung nicht anmerken lassen. Und erst recht wischte sie alle aufkeimenden Erinnerungen zur Seite, die vor diesem zehnten Jahrestag ihrer Ehe in ihr zu erwachen begannen: die herrliche

Hochzeit von Schwarzau, alles Glück und Unglück, das seit jener Zeit über sie hereingebrochen war. Jetzt galt es, in Ungarn wieder die Macht und die Würde in die Hand zu nehmen, die dem legitimen König zustanden. Nein, sie standen ihm nicht nur zu – sie verpflichteten ihn.

Am 13. Oktober war in Hertenstein ein Kurier mit der Botschaft eingetroffen, daß das königliche Osztenburger Regiment am 23. Oktober nach Budapest verlegt werde, daß man Karl daher zwischen dem 16. und 22. Oktober in Ungarn erwarte. Der König entschloß sich rasch. »Die Herren, die mich rufen ließen«, sagte er, »sind meine treuesten Ratgeber, meine treuesten Anhänger. Sie brauchen mich jetzt, um das Land zu retten, das nach ihrer und meiner Ansicht in einen Sumpf geraten ist. Wie könnte ich je wieder auf sie rechnen, wenn ich sie jetzt im Stiche lassen wollte? Sie wollen Ungarn retten. Es ist meine Pflicht, dies zu tun. Ich habe geschworen und halte meinen Eid, auch wenn es mich das Leben kostet.«[3]

Inzwischen war in Ungarn die Regierung Paul Teleki zurückgetreten, und mit ihr auch der königstreue Minister Gustav Gratz. Telekis Nachfolger Stephan Bethlen hatte schon bei Karls letztem Ungarn-Aufenthalt eine zwielichtige Rolle gespielt. Jetzt übte er sich, gemeinsam mit Horthy, in der Politik der Zweideutigkeit. Im übrigen war seit Ostern eine systematische Säuberung im Gange. Planmäßig wurden die Königstreuen verdrängt, die wichtigen Schlüsselpositionen mit Horthys Leuten besetzt. Offiziere, die den Eid auf den Reichsverweser nicht über den Eid auf den König stellen wollten, wurden von Horthy kurzerhand verabschiedet.

Die königstreue Division Osztenburg war nach Ödenburg verlegt worden, wo die wohldisziplinierte Truppe an der kritischen westungarischen Grenze benötigt wurde. Nachdem aber am 13. Oktober 1921 die Grenzstreitigkeiten zwischen Österreich und Ungarn beigelegt worden waren, erschien sie Horthy gefährlich. Am 23. Oktober sollte sie nach Budapest gerufen werden. Daher mußte der König, der sie ja für die Restauration benötigte, noch vor diesem Datum eintreffen.

Die Anhänger der Monarchie waren gespalten. Neben den Legitimisten, die an der habsburgischen Krone mit der traditionellen Nachfolge festhielten, gab es viele, die einer »freien Königswahl« anhingen. Und es ging der Verdacht um, daß es Horthys persönliches Ziel war, selbst König der Ungarn zu werden. Zunächst freilich standen auch für dieses Amt noch Habsburger zur Debatte. So hegte Erzherzog Josef entsprechende Wünsche – zwar nicht für sich, aber für seinen Sohn Josef Franz. Und Erzherzog Friedrich mit seiner ehrgeizigen Gattin Isabella schob seinen Sohn Albrecht in den Vordergrund.[4]

Diesmal immerhin meinte Karl die Reise gut vorbereitet zu haben. »Die Sache wird gelingen«, davon war er noch kurz vor der Abreise überzeugt. »Sie muß gelingen! Es ist alles gründlich vorbereitet, und der liebe Gott wird helfen.« Im Spätsommer hatte er noch einmal die Versicherung des französischen Ministerpräsidenten Briand erhalten, daß Frankreich Karls Rückkehr nach Ungarn begrüße und ihn – vorerst inoffiziell – unterstützen werde.[5]

Hatte er nicht alles Menschenmögliche getan, um sein Vorhaben ordentlich zu organisieren? Er hatte ständigen Kontakt mit Ungarn gehalten, sich laufend informieren lassen. Mit Kennern der ungarischen Lage hatte er alle möglichen taktisch-strategischen Vereinbarungen getroffen. Und um keine Zeit zu verlieren, stand diesmal ein Flugzeug bereit.

Bevor Karl nach dem letzten mißglückten Restaurationsversuch in die Schweiz zurückgekehrt war, hatte er bei Oberst Lehár einen Uniformrock hinterlassen. Das Unternehmen sollte starten, sobald bei den Königstreuen ein Telegramm mit dem Inhalt »Der Kragen soll am . . . aufgenäht werden« eingetroffen sein würde. Das eingetragene Datum war der Ankunftstag des Königs. Doch hatte Lehár verlangt, mindestens vier Tage vorher informiert zu werden. Das Telegramm wurde rechtzeitig abgeschickt. Dennoch erreichte es Lehár erst vier Stunden vor Karls Ankunft. Eine der zahllosen teuflischen Pannen dieser gewagten Aktion.

Zita jedenfalls ließ es sich diesmal nicht nehmen, mitzureisen, obwohl sie schon wieder ein Kind erwartete. Und keiner der wenigen Getreuen, die etwas von dem bevorstehenden Unternehmen wußten, war imstande, ihr das gefährliche Abenteuer auszureden.

So war Karls Adjutant Aladar von Boroviczény wie vom Blitz getroffen, als ihm der König eröffnete: »Ihre Majestät wird auch mitfliegen – treffen Sie alle Vorbereitungen . . .«

»Ich wandte mich an die Kaiserin«, erzählte Boroviczény in seinen Erinnerungen, »und bat sie, so eindringlich ich nur konnte, ihren Entschluß aufzugeben. Ich sagte, daß die Kaiserin bei den Kindern bleiben müsse, die in den schweren Tagen, die kommen würden, ihrer bedürften. Die Kaiserin aber erwiderte ruhig: ›Versuchen Sie nicht, mich abzubringen. Ich bin fest entschlossen mitzufliegen. Den Kindern wird hier in der Schweiz sicher nichts geschehen, sie bleiben ja unter der Obhut der Großmama und der Gräfin Kerssenbrock . . . Der Kaiser aber setzt sich Gefahren aus. Meine Pflicht als Gattin ist höher als die der Mutter. Ich muß auf jeden Fall dort sein, wo es gefährlich ist. Also versuchen Sie nicht, mir die Gefahren zu schildern. Das würde mich nur in meinem Beschlusse bekräftigen . . .«[6]

Boroviczény wollte noch nicht aufgeben. Er argumentierte weiter, sprach von einer möglichen Notlandung – davon, daß sich der Kaiser allein schneller unerkannt entfernen könne als mit der Gattin, ja, daß gerade die Anwesenheit der Königin das ganze Unternehmen gefährden könne . . .

Umsonst. Ganz im Gegenteil, erwiderte sie. Ihre Anwesenheit würde manchen Verdacht vom Kaiser ablenken, denn niemand erwartete den König in Begleitung der Königin. Hier zeigte sich wieder eine der gewaltigen Stärken dieser Frau: eine knappe, entwaffnende Argumentationskraft, gegen die – jedenfalls im Augenblick der Überraschung – nichts Stichhaltiges einzuwenden war. Und doch ließ Boroviczény nicht nach.

»Sind Eure Majestät überhaupt schon einmal geflogen?« fragte er.

»Nein«, antwortete Zita.

»Dann ist es fraglich, ob Eure Majestät den Flug überhaupt physisch durchstehen werden . . .«

Da unterbrach die Kaiserin den Adjutanten ganz energisch. »Wenn ich es aushalten *will*«, sagte sie mit erhöhter Stimmlage, »so *kann* ich es!« Und nach einer kurzen Pause erklärte sie mit einer Entschiedenheit, die jede weitere Diskussion hinfällig machte: »Ich bin die Königin von Ungarn. Die Ungarn sind eine ritterliche Nation. Wenn der Reichsverweser zögern sollte, den König zu verteidigen, so wird er sicher nicht zögern, die Königin zu schützen. Aber ich habe auch die Pflicht als Königin des Landes, ins Land zu kommen, wenn der König dort ist.«

Karl zuckte nur mit den Achseln. Er hatte sich alles schweigend angehört, und Boroviczény schien es, als habe auch der Kaiser schon alle möglichen Argumente gegen Zitas Mitkommen erfolglos vorgebracht.[7]

Ungeklärt indes ist bis heute, ob Zita mit dem Unternehmen überhaupt gänzlich einverstanden war. Bedenkt man, wie schwach sie – verglichen mit ihrem früheren politischen Elan – in der Vorbereitung dieses Abenteuers in Erscheinung trat und wie zurückhaltend sie sich später immer wieder ausdrückte, wenn sie zu den Restaurationsversuchen befragt wurde, so liegt die Annahme nahe, daß sie dem Unternehmen eher skeptisch gegenüberstand – jedenfalls zum damaligen Zeitpunkt. Gegenüber der Autorin äußerte sie sich zweiundsechzig Jahre später so:

»Kaiser Karl hat sich mit mir nicht ›beraten‹. Er hat mir selbstverständlich seine Entscheidung und seine Überlegung mitgeteilt, wie das in jeder guten Ehe der Fall ist. Ich war in großer Sorge, aber er war der apostolische König, er hatte den Krönungseid geleistet, und ich akzeptierte voll und ganz seine Entscheidung. Das erste Mal konnte ich ihn nicht begleiten, weil gerade meine Tochter Charlotte geboren war. Das zweite Mal wußte ich, daß er sich äußerster Gefahr aussetzt, und da gehört die Königin an die Seite des Königs.«[8]

Flügeladjutant von Schonta ist sich sicher, daß Zita den Restaurationsversuch innerlich ablehnte, jedenfalls zum damaligen Zeitpunkt. »Ich weiß ganz bestimmt«, schreibt er in seinen

Erinnerungen, »daß Ihre Majestät von dem Unternehmen abriet, ja sogar einen Mann, der nicht zur Umgebung des Kaisers gehörte, von dem aber Seine Majestät sehr viel hielt, zu diesem sandte, auf daß er seine Überredungskunst versuche. Es war vergeblich.«[9] Jedenfalls reiste Zita mit – nicht, weil es sie selbst zu diesem Unternehmen drängte, sondern weil sie ihren Mann nicht allein lassen wollte und als Königin ihre Pflicht fühlte.

Boroviczény, der beauftragt war, die Vorbereitungen zur Rückkehr des Königs zu treffen, war es gelungen, Ungarns beste Flieger für das Unternehmen zu gewinnen. Alexander Alexay und Oskar Fekete-Farkas suchten den geeignetsten Landeplatz in der Nähe von Ödenburg aus. Im September kamen sie dann nach Zürich, wo sie im »Hotel National« abstiegen – als Kaufleute und ungarische Staatsbürger –, und sie waren es wohl auch, die den Flugplatz Dübendorf bei Zürich als Startplatz für den abenteuerlichen Flug auswählten.

Am 18. Oktober ließen sie sich von dem deutschen Piloten Wilhelm Zimmermann das Flugzeug vorführen. Zimmermann kam von den Junkers-Werken und befand sich in der Schweiz, um dort Flieger mit den neuen Maschinen des Dessauer Unternehmens vertraut zu machen. Das Flugzeug, das für Karl und Zita bereitstand, war von der schweizerischen Luftverkehrsgesellschaft »Ad Astra« gemietet worden (Nr. 59 CH, Fabriknummer 574).

Tags zuvor hatte Zimmermann Besuch von Karls Bevollmächtigten erhalten, die ihn zu seiner großen Verblüffung baten, fünf Passagiere, darunter den König von Ungarn, von der Schweiz nach Westungarn zu befördern. »Durch verschiedene Mittel«, sagte der Pilot später vor den Schweizer Ermittlern aus, »hat man mich in eine gewisse Zwangslage versetzt, so daß ich nach einer mir nur sehr kurzfristig gegebenen Bedenkzeit die Ausführung des Fluges zugesagt habe.«[10] Die »verschiedenen Mittel« bestanden in einem Angebot von 20 000 Schweizer Franken.

Graf Ledóchowski war ahnungslos. So war er am Morgen jenes 20. Oktober 1921 nicht wenig verdutzt, als Karl dem Chauffeur plötzlich eine Richtungsänderung befahl. Statt in

Richtung Einsiedeln fuhr der Wagen nun nach Rapperswil und Rüti. Dann aber eröffnete ihm Karl: »Auf Anraten der bedeutendsten Männer Ungarns habe ich mich entschlossen, nach Ungarn zu gehen, und zwar in einem Flugzeug . . .«

Ledóchowski war dermaßen perplex, daß er keinen zusammenhängenden Satz mehr hervorbrachte. Er stotterte nur noch. »Ist das auch sicher?« fragte er.

»Das wohl kaum«, antwortete Zita kurz.

In der Nähe von Ulster hielt der Wagen an – neben einem Austro-Daimler-Auto, das hier gewartet hatte und eigens für dieses Unternehmen angeschafft worden war. Karl trug Ledóchowski noch auf, nicht gleich nach Hertenstein zurückzufahren, sondern sich zwei gemütliche Tage in der Gegend zu machen. Dann erst sollte er wieder zurückkehren und keiner Menschenseele etwas von dem brisanten Vorhaben erzählen.

Das Kaiserpaar stieg nun in den anderen Wagen um und fuhr zum Flugplatz Dübendorf.

War es zuvor noch nebelig gewesen – so sehr, daß man befürchten mußte, der Flug könne gar nicht stattfinden –, so begann sich jetzt der dichte Schleier zu lüften. Und als Karl und Zita endlich um elf Uhr mit den beiden ungarischen Ersatzpiloten und Boroviczény in die kleine Maschine kletterten, kam die Sonne heraus und machte aus dem dunklen, verhangenen Morgen einen herrlichen Herbsttag. Bald war kein Wind mehr zu spüren. Ein gutes Omen?

Ehe der Pilot die Maschine anrollen ließ, machte er das Königspaar nochmals auf die Gefahren aufmerksam. Der Brennstoff sei unrein, gab er zu bedenken, und der Flug mithin riskant. Aber es gab keine Debatte mehr.

»Fliegen Sie los!« sagte Karl nur.

Die Propeller begannen zu rotieren, die Maschine rollte über die Startbahn und hob dann vom Boden ab. Nun gab es kein Zurück mehr. Sie flogen. Nach Ungarn, weil die Krone rief.

Das Flugzeug stieg steil in den Himmel, bald schon war es auf einer Höhe von 3500 Metern. Zita, zum erstenmal in der Luft, wurde es sogleich schwindelig, ihr Magen machte – so schien es ihr – Anstalten, sich umzudrehen. Heftige Übelkeit überfiel sie, schließlich war sie ja schwanger. Aber es war schon so, wie sie Boroviczeny vor Tagen beschieden hatte: Wenn sie es aushalten *wollte*, so *konnte* sie es auch.

Der erste Zwischenfall ließ nicht lange auf sich warten. Über Bayern wurde der Motor plötzlich hörbar schwächer. Der Pilot blickte Karl und Zita wortlos an. Aber dann schaffte er es doch wieder, und bald lag Österreich unter ihnen. Zita fror. Sie hatte keinen Pelz, sondern nur einen Ledermantel mitgenommen, weil sie wegen ihrer Schwangerschaft keine schweren Kleidungsstücke tragen wollte.

»Daß ja niemand raucht!« ließ sich Zimmermann dann wieder barsch vernehmen, »wir haben ein Leck in der Benzinleitung . . .!«

Es waren wahrhaftig keine gemütlichen Stunden oben in der Luft, hilflos der unbegreiflichen Technik in der Frühzeit der Passagierluftfahrt und dem Können eines Fremden ausgeliefert.

Dann erblickten sie unter sich Wien. Zitas Herz schnürte sich zusammen. Schönbrunn . . . und hier: Laxenburg . . . Augenblicke schmerzlichster Erinnerungen. Karl und Zita blickten sich an, er hielt ihre Hand. Noch fester drückte er sie wohl, als sie über die ungarische Grenze flogen. Jetzt müßte man die Feuer sehen, die für die Landung des Königs entzündet werden sollten. Aber es brannten keine. Warum das? Verrat? Ein Mißverständnis? Was war passiert?

Später stellte sich heraus, was da passiert war. Zita sprach oft von einem »Mißverständnis über den Tag der Ankunft«. Oberst Lehár aber hatte eine eigene Version. Demnach war Agnes von Boroviczény schuld an dem Debakel, die Frau des Adjutanten und frühere Gräfin Schönborn, die der Kaiserin als Hofdame gedient hatte. Sie war am 19. Oktober mit Gepäck von der Schweiz nach Ungarn vorausgeschickt worden. Diese Dame, so Lehár, habe ihm versichert, daß der Flug nicht stattfinden werde. Aber gleichgültig, ob sie dies tatsächlich gesagt oder Lehár sie nur falsch verstanden hatte – jedenfalls ließ der Oberst daraufhin die Alarmbereitschaft abblasen, um seine Leute nicht unnötig zu gefährden. Und weil nun nicht mehr alles Personal im Einsatz war, erhielt er das Telegramm aus der Schweiz viel zu spät. Vor allem aber gab der zuständige Eisenbahnoberbeamte die bereitgestellten Waggons wieder frei, die er zunächst gesperrt und für die Truppen Karls reserviert hatte. Diese Güterwagen wurden nämlich dringend für den Transport der Rübenernte zu den Zuckerfabriken benötigt. Und eben diese Züge verstopften nun die Bahnstrecken und behinderten den gesamten Bahnverkehr. »Wir hatten großes Mißgeschick«, klagte Zita später noch häufig. »Man hat oft erzählt, daß wir zu viel Zeit mit Ministerberatungen vergeudet hätten. In Wirklichkeit verloren wir Zeit beim Wiederfinden unserer Freunde und beim Beschaffen von Waggons. Es war insofern unsere Schuld, als wir bei der ganzen Sache die Zucker- und Kohlrüben nicht berücksichtigt hatten. Von denen rührten unsere Verspätungen her – und unsere maßlosen Enttäuschungen . . .«[11]

So kreiste nun die Maschine über der Gegend von Ödenburg. Schließlich ging der Pilot tiefer und setzte zur Landung an. Im letzten Moment aber erkannte er, daß es nicht der richtige Landeplatz war. Also stieg er erneut hoch und kreiste weiter. Karl und Zita waren außer sich. So exakt glaubte Karl die Reise geplant zu haben, und nun schien es, als erwarte hier überhaupt niemand den Monarchen.

Am späten Nachmittag schließlich – um 16.24 Uhr – fanden sie in der Nähe des vorgesehenen Landeplatzes ein langes Stoppelfeld, auf dem Zimmermann endlich seine Maschine aufsetzte. Sie ging hart, aber ohne Bruch auf dem Gut des Grafen Josef Csiraky nieder. Sogleich eilten staunende Leute aus dem Dorf herbei. Die Aufregung war groß, und ein berittener Knecht wurde zum Grafen geschickt mit der Botschaft, ungarische Offiziere aus der Schweiz seien auf seinem Grund gelandet und bäten um Unterkunft.

Das Haus des Grafen war voller Gäste, da am selben Tag die Taufe seines Sohnes stattfand. Und wie es der Zufall wollte, war auch Graf Julius Andrássy, Königstreuer und früherer Außenminister, unter den Gästen. Er war wie vom Blitz getroffen, als er vernahm, daß da tatsächlich sein König buchstäblich vom Himmel gefallen war. Und es war für ihn auch eine recht peinliche Situation. Denn vor wenigen Tagen hatte er mit Ministerpräsident Bethlen Modalitäten ausgehandelt, unter welchen die Bildung einer einheitlichen Regierungspartei möglich war, die an die Stelle der Koalition von Christlich-Sozialen und kleinen Landwirten treten sollte. Diese Partei wäre monarchistisch gewesen und hätte sich vorerst auf den Passus geeinigt, daß der Monarch »weder mit Gewalt ins Land gebracht« noch »der Krone beraubt« werden dürfe. Nun war der Monarch ins Land gebracht, und Andrássy war bei ihm. Dennoch stellte sich der Graf seinem König unverzüglich zur Verfügung.

Der ersten Panne folgte sogleich die zweite. Ursprünglich war vorgesehen gewesen, daß der König – von der Königin hatte natürlich niemand etwas geahnt – auf einem Unterwegsbahnhof unauffällig zum Osztenburg-Bataillon in den Zug steigen und so geheim und unerkannt bis vor Budapest gelangen sollte. Jetzt aber ließ er sich überreden, mit dem Auto gleich in die Garnison nach Ödenburg zu fahren, wo ihn jeder kannte. Geheimhaltung war nun nicht mehr möglich. Horthy wurde alarmiert und traf sofort Gegenmaßnahmen.

Karl verließ sich auf die Entente, vor allem auf Frankreichs Ministerpräsidenten Briand. In Ödenburg bildete er anderntags eine Regierung. Stephan Rakovszky, den früheren Präsidenten des Abgeordnetenhauses, ernannte er zum Ministerpräsidenten, Andrássy zum Außenminister, Lehár zum General.

Es mußte nun rasch gehen. Karl vereidigte die Truppen, und man bemühte sich, die nötigen Waggons für den Truppentransport freizubekommen, ein schwieriges Unternehmen, denn die Rübenernte war in vollem Gange.

Da sie in der Kaserne des Bataillons Osztenburg unmöglich übernachten konnten, wurden Zita und Karl nach Sajtoskal auf das Gut Rupprecht gebracht, wo sie essen und drei Stunden schlafen konnten, ehe sie um drei Uhr morgens zurück nach Ödenburg fuhren. In dem dortigen Empfangszimmer, in dem vier Stühle standen sowie eine Bank ohne Lehne, erneuerte

General Paul Hegedüs, Standortkommandeur von Ödenburg, seinen Offizierseid auf den König. Etwa achtundvierzig Stunden später sollte er ihn verraten . . .

»Nach übermenschlichen Anstrengungen« – so Lehár in seinen Erinnerungen – »gelang es, den Transport in Gang zu setzen. Um 23 Uhr wurde der Zug bestiegen.« Das Herrscherpaar wurde in einem Sanitätswagen mit zwei engen Abteilen untergebracht. Und so dampfte der Zug durch West-Ungarn.[12]

Es wurde ein wahrer Triumphzug. Die Garnisonen von Ödenburg, Raab und Steinamanger schlossen sich an, überall jubelten Bürger und Soldaten dem Königspaar zu. Begeisterte Menschen warfen Blumen in den Zug, die Königin lächelte und winkte. In Raab stieg das Monarchenpaar aus und schritt die Front einer Ehrenkompanie ab. Und als der Zug dann wieder anfuhr, erklang die ungarische Hymne. Das Königspaar stand am Fenster und sang mit.

Vor Komorn waren die Schienen aufgerissen, der Zug mußte in Acs stehenbleiben. Von dort rief der designierte Ministerpräsident Rakovszky den amtierenden Regierungschef Bethlen in Budapest an. Ultimativ forderte er ihn auf, sich zu fügen.

»Darauf gehen wir nicht ein«, war die Antwort.

»Dann seid Ihr Verräter und werdet als solche behandelt . . .«

Einen Moment war es still in der Leitung. Dann sagte Bethlen: »Seine Majestät soll Komorn nicht angreifen lassen . . .«

»Es besteht auch nicht die Absicht«, erklärte Rakovszky. »Wenn von dort aber geschossen wird, schießen wir zurück. Hört innerhalb einer halben Stunde der Widerstand nicht auf, gehen wir zum Angriff über!«[13]

Karl möge doch auf den Brief Horthys warten, den Minister Josef Vass überbringen werde, bat Bethlen nun.

Horthy versuchte, Zeit zu gewinnen, soviel war klar. Damit war er ja bisher immer gut gefahren. Aber Rakovszky durchschaute ihn. Komorn mußte genommen werden ohne Zögern.

Als dann um 18.15 Uhr die königlichen Truppen tatsächlich zum Sturm übergingen, fiel kein Schuß. Die Garnison ergab sich, der Kommandant floh. Viel später erst erreichte der Brief des Reichsverwesers den Zug. Der König, hieß es darin, möge sich die Restauration aus dem Kopf schlagen. Karl solle allein nach Budapest kommen, sich von der dortigen Situation überzeugen und dann schleunigst wieder in die Schweiz zurückkehren.

Die ganze Nacht fuhr der Zug weiter, das Ziel war Kelenföld, ein Vorort von Budapest. Aber er erreichte dieses Ziel nicht, denn der Zug, der vorweg fuhr, geriet unter Beschuß, und vor Kelenföld waren ebenfalls die Schienen zerstört. Bis zur Weiterfahrt blieben sie vorerst in der Station Bia-Torbagy stehen.

Es war Sonntag, der 23. Oktober. Unter einem blauen Herbsthimmel wohnten Karl und Zita der Feldmesse bei. Es war ein unvergeßlicher Anblick. »Am Feldaltar zwischen den Bahngeleisen brennen hohe knisternde Wachskerzen«, erzählte einer, der es miterlebte. »Auf den Steinen zwischen den Schellen kniet das Königspaar. Waffen ringsum im weiten Kreis. Soldaten und Offiziere. In scheuer Entfernung drängt die Menge hinter den Gendarmen. Das Glöckchen läutet zur Wandlung. Tief beugt sich der König vor dem Mysterium. Nur das Raunen der Menge dringt gedämpft aus der Ferne.«[14]

Die Bevölkerung hier hatte inzwischen erfahren, daß der König unter ihnen war. Eilends zogen die Menschen ihre Festtagskleider an und kamen mit Fahnen und Blumen, um das Königspaar zu begrüßen. Alle wollten sie den König sehen, mit ihm sprechen, ihn berühren. Viele klagten über die Zustände im Land, über all das, was sie seit der Revolution erdulden mußten. »Es lebe der König, es lebe die Königin!« riefen sie jubelnd.

Unterdessen wurde wenige Kilometer entfernt bereits gekämpft. Denn die Königstreuen waren auf eine Truppe von etwa dreihundert Studenten gestoßen, denen Horthy eingeredet hatte, daß »unser armer König durch die Tschechen und Kommunistenbanden irregeführt« worden sei und nun »an ihrer Spitze gegen die Hauptstadt« ziehe. »Unsere Pflicht«, so Horthy, »ist es, unseren König aus den Händen dieser Betrüger zu befreien.«[15]

Ein entscheidender Fehler war es, daß Lehár das Kommando an General Hegedüs abgab. Dieser machte den Vorschlag, sich selbst nach Kelenföld an die Front zu begeben und – wie er sagte – die Regierungsoffiziere zur Aufgabe zu bewegen. In Wirklichkeit aber fuhr er nach Budapest und gab sich plötzlich als Horthy-Anhänger zu erkennen. Und dort besiegelte er die Niederlage des Königs. Als der britische Hochkommissar in Budapest, Hohler, um 10.45 Uhr an diesem 23. Oktober 1921 bei Bethlen eintraf, fand er Hegedüs vor, der soeben versicherte, dem König keinen Eid geleistet zu haben. Hohler erklärte nur: »England wird Karl niemals anerkennen und die Rückkehr eines Habsburgers niemals erlauben angesichts der Möglichkeit eines Krieges, der wir uns nun gegenübersehen.«[16]

Hegedüs kam gegen 14.00 Uhr zum König zurück und berichtete ihm, daß er in Budapest gewesen sei. Horthy, so Hegedüs jetzt, sei entschlossen, zu kämpfen, die Burg sei stark bewaffnet. Auch habe Hohler gedroht einzugreifen. Horthy habe ihm außerdem aufgetragen, Karl zu melden, daß er sich nun gezwungen sehe, an der Spitze seiner Truppen gegen den König zu kämpfen. Der einzige Ausweg – so riet Hegedüs – sei ein Waffenstillstand. Ein solcher könne für eine Atempause sorgen, während welcher aus Westungarn frische königstreue Truppen herangezogen werden könnten.

Da entschloß sich der König, selbst an die Kampflinie zu ziehen und den Truppen zu zeigen, daß er es war, für oder gegen den sie kämpften. Zu seinem Entsetzen sah Lehár auch die Königin auf die Lokomotive springen, die der König bestiegen hatte und auf der eine weiße Fahne wehte. Der kleine Raum für Heizer und Fahrer war voll, denn einige Offiziere, darunter auch Hegedüs, fuhren ebenfalls mit, und für Zita wurde noch rasch ein Holzstuhl hinaufgestellt. Es wehte ein eisiger Wind. Auf der anderen Seite aber drohte man nahezu zu verglühen, denn die Feuerungskessel erzeugten eine unerträgliche Hitze.

An der Front angekommen, erfuhren sie, daß die Gegenseite eine kurze Waffenruhe angeboten hatte. Karl wollte nicht darauf eingehen, denn er fürchtete – mit Recht, wie sich zeigen sollte

– eine Neugruppierung der gegnerischen Truppen und einen nächtlichen Angriff. Aber die Offiziere zerstreuten seine Befürchtungen. Vor allem verwiesen sie auf die erschöpften Soldaten, die neue Kräfte sammeln könnten. Und Karl ließ sich umstimmen. Vielleicht war es das große Verhängnis dieses Ungarn-Abenteuers, daß Zita in diesem Unternehmen einen eher untergeordneten Part spielte, sich selbst mit ihm nicht gänzlich identifizierte und somit auch ihren Mann nicht in seiner ursprünglichen Haltung bestärkte.

So wurde also Waffenruhe geschlossen, die bis acht Uhr am nächsten Morgen andauern sollte. Dabei ließ der König die Demarkationslinie unverständlicherweise von Hegedüs festlegen. Kein Wunder also, daß dies durchweg zum Nachteil der königlichen Truppen geschah. Inzwischen besetzten Horthys Soldaten die umliegenden Höhen. Die Königstreuen saßen in der Falle.

Hegedüs bat Karl nun, von seinem Kommando entbunden zu werden, da seine Söhne auf der anderen Seite kämpften. Und Karl – ein weiterer Fehler – ließ ihn gehen, statt ihn auf der Stelle zu verhaften.

Bald war der Verrat offenkundig. Die Regierungstruppen hielten sich nicht an die vereinbarte Frist der Waffenruhe. Sie gingen schon früher zum Angriff über. Einigen königstreuen Regimentern gelang es noch, sich zurückzuziehen, andere wurden überrannt.

Gratz und Lehár wurden nun beauftragt, Waffenstillstandsverhandlungen einzuleiten. Immer noch glaubte Karl, daß Horthy unter dem Druck der Entente nachgeben werde. Aber es gab keinen Druck. Im Gegenteil! Der französische Gesandte war unauffindbar; Briand stand nicht zu seinem Wort. Während Lehár verhandelte, sah er die Regierungstruppen die Waffenstillstandslinie überschreiten. Seinen Protest beantworteten sie lapidar: »Rebellen gegenüber ist alles erlaubt!«[17]

Die Verhandlungsbedingungen der Gegenseite: Sofortige Waffenübergabe, Abdankung des Königs, persönliche Sicherheitsgarantie für die Majestäten, aber kein Wort über Dauer und

Ort des noch zu bestimmenden Aufenthalts. Darüber, hieß es, müsse erst mit der Entente gesprochen werden.

Noch während der König mit den Unterhändlern über die Waffenstillstandsbedingungen sprach, schlug im benachbarten Waggon plötzlich eine Bombe ein. »Wir kämpfen bis zum letzten Tropfen Blut!« riefen daraufhin die treuen Anhänger des Königs. Karl aber wollte nicht mehr. Er wünschte kein sinnloses Blutvergießen. Auf der Plattform des Waggons diktierte er seine Kapitulation.

Das politische Leben des Königs war zu Ende.

»Wir traten von der Plattform des Wagens in das Abteil, wo die Königin saß«, erinnerte sich Boroviczény. »Sie hatte alles gehört und gesehen. Ihr Gesicht war völlig ruhig. Sie war nicht weniger abgeklärt als der Kaiser. Ihre erste Frage war: ›Ist für die Verwundeten gesorgt worden, die im Stationsgebäude liegen?‹ Lehár konnte sie beruhigen. Man hatte tags zuvor in einem Raum des Bahnhofs ein Feldlazarett eingerichtet. Zita hatte sich nämlich, als sie mit der Lokomotive von der Front zurückgekehrt war, der Verwundeten angenommen. Boroviczeny: »Sie sprach mit jedem einzelnen und sorgte für die Pflege, so gut es nur ging. Kein einziger klagte. Als die Königin sie nach Schmerzen fragte, fand sich nicht einer, der zugab, daß er Schmerzen hatte.«[18]

Was aber war nun zu tun?

Franz Graf Esterházy, der seit dem 22. Oktober den Zug begleitet hatte, lud das Königspaar auf sein Schloß in Totis ein. Karl und Zita nahmen mit Dank an. Zehn Equipagen des Grafen erwarteten in Totis das Paar, die Kutscher trugen prächtige ungarische Trachten. Es war der letzte festliche Empfang für das Königspaar.

In der Nacht – endlich schliefen Karl und Zita wieder in ordentlichen Betten – brachen sechs Männer ins Schloß ein. Sie durchsuchten die Räume, überfielen einige übermüdete Osztenburg-Offiziere, sperrten sie in ein Zimmer und drangen ins Schlafgemacht Andrássys ein. Dort freilich entschuldigten sie sich eifrigst. »Seien Sie ruhig, Exzellenz«, sagten sie, »wir wollen Ihnen nichts tun – wir suchen den Karl.« Sie verließen das

Zimmer wieder, und Esterházy, der im Nachthemd herbeigeeilt war, konnte die Störenfriede gerade noch an der Schneckenstiege, die zum Schlafzimmer des Königspaares führte, aufhalten. Eigenhändig warf der Graf einen von ihnen die Treppe hinunter. Gendarmen nahmen sie kurz darauf fest. Am nächsten Tag freilich wurden die Eindringlinge wieder freigelassen.

Aus Budapest verlautete indessen: »Niemand in Ungarn, am wenigsten der Reichsverweser, betrachtet den König als Gefangenen. Allein die Sicherheit der Allerhöchsten Persönlichkeiten und die Existenz des Vaterlandes sind maßgebend für Entschluß und Handlungen der Regierung.«

Am nächsten Morgen wurden Karl und Zita nach Tihany gebracht. In dem Benediktinerkloster am Plattensee sollten sie, streng bewacht, bis zu ihrer Weiterfahrt am 31. Oktober bleiben. Ein Ecksalon, ein kleines Schlafzimmer und ein Toilettenzimmer bildeten ihre zeitweilige Behausung.

Am 26. Oktober fand dann im britischen Unterhaus eine Geheimkonferenz statt, auf der Außenminister Lord Curzon drängte, Karl unbedingt aus Ungarn herauszuschaffen. Da zufällig ein geeignetes britisches Kriegsschiff im Schwarzen Meer kreuzte, sollte dieses das Königspaar aufnehmen. Mit einem Dampfer sollten Karl und Zita zunächst donauabwärts fahren und dann von dem englischen Schiff zu ihrem neuen Aufenthaltsort gebracht werden.

So geschah es auch. Doch zuvor lehnte es Karl noch einmal entschieden ab, einen Thronverzicht zu unterschreiben. Daher beschloß die ungarische Nationalversammlung am 4. November 1921, daß »die souveränen Rechte des Königs Karl IV. erloschen« seien, die Pragmatische Sanktion außer Kraft trete und die Nation nunmehr das Recht der freien Königswahl zurückgewinne. Die Besetzung des Thrones freilich werde auf spätere Zeiten verschoben.

Nun verlangten die Entente-Vertreter die Übergabe des Königs an den Kommandanten der Donauflotte. Zwar protestierte Karl, da er das Recht habe, sich als Ungar auf ungarischem Gebiet aufzuhalten, aber es half nichts. In einem Kraftwagen wurden Karl und Zita am Abend des 31. Oktober zur Bahn gebracht, begleitet von drei Entente-Offizieren. Am 1. November erreichte der Zug um sechs Uhr früh Baja an der Donau.

Die Odyssee dauerte nahezu drei Wochen. Vom 1. November bis zum 19. November fuhr das britische Schiff mit seinen unfreiwilligen Passagieren durch Mittel- und Osteuropa, kreuz und quer, bis an die asiatische Küste, dann wieder an die spanische, um sie schließlich auf der portugiesischen Insel Madeira im Atlantik vor der Westküste Afrikas abzusetzen.

Direkten Kontakt zu den Kindern in der Schweiz konnten sie vorerst nicht aufnehmen. Aber am 27. Oktober erfuhren die besorgten Eltern durch die Britische Botschaft immerhin, daß es ihren Kindern gutging. Zita freute sich sehr, als sie zusammen mit einer Tasche voll Kleider, Wäsche, Schuhe und Zigaretten, die ihnen drei Entente-Offiziere mit Grüßen von Josef Károlyi überbrachten, auch ein Bild ihrer Kinder erhielten – in einer kleinen Kugel, die sich öffnen ließ.[19]

Die Kinder blieben in der Schweiz unter der Obhut ihrer Stiefgroßmutter, der Erzherzogin Maria Theresia. »Du kannst beruhigt sein. Ich bin Tag und Nacht für die Kinder da und werde sie gut behüten«, hatte Maria Theresia Zita versprochen, ehe die Königin mit ihrem Mann nach Ungarn aufbrach. Jetzt zog die Erzherzogin mit den Kindern zu Maria Antonia nach Wartegg.

Von der Ausweisung der Familie und des Gefolges aus der Schweiz erfuhren Karl und Zita schon in Tihany – aus Zeitungen, die ihnen Primas Csernoch zugesteckt hatte. Diese Maßnahme erstreckte sich nicht auf die Kinder, und auch Maria Theresia als ihre Betreuerin wurde nicht ausgewiesen.

Aber während Karl und Zita sich auf dem britischen Dampfer befanden, der ziellos durchs Mittelmeer fuhr, erhielten sie keinerlei Nachricht von ihren Kindern. Und das, obwohl Gräfin Kerssenbrock das Rote Kreuz dringend ersuchte, ein Lebenszeichen der Kleinen zu übermitteln.[20] Das entsprechende Telegramm erreichte den Eidgenössischen Bundesrat. Weiter gelangte es nicht.

»Sie hatten die Grausamkeit, uns siebzehn Tage lang unter

alle Himmel und durch alle Gewässer zu schleppen«, klagte Zita später, »ohne uns zu verraten, wohin die Reise ginge, ob wir je unsere Kinder wiedersehen würden und mit ihnen vereinigt werden konnten.«[21]

Erst als Zita und Karl ihren Fuß auf Madeira setzten, erfuhren sie, daß die Kinder wohlauf waren.

Vom Atlantik umspült

Es regnete in Strömen, als das britische Schiff mit dem verbannten Kaiserpaar um drei Uhr nachmittags im Hafen von Funchal, der Hauptstadt Madeiras, anlegte. Man schrieb den 19. November 1921. Die ungemütliche Witterung hatte einen Großteil der Bevölkerung nicht davon abgehalten, die prominenten Ankömmlinge zu begrüßen, jedenfalls zu bestaunen. Die Inselbewohner empfingen die unfreiwilligen Gäste freundlich. Viele riefen ihnen gute Wünsche zu; ein Pfarrer sprach herzliche Worte des Willkomms.

Karl und Zita atmeten auf. Nach wochenlanger Reise waren sie nun wenigstens irgendwo gelandet – auf einer armen portugiesischen Insel, umspült vom Atlantischen Ozean, vom ewigen Meer, das alle historischen Umwälzungen gelassen umrauscht. Dabei mußten sie noch froh sein, daß sie nicht auf ein weit öderes, abgeschiedeneres Eiland gebracht worden waren. Zeitweilig hatten die Entente-Mächte nämlich auch an die Insel Ascension gedacht, die »Himmelfahrtsinsel« im südlichen Atlantik, einen britischen Kolonialbesitz mit wenigen hundert Bewohnern, der wegen einer unerträglichen Hitze gefürchtet war. Dorthin hätten die Kinder bestimmt nicht nachfolgen können.

Fast waren Karl und Zita erstaunt über die herzliche Aufnahme. Nach der langen Irrfahrt hatten sie mit fröhlichen Gesichtern und aufrichtigen Ehrenbezeugungen kaum noch gerechnet. Und nun immerhin kam der Bürgermeister persönlich an Bord – er war zugleich der Polizeipräsident – und begrüßte die Ankömmlinge. Er war nicht damit einverstanden, daß der

Kapitän oder der britische Konsul die Verbannten ans Land brachte. Die Engländer gehe das gar nichts an, ließen die Portugiesen die Briten wissen. So wurden Karl und Zita nun auf dem Schiff den Portugiesen übergeben. Dann brachte man sie in die »Villa Victoria«, ein leidlich komfortables Haus.

Indessen waren die finanziellen Mittel Karls nahezu erschöpft. Allerdings wähnte sich das Paar gesichert, da es über die in der Schweiz deponierten Juwelen verfügte. Eine »Apanage«, wie sie fortwährend im Gespräch war, wurde von der Botschafterkonferenz nicht beschlossen. Dabei ging es eigentlich nicht um eine echte Apanage, sondern schlicht um die »obligate Versorgung des Gefangenen durch jene, die ihn gefangen hielten«, wie Zita im Tagebuch feststellte.[1] Dennoch wurde immer wieder – auch in Radiomeldungen – behauptet, Karl und Zita werde nunmehr eine »Apanage« zugestanden – offenbar um etwaiges Mitleid zu blockieren und um tätige Hilfe als überflüssig erscheinen zu lassen.

In ihren Aufzeichnungen erzählt Zita, wie wenige Tage nach ihrer Ankunft in Madeira der britische Konsul eine Botschaft an Karl geschickt habe. Ihr Inhalt: Wenn Karl abdanke, würde man ihm die konfiszierten Güter in den Nachfolgestaaten zurückerstatten, und England würde ihn zusätzlich versorgen. Andernfalls bliebe er ohne Apanage, und jedwede Zuwendung werde unterbunden. Karls Antwort: »Melden Sie den Herren, daß Meine Krone nicht käuflich ist.«[2]

Schon einen Tag nach ihrer Ankunft beantragte Zita einen portugiesischen Paß. Graf Hunyady, der mit dem Königspaar nach Madeira gekommen war, setzte Himmel und Hölle in Bewegung, bis ihn Zita am 9. Dezember tatsächlich erhielt, ausgestellt auf den Namen »Condessa de Lusace, heimatberechtigt in Lucca, Italien«[3]. Zita hatte auch einen handfesten Grund für ihren Wunsch: Sie wollte in die Schweiz – zu ihren Kindern, vor allem zu ihrem sechsjährigen Robert, dem eine Blinddarmoperation bevorstand. Aber das war nicht der einzige Grund für ihre Reise. Vielmehr war ihr und Karl sehr daran gelegen, gegenüber dem Schweizer Bundesrat klarzustellen, daß der Kaiser keineswegs, wie die Eidgenossen das empfanden, »wortbrüchig« geworden sei. Vielmehr habe Karl den Passus in den schweizerischen Aufenthaltsbedingungen, der ihn verpflichtete, jede Ortsveränderung ins Ausland achtundvierzig Stunden vorher anzuzeigen, anders ausgelegt als die Schweizer. Er habe gemeint, daß es hier nur um eine Änderung des Exils gehe, nicht um jedwede Ausreise. Und eine Änderung des Exils war die Ungarn-Reise ja nicht.

Nicht zuletzt aber hatte Zita vor, einen Überblick über ihre finanziellen Mittel zu gewinnen. Im Gespräch mit Finanzexperten wollte sie erfahren, was getan werden könne, um liquide Mittel zu bekommen.

Aber zunächst galt es einen gewaltigen Papierkrieg durchzustehen. Und es dauerte einige Zeit, bis sich die Schweizer Behörden und die Entente mit Zitas befristeter Einreise in die Schweiz einverstanden erklärten.[4] Doch setzte nun ein gigantischer Proteststurm und Pressewirbel ein.[5] Die Ex-Kaiserin, hieß es nun, versuche erneut eine Restauration; in der Schweiz plane sie eine Zusammenkunft mit politischen Kräften Ungarns, und sie beabsichtige, demnächst Otto auf den Budapester Thron zu heben.

Am 12. Januar 1922 um 6.05 Uhr traf Zita in Basel ein. Sie wurde von der Hauslehrerin Sepibus und dem Grafen Salange, einem Portugiesen begleitet. In Basel wurde sie im Namen der Schweiz von Legationsrat Egger und seitens der Familie von Fritz Fischer von Ankern willkommen geheißen. Trotz der frühen Morgenstunde hatten sich zahlreiche Neugierige am Bahnhof eingefunden.[6]

Auf der Weiterreise nach Zürich erläuterte ihr Egger nochmals die Bedingungen, die sie schon kannte: Abreise binnen vierzehn Tagen, Wohnaufenthalt im Krankenhaus Paracelsus, wo ihr Sohn operiert wurde. Dazu kam nun noch: Ständige Bewachung, keine Ausgänge ohne Begleitung, keine Spaziergänge mit den Kindern, keine Verwendung von Autos, keine Besuche bis auf die der Familie und des Gefolges.

Zita sollte alles recht sein, obwohl ihr das Ausgangsverbot mit den Kindern nicht einleuchten wollte. Doch bat sie um die

Erlaubnis – die sie dann auch bekam –, den Vermögensverwalter Dr. Seeholzer empfangen zu dürfen, um mit ihm dringende finanzielle Angelegenheiten zu besprechen.

Während ihres Aufenthalts wurde Zita aufs strengste observiert, doch nicht nur sie allein. Selbst Schloß Wartegg wurde in diesen Tagen von der Polizei überwacht. Es war, als befände sich die Schweiz in höchster Existenzgefahr, als liefe die Ex-Kaiserin mit einer Bombe in der Tasche herum. Natürlich ließ sich der Bundesrat von Zitas Version über die angeblich mißverstandene Ausreiseregelung nicht überzeugen. Für ihn blieb Karls und Zitas Ungarn-Reise »Wortbruch«[7].

In Zürich kam Zita fast unbemerkt an. Nur Erzherzogin Maria Theresia, begleitet von Polizeiwachtmeister Fischer, ihrem ständigen Bewacher, erwartete sie auf dem Bahnsteig. Gemeinsam fuhren sie ins Paracelsus-Krankenhaus, wo Zita im sonst unbewohnten ersten Stock vier ineinander übergehende Räume zugewiesen bekam. Und hier konnte sie endlich ihre Kinder in die Arme schließen, die freilich nur besuchsweise in ihr Appartement kommen durften. Sie weinte vor Freude, als sie sie nacheinander an sich drückte. Ein Glück, das sie in ihrem Unglück um so intensiver genoß. Es waren ja so liebenswerte Kinder – und wieviel hatten sie entbehren müssen! Allzu früh waren sie zu Opfern der königlichen Pflicht geworden. Nun aber würde es bald mit der Trennung zu Ende sein, dachte Zita, bald würde man wieder zusammen wohnen – freilich weit, weit weg vom zivilisierten Mitteleuropa, im Atlantischen Ozean. Für die Kleinen war das ein prickelndes Abenteuer. Sie fühlten sich an die vielen Seemannsgeschichten erinnert, die sie gelesen hatten oder vorgelesen bekamen. Und über allem die Freude, bald wieder bei den Eltern zu sein. Otto war inzwischen neun Jahre alt, Adelhaid acht, Robert sieben, Felix sechs, Karl-Ludwig knapp vier und Rudolf zweieinhalb; das Baby Charlotte zählte gerade zehn Monate.

Natürlich überschlugen sich jetzt, da die Ex-Kaiserin in der Schweiz eingetroffen war, die Meldungen. Manche glaubten sogar zu wissen, die Kaiserin sei bereits nach Wien weitergereist

– mit Otto, versteht sich, dem sie ja zum Thron verhelfen wollte. Die geschürte Hysterie kannte keine Grenzen. Vier Tage nach der erfolgreichen Operation des kleinen Erzherzogs wurden französische, englische und italienische Auslandsvertreter beim Politischen Departement in Bern vorstellig und erinnerten aufgeregt daran, daß die Botschafterkonferenz beschlossen habe, Karl bei einem nochmaligen Restaurationsversuch auf eine völlig entlegene Insel zu verbannen. Die Diplomaten baten darum, der Exkönigin ein Aide-mémoire zu übergeben. Außerdem möge Zita doch möglichst vor dem 31. Januar abreisen.[7a]

Über das Memorandum, das ihr am 19. Januar überreicht wurde, mokierte sich Zita, wie sich Egger später erinnerte. Sie sei erstaunt, sagte sie, daß sich die Botschafterkonferenz ihretwegen so große Sorgen mache. Andrerseits traue sie ihr offenbar nicht einmal minimale politische Einsicht zu. Denn es sei ja wirklich keine Kunst, zu erkennen, daß ein Restaurationsversuch gegenwärtig völlig aussichtslos wäre.[8]

Gewiß hat noch nie eine harmlose Operation so lautstarke Aufregung in der Öffentlichkeit verursacht wie der Eingriff am Blinddarm des kleinen Robert. So meldete ein Gewährsmann dem Polizeikommando in Bern: »Die Gefahr eines bevorstehenden Putschversuchs von Zita mit dem Kronprinzen ist gegenwärtig so groß, die karlistische Propaganda in Ungarn nimmt große Dimensionen an . . . Zitas Ankunft in der Schweiz war der Anfang einer intensiven Bewegung in Budapest gegen die Horthy-Partei. In Budapest hat man bereits eine Verschwörung entdeckt, deren Fäden bis zu René de Parma, Sixtus und dem Kronprinzen Otto reichen . . .«[9]

Am 17. Januar konnte sich Zita dann mit Seeholzer zusammensetzen. Auch Egger nahm an der Besprechung teil. Sein Bericht gibt uns heute Aufschluß darüber, was damals bei der geheimen Zusammenkunft diskutiert wurde.[10]

Alles, was sich bei diesem Gespräch herausstellte, war ein neuer schwerer Schlag für Zita. Denn nun erfuhr sie, daß Baron Bruno Steiner, der zur Gefolgschaft Karls in der Schweiz gezählt hatte und früher gelegentlich mit Vermögensbetreuungen beauftragt war, finanzielle Transaktionen im Namen des Kaisers vorgenommen hatte, ohne dazu ermächtigt worden zu sein. Er sei jetzt in Wiesbaden, hieß es. Noch in Tihany aber hatte Karl Dr. Seeholzer schriftlich mit der Vermögensverwaltung beauftragt. Mit ihm hatte sich Steiner trotz mehrfacher Aufforderung nicht auseinandergesetzt. Nun erhoffte sich Seeholzer von Zita Aufklärung. Aber was wußte sie über Steiner? Nichts. Was hatte Steiner mit dem Schmuck angefangen, der in seine Hände gelangt war? Wo war er zu erreichen? Vielleicht hatte Steiner die wertvollsten Gegenstände einfach mitgenommen. Hatte er sie veräußert, das Geld in die eigene Tasche gesteckt?

Zita listete auf, was aus dem »Kronschmuck« verpfändet war: das Goldene Vlies, die sogenannte Hauskrone, ein Rosenkollier und die doppelte Perlenkette Maria Theresias sowie eine wertvolle Brosche. Nur Steiner konnte darüber Auskunft geben. Auch über den Verbleib des legendären Florentiner-Diamanten Karls des Kühnen, der einen Verkaufspreis von rund zehn Millionen Franken einbringen sollte, und über die berühmte Borso-Bibel von Crivelli, die auf einen Wert von etwa fünf Millionen Franken geschätzt wurde, sollte sich Steiner äußern. Denn für diese Kleinodien hatten sich schon amerikanische Interessenten angesagt. Also hieß es nun, Steiner zu finden und von ihm Aufschluß zu verlangen.

Bald aber sollte sich zeigen, daß die schlimmsten Befürchtungen Zitas und Seeholzers berechtigt waren. Steiner machte Schwierigkeiten, ein Prozeß blieb ergebnislos, und dann verschwand er auf Nimmerwiedersehen. Erst viele Jahre später stöberte man ihn auf; arm und einsam soll er gestorben sein. Was aber mit den Juwelen geschehen ist, weiß bis heute niemand.

Für Karl und Zita war die vorläufige Ungewißheit über den Verbleib der Pretiosen ein großes Unglück. Dr. Seeholzer erfuhr von Zita die tatsächliche finanzielle Lage: Das Geld auf Madeira reiche gerade noch für ihre und der Kinder Rückkehr, nicht aber für die Ablösung dringlicher Bankverpflichtungen sowie für die Auszahlung von Zuschüssen an Mitglieder des ehemaligen kaiserlichen Hauses und an die in Luxemburg befindliche Suite.

Doch Seeholzer machte Zita Mut. Noch konnte sie ja hoffen, daß sich die Sache mit Steiner regeln werde. Außerdem würde die Botschafterkonferenz der kaiserlichen Familie wohl eine jährliche Dotation von 25 000 Dollar bewilligen. Diese Summe sei hauptsächlich von den Nachfolgestaaten der Monarchie aufzubringen. Nur die Tschechoslowakei, meinte Seeholzer, werde da Schwierigkeiten machen.[11]

Er hatte sich gründlich getäuscht. Kein Staat, keine Botschafterkonferenz, kein Irgendwer zahlte auch nur einen Groschen. Die kaiserliche Familie war nun so gut wie mittellos. Niemanden kümmerte es. Was die Botschafterkonferenz schließlich beschloß, daß nämlich die Nachfolgestaaten jährlich 20 000 Dollar zahlen sollten, blieb wertloses Papier. Keiner zahlte. Statt dessen wehklagte Lord Curzon, der britische Außenminister, über die »ernste Gefahr für den Frieden Mitteleuropas«, der »durch die Ungewißheit angesichts möglicher Unternehmungen des Exkaisers verewigt wird . . .«[12]

Ähnliche Aufregung wie bei der Einreise in die Schweiz gab es schließlich bei Zitas Rückkehr. Sie wollte nach Paris und von dort aus gemeinsam mit den Kindern, die nachkommen sollten, die Reise nach Madeira antreten. Das wurde ihr nicht gestattet. Im Gegenteil. Sie sollte so schnell wie möglich über Genf durch Frankreich bis San Sebastian fahren – eine beschwerliche, um viele Stunden längere Reise. Dabei mutete man der Ex-Kaiserin, die übrigens erneut in anderen Umständen war, zu, daß sie um 23.17 Uhr in Lyon ankommen und dann am Morgen um 6.45 Uhr weiterreisen sollte. Am Abend sollte sie in Bordeaux ankommen und nachts um 3.55 Uhr weiterfahren. Während der langen Wartezeiten hätte sie sich in Bahnhofswartesälen aufhalten müssen.[13] Schließlich durfte sie dann doch in einem Lyoner Hotel übernachten, allerdings erst, nachdem Staatspräsident Poincaré sich persönlich für Zita eingesetzt hatte. Er erreichte es auch, daß sie in Bordeaux etwas länger ausruhen konnte.

Zita trug es mit Humor. Die Franzosen, scherzte sie, seien eben liebenswürdige Menschen. Sie wollten ihr auf ihrer Rückreise »auch noch ein Stück Frankreich zeigen«[14].

Allerdings gab es später auch heftigen Widerspruch in Frankreich gegen die Behandlungsweise der schwangeren Ex-Kaiserin. Es sei doch bekannt, so *Le Matin*, daß sich Zita selbst als Französin fühle und immer frankophil eingestellt gewesen sei. Gerade deshalb hätte sie ja während des Krieges von deutscher Seite so schlimme Gehässigkeiten ertragen müssen.[15]

Zita trat also am 21. Januar 1922 die Rückreise nach Madeira an. Vier Tage später folgten ihre Kinder, mit Ausnahme des kleinen Rekonvaleszenten, der einen Monat später mit Gräfin Kerssenbrock auf der Insel eintraf.

Im Gegensatz zu Frankreich wurde Zita – schon fast kurios – in Spanien wie eine noch amtierende Herrscherin empfangen. Am Bahnhof in Madrid erwartete sie das spanische Königspaar, begleitet von Hofwürdenträgern und Regierungsmitgliedern. Sogar eine Ehrenkompanie war angetreten. Zwei Tage blieb sie am Hof von König Alfons XIII., ehe sie weiter nach Portugal fuhr. Hier schlossen sich ihr die Kinder an.

Am 2. Februar ging Zita mit den sechs Sprößlingen in Funchal an Land. Auf sie hatte sehnsüchtig ein einsamer Mann und Vater gewartet. Allein war er all die Tage am Strand entlang spaziert und hatte oft hinaus aufs Meer geblickt, voller Wünsche, Gedanken, Erinnerungen, Hoffnungen. Immer noch Hoffnungen. Und voll Ehrfurcht vor den Rätseln des Ewigen, dessen Pläne undurchschaubar waren, von dem er aber eines zu wissen glaubte: daß er alles so lenken werde, wie es am Ende am besten war.

Jetzt sah er sie kommen – seine Frau, seine Kinder. Stürmisch lief er auf die Kleinen zu, umarmte sie, drückte sie, küßte sie. Auf dem Arm trug er den zweieinhalbjährigen Rudolf an Land. Er weinte. Es waren Freudentränen. Auch in der Not gab es Freude, Gott war gnädig.

Die Begleitpersonen der Kinder erschraken. Der Kaiser war abgemagert und alt geworden.

Finanzielle Nöte zwangen das Ex-Kaiserpaar, die bequeme Behausung in Funchal zu verlassen und Mitte Februar 1922 die Villa Quinta del Monte (»am Berg«) zu beziehen, die ihnen ein einheimischer Patrizier zur Verfügung gestellt hatte. Aber eigentlich war sie nur in den Sommermonaten bewohnbar. Sie war von herrlichem dichtem Wald umgeben, bot einen zauberhaften Blick auf den Hafen und das Meer, aber sie war feucht und in winterlichen Monaten stets von Nebel umhüllt.

»Wir haben kein elektrisches Licht da oben«, erzählte eine Kammerfrau, »nur ein einziges Wasserklosett im ganzen Haus. Die Villa wäre schön, aber wir haben wenig Platz, obwohl hier nur das allernötigste Personal ist. Zum Heizen gibt es nur ganz grünes Holz, das beständig raucht. Gewaschen wird nur mit kaltem Wasser und Seife. Und leider haben wir hier wenig Sonne. Wir schauen ganz neidisch auf Funchal hinunter, wo sie beständig scheint. Das Haus ist so feucht, es riecht überall nach Moder. Die Verkehrsmittel sind Auto und Ochsen, welche man nicht bezahlen kann. Sonst geht auch eine Bergbahn hinauf, aber nicht jeden Tag. Zu Fuß kann man nicht hinunter, da man fast den ganzen Tag brauchen würde, um zurückzukommen. Der arme Kaiser, welcher nur drei Mahlzeiten einnimmt, kann abends kein Fleisch bekommen, nur Gemüse und Mehlspeisen . . . Und was das Allerärgste ist: Ihre Majestät kommt im Mai nieder, da soll weder eine Hebamme noch ein Arzt genommen werden. Es ist bloß eine Kinderpflegerin da, die aber keine Erfahrungen hat . . . In unserer Hauskapelle ist an der Wand ganz dicht der Pilz. In sämtlichen Zimmern könnte man es nicht aushalten, wenn nicht beständig Kaminfeuer wäre . . .«[1]

In einem Brief berichtet eine Frau aus Funchal: »Sie mußten sich so einschränken, daß die Kaiserin nicht einmal Butter für sich kaufen kann.«[2] Ottilie Stern, damals Ottilie Reuter, die als Kindermädchen auf Madeira diente, erzählt der Autorin, sie habe drei Monate lang nicht bezahlt werden können. Zu essen »gab es immerhin frischen Meeresfisch, Eier, Karotten und Linsen«[3].

Ottilie Stern erinnert sich daran, daß die energische Hand im Hause unzweifelhaft Zita hatte, nicht Karl. Karl strafte nicht, er ließ strafen – von Zita. Hatten die Kinder etwas angestellt, schickte er sie regelrecht zu ihrer Mutter: »Mama soll dich strafen.«[4]

Karl war dennoch ein guter Vater. Er tollte gern mit seinen Sprößlingen herum, und diese liebten ihn über alles. Oft wanderte er mit ihnen am Ufer entlang oder die Hügel hinauf. Und eines Tages begegneten sie dabei einem Leichenzug. Dem Sarg folgte eine schwarzgekleidete Frau mit einem schluchzenden Kind.

»Ihm ist sicher der Papa gestorben, dem armen Kind«, meinte Adelhaid.

»Ja, ein armes Kind . . .«, sagte Karl.[5]

Aber es dauerte nicht lange, da ging auch die kleine Adelhaid hinter dem Sarg ihres Vaters.

Am 9. März machte Karl wieder einen großen Spaziergang mit seinen beiden Ältesten. Sie wollten in Funchal Korbspielsachen aussuchen, denn Karl-Ludwig feierte am nächsten Tag seinen vierten Geburtstag. Gräfin Mensdorff eilte Karl noch mit einem Mantel nach, denn es war sehr windig. Aber er schlug ihn aus. Unten in Funchal dagegen war es sehr heiß, und auf dem Heimweg stiegen bereits die Nebel auf. Karl erkältete sich schwer.

Den Arzt wollte man erst holen, als es unbedingt erforderlich schien. Denn man scheute die Kosten. Als der Husten aber immer schlimmer wurde, das Fieber beängstigend anstieg und Karl unter immer beklemmenderer Atemnot litt, bestand Zita auf einem Arzt. Er kam und zog noch einen anderen hinzu. Der Befund: Die Lunge war einseitig angegriffen.

Am 23. März bettete man den Kranken um. Aus seinem engen Raum im ersten Stock brachte man ihn in das ebenerdige, sonst von Maria Theresia bewohnte Zimmer, das der Sonne zugewandt war. Hier konnte er noch einmal einen lieben Besuch empfangen. Josef Károlyi war es als einzigem gelungen, nach Madeira zu kommen. Allen anderen verwehrte die Botschafterkonferenz den Besuch, selbst den Gefolgsleuten in Luxemburg. Als Karl Károlyi sah, richtete er sich noch einmal mühsam vom Krankenbett auf und unterhielt sich mit ihm, langsam und mit heiserer Stimme.

Von nun aber schwanden Karls Kräfte von Tag zu Tag in unheimlicher Eile. Behandelt wurde er mit Terpentinspritzen, denn man glaubte damals, daß ein künstlich angelegter neuer Infektionsherd im Körper die alte Infektion entlaste. Das einzige aber, was diese Behandlung bei Karl bewirkte, waren Geschwülste an den Beinen und schreckliche Schmerzen. Das Fieber bewegte sich ständig um die vierzig Grad; unaufhörlich mußte er husten, in immer geringeren Abständen.

Jede Nacht wachte Zita an seinem Bett. Sie hielt seine Hand, drückte sie und versuchte ihre Tränen zurückzuhalten, um ihn nicht zu entmutigen. Und immer betete sie. Konnte es sein, daß sie Gott nun auch noch mit dem Schrecklichsten der Schrecken, dem Tod ihres geliebten Mannes, des Vaters von sieben, bald acht Kindern, prüfen wollte? Was würde noch alles geschehen? War es möglich, daß der Kaiser so jung sterben mußte – er war ja erst vierunddreißig Jahre alt? Daß er die Geburt seines jüngsten Kindes nicht mehr erleben sollte?

Oder wurde doch noch alles gut? Sie betete. Jetzt erst fühlte sie, daß das menschliche Band, das sich um ihn und sie schlang, noch stärker war als jenes, das die Krone geknüpft hatte. Einen anderen Mann als ihn hätte es in ihrem Leben nicht geben können.

Während sie an seinem Bett wachte, zogen immer wieder Bilder aus früheren Tagen an ihr vorbei. Franzensbad, wo sie sich erstmals begegnet waren, die Fasanenjagd, der unvergeßliche Hofball, dann das große, unermeßliche Glück der Verlobung, der Hochzeit, die bescheidenen Monate in Galizien, Wartholz, die Zeit mit dem kleinen Otto nach dessen Geburt. Dann die schweren Jahre als Thronfolger, der Krieg, der Tod des alten Kaisers und die Krone . . . Was war in diesen elf Jahren nicht alles geschehen! Wie hatte Gott sie erhoben und in welches Leid hatte er sie und Karl gestürzt! Doch sein Wille sollte geschehen!

Aber es hätte schon ein Wunder geschehen müssen, wenn Karl noch hätte gerettet werden können. Zu weit war seine Krankheit bereits fortgeschritten, und die Medikamente und Behandlungsmethoden waren unzureichend. Der Arzt war zu spät geholt worden, weil man die Kosten scheute. Man war ja überhaupt nur in dieses Haus auf die rauhe Höhe gezogen, weil es an pekuniären Mitteln fehlte. Geld, Geld . . . Der letzte Kaiser der Habsburger, in deren Reich einstmals die Sonne nicht unterging, starb – in Armut.

Oft drängte Karl noch mit schwacher Stimme seine Frau, sie möge sich doch ein wenig ausruhen. Dann schwindelte sie ihm Schlaf vor, bis er selbst einschlummerte.

Bald wurde auch der zweite Lungenflügel befallen; Karl begann zu phantasieren. Aber zwischen den Phasen wurde er immer wieder erstaunlich klar. Viel sprach er von den Kindern und vermischte dabei seine eigenen leiblichen Kinder mit den Kindern der Monarchie. Er erinnerte sich an die verlorene Heimat und die Front. Und während all dem gaben ihm die Ärzte unablässig Spritzen. Sie spritzten und spritzten, Kampfer und Koffein.

Im Zimmer nebenan las Pater Zsamboki die heilige Messe, durch die halboffene Tür konnte Karl sie mitverfolgen. Es war ein Trost, der ihm die Stunde des Todes in ein mildes Licht tauchte. Karl empfing die Kommunion. Er dachte an die Ewigkeit und betete.

In der Nacht vom 27. auf den 28. März erhielt er die Sterbesakramente. Jetzt wurde Otto gerufen. Er war das einzige der Kinder, das wußte, wie ernst der Vater erkrankt war. Karl hatte es bisher nicht zugelassen, daß die Kinder zu ihm kamen, da er Angst hatte, sie anzustecken. Sie spielten draußen vor seinem Fenster, und er konnte in seinen letzten Lebensstunden ihre heiteren Stimmen hören. Zwei von ihnen lagen auch im Bett, waren ebenfalls erkältet, und er erkundigte sich immer wieder, wie es ihnen ging.

Plötzlich, als die Krankensalbung vorbei war, brach Otto in Tränen aus. »Papa sieht so elend aus«, schluchzte er, »mit dem Kreuz in der Hand, – als ob er sterben müßte . . .«

Dann schlief Karl ein wenig ein, und auch Zita ließ sich von Gräfin Mensdorff überreden, sich etwas hinzulegen. Sie tat es, blieb jedoch angekleidet. Zuvor hatte Karl seine Frau noch gebeten, den Erzbischof von Wien und den Fürstprimas von Ungarn zu unterrichten. Sie sollten für ihn beten. Er wußte, daß es zu Ende ging.

Nun registrierten die Ärzte zum erstenmal Herzschwäche. Die qualvolle Behandlung mit Terpentin wurde jetzt durch Senf- und Leinsamenpflaster ergänzt. Karls Arme und Beine waren von den zahllosen Einstichen schrecklich zugerichtet, sein Rücken von Schröpfköpfen und Senfpflastern verbrannt. Die Ärzte rühmten die Willenskraft und geistige Wachheit des Patienten – trotz des unsäglichen Schmerzes und des hohen Fiebers. Etwas Sauerstoff bereitete ihm Linderung, doch mußten die Beutel aus Funchal herbeigeschafft werden, und jeder reichte nur für sieben Minuten.

Immer wieder bewegte er die Lippen zum Gebet. Aber Zita wollte nicht mehr, daß er sich anstrengte. »Ich habe für alles gebetet«, sagte sie leise, »wofür du sonst zu beten pflegst. Der liebe Gott weiß genau, wofür es ist, wenn auch ich es nicht weiß . . .«[6]

In dieser Nacht konnte er kaum noch schlafen. Um fünf Uhr trat eine neue Herzschwäche ein, das Fieber sank und stieg in beängstigendem Zickzack. Er sprach nur noch wenig. Kurz nach sieben Uhr dann, als er gerade umgebettet werden sollte, trat Gelenkstarre ein und eine furchtbare Atemnot. Fest umklammerte er Zitas Hand.

Und schon wieder Injektionen. Kochsalz. Karl hatte Durst. Dann schüttelte ihn der Fieberfrost. Und wieder ergriff er Zitas Hand.

»Versprich' mir«, sagte er langsam und leise, »daß du dich an den König von Spanien wenden wirst. Er hat mir versprochen, der Familie zu helfen . . .«

»Ja«, sagte Zita. Tränen verschleierten ihre Augen. »Ich werde zu ihm gehen . . .«

»Das Novembermanifest ist nichtig. Kein Mensch kann es mir nehmen, daß ich . . . daß ich der König von Ungarn bin . . .«

Tatsächlich erzählte Spaniens König Alfonso XIII. später, daß er gerade in dieser Nacht plötzlich von dem Gefühl befallen worden sei, er müsse Zita und den Kindern helfen, falls Karl sterben sollte. Und er tat es auch. Ein Freund, den der Himmel schickte, wie Zita es später sah.

Jetzt waren außer Zita noch Maria Theresia, Gräfin Mensdorff und der Pater im Raum. Dann rief Zita ihren ältesten Sohn ans Sterbebett. »Dein Vater läßt dich rufen«, sagte sie, »damit du Zeuge bist, wie ein Christ zu seinem Schöpfer heimkehrt.« Er selbst glaubt sich heute daran zu erinnern, daß er drei Stunden lang bei seinem Vater gewesen sei.

Schon früh waren die Kinder an diesem Samstag, dem 1. April 1922, in den blühenden Garten der Villa geschickt worden. Es war ein sonniger Tag. »Ich erinnere mich noch an die schönen bunten, roten und weißen Kamelienblüten, die von den Bäumen herabgefallen waren und von uns – in Ermangelung des heimatlichen Winters – als Wurfgeschosse einer Schneeballschlacht verwendet wurden«, erzählt Otto. »Aber heute waren wir alle bedrückt. Mein Vater lag schwer krank im Haus.«[7]

Noch wenige Stunden zuvor hatte Karl eine Art Bilanz gezogen – und sie zeigte ein gutes Gewissen in der Sterbestunde. »Mein Bestreben war es immer, den Willen Gottes zu erkennen und ihn zu befolgen«, hatte er noch gesagt.

Jetzt lehnte sich sein noch junger Körper ein letztes Mal auf. Er kämpfte mit dem Tod. Er atmete tief und bekam immer weniger Luft. Langsam erstickte er. »Und doch«, erinnert sich Otto, »war dieses Ende kein erschreckender Anblick. Wenn auch der Körper noch so litt, der Geist war ruhig. Trotz der physischen Schmerzen für ihn und der seelischen Erschütterung für uns war sein irdisches Ende ein friedliches Hinübergehen in eine bessere Welt . . .«[8]

Um 12.23 Uhr war Karl tot.

Der letzte Kaiser Österreichs.

Ein Mann, der keine gloriosen Siege vorweisen konnte, der sich aber der Krone würdiger erwiesen hatte als viele seiner Ahnen.

Um 20.40 Uhr telegraphierte Gräfin Kerssenbrock nach Wien: »Seine Majestät heute sanft verschieden.«[9]

Am 5. April trug ihn die Familie zu Grabe. Zuvor war er in einem kleinen, einfachen Sarg aufgebahrt worden. »Es war alles so traurig und arm«, erinnert sich eine Österreicherin aus dem Gefolge.[10]

Der Sarg wurde auf einem niedrigen zweirädrigen Karren zur Gruft gefahren, den einige Leute aus dem Gefolge zogen. Denn Wagenpferde gab es hier nicht. Und es war ein rührender Anblick, wie dem ehemaligen Herrscher dennoch alles Volk, das nur hier sein konnte, das letzte Geleit gab. Fast ganz Funchal war gekommen, und viele Menschen waren aus dem übrigen Madeira angereist. Sie wußten, daß sie einem feierlichen Ereignis beiwohnten, dem erst die Geschichte eines Tages den ihm zukommenden Ehrenkranz nachreichen würde. In einfachen schwarzen Kleidern, mit schlechten, abgetragenen Schuhen, gingen die drei ältesten Kinder hinter dem Sarg – voran, tief verschleiert, eine stattliche, aufrechte Frau, die das Schicksal auch jetzt nicht gebeugt hatte. Klarer noch als in all den Jahren zuvor zeigte es sich: Wenn eine Frau wirklich mit ihrer ganzen Person Kaiserin gewesen war, so war sie es – Zita. Sie weinte nicht. Sie verlor in keinem Augenblick die Fassung.

Am Abend wurde der Sarg verplombt. Ehe das geschah, beugte sich die Kaiserin noch einmal mit Otto über ihren toten Gatten. Blaß und traurig, aber auch mit trotzigem Blick verließ sie dann die Kirche Nossa Senhora do Monte. Draußen standen zahlreiche Menschen und bildeten ein Spalier. Freundlich grüßten Zita und Otto nach beiden Seiten.

Jetzt wurde der Sarg mit der alten österreichisch-ungarischen Flagge bedeckt. Es war das letzte Mal, daß sie entfaltet wurde.

Die Witwe

Zita hatte mit Vorliebe helle Kleider getragen. Noch an Karls Todestag sah sie Otto – so erinnert er sich im Gespräch mit der Autorin – in einem leichten rosafarbenen Kleid. Doch seit dem Tod ihres Mannes trug sie nur noch Schwarz – ihr ganzes Leben lang.[1]

Aber Zita vergrub sich nicht in verzweifelter Trauer. Für sie war es ja nur ein winziger Teil in Karls Leben, der – freilich viel zu früh – abgelaufen war, der irdische Teil, der zeitliche. Karls Seele lebte ewig. Wie sollte eine Christin, der jeder Glaubenszweifel fern war, verzagen? Sie verspürte vor allem auch einen irdischen Auftrag, der gleichwohl göttlich war: Es galt, die Krone über diese Zeit der Nachkriegswirren, der vergänglichen Revolutionen, hinwegzuretten. Denn irgendwann – davon blieb Zita bis in ihr hohes Alter überzeugt – würden die Völker des alten Donaureichs wieder Habsburgs bedürfen. Also war es nun ihre dringlichste Aufgabe, die Kinder zu künftigen Mitgliedern des Herrscherhauses, Otto zum künftigen Kaiser und König zu erziehen. Und wenn es die politischen Umstände auch nie zulassen sollten, daß sie ihr Ziel erreichte – sie schaffte Unglaubliches inmitten von Not und Isolation. Nur ihr unbedingtes Gottvertrauen konnte es sein, das sie das geballte Unheil eines Jahrzehnts überwinden ließ: die Schrecken des Krieges, die bösen Kampagnen gegen sie und den Kaiser, den Sturz vom Thron, die Unstetigkeit im Exil, die gescheiterte Rückkehr nach Ungarn, die Odyssee bis Madeira, den Verlust des Vermögens und schließlich noch den Tod ihres Mannes. Aber nicht nur, daß sie all dies mit Würde und Haltung durchstand – am 31. Mai 1922, rund zwei Monate nach dem Tod des Kaisers, brachte sie ihr letztes Kind zur Welt. Ein starkes, gesundes Baby: Elisabeth. Es wog 3880 Gramm und war 53 Zentimeter groß. Den Namen des Kindes hatte noch Karl bestimmt, denn er war sicher gewesen, daß es ein Mädchen werden würde.

Wenige Tage vor der Geburt hatte die Witwe mit ihren sieben Kindern ins Schloß Pardo bei Madrid übersiedeln können. Spaniens König Alfons XIII., der auch Taufpate für Elisabeth war, hatte es ihr und ihren Kindern zur Verfügung gestellt. Er war einer der wenigen, die sich als echte Freunde in der Not erwiesen.

Aber Zita war noch nicht vom Kindbett aufgestanden, da kursierten schon wieder die wirrsten Gerüchte in Europa. So berichtete das *Neue Wiener Tagblatt* am 3. Januar 1922 von neuen politischen Plänen der früheren Kaiserin. »Madrider Kreise«, die angeblich Zita nahestanden, versorgten die Presse mit allerlei Stories. Demnach habe sich die Ex-Kaiserin mit neuen Ratgebern umgeben, weil sich die anderen von ihr abgewandt hätten. Und es soll, so hieß es, ein Handschreiben Zitas an den ungarischen Reichsverweser Horthy gegeben haben, in dem Zita bekundete, daß sie sich im ungeschmälerten Besitz ihrer Herrscherrechte befände, daß sie die gekrönte Königin Ungarns sei und die Regierung als Regentin für ihren minderjährigen Sohn Otto beanspruche, bis »der rechtmäßige König von Ungarn den Thron besteigt«. Das Schreiben soll Prinz Sixtus überbracht haben, doch sei er an der Grenze erkannt und abgeschoben worden. Graf Josef Károlyi habe es dann aber weiterbefördert. Auch aus Österreich wußten diese »Madrider Kreise« Sensationelles zu berichten: Dort sei eine neue legitimistische Bewegung erwacht unter Führung von Erzherzog Eugen. Eine groß-österreichische Partei wolle nun die verschiedenen monarchistischen Gruppen vereinigen.

Die Geschichten waren samt und sonders unwahr, doch waren sie gut erfunden. Denn zweifellos dachte Zita im wesentlichen so, wie ihr hier unterstellt wurde. Doch hatte sie im Augenblick andere Sorgen, die ihr noch näher lagen. Das unerträglich heiße Klima bedrückte die ganze Familie, ein Kind nach dem anderen und mehrere Leute aus dem Gefolge erkrankten. Im Schloß lebte sich's einerseits prächtig, andererseits fehlte es an manchen lebenswichtigen Dingen – wie zum Beispiel an Windeln. Vor allem aber war ein Klimawechsel dringend geboten.

Also hieß es schon wieder umziehen. Im nördlichen Spanien, unmittelbar am Meer, fand der ehemalige österreichische Konsul Wakonigg für Zita und ihre Familie ein neues Heim: der Palacio Uribarren in Lequeitio, der schon der spanischen Königin Isabella II. als Sommerresidenz gedient hatte. Am 18. August 1922 zog die Witwe mit den acht Kindern um.[2]

Lequeitio ist ein kleines Fischerstädtchen am Golf von Biskaya. Die Bevölkerung – damals etwa 4000 Einwohner – war arm; es gab nur wenige Patrizierfamilien. Die Häuser gruppierten sich um zwei alte Klöster und eine große gotische Kirche.

Der Palacio Uribarren lag am Meer, am Fuße des Kalvarien-

Bergs. Zwischen Wasser und Straße grenzten zwei kleine Gärtchen mit Magnolien und Pinien an das Gebäude. Von der Terrasse aus konnte man den Hafen mit den Fischerbooten sehen, dahinter die kleine Stadt. Rechts von der Terrasse befand sich eine kleine sandige Bucht, an deren Ende ein romantisches Felsenriff aufragte.

Das zweistöckige Schloß hatte etwa dreißig Wohnräume. Zwei schmale Holzstiegen verbanden die Stockwerke miteinander. Allerdings befand es sich, als die Familie einzog, in schlimmem Zustand.[3]

Die Gemeinde bezahlte den Eigentümer des Hauses – aber nicht mit einem richtigen Mietzins, sondern damit, daß sie notwendige Reparaturen am Haus ausführen ließ. So war es vereinbart worden. Überhaupt nahm die Bevölkerung die Familie mit überschwenglicher Freundlichkeit auf, ja, sie half sogar mit dringend benötigten Gegenständen aus.

Dann aber besann sich der Besitzer des Anwesens, Conde de Torregrossa, eines anderen. Plötzlich brauchte er, wie er sagte, das Haus selbst. Und so mußte die Familie mitten im Winter ihren Wohnsitz wechseln. Sie zog in das Seebad San Sebastian, und da eben keine Saison war, konnte sie in der Dépendance des Hotels »Savoy« wohnen. Einige Familien des österreichischen und ungarischen Hochadels kamen für die Miete auf. Auf die Dauer aber wäre dies auch den großzügigen Helfern zu kostspielig geworden. Und Zita besaß so gut wie nichts mehr. Steiner blieb verschwunden und mit ihm die Wertgegenstände, die zu Geld hätten gemacht werden können.

Die Bevölkerung von Lequeitio aber nahm es nicht einfach hin, daß die Ex-Kaiserin mit ihren acht Kindern bei Nacht und Nebel weggeschickt wurde. Einem ritterlichen Adligen war es zu danken, daß die Familie doch bald wieder nach Lequeitio zurückkehren konnte. Don Alfonso Gabriel de Urquijo y Barra nahm mit dem Besitzer des Hauses Uribarren Verhandlungen auf. Dieser hatte sich inzwischen – da er von der Bevölkerung scharf kritisiert wurde – entschlossen, das Gebäude zu verkaufen. So bildeten die Edelleute der Stadt ein »Komitee Uribarren«, das die

Villa für 600 000 Pesetas erwarb. Der Familie und ihrem kleinen Gefolge wurde es nun kostenlos zur Verfügung gestellt. Zita – so die Abmachung – sollte es bewohnen, solange sie es mit ihren Kindern brauchte. Danach sollte die ganze Liegenschaft einer wohltätigen Institution zufallen.[4]

Überschwenglich feierte die Bevölkerung von Lequeitio Zita und die Kinder, als sie am 6. Juni 1923 wieder in dem Fischerstädtchen eintrafen. Es war wie ein Wunder. Transparente mit der Aufschrift »Zita« und »Otto« hingen an den Häusern. Überall Jubel, Fahnen – ja, selbst Raketen stiegen in die Luft.

Bis 1929 blieb das Haus Uribarren nun ständiger Wohnsitz der Familie. Vor dem Einzug war die Villa noch in einen wohnlicheren Zustand versetzt worden. So hatten helfende Hände auch eine Zentralheizung eingebaut. Jetzt ließ es sich hier leben – für die Kinder war es eine glückliche Zeit, die sie in ihrem ganzen Leben in farbenfroher Erinnerung behalten sollten.

Nun konnte die Familie endlich – für eine Zeitlang – zur Ruhe kommen. Die Kinder brauchten einen geregelten Tagesablauf, sie mußten ja lernen. Vor allem galt Zitas Sorge nun ihrem ältesten Sohn, der ja in ihren Augen seit jenem Mittag des 1. April 1922 Kaiser war. Bereits am Abend des Todestages hatte Gräfin Kerssenbrock die Dienerschaft antreten lassen und ihr eröffnet, daß Otto, jetzt neun Jahre alt, von nun an mit »Majestät« anzusprechen sei. »Ihm selbst schien der Gedanke zunächst sehr schwer zu fallen«, berichtet Ottilie Stern der Autorin »er weinte furchtbar an diesem Tag und bat darum, man möge ihn erst so nennen, wenn sie Vater fortgetragen hätten. . .«[5]

Dynamisch und konsequent auf das hohe Ziel ausgerichtet, begann Zita mit der Erziehung. Otto sollte die bestmögliche Schulung und Erziehung erhalten – das hieß, Anspruch und Genügsamkeit zugleich. Und es sollte eine österreichisch-ungarische Erziehung sein. Deshalb schlug sie das Angebot des spanischen Königs, Otto in Madrid in die Schule zu schicken, aus. »Es war eine Erziehung auf eine politische Rolle hin«, wie Otto von Habsburg der Autorin gegenüber bekannte. Der Erzherzog sollte auf einen bestimmten Tag vorbereitet werden, auf den großen Tag X, an dem er auf den Thron der Väter gerufen würde.[6]

So wählte Zita die Lehrer für ihre Kinder mit größter Sorgfalt aus. Aus der uralten hochangesehenen Benediktinerabtei Pannonhalma in Ungarn kamen im Laufe der Jahre fünf Ordensmänner, hochgebildete Geistliche mit strengen Vorstellungen von Zucht, Ordnung und Pflicht. So prägte vor allem Professor Janko Blazovich Otto entscheidend. Er war es, der in ihm die Liebe zu den Donauvölkern vertiefte. Die wichtigste Lehrperson aber war für Otto in jener Zeit Professor Heinrich Graf Degenfeld, ein Jurist, dessen Vater schon Erzieher von Franz Ferdinand gewesen war. Dann war da noch der österreichische Professor Niederaracher, der Griechisch, Deutsch und Geographie lehrte, oder Miß Street, die Englischunterricht erteilte. Fräulein Sepibus gab Französisch und Fräulein Maß, die mehr die jüngeren Geschwister Ottos betreute, unterrichtete alle Volksschulfächer.

Zita bildete eine Art Unterrichtskonferenz mit zwei Vorsitzenden: dem ehemaligen österreichischen Ministerpräsidenten und Kultusminister Max Hussarek sowie dem ungarischen Kultusminister Janos Zichy. Diese Konferenz legte Ottos Lehrplan fest, der sowohl dem österreichischen wie auch dem ungarischen Lehrsystem entsprechen mußte, und überprüfte den Fortschritt der Schüler. Es war daher wichtig, daß Lehrer aus beiden Ländern die Kinder unterrichteten.

Aber Otto sollte den Unterrichtsstoff – so verlangte es Zita – in wesentlich kürzerer Zeit aufarbeiten, als dies sonst Jungen seines Alters zuzumuten war. »Ich mußte morgens um sechs Uhr mit der Arbeit beginnen«, erinnert sich Otto von Habsburg. »Von sechs bis acht arbeitete ich an meinen Hausaufgaben. Nach einer halbstündigen Pause begann um halb neun das Lernen mit den Lehrern, und dies dauerte bis 12 Uhr mittags. Nach dem Mittagessen gab es wieder von zwei bis fünf Uhr Unterricht, von fünf bis sieben lernte ich wieder allein und machte Hausaufgaben. An den Stunden nahm immer meine Schwester Adelhaid teil, und später gesellten sich auch die anderen Geschwister dazu.«[7]

Bei weitem nicht so viel – wenn auch genug – wurde von den Geschwistern verlangt. Otto mußte ihr Leitbild sein. Seine Schwester Charlotte, die spätere Herzogin von Mecklenburg, erzählte der Autorin, ihr sei erst viel später aufgegangen, daß für ihren Bruder die eigentliche unbeschwerte Kindheit mit dem zehnten Lebensjahr geendet hatte.[8]

Zita versuchte, die schwere Lernzeit mit lockerer, sportlicher Freizeit auszugleichen. So unternahm sie selbst zahlreiche Ausflüge mit den Kindern, etwa in das nicht weit entfernte Lourdes und in die französisch-spanische Provinz Navarra. Allerdings bemühte sich Zita auch noch, in diese Freizeit möglichst viel Lehrreiches einzubauen, so zum Beispiel, wenn sie mit den Kindern Tagesausflüge nach Bilbao unternahm, wo der Unterricht in den Eisenwerken anschaulich ergänzt wurde. Auch andere Fabrikbesichtigungen standen laufend auf dem Programm. Doch daneben gab es auch unbeschwerte Wanderungen, Radtouren, Tennismatches, Schwimmübungen und landesübliche Spiele, Reiten schließlich und Fechten. Fürs Reiten lieh ihnen der spanische König prächtige Pferde, und für die Ausflüge stellte er kostenlos ein Auto samt Chauffeur und Benzin zur Verfügung.

Oft kam Besuch aus der Heimat, und nicht selten waren es ganz einfache Leute – manchmal Lourdes-Pilger, zuweilen gleich Hunderte auf einmal, – aber auch Politiker des alten Österreich und des alten Ungarn.[9]

Nicht immer waren diese Menschenansammlungen ein Vergnügen für die Kinder. So erinnert sich Ottilie Stern, wie sich einer der Prinzen über die »blöden Audienzen« beschwerte. Man müsse da immer ein bißchen lügen, ärgerte er sich, »man sagt: ›Es hat mich sehr gefreut‹, – dabei hat es einen doch gar nicht gefreut . . .«

Und Gräfin Mensdorff-Pereira, die aushilfsweise immer wieder bei der Familie in Spanien war, erinnert sich gegenüber der Autorin an den Kampf des kindlichen Gemüts mit der Pflicht, der sich in Otto abspielte, und wie glänzend der kleine Erzherzog diese Doppelrolle beherrschte. Einmal hatte er einen wichtigen Gast zu empfangen. Bis zur Tür des Zimmers, in dem die Audienz stattfand, stellte er sich vor, er sei ein Hündchen – er hüpfte auf allen Vieren und bellte. Dann ging er hinein – und war mit einem Schlag ein ernster, vernünftiger kleiner Mann. »Kaum aber war er wieder aus dem Zimmer, war er wieder das Hündchen.«[10]

Es waren ganz normale, oft ausgelassene Kinder, die auch ungezogen sein konnten, aber dann von der Kaiserin und der Erzieherin Gräfin Kerssenbrock streng an ihre Pflichten erinnert wurden.

Auf die erste heilige Kommunion bereitete Zita ihre Kinder selbst vor. Sie fertigte kleine Gebetshefte an, um den Gottesdienst anschaulich zu machen, und für den Tag der Erstkommunion stellte sie ein eigenes kleines Gebetbuch zusammen, mit Zitaten und Bildern von Heiligen.[10a] Jeden Morgen las Zita ihren Kindern während des Ankleidens eine Geschichte aus dem Leben des jeweiligen Tagesheiligen vor. Der Glaube war die Hauptsäule ihrer Erziehung. Der tägliche Gang zur Schulmesse war eine Selbstverständlichkeit, für Buben das Ministrieren Ehrensache.

Im übrigen wurden die Kinder außerordentlich genügsam erzogen, ohne irgendwelchen Luxus. Kein Teppich, kein Vorhang schmückte die Zimmer der Kinder. Sie wurden nicht durch Wärme in den Räumen verwöhnt, kaltes Wasser war das Normale, und stets waren sie bescheiden angezogen – mit Kleidung aus ganz einfachen Stoffen. Ein besonderer Anzug oder ein besonderes Kleid war für die Audienzen reserviert. Und die Jungen trugen den – damals üblichen – Matrosenanzug.

Franz Josef Graf Forni, ein langjähriger Freund der Familie, besuchte Zita und die Kinder zum erstenmal im Jahr 1925. Er war »kolossal beeindruckt«, bekennt er gegenüber der Autorin, und zwar von der würdigen und sonnigen Haltung der Kaiserin Besuchern gegenüber. Er weiß noch, wie sie die Kinder mit geschickten Spielen für die Politik zu interessieren verstand. Und er rühmt ihr »fabelhaftes Gedächtnis«. »Sie erinnerte sich an jede Person«, berichtet Graf Forni, »an die Namen, an jede Episode, die sie in der Zeitung gelesen hatte, aber sie urteilte eigentlich sehr milde, zeigte sich gar nicht verbittert, versuchte zu entschuldigen, wo es ging.«[11]

Zita pflegte um fünf Uhr früh aufzustehen. Eine halbe Stunde später wohnte sie in der alten Basilika gemeinsam mit den Fischersfrauen der Messe bei. In der Seelenkapelle hatte die Familie ihre reservierten Betstühle. Um sieben Uhr war sie wieder zu Hause, weckte ihre Kinder, die, sobald sie dazu in der Lage waren, alles Mögliche selbst machen mußten – Bettenmachen, Schuhe putzen und so weiter. Um 7.30 Uhr ging die ganze Familie mit dem Gefolge in die Hauskapelle zur Schulmesse, dann wurde gefrühstückt, ehe die Schule begann.

Immer wieder kamen Geschenke aus der Heimat: zu Weihnachten eine Tanne aus den Bergen, eine echte Tiroler Krippe, Trachtenanzüge, ein Radioapparat, der dann in der Halle vor dem Speisezimmer stand und zu einer Art Mittelpunkt im Hause wurde – mit immerfort neugierigen Hörern vor einem Lautsprecher.

Bei den Habsburgern wohnte auch das Ehepaar Gudenus. Die Frau leitete den Haushalt nach Zitas exakt vorgegebenen Richtlinien, der Mann führte die Kanzleigeschäfte und die Administration, wobei seine sprachliche Vielseitigkeit sehr nützlich war. Überhaupt legte man im Hause Zitas großen Wert auf Fremdsprachen, und Erzherzogin Elisabeth, die spätere Prinzessin von Liechtenstein, erzählt der Autorin, wie sich die Familie, von Tag zu Tag abwechselnd, in einer jeweils anderen Sprache unterhielt. So war zum Beispiel am Montag Deutsch an der Reihe, am Dienstag Ungarisch, am Mittwoch Französisch und so fort. Unter sich allerdings plauderten die Geschwister Deutsch.[12]

In ihrer Bewegungsfreiheit war die Familie nun nicht mehr beschränkt, sie konnte fahren, wohin sie wollte – außer in die Länder der ehemaligen Monarchie. Jetzt durfte Zita auch von jedermann besucht werden und man konnte ihr Briefe und Pakete schicken. Auch wurden ihr nun immerhin die geringen Erträge aus zwei ungarischen Liegenschaften überwiesen: die der

Herrschaft Rackeve mit schmalen – schwankenden – Einnahmen, und einem Mietshaus in Budapest, das fast nichts einbrachte und den Lebensunterhalt allein niemals hätte decken können. In Österreich war inzwischen die Sperre für den Privatbesitz – damit für die Villengrundstücke Wartholz und Feistritz – aufgehoben worden. Aber auch die warfen kaum etwas ab; die Erhaltung der Häuser war nur durch Vermietung an Sommergäste möglich.[13] Darüber hinaus bezog die Familie noch den »Weinzehent« der Metternichschen Herrschaft Johannisberg im Rheinland. Diese Herrschaft hatte Kaiser Franz I. seinerzeit dem Fürsten Metternich als Geschenk vermacht. Dabei aber behielt sich der Kaiser alljährlich zehn Prozent des Weinertrags vor. Und tatsächlich ist dieser Zehent ununterbrochen bis heute bezahlt worden.[14]

Mit all diesen Geldern mußten auch noch andere Mitglieder des Hauses Österreich im Ausland unterstützt werden.[15] So verteilte Zita das Geld, das aus den ungarischen Einkünften stammte, nachdem es ihr über Vermittlung auf Regierungsebene gelungen war, die Summen ins Ausland frei überwiesen zu bekommen. Dabei waren diese Überweisungen eigentlich nur unter der ausdrücklichen Bestimmung gestattet worden, daß sie ausschließlich zur Bestreitung der Lebensführung der ex-kaiserlichen Familie dienten.

Eine Dotation der Botschafterkonferenz oder der Nachfolgestaaten ist niemals gezahlt worden, obwohl diese Frage jahrelang die betreffenden Staaten beschäftigt und Hunderte dicker Aktenordner gefüllt hatte. Zwar hatte die Konferenz grundsätzlich beschlossen, dem ehemaligen Kaiser und seiner Familie die Mittel für eine standesgemäße Existenz zur Verfügung zu stellen, doch wie dies geschehen sollte – darüber stritt man sich lange und am Ende ohne Ergebnis. Zunächst verhandelten Abgesandte der Botschafterkonferenz mit der Tschechoslowakei, mit Polen, Rumänien und dem Staat SHS, dann aber wandten sich die italienische und die britische Gesandtschaft auch an Österreich und Ungarn, die nun – im März 1921 – gebeten wurden, den Umfang des Vermögens und die Summe der Einkünfte der kaiserlichen Familie aus den jeweiligen Ländern mitzuteilen.[16]

Auch die Tschechoslowakei fragte in Wien nach. Dort festigte sich der Eindruck, daß die tschechoslowakische Republik, die alle habsburgischen Vermögenschaften konfisziert hatte (auch die privaten), die Zahlung einer »Apanage« jenen Ländern überlassen wollte, deren Verstaatlichungsgesetze weniger einschneidend waren als die ihren.[17]

War das österreichische Außenministerium noch durchaus gewillt, Aufwendungen nach einem Schlüssel zu leisten, der allen Nachfolgestaaten gerecht würde, so entschied das Bundesministerium der Finanzen, den anfragenden Gesandtschaften nur die knappsten Auskünfte zu erteilen. Kurz: Österreich verschleppte die Angelegenheit. Die italienischen und die britischen Diplomaten drängten mehrmals – in der Zwischenzeit war Karl gestorben. Das Verzeichnis wanderte nun von einem Ministerium zum anderen und blieb schließlich im Bundeskanzleramt liegen, bis Lord Curzon energisch drängte. Nun endlich wurde über das Privatvermögen der kaiserlichen Familie Auskunft erteilt.

Mittlerweile war Zita nach Spanien umgezogen, und so wurde jetzt auch der spanische Gesandte in Wien vorstellig. »Angesichts unserer finanziellen Lage«, meinte man nun in Wien, »kann man wohl vom vornherein von dem Standpunkt ausgehen, daß eine effektive Beitragsleistung der österreichischen Republik zu einer eventuellen Apanage für Ex-Kaiserin Zita völlig ausgeschlossen ist. Auch die auf dem Gebiet der Republik befindlichen Privatvermögenschaften des ehemaligen Kaisers einschließlich derjenigen der Ex-Kaiserin beschränken sich praktisch auf die beiden Liegenschaften in Reichenau und Feistritz. Der Wert des Vermögens in Geld und Wertpapieren kommt vom Stande unserer Valuta gegenüber der spanischen überhaupt nicht in Betracht. Auch die Jahreserträgnisse eines etwaigen Verkaufsschillings der beiden Güter dürften bei weitem nicht an jenen Teil einer auch nur bescheiden bemessenen Apanage heranreichen, der z. B. dem Gebiete oder der Bevölkerungszahl nach auf Österreich entfallen würde.«[18]

Hingegen neigte man auch in Österreich dazu, sich dem

Vorschlag des tschechoslowakischen Ministerpräsidenten Beneš anzuschließen. Ihm zufolge sollte ein gewisser Betrag aus dem Reparationsfonds ausgeschieden und der exkaiserlichen Familie zur Verfügung gestellt werden. Beneš meinte, daß dies um so eher möglich sein werde, als die Nachfolgestaaten in diesen Fonds Ablösungssummen für die auf ihrem Territorium liegenden kaiserlichen Güter zahlen mußten. Solche Zahlungen allerdings hatte Österreich nicht geleistet.

Im Oktober 1925 aber stellte sich Österreich auf einen ganz und gar abweisenden Standpunkt. Es berief sich auf den Vertrag von St. Germain. Und dieser, so die Republik, verpflichte sie zu keinerlei Zahlungen. »Ob hierzu nicht etwa eine moralische Verpflichtung vorliegt, soll hier nicht erörtert werden«, hieß es lapidar. Moral war ja offenbar nicht primär.[19]

Die Botschafterkonferenz stellte an Österreich sowie die anderen Nachfolgestaaten auch Forderungen wegen der Reisekosten des Kaiserpaares von der Donau bis Madeira. Aber auch hier vertrat Österreich – eigentlich ganz plausibel – den Standpunkt, daß es damit nichts zu tun habe. Weder habe Österreich die zwangweise Beförderung des Exkaisers nach Madeira angeregt noch daran mitgewirkt noch sei es überhaupt in dieser Sache befragt worden.[20]

Die Verhandlungen versandeten. Die Familie Zitas erhielt nichts. Hätte sie wenigstens das Geld bekommen, das die vielen Verhandlungen zu diesem Thema gekostet hatten – es wäre schon einiges gewesen.

Nachdem die sozialistische Regierung von einer christlichsozialen abgelöst worden war, fanden in Österreich laufend Verhandlungen über die Habsburger-Gesetze statt – vor allem auch wegen der Freigabe des habsburgischen Privatvermögens. Doch machten die Kräfteverhältnisse im Parlament eine Aufhebung der Gesetze und Beschlüsse nicht möglich. Dennoch wurden einzelne Gegenstände des konfiszierten privaten Vermögens, die in den beschlagnahmten Gebäuden standen, freigegeben.

Unmittelbar vor den Parlamentswahlen im Oktober 1923 wurde von der Regierung – jedenfalls von den Christlich-

Sozialen – eine neue gesetzliche Regelung angestrebt. Dann aber distanzierten sich ihre Politiker von diesem Vorhaben, weil sie fürchteten, daß die Sozialdemokraten dies als Propagandamittel benutzen könnten. Allerdings vereinbarten sie mit der Partei der Österreichischen Monarchisten, zu einem von ihr gewählten Zeitpunkt offen für eine Revision der Habsburger-Gesetze einzutreten. Doch erhielten die Christlich-Sozialen bei der Wahl nicht die erhoffte Zweidrittel-Mehrheit.

Interessant ist immerhin, daß es im Jahre 1930 eine Verfügung des Wiener Außenamtes gab, wonach den Mitgliedern des ehemaligen Kaiserhauses gewisse Erleichterungen gewährt wurden. So wurde davon abgesehen, daß künftig weibliche Mitglieder eine Loyalitätserklärung abgeben mußten. Und dies betraf natürlich auch Zita. Zita im besonderen. Vermutlich dürfte sie aber von dieser Verfügung nie etwas erfahren haben, oder man hatte sie ausdrücklich gebeten, von ihr keinen Gebrauch zu machen.[21]

Aber Zita kam es nicht nur darauf an, daß Otto wieder in den Genuß irgendwelcher monarchischer Würden gelangte. Sie rechnete mit der Restauration in den Ländern der Krone, mit einem – wenigstens prinzipiellen – Anspruch auf alle Länder der früheren Monarchie. Als der ehemalige habsburgische Gutsverwalter Albin Schager-Eckartsau ein Memorandum verfaßte, in dem er sich nachdrücklich für ein deutsch-nationales Königtum Habsburgs aussprach, erschien ihr dies als regelrechter Verrat. Konsequent, wie sie war, brach sie jegliche Beziehung zu ihm ab. Ja, Schager mußte sogar die ihm seit 1919 überlassene Sommerwohnung im Besitz Wartholz räumen. Schagers politische Haltung, so begründete die Kaiserin ihre Weisung, decke sich nicht mit der ihren, doch könnte durch seinen weiteren Verbleib auf Wartholz der Anschein erweckt werden, sie halte seine politische Einstellung für richtig.[22]

»Kein Zweifel, daß die gegenwärtigen Verhältnisse für den monarchistischen Gedanken durchaus unbefriedigend sind«, urteilte Werkmann 1928 in einem Brief an Zita. »Die Anschlußbewegung für eine staatliche Vereinigung mit Deutschland ist stärker denn je.« Und in einem anderen Schreiben prophezeite er: »Eine monarchistische Partei kann nur Erfolg haben, wenn sie ein Rahmenprogramm aufstellt, in dem alle Platz finden, die die Monarchie wollen – natürlich die legitime Monarchie . . . Gäbe es einen Anschluß auf Kündigung, so bäte ich den lieben Gott, die dummen Österreicher doch recht bald an Deutschland anzuschließen, damit ihnen die knechtselige Liebe zu Deutschland ja recht bald verginge. Ich fürchte: Der Anschluß wird kommen, und Österreich wird unheilbar unglücklich werden . . .«[23]

Österreich, das ich meine

Acht Jahre lang lebte Zita mit ihrer Familie in Lequeitio. Isoliert vom bewegten Alltag in den Metropolen der Welt, fand sie – in der Geborgenheit einer freundlichen Bevölkerung, der sie zeitlebens dankbar blieb – die Kraft zu einem neuen Versuch, ihr Leben zu meistern. Das Ziel war dasselbe geblieben: Bereit sein für die Krone. Und nichts hatte diese Frau gebeugt. Die Kinder wuchsen unter ihrer starken Hand und mit einer vorzüglichen Erziehung zu dem heran, was sie nach Zitas Vorstellung sein sollten: Habsburger, künftige Herrscher. Und das hieß für sie vor allem: christliche Vorbilder, zur Führung – zur moralischen Führung – bestimmt.

Jetzt aber brach ein neuer Zeitabschnitt an. Denn Otto sollte bald sein Studium an der Universität aufnehmen. Man schrieb das Jahr 1928, der Kronprinz war sechzehn Jahre alt und seit einem Jahr schon von zu Hause fort. Er war nach Luxemburg gegangen und besuchte des Benediktinergymnasium in Clerveaux, wo er sich auf seinen baldigen Eintritt in die Universität vorbereitete. Von dort war es auch nicht weit zum luxemburgischen Hof, wo jetzt sein Onkel, Prinz Felix von Bourbon-Parma, ein Bruder Zitas, Prinzgemahl der regierenden Großherzogin Charlotte war.

Otto mußte also künftig in einer Universitätsstadt leben, und dasselbe galt für seine jüngere Schwester Adelhaid. Natürlich hätte er sich allein in allen möglichen Städten niederlassen können, aber erstens waren die finanziellen Verhältnisse trotz einiger mittlerweile erreichter Verbesserungen nicht gerade blendend, und nur mit großer Mühe konnten die vielen Lehrkräfte, die Zita für ihre Kinder aus der alten Heimat geholt hatte, bezahlt werden. Zweitens wollte Zita nicht allzu weit von ihrem Sohn entfernt sein. Er sollte zwar bald, nach dem Hausstatut der Familie, mit Vollendung des achtzehnten Lebensjahrs, für volljährig erklärt werden, aber Zita war überzeugt davon, daß er noch längere Zeit die leitende Hand der erfahrenen Mutter benötigte.

Zunächst dachte Zita wohl daran, Otto zum Studium nach Paris oder London zu schicken, aber diese Städte waren zu teuer. So bot sich als Lösung Belgien an. Dort war das Leben noch erschwinglich. Außerdem waren die Habsburger mit der belgischen Königsfamilie verwandt, und auch Luxemburg war nicht weit. Vor allem aber hatte die katholische Universität von Löwen einen ausgezeichneten Ruf. Sie war eine der ältesten – und modernsten – Universitäten.

So fuhr Zita im Juni 1929 nach Brüssel und bat König Albert I., ihren Cousin, nach Belgien ziehen zu dürfen. Gerne nahm sie der König auf. Auch die Regierung war damit einverstanden, unter der Bedingung, daß Zita sich politisch neutral verhielt.

Am 15. September 1929 traf sie mit ihrer Familie in Brüssel ein. Um 17.18 Uhr rollte der Schnellzug aus Paris in den Bahnhof. Ihm entstieg eine elegante Dame mit schwarzem Mantel und schwarzem Hut. Hinter ihr betraten vier ihrer Kinder den Bahnsteig. Otto kam erst einen Monat später nach, und die drei Jüngsten blieben vorerst in Luxemburg, bis die endgültige Bleibe gefunden war.[1] Zita war nun siebenunddreißig Jahre alt, und obwohl die schwarze Farbe gewöhnlich älter macht, erschien sie frisch und jung.

Zunächst nahmen die Neuankömmlinge die Gastfreundschaft des Grafen Kurt d'Ursel dankbar an, in dessen Haus sie vier Monate blieben. Der Graf war stolz, Österreichs letzte Kaiserin bei sich beherbergen zu dürfen. Noch oft zeigte er später Besuchern das Zimmer, in dem Zita gewohnt hatte.

Bald fand die Familie auch ein neues Heim. Der französische Marquis Jean De Croix stellte ihr sein Schloß Ham in Steenokkerzeel, einem kleinen Dorf, zur Verfügung. Das Schloß war von einem alten Park mit herrlichen Teichen umgeben, in denen Schwäne und Enten schwammen. Auf drei Seiten war das Gebäude von Wasser umgeben, so daß es nur von einer Seite zu betreten war. Seine Räume strahlten zwar nicht die Behaglichkeit des Palacio Uribarren aus, aber mit seiner Lage und seinem traditionsreichen Fluidum begeisterte es seine neuen Bewohner. Das Schloß war im 16. Jahrhundert erbaut worden und hatte den Charakter jener Zeit noch weitgehend bewahrt. Das freilich hieß auch, daß die Inneneinrichtungen nicht gerade den modernen Wohnbedürfnissen entsprachen und verschiedene Um- und Einbauten nötig waren. Der Marquis ließ diese Verbesserungen großzügig ausführen und auch eine Zentralheizung installieren.

Bis dies soweit war, wohnte Zita beim Grafen d'Ursel. Dort empfing sie im Oktober 1929 den italienischen Kronprinzen Umberto, als dieser anläßlich seiner Verlobung nach Brüssel kam.[2] Angeblich soll er, hieß es später, gewisse politische Zusicherungen Italiens für den Fall mitgebracht haben, daß Zita für Otto eine neue Restauration in Ungarn anstrebte.[3] Denn wie einem Bericht der österreichischen Gesandtschaft in Den Haag an Bundeskanzler Schober zu entnehmen war, hatte in Italien ein grundsätzlicher Wandel stattgefunden. So berichtete der ungarische Gesandte seinem österreichischen Kollegen, daß eine Zustimmung Italiens zur Restauration durchaus möglich wäre, wenn Italien dafür einen Ausgleich in Gestalt kolonialer Gebiete erhielte und wenn ihm eine weitreichende Einflußsphäre auf dem Balkan zugesichert würde.[4]

Für Zita und die Kinder begann erstmals nach langer Zeit wieder ein kulturelles Leben. Sie besuchten Theatervorstellungen und Konzerte, aber auch Sportveranstaltungen und Zirkusvorstellungen. In Spanien hatte es bestenfalls Kirchweihfeste gegeben. In Belgien blühten die Kinder in der Gesellschaft anderer Kinder auf, die jüngeren Geschwister kamen bald in allgemeine Schulen. Dr. Maria Kiechl, die Lehrerin der Mädchen Elisabeth und Charlotte, lebte drei Jahre im Haushalt Zitas, von 1931 bis 1934, und da sie später in der Nähe unterrichtete, besuchte sie ihre Schüler auch noch in den folgenden Jahren oft. Im Gespräch mit der Autorin charakterisiert Maria Kiechl Zita als eine strenge Mutter, eine ehrfurchtgebietende Dame, vor der sie, wenn sie sie irgendwo traf, den Hofknicks machte. Die Kinder, erzählt sie, hatten für die Schule intensiv zu arbeiten, die Kaiserin prüfte konsequent ihren Lernfortschritt und verlangte alles Zumutbare – und manches darüber hinaus. Aber es gab auch viel Spaß, weiß sich Dr. Kiechl zu erinnern, vor allem donnerstags, wenn am Nachmittag schulfrei war. Spontan fallen ihr Kaninchenjagden, Wanderungen und Indianerspiele ein.[5]

Auch in Steenockerzeel wurde noch eine gewisse Hofhaltung gepflegt. Viele Getreue kamen auf begrenzte Zeit zu Zita, um ihr – oft auf eigene Kosten – zu dienen. Ständig anwesend waren Gräfin Kerssenbrock, Graf Degenfeld und das Ehepaar Gudenus.

In diese Zeit fiel der schönste Tag im bisherigen Leben Zitas nach Karls Tod. Es war der 20. November 1930. Otto wurde volljährig. Denn im Unterschied zu den anderen Erzherzögen und Erzherzoginnen, die erst mit zwanzig die Volljährigkeit erreichten, galt für den habsburgischen Thronerben das achtzehnte Lebensjahr. Und Zita versuchte diesen Tag nun gerade nach jenen traditionellen Richtlinien zu feiern, die schon bei früheren Großjährigkeitsfeiern üblich gewesen waren. Vor allem orientierte sie sich an der Volljährigkeit Franz Josephs am 2. Dezember 1848.

Schon am Vorabend des Geburtstages begannen die zurückhaltend-ruhigen Festlichkeiten – und zwar mit einem Diner, das »intimen Charakter tragen sollte«, ohne Reden, ohne Musik.[6] Für Zita waren es wohltuende Stunden der Besinnung und der Freude über das Erreichte. Die überaus hoffnungsvolle Entwicklung dieses jungen Mannes war ja ihr Werk. Ihn konnte Habsburg vorzeigen. Bald sollte er so weit sein, daß ihm die Völker der alten Monarchie auch vertrauen durften. Freilich mischte sich in die Empfindungen des Glücks auch Traurigkeit. Wie hätte Karl diesen Tag genossen, hätte ihn Gott nicht so früh zu sich geholt. Über alles aber siegte die Hoffnung in Zitas unverzagter Seele. All ihre hochfliegenden Ziele verkörperten sich nun in diesem jungen Mann, ihrem ältesten Sohn.

Am Morgen des Geburtstags zelebrierte dann Bischof Seydl in der Schloßkapelle ein Pontifikalamt. Danach begannen die Feierlichkeiten zur Großjährigkeitserklärung. Die Erklärung verlas Zita im Beisein mehrerer Honoratioren aus dem alten Österreich-Ungarn. Sie hatte ein einfaches schwarzes Seidenkleid an und trug als einzigen Schmuck den Sternkreuzorden. In diesem Augenblick, sagte sie, lege sie ihre Vormundschaft nieder, die sie nach dem Testament des verstorbenen Kaisers innegehabt hatte. Dann empfing Otto – der Erbkaiser – separat die österreichischen und ungarischen Delegationen. Ihnen teilte er mit, daß er mit Rücksicht auf seine bevorstehenden Studien bis auf weiteres seine Mutter – als seine Stellvertreterin – gebeten habe, wie bisher für ihn zu handeln.

Auch für die Presse war das Fest ein wichtiges Ereignis. Schon Tage vorher breiteten sich neue Gerüchte von Restaurationsabsichten aus. Wohlweislich hatte man zur Feier keine Journalisten zugelassen. Ein Reporter – Vertreter einer großen Zeitung – versuchte sogar als verkleideter Kellner ins Schloß zu gelangen. Ohne Erfolg.[7]

Natürlich entfalteten verschiedene politische Kreise und Regierungen nun wieder hektische Nervosität. Der tschechoslowakische Gesandte intervenierte bei der belgischen Regierung. Und so mußte alles vermieden werden, was Aufregung in den Reihen der kleinen Entente auslöste.

Zu diesem Zeitpunkt bestand noch wenig Aussicht auf eine Wiederherstellung der alten monarchischen Ordnung in den Donauländern. Erst das Erstarken des Nationalsozialismus steigerte einige Jahre später die Chancen. Andrerseits waren die Nachfolgestaaten weder innenpolitisch noch wirtschaftlich stabil. Eine Ausnahme bildete hier – im Blick auf die Wirtschaft – nur die Tschechoslowakei. Hin und wieder verwies der eine oder andere Politiker auf die Vorteile der ehemaligen Monarchie. Das führte zu einiger Unsicherheit unter den neuen Herrschenden. Kein geringerer als der rumänische Ministerpräsident Maniu meinte 1930: »Früher hatten wir die österreichisch-ungarische Monarchie. Es war ein gut abgegrenzter Organismus, ein homogenes System, mit zweifellos großen Vorteilen für ganz Europa, ein nützliches, gemeinsames Haus.«[8]

In Österreich waren die politischen Sitten verroht, die Straße war zum Hauptplatz politischer Auseinandersetzung geworden. Da war einmal der »Republikanische Schutzbund«, eine Privatarmee der Sozialdemokraten, auf der anderen Seite die Heimwehr, die die Macht im Staate an sich zu reißen begann. »Ohne die Heimwehren«, schrieb Werkmann an Zita, »wird sich natürlich in absehbarer Zeit nichts machen lassen. Sie müßten also in unseren Händen sein, wenn sich die Entwicklung, die sie früher oder später in die Hand nehmen könnten, nicht gegen uns kehren soll.«[9]

Am 25. April 1931 erschien in der italienischen Zeitung *Tribuna* ein bemerkenswerter Artikel mit der Überschrift »Quo vadis Austria?«, dessen Verfasser anonym blieb, jedoch angeblich hochgestellen politischen Kreisen angehörte. Italien, hieß es darin, fühle sich nicht länger an den anti-habsburgischen Gedanken gebunden. Die Situation habe sich gründlich geändert. Italien habe früher die Wiederherstellung des großen Vielvölkerreichs bekämpft, nun aber müsse dergleichen nicht mehr befürchtet werden. »Es ist nicht ausgeschlossen«, so der Schreiber des Artikels, »daß eine Wirtschaftsunion zwischen Österreich und Ungarn in eine politische Vereinigung mündet. Diese Möglichkeit erfüllt uns nicht mit Besorgnis. Und wenn gleich darauf die Frage aufgeworfen wird: Könnte denn eine solche politische Union auf eine Restauration der Habsburg-Krone verzichten? – lautet unsere Antwort: Sollte diese Möglichkeit eintreten, so würden wir uns auch davor nicht fürchten!«[10] Zugleich sickerte durch, daß die italienische Regierung Budapest habe wissen lassen, Italien werde Ungarn bei einer Restauration des Königtums beistehen.[11]

Kurze Zeit danach hielt sich Zita in Italien auf. Papst Pius XI. empfing die ehemalige Kaiserin zu einer dreiviertelstündigen Audienz. Danach, am 12. und 13. Juni 1931, besuchte sie das italienische Königspaar in dessen Sommerresidenz San Rossore, nicht weit von Pianore.

Die Presse spekulierte drauflos. Das wenigste war richtig, aber es war auch nicht alles erfunden. So entsprachen die Gerüchte von einer Verlobung Ottos mit Maria, der jüngsten Tochter des italienischen Königs, zwar nicht der vollen Wahrheit, aber im Kern waren sie auch nicht abwegig. Zita strebte diese Verbindung durchaus an – und zwar wohl vor allem, weil sie sich dadurch die Unterstützung Italiens für eine mögliche Restauration in Ungarn versprach. So entwarf sie in einem Brief an Otto einen Katalog von Verhaltensmaßregeln im Umgang mit dem italienischen König. Dabei ging es in dem Brief ganz um Ottos Zukunft. »Halte Dir vor Augen«, schrieb Zita, »daß Du mit einem sehr gescheiten Partner sprichst, und sei ebenso bescheiden wie dezidiert.« Bemerkenswert, wie präzise und detailliert Zita ihren Sohn beriet: »Es liegt im Interesse beider Häuser, bei Wahrung absoluter Selbständigkeit auf beiden Seiten, in engerem politischem Kontakt zu bleiben, um die Kräfte gegebenenfalls kooperieren zu lassen, dies besonders in der Abwehr gegen gewisse Übergriffe und in gemeinsamen Gefahren (– wenn er Dich fragt, sind soz., com. und haut. gemeint –). Dann sage, daß Du Dir die Zukunft bei Dir so vorstellst, daß jetzt die Kräfte in Deinen beiden Hauptbesitzen [Österreich und Ungarn] ralliiert [gesammelt] werden und Du dann eine lose Gruppierung im ganzen (Donau-)Becken planst. Marias Vater und Vormund wünscht es sehr . . . Du bist aber bestrebt, die Wiederherstellung nicht von einer Seite allein unterstützen zu lassen, um nicht aus erzwungener Dankbarkeit (Maria) in den Schlepptau einer einzelnen zu geraten und um nicht dadurch Dein zukünftiges Benehmen nach außen einseitig zu belasten. Dieses kann natürlich niemals anti-deutsch sein, da eine Tradition, die über ein Halbjahrtausend zurückreicht, nicht vergessen ist. Es hindert nicht, daß Du mit aller Kraft gegen einen Anschluß ankämpfen wirst . . .« Schließlich: »Präge Dir diesen Zettel gut ein, jedes Wort ist auch in seiner Gliederung zeitlich überlegt.«[12]

Das war wieder ganz die Kaiserin von einst: die Frau, die selbst tatkräftig in die Politik eingriff, wo es Würde und Pflicht von ihr zu verlangen schienen.

In Österreich wurde indes der Verfall des Parlamentarismus immer offenkundiger. Eine Regierung folgte der anderen, die Creditanstalt, das größte Finanzinstitut, machte Konkurs. Im Mai 1932 übernahm Engelbert Dollfuß wichtige Regierungsämter. Der neue Bundeskanzler und Außenminister erkannte die Gefahr des Nationalsozialismus. Die monarchistische Bewegung erstarkte nun, denn sie wurde von vielen als Gegenpol zum Nationalsozialismus verstanden.

Ein kleines Dorf in Tirol, Ampaß, verlieh Otto nun die Ehrenbürgerschaft. Eigentlich ein unbedeutendes Ereignis. Aber es wurde bedeutend, weil es ein Signal war, ein Startschuß zu einer ganzen Serie von Ehrungen für den Sohn des letzten Kaisers. Und es ging noch weiter: Immer mehr monarchistische Gruppen machten sich bemerkbar, viele von ihnen sammelten Unterschriften für die Aufhebung der Habsburger-Gesetze. Im ganzen waren es fünfundzwanzig monarchistische Organisationen, unter denen vor allem der »Reichsbund der Österreicher« eine führende Rolle spielte.

Bereits im Juli 1930 hatte Friedrich von Wiesner, Legitimist und Vertrauter Otto von Habsburgs, dem Erzherzog einen Entwurf »betreffend der Ziele des österreichischen Legitimismus« geschickt. Zita las ihn gründlich durch und ließ Otto sogleich wissen, wo sie Abänderungen wünschte. So störte sie vor allem, daß im sogenannten »Minimalprogramm« nirgendwo von »Seiner Majestät«, sondern immer nur von »Otto von Österreich« die Rede war. Ferner forderte sie, daß die wirtschaftlichen Beziehungen besser herausgestellt würden; die bloße Ablehnung des Anschlusses war ihr zu wenig. »Es muß«, schrieb sie, »sehr darauf geachtet werden, daß die europäischen Großmächte, indem sie gegen den Anschluß sind, indirekt und unbewußt die Restauration fördern: es soll ihnen daher ganz klar gezeigt werden, daß der Legitimismus ihre starke Hilfe in der Bekämpfung des Anschlusses sein will, da er den Anschluß vollkommen ablehnt.«[13]

In Österreich wurde im Februar 1934 die Sozialdemokratische Partei aufgelöst. Der Staat war zur Diktatur geworden. Der zurückgebliebenen, nun führungslos gewordenen Masse sozialdemokratisch orientierter Bürger versuchten die monarchistischen Gruppierungen nun ihre Überparteilichkeit zu zeigen. Wiesner warb regelrecht um sie. Auch erstattete er Otto nahezu täglich Bericht. Und Otto wurde nun selbst politisch aktiver – trotz seiner noch andauernden Studien. So konnte die Kaiserin sich zurückziehen. Sie habe eine »unendliche innere Korrektheit« besessen, meinte Otto später, von der Autorin über seine Mutter befragt. Von dem Moment an, da er selbst die politische Rolle übernahm, habe sie sich nicht mehr in seine Arbeit eingemischt, und ihre Meinung habe sie nur gesagt, »wenn sie gefragt wurde«[14].

Aber eben: Sie wurde gefragt. Zunächst nämlich ließ das Studium Otto nicht genügend Zeit, sich eingehend mit den politischen Problemen zu befassen. Denn er war ein eifriger, fast besessener Student, der den Ehrgeiz hatte, so bald wie möglich abzuschließen. Und tatsächlich beendete er sein Studium am 27. Juni 1935 mit Promotion – und zwar mit Auszeichnung.

Bis dahin jedenfalls bat er seine Mutter ausführlich um Rat. Und sie erteilte ihn engagiert. So schrieb sie etwa am 1. April 1933, als sie sich in Deutschland aufhielt, um unter anderem ihre kranke Schwiegermutter in Geiselgasteig bei München zu besuchen: »Du wirst gesehen haben, daß [Wiens Bürgermeister] Seitz die Heimwehr in Wien auflöste. Jedenfalls scheint, als gutes Zeichen, die Polizei und die Armee auf der Seite der Heimwehr zu stehen und sind die Heimwehren das Objekt geworden, das die Sozialisten aussuchten, um die Regierung zu treffen. Nichts könnte besser sein, da sie sich dadurch enger aneinander schließen. Es wäre jetzt der Moment, da wir mit der Regierung reden könnten, denn jetzt brauchen sie alle Kräfte, um der Sozialdemokratie zu widerstehen, und andererseits, um nicht durch Hitler verschluckt zu werden. Eine Hilfe unsererseits müßte für sie wichtig sein, und so könnte vielleicht sogar bald eine legitimistische Note angeschlagen werden, wenn sich die Regierung nicht bald mit uns aufputzt, wird sie auf die Dauer nicht gegen Berlin aufkommen. Es wird ihr ergehen wie dem Rupprecht von Bayern. Du siehst, daß allerhöchste Eile am Platz ist . . .« Dann wieder warnt sie ihren Sohn: »Bitte sehr vorsichtig sein, dem [deutschen Vizekanzler] Papen ist nicht über den Weg zu trauen.«[15]

Der erstarkende Nationalsozialismus wertete die legitimistische Bewegung immer mehr auf. Zwar war der Legitimismus, wie der österreichische Historiker Hellmut Andics es ausdrückte, »nicht imstande, Massen auf die Straße zu bringen; seine Stärke aber lag in den Positionen, die er hielt«[16]. Und hier war er eben überall; in den Reihen der hohen Beamtenschaft, im Offizierskorps, in der Großindustrie. »Für das Regime war es eine Existenzfrage, diese Männer in den Schlüsselpositionen zu kompromißloser Mitarbeit zu gewinnen. Der Weg dazu führte zweifellos über Steenockerzeel; es ging um das Placet des Mannes Otto Habsburg, der für die Legitimisten die Legitimität repräsentierte.«[17]

So wurde jetzt in der Verfassung des christlichen Ständestaates Österreich vom 1. Mai 1934 die Sperrklausel fallengelassen, die Mitglieder des Hauses Habsburg benachteiligte. Und am 13. Juli 1935 wurde sogar die Landesverweisung der kaiserlichen Familie aufgehoben.[18] Schließlich wurde auch die Rückgabe des Privatvermögens an die Mitglieder des Hauses Habsburg-Lothringen beschlossen. Der Familienfonds konnte nun wiedererrichtet werden.[19] Und tatsächlich wurde am 1. Dezember desselben Jahres ein kleinerer Teil davon erstattet: fünf Zinshäuser in Wien, ferner einige Bankpapiere im Wert von etwa 103 000 österreichischen Schillingen.

Weitere Liegenschaften wurden am 7. Januar 1938 ausgefolgt: Schloß und Park Mürzsteg, die Einrichtung des bundeseigenen Schlosses Neuberg, die Domänen Mattighofen, Pöggstall, Orth, Vösendorf, Laxenburg samt Schloß, Park und Lanzendorfer Alm,

Krampen, Mannersdorf.[20] Doch standen diese Rückerstattungen nur auf dem Papier. Ehe sie Wirklichkeit werden konnten, hatten die Nationalsozialisten Österreich ins Deutsche Reich »heimgeholt«.

Aber schon Dollfuß hatte 1934, kurz vor seiner Ermordung, veranlaßt, daß »aus menschlichen Erwägungen« den Habsburgern ein Teil ihres Vermögens zurückgegeben werden sollte. Zu Verhandlungen darüber war von seiten Steenockerzeels der älteste Sohn des ermordeten Erzherzog-Thronfolgers Franz Ferdinand, Herzog Max von Hohenberg, ermächtigt worden. Doch wird berichtet, Dollfuß sei zunächst »wider alles Erwarten . . . vom Hause Habsburg in stärkster Weise froissiert worden. Herzog Hohenberg habe ihm [Dollfuß] erklären müssen, daß die Kaiserin Zita es ablehne, mit einer revolutionären Regierung zu verhandeln.«[21]

Im übrigen aber war Zitas Verhältnis zu Dollfuß offenbar von hoher Achtung geprägt. Als sie die Nachricht von seiner Ermordung erhielt, war sie erschüttert. Sie dachte sofort an die Familie des kleinen Kanzlers und schickte der Witwe ein Telegramm mit dem Wortlaut: »Meine tiefste Anteilnahme an dem Schmerz, der Sie und Ihre Kinder traf. Ich flehe zu Gott, Ihnen Kraft und Unterstützung zu geben und ewige Belohnung dem heldenmütigen Verteidiger der österreichischen Unabhängigkeit.«[22] An der Bahre des Ermordeten lehnte, für alle sichtbar, ein Lorbeerkranz mit rotweißroter Schleife und den Namen »Otto-Zita«. In der Hauskapelle von Steenockerzeel ließ Zita für den toten Kanzler ein Requiem lesen.

Dollfuß' Nachfolger Kurt von Schuschnigg war – im Unterschied zu seinem Vorgänger – Monarchist. So war die Zeit von 1934 bis 1938 ausgefüllt mit Kontakten zwischen Steelnockerzeel und Wien, und auch persönlich trafen sich Otto und Schuschnigg mehrmals. Der Kanzler freilich war, wie Otto bald feststellen mußte, nicht eben einer der Entscheidungsfreudigsten. Einerseits war er willens, die Monarchie zu restaurieren, andererseits scheute er die Attacken aus den eigenen Reihen und mögliche Reaktionen des Auslands.

Die Verhandlungen um die Aufhebung der Habsburger-Gesetze, die ja nun nicht mehr Verfassungsrang hatten, gingen weiter. Und ehe Schuschnigg die Landesverweisung der Familie aufhob, vergewisserte er sich, daß Otto – aber auch Zita – nicht ohne seine Genehmigung das Land betreten würden. Die außenpolitische Lage war schlecht. In Abessinien begann Italien ein Abenteuer, das den Staat in Gegensatz zu den Westmächten brachte. Nun aber unterstützte Italien Österreich, und Österreich konnte daher Italien nicht vor den Kopf stoßen. Andererseits mußte dies wiederum die Westmächte verstimmen. Die Kleine Entente – das war klar – würde außerdem die Einmischung nicht ohne weiteres hinnehmen.

Otto von Habsburg legte in einem Gedächtnisprotokoll nieder, daß bei der österreichischen Regierung die Ansicht herrsche, seine und der Kaiserin Heimkehr könne unter Umständen schädliche Folgen für Österreich haben. Er habe keine Zeit, die Gründe von Schuschnigg zu überprüfen, schrieb Otto, »die er gegen meine und die Ihrer Majestät, der Kaiserin, geltend macht«. So sehe er sich, »wenn auch schweren Herzens und obwohl Meinung hierüber von jener des Herrn Schuschnigg abweicht, veranlaßt, derzeit meine Rückkehr in die Heimat aufzuschieben«, müsse aber »die Verantwortung für die etwaigen Folgen einer verspäteten Rückkehr ablehnen. Ich wünsche in der Frage der Wahl des Zeitpunktes meiner Rückkehr nach Österreich und jene Ihrer Majestät der Kaiserin mit Herrn von Schuschnigg in einen eigenen und fortlaufenden Gedankenaustausch zu treten . . .«[23]

Nach der Aufhebung der Habsburger-Gesetze im Jahre 1935 reisten drei Kinder Zitas nach Österreich ein: Adelhaid, die in den folgenden Jahren bis 1938 nahezu alle Bundesländer besuchte und sich vor allem karitativer Organisationen annahm, Felix, der an der Theresianischen Militärakademie in Wiener Neustadt studierte. Und Karl-Ludwig, der am Schottengymnasium in Wien sein Abitur machte.

In Deutschland setzte indes eine verstärkte antihabsburgische Propaganda ein, die sich in zahlreichen Büchern, Zeitungen und Broschüren niederschlug. So hieß es etwa in der Publikation des

Ludendorff-Verlags »Nie wieder Habsburger«: »Die Familie Habsburg . . . ist seit Jahrhunderten dem deutschen Blute und somit dem deutschen Wesen so sehr entfremdet, daß die Habsburg-Lothringer nicht mehr als ein deutsches Geschlecht angesprochen werden können.« Das Geschlecht Bourbon-Parma habe »zwei Eigenschaften mit Habsburg-Lothringen gemein: die Kirchentreue und die Sucht, irgendwo zu herrschen«[24]. In der Berliner Zeitung *Der Angriff*, Organ von Propagandaminister Joseph Goebbels, hieß es am 6. November 1937 zum Beispiel: »Seit Jahr und Tag hält die ergraute Ex-Kaiserin Zita mit ihrer zahlreichen Kinderschar Schulungskurse im spanischen Hofzeremoniell ab, damit sie sich dereinst – ach, dereinst – in der Hofburg beim legitimistischen Maskentreiben wieder erlaucht genug benehmen kann . . .«[25] Und unter dem Titel »Zita, die schwarze Frau« hatte dasselbe Blatt knapp drei Jahre zuvor geurteilt: »Worauf hofft diese Frau aus dem Hause Bourbon-Parma, deren Ehrgeiz einen schwachen Kaiser zum Verrat an Deutschland mitten im Kriege antrieb, deren Brüder, obwohl Offiziere der österreichischen Armee, auf belgischer Seite gegen uns kämpften und schließlich als Agenten bei Clemenceau einen Sonderfrieden suchten? Was will Zita, die ihren Mann zweimal in einen Putsch jagte, der unter Gelächter und Maschinengewehren wie ein blasser Traum zerstoben ist?«[26]

Am 13. März 1938 hörte Österreich als Staat für sieben Jahre zu existieren auf. Hitler schloß die »Ostmark« mit Deutschland zum nationalsozialistischen Großdeutschen Reich zusammen. Zita wußte: Der Spuk würde vorüberziehen. Aber unter welchen Opfern?

Am 9. Mai 1940 feierte Zita im Familienkreis ihren achtundvierzigsten Geburtstag. Otto, der vom NS-Regime steckbrieflich gesucht wurde (wie auch sein Bruder Felix), kam gerade von einer sechswöchigen Reise in die USA zurück, wo er auch mit Präsident Roosevelt zusammengetroffen war. Alle waren da – bis auf Felix, der gleichfalls nach Amerika gefahren, aber noch nicht zurückgekehrt war. »Der 9. Mai war ein wunderschöner, heller Tag«, berichtete Degenfeld in einem Protokoll, das heute im habsburgischen Privatarchiv liegt, »die kaiserliche Familie genoß es sehr, zusammenzusein, einige Leute kamen am Nachmittag aus Brüssel, um der Kaiserin ihre Wünsche zu überbringen. Später am Nachmittag kehrte Prinz Felix mit seinem Sohn – mit dem Wagen – nach Luxemburg zurück [gemeint ist der luxemburgische Prinzgemahl und Bruder Zitas]. Keiner konnte voraussehen, was in den nächsten 24 Stunden passieren würde. Es ist wahr, daß die kaiserliche Familie seit dem Ausbruche des Krieges es jederzeit für möglich hielt, daß es eine Invasion [der Deutschen] nach Belgien geben könnte, und was die Unterlagen, wichtige Papiere und andere Habe der kaiserlichen Familie betrifft, war fast alles, was nicht unmittelbar gebraucht wurde, in das Innere Frankreichs geschickt worden, weil die kaiserliche Familie sehr gut begriff, daß im Falle eines Angriffs der Deutschen alles sehr schnell gehen würde. Aber gerade an jenem Tag sah niemand eine unmittelbare Gefahr eines Angriffs voraus.«[27]

Plötzlich, gegen 4.30 Uhr, durchschnitt ohrenbetäubender Lärm die Ruhe der Nacht. Nicht weit von Steenockerzeel waren Bomben niedergegangen. Dann hörte man das unheimliche Rattern der Fliegerabwehrgeschütze. Es konnte kein Zweifel mehr bestehen: Die Deutschen hatten Belgien überfallen. Zita eilte, wie die anderen, ans Fenster und sah etwa ein, zwei Meilen vom Schloß entfernt einen Schwarm von Fallschirmen, der den Himmel bedeckte. Jetzt hieß es sich bereitmachen zur Flucht. Die Deutschen kannten gewiß den Ort, in dem sich die kaiserliche Familie aufhielt. Jeden Augenblick konnte eine Bombe das Schloß treffen.

Zita lief sofort zu ihren Kindern und sorgte dafür, daß jedes sich eilends anzog und die wichtigsten Sachen packte. Dann wurden die Autos vorgefahren und mit allem Notwendigen beladen. Um elf Uhr fuhr die Familie ab, mit ihr auch drei Kinder von Prinz Felix, die Gräfin Kerssenbrock, Graf Degenfeld sowie drei Angestellte. Jemand aus der Familie soll noch bemerkt haben: »Das Flüchten ist bei uns eben eine Familiensitte.« Und schließlich sorgte noch der Anruf eines Lehrers für Gelächter. Der meldete, daß die Kinder an dem Tag nicht zum Unterricht kommen sollten.[28]

Tatsächlich fiel noch am selben Tag, kurz nach der Abreise, eine

Bombe auf das Schloß. Das Dach wurde aufgerissen, die Türme zum Teil zertrümmert.

Vor einer Villa in der Nähe von Brüssel hielten die drei Autos an. Otto und Karl-Ludwig machten noch einen Abstecher in die Stadt. Dort war alles in Aufruhr. Um achtzehn Uhr fuhren sie weiter, in Allost trafen sie auf die ersten alliierten Truppen. Als sie den Ort passierten, hörten sie hinter sich Bomben und sahen deutsche Flugzeuge am Himmel. Um dreiundzwanzig Uhr erreichten sie die französische Grenze, wo der Zollbeamte sie so ruhig abfertigte, als wäre überhaupt nichts passiert. In Dünkirchen übernachteten sie in einem Hotel. Ihre Nachtruhe wurde jedoch immer wieder von Bomben gestört.

Am nächsten Tag kamen sie bis Laon, wo sie vorerst im Schloß Froudrain Zuflucht fanden. Aber schon in der zweiten Maihälfte wurde Otto gewarnt: Die Familie müsse unbedingt aus Nordfrankreich weg. Also reiste Zita über Vichy nach Bostz zum Schloß ihres Bruders Xavier, während Otto sich noch in Paris aufhielt. Die Deutschen drangen immer weiter vor, Belgien kapitulierte. Nun flüchtete alles nach Süden, und auch Otto und Karl-Ludwig kamen nach Bostz. Mitte Juni erfuhren sie dann, daß sich die französische Regierung aus Bordeaux nach Marokko zurückziehen wollte. Zita erhielt den Rat, doch dasselbe zu tun.

Am 16. Juni erreichten sie den Ort Lamonie Montrastrue bei Bordeaux, wo sich die großherzogliche Familie aufhielt. Und nach einem Gespräch Ottos mit zurückgebliebenen Funktionären des Innenministeriums fuhren sie über Spanien nach Portugal. Aber es mußte noch weiter gehen. Für Zita und Otto war das Ziel klar: Amerika. Und zwar rasch.

Am 16. Juli war es für Zita soweit. Mit einem amerikanischen Verkehrsflugzeug der PAA Clipper flog sie, begleitet von ihrer achtzehnjährigen Tochter Elisabeth, von Lissabon in die USA, wo ihre Söhne Otto und Felix sie bereits erwarteten. Felix hatte Einreisevisa für alle Familienmitglieder besorgt, und diese folgten Ende Juli mit Gräfin Kerssenbrock nach.

Nun also waren die Vertreter der europäischen Tradition, der Alten Welt schlechthin, auf dem Neuen Kontinent gelandet.

Amerika sollte Zita für einige Jahre ein freundliches Heim bieten, wenn es auch nie zu einer zweiten Heimat wurde. Noch immer war Zita überzeugt davon, daß eine andere Zeit anbrechen werde, die ihrer und Ottos bedürfe. Vor allem aber galt es jetzt auch in Amerika deutlich zu machen, daß das, was nun im deutschen Namen geschah, verschuldet von einem Diktator österreichischer Herkunft, nicht den Österreichern angelastet werden dürfe.

Sofort nach ihrer Landung auf amerikanischem Boden gab Zita ein Kommunique heraus: »Die Kaiserin, die fest an die Demokratie in Europa glaubt, ist überzeugt vom Sieg der Freiheit und des Christentums über den barbarischen Totalitarismus. Ihre Ideen über Europas Zukunft sind dieselben, die von Erzherzog Otto geäußert wurden. Sie glaubt an eine zentrale europäische Konföderation der Staaten, beruhend auf demokratischen Prinzipien, die im Donaugebiet nach der Niederlage des Nazismus gebildet werden muß. Ein solcher Staatenbund könnte ein Bollwerk gegen die künftigen Aggressoren des Pangermanismus und Bolschewismus sein.«[29]

Amerika: Hallo, Zita, How do You Feel as an Empress?

Ein Aristokrat aus Europa – vor allem, wenn er dem ehrwürdigen Geschlecht Habsburg-Lothringen entstammte – war in der Neuen Welt natürlich ein Objekt des Staunens und der Bewunderung. So waren Ottos Vortragsreisen quer durch die Vereinigten Staaten recht einträglich, und auf den Parties der High Society wurde er stolz herumgereicht. Dadurch standen ihm bald auch die Türen zu allerhöchsten politischen Kreisen offen.

Schon am 7. März 1940 hatte der amerikanische Präsident Franklin D. Roosevelt Otto und Felix zum Tee geladen. Vermittelt hatte das William C. Bullit, US-Botschafter in Paris und Freund Ottos, der dem Präsidenten schon seit einiger Zeit von dem »vielversprechenden jungen Mann« vorschwärmte. Zwei Stunden dauerte das Gespräch, in dem sich Otto vor allem für die

Unabhängigkeit Österreichs nach dem Krieg einsetzte. Seine große Sorge war es, die Vereinigten Staaten könnten die Annexion seines Vaterlandes anerkennen. Otto sprach aber auch von Ungarn und vom Trianon-Vertrag, durch den das Land zwei Drittel seines Staatsgebiets verloren hatte. Die Notwendigkeit einer Donau-Föderation war ebenso ein Thema wie die schwerwiegenden Folgen der Zerschlagung Österreich-Ungarns. Der Erzherzog fand Roosevelt erstaunlich gut informiert, und schließlich verabschiedete ihn der Präsident mit der Zusicherung: »Sie können mit der Sympathie meines Landes rechnen.«[1]

Otto besuchte New York, Washington, Chicago, Detroit, den mittleren Osten des Landes. Gouverneure luden ihn ein, bei Erzbischof Spellman von New York war er zu Gast, der belgische Botschafter gab für ihn ein Essen, der ungarische Verein in Washington veranstaltete einen Empfang. Etliche Senatoren baten ihn zu sich, führende Journalisten bestürmten ihn um Gespräche und Interviews. Der amerikanische Außenminister Cordell Hull ließ sich von ihm über die Situation in Europa berichten, und im »National Press Club« in Washington hielt Otto vielbeachtete Vorträge. Er verfolgte – in Absprache mit seiner Mutter – ganz gezielte politische Pläne. Der Kaisersohn suchte die moralische Unterstützung der amerikanischen Öffentlichkeit, bekundete seine Zuversicht in den Sieg der Alliierten und beteuerte immer wieder, daß Österreich in Wirklichkeit die deutsche Herrschaft ablehne, wenngleich die antirevolutionäre Bewegung erst bei einer deutschen Niederlage zum Durchbruch kommen könne. Nach dem Krieg wäre es das beste, einen Staatenbund in Mitteleuropa zu bilden, der Österreich, Ungarn, Böhmen und die Slowakei umfaßte und dem sich dann aus wirtschaftlicher Notwendigkeit auch einige Balkanstaaten anschließen würden. Und als Otto mit seinem Bruder Felix während der Besichtigung des Capitols die Zuschauertribüne des Senats betrat, wurde er vom Plenum feierlich willkommen geheißen. Die Abgeordneten erhoben sich und applaudierten. »Kaiserliche Hoheit«, sagte der Führer der regierenden Demokratischen Partei, Senator Barcley, »der Senat begrüßt Sie als den Vertreter des österreichischen Lebenswillens.«[2]

Der junge Mann hatte auch einiges vorzuweisen: Als 1938 die deutschen Truppen Österreich besetzten, erhob Otto sogleich Protest und übergab diesen der französischen Presse. Die geplante Volksabstimmung, so Otto damals, könne unter dem Druck dieser Truppen kein echtes Ergebnis bringen.

Des »Hochverrats« habe sich Otto von Habsburg schuldig gemacht, erklärte denn auch der *Völkische Beobachter* und meldete am 20. April 1938, daß bereits am 29. März ein Haftbefehl gegen den Sohn des letzten österreichischen Kaisers (des »Verratskaisers«, wie das Organ der NSDAP schrieb) erlassen worden sei.[3]

Der Erzherzog versuchte, die Emigranten aus der ehemaligen k. und k. Monarchie in Amerika auf einen gemeinsamen Kurs einzuschwören, doch war dies – wie er bald einsehen mußte – eine Illusion. Denn Bürgerliche und Kommunisten ließen sich auf keinen gemeinsamen Nenner bringen, und den meisten von ihnen war der Hocharistokrat Otto von Habsburg suspekt. Jedenfalls war er nicht gerade die geeignete Integrationsfigur. Handelte es sich um Flüchtlinge, denen er half, waren die offiziellen Stellen bereit, ihn zu unterstützen, weniger aber, wo er versuchte, die Emigranten zu einen oder gar eine Art Emigrationsregierung zu bilden.

Otto teilte sich die Arbeit mit seinen Brüdern, zunächst mit Robert und Felix. Robert blieb als einziger Sohn Zitas in Europa – und zwar in England, wo er eine Stellung bei einer Import-Export-Firma angenommen hatte, aber auch politisch tätig war. So widmete er sich österreichischen und ungarischen Flüchtlingen, unterhielt vorzügliche politische Kontakte zu den höchsten Stellen. Er festigte auch die Verbindungen Ottos zu Churchill. Felix arbeitete in den USA und in Südamerika und trat dann später der österreichischen Legion bei, die – auf Anregung Roosevelts – als Verband der US-Armee angegliedert war. Freilich lehnten sich zahlreiche Emigranten – vor allem Sozialisten und Kommunisten – gegen seine Mitgliedschaft auf.

Die Sorge der Mutter aber galt in dieser Zeit vor allem ihren vier jüngsten Kindern, die mitten in der Ausbildung gestanden hatten, als sie flüchten mußten. Elisabeth hatte noch ein Jahr Gymnasium vor sich, Charlotte, Karl-Ludwig und Rudolf waren durch die Emigration aus ihren Studien in Löwen herausgerissen worden. Da Französisch in Belgien die offizielle Unterrichtssprache war, besaßen die jungen Leute nicht genügend Englischkenntnisse. Zita entschied sich deshalb, nach Quebec zu übersiedeln, der Hauptstadt der gleichnamigen französischsprachlichen Provinz Kanadas. Nach langem Suchen – wobei der Kardinal von Quebec, Villeneuve, der Ex-Kaiserin behilflich war –, fand man schließlich die Villa St. Joseph. Dieses typische amerikanische Holzhaus mit Garten gehörte dem Frauenorden »Sœurs de Jeanne d'Arc«, hatte jedoch schon lange Zeit leer gestanden. Es war nicht groß, aber im einzigen Obergeschoß waren genügend kleine Räume, so daß jeder Bewohner sein eigenes Zimmer hatte. Dorthin übersiedelte im Oktober 1940 die Familie zusammen mit Graf Degenfeld und der Gräfin Kerssenbrock. Elisabeth allerdings zog schon Anfang September in ein Internat. Und Graf Degenfeld blieb nur knapp zwei Jahre dort. Dann bat ihn Zita, nach New York zu ziehen, um Otto bei seiner Arbeit zu unterstützen.

Später lebten in der Villa St. Joseph auch noch Zitas Mutter Maria Antonia und ihre Schwester Isabella. »Es war eine ziemlich ruhige Zeit«, erinnert sich heute Elisabeth von und zu Liechtenstein.[4] Zitas Kinder tapezierten die Räume selbst. Auch wurde in dem Haus eine Kapelle eingerichtet, und jeden Morgen kam ein kanadischer Geistlicher und las die heilige Messe.

Das Klima war rauh in Quebec. Der Winter folgte fast übergangslos dem Sommer. Ein halbes Jahr lang war die Provinz so gut wie eingeschneit. Aber das waren nicht die überragenden Probleme.

Vorübergehend litt die Familie an erheblicher Geldnot. Ihre Konten wurden nämlich zunächst eingefroren und erst 1942 freigegeben.[5] Aber viele Helfer waren da, die Zita unterstützten. So bedankte sich zum Beispiel Graf Degenfeld in einem Brief an Walter Schuschnigg, den Vetter des früheren österreichischen Bundeskanzlers: »Ich würde wünschen, Ihnen in der richtigen

Weise zum Ausdruck zu bringen, wie sehr Ihre Majestät und alle Hoheiten immer wieder über Ihre Anhänglichkeit und Treue gerührt sind und Gott in ihren Gebeten bitten, Er möge Ihnen vergelten, was Sie getan und was Sie immer aufs neue tun, und Er möge Ihnen vor allem tausendfach für Ihre stete Treue lohnen.«[6]

Zita verfolgte das politische Geschehen weiterhin mit wachen Augen, obwohl sie in Kanada gesellschaftlich kaum in Erscheinung trat. Jedenfalls las sie Tag für Tag die Zeitungen. »Ich segne täglich die New York Times, die so vieles bringt«, schrieb sie im März 1943 an Otto, »aber sie ist oft derart tendenziös . . .«

Zita war eben eine »hochpolitische Frau«, wie ihr Sohn Felix sie gegenüber der Autorin charakterisiert, weshalb ihr die politische Untätigkeit gewiß nicht leicht fiel. Von zahlreichen Flüchtlingen aus der Heimat, die irgendwo – in Spanien oder Portugal etwa – hängen blieben und nicht mehr weiterkamen, wurde sie bestürmt, doch zu helfen. Und viele von jenen, die es geschafft hatten, in die Staaten oder nach Kanada zu kommen, baten sie, sich für sie einzusetzen und ihnen bei der Stellensuche behilflich zu sein. Otto berichtete der Autorin, daß er während des Krieges trotz seiner sehr einträglichen Vorträge im ganzen Land eine Menge Schulden hatte, die er erst mit den Vortragsreisen nach dem Krieg tilgen konnte, denn so viele hatten sich an ihn und an Zita gewandt, denen geholfen werden mußte.[7] Otto unterstützte die Emigration, wo er nur konnte, und trug zum Beispiel die Bürokosten des »Austrian National Committee«, an dessen Spitze Hans Rott und Guido Zernatto standen, die einzigen Minister der ehemaligen Schuschnigg-Regierung, die nicht entweder schon tot waren oder im Gefängnis saßen.

In dieser Zeit ging es Zita auch gesundheitlich nicht gut. Sie hatte Schmerzen, und gewiß verschlimmerte sich manches durch ihren wachsenden Kummer über die Lage in Europa. Am 3. November 1941 schrieb sie ihrem Sohn Otto nach New York: »Wenn man nicht wüßte, daß unser Herrgott, dem zuliebe man seine Pflicht tut, es einem anrechnet, so täte man oft die Flinte ins Korn werfen.«[8]

Diese Zeilen zeigen aber auch, welch moralische Kraft sie immer wieder aus dem Tief herausriß und ihr Energie und Frische gab. So tröstete sie zu Neujahr Otto, der ihr deprimiert erschien. Denn die Lage der Emigranten hatte sich durchaus nicht nach seinen Vorstellungen entwickelt. »Glaube mir nicht, daß ich kein Herz für die bitteren Enttäuschungen habe, die Du durchmachst«, schrieb Zita, »aber ich kenne es aus eigener Erfahrung und weiß, daß es nie anders ist. Nicht wenn man in Wien oder in Ungarn ist, und nicht, wenn man in der Schweiz, in Portugal oder Belgien ist, und nicht, wenn man in den Vereinigten Staaten oder in Canada sitzt, von England und auch von Paris gar nicht zu sprechen! Daher bleibt nur eines: seine Pflicht Gott zu tun, sich zu heiligen und sich nicht deprimieren zu lassen, daß darüber die Gesundheit leidet . . .«[9]

In einem anderen Brief ermahnte sie Otto, er möge einem Mann, der ihm in den Rücken gefallen war, »ohne bittere oder spöttische Einwürfe« begegnen. »Ich kann mir ja denken«, schrieb sie, »wie Du darüber fühlst: aber das muß schließlich Nebensache sein. Denke, wie Papa mit Horthy gesprochen hat – und was war das! Ich weiß nicht, ob Dir das Ganze jetzt comme un cheveu sur la soupe [wie ein Haar in die Suppe] fällt, ober aber eben nicht . . . Daß Du verzeihen wirst, des bin ich sicher, und daß es eine gute Sache war, daß (er jetzt) . . . seine Unzuverlässigkeit gezeigt hat und nicht später, das ist eine, wenn auch bittere, aber doch unleugbare Tatsache.«[10]

Zitas Gesundheit indes verschlechterte sich. Deshalb verließ sie am 13. März 1942 Quebec und zog vorübergehend nach New York, wo das Klima milder war.

Am 23. April, einem Montagabend, mußte Zita in Doctor's Hospital an der Schilddrüse operiert werden. Professor Niessen führte die Operation aus, und er war voller Bewunderung über die Ruhe und Selbstbeherrschung der beinahe Fünfzigjährigen. Während sie auf dem Operationstisch lag, warteten draußen ihre Kinder Adelhaid und Karl-Ludwig. Adelhaid lehrte jetzt an der Fordham-University Soziologie, und Karl-Ludwig, der inzwischen sein Studium mit einer Dissertation über die »Soziale Monarchie« abgeschlossen hatte, war bei einer großen Handelsfirma in New York beschäftigt und arbeitete gleichzeitig bei den politischen Vorhaben Ottos mit.[11]

Auch nach ihrer Rückkehr nach Quebec mußte sich Zita schonen, aber ihrem energischen Temperament fiel es schwer, ein richtiges Rekonvaleszentenleben zu führen. »Neun Stunden Nachtruhe, eine Stunde Liegen am Vormittag, drei Stunden Liegen am Nachmittag . . . Je eine Stunde vormittags und nachmittags spazieren – daß es fröhlich wäre, kann ich nicht behaupten«, schrieb sie.[12] Und schon arbeitete sie wieder an neuen Plänen. Ehe sie zu ihren Ärzten nach Royalstone fuhr, fragte sie in einem Brief an Otto: »Wie wäre es, wenn ich mich von dort aus, sei es nach dem Weißen Hause, sei es nach Hyde Park zum Besuch (Déjeuner oder Tea) anfragen würde? Werde ich eingeladen, so werdet Ihr es auch.«[13] Und am 28. Februar 1943 flehte sie ihren Sohn geradezu an: »Bitte, lieber Otto, wenn ich Dir in irgend etwas nützlich sein kann, sende ein Telegramm, und ich bin am nächsten Tag bei Dir.«[14]

Karl-Ludwig knüpfte über Lissabon vielversprechende Kontakte zu Ungarn. Der Plan war, Ungarn auf die Seite der Alliierten zu ziehen. Miklás Kállay, der 1942 Ministerpräsident geworden war, erkannte, daß Hitler den Krieg verlieren würde; so setzte er sich bald mit Otto in Verbindung, weil er von den guten Beziehungen des Erzherzogs zu Roosevelt und Churchill wußte. Im September 1942 hatte Kállay Horthy in einem Memorandum darauf aufmerksam gemacht, daß im Falle eines Sieges der Alliierten eine habsburgische Restauration erwogen werden müsse, wenn man die guten Beziehungen Ottos zu Roosevelt betrachte. Tatsächlich vermittelte Otto den Kontakt zwischen Washington und Budapest, und der sandte Karl-Ludwig als persönlichen Referenten nach Lissabon. Leider aber konnte sich Ungarn zum entscheidenden Schritt nicht rasch genug entschließen. So besetzte Hitler am 19. März 1944 das Land. Die Chance für Ungarn war vertan.

Nach und nach beendeten alle Kinder Zitas ihr Studium. Rudolf promovierte, und Charlotte schrieb ihre Diplomarbeit über »Die soziale Hygiene«. Dann begann sie ihre praktische Arbeit als Fürsorgerin im New Yorker Stadtteil East Harlem. Auch Elisabeth wandte sich einem sozialen Beruf zu. Mit ihrer

Arbeit »Die soziale Fürsorge bei Jugendlichen« schloß sie ihr Studium ab. »Das Haus wird immer leerer«, schrieb die Mutter, nachdem die Söhne fort waren, »bald werde ich allein drinnen sitzen, – – die älteren Vögerln kehren nicht wieder zum Nest zurück, und die jüngeren fliegen nacheinander aus. Wenn nun auch Lotti im Juni ihren Flug nimmt, so denke ich doch daran, die boutique zu sperren und mich unter anderen Himmelsrichtungen zu verziehen, wo ich wenigstens eine nichée [Nest] wiederfinde.«[15]

Sie blieb dennoch in Quebec. Nur scheinbar lebte sie zurückgezogen; sie pflegte eine umfangreiche Korrespondenz, und zahlreiche Anfragen erreichten sie, die sie gewissenhaft beantwortete. So wurde sie zum Beispiel um Argumente gegen die Abtretung des Trentino an Italien gebeten. Unter anderem schrieb Zita in ihrer Antwort, das Trentino habe seit eh und je durch seine Fürstbischöfe dem Habsburger-Reich angehört und nicht Italien. Dante habe in seiner »Göttlichen Komödie« von der Südgrenze des Trentino gesprochen, um sie als jenes Gebiet zu definieren, das seit alters her die Grenze zwischen Italien und dem Reich gebildet hatte. »Und dabei haben diese Esel von Irredentisten in Trient eine Statue von Dante aufgestellt . . .«[16]

Ähnlich beklagte Zita auch die Abtretung von Triest, das natürlich nach dem Zusammenbruch der Donaumonarchie an Bedeutung verloren hatte. »Die Triestiner«, schrieb sie, »sind sehr enttäuscht darüber. Es war ja vorauszusehen, denn Italien hat rund herum um sein Land derartig gute Häfen, daß ihm dieser exzentrisch liegende Hafen, bei dem Italien kein Hinterland hat, keinen Nutzen bringt. Es war ja nur Futterneid und nichts anderes, was das Einstecken Triests durch Italien hervorrief, und den Wunsch, die Adria allein zu beherrschen. Gebrauchen konnten sie ihn nicht; sie hatten den Triestinern die Sterne vom Himmel versprochen, und das erste, was sie taten, war, daß sie die großen Grues (Kräne) zerlegten und sie in die reichsitalienischen Häfen brachten. Auch mußten wir jährlich eine Million Gulden (oder Kronen) zahlen, um den immer wieder einsandenden Hafen auszubaggern. Dies wurde durch die Italiener, denen ihre guten Häfen kaum etwas kosten, gleich eingestellt. Der Hafen von Triest ist auch sofort furchtbar versandet.«[17]

Eduard Beneš, der einst die Parole »Lieber Hitler als Habsburg« geprägt hatte, setzte seit seiner Bildung einer tschechoslowakischen Exilregierung, 1940, ganz auf die Sowjetunion. Zunächst war er im Westen nicht sehr beliebt, gewann aber nach dem Kriegseintritt der UdSSR an Einfluß. Doch setzte sich der alte Gegensatz Habsburg-Beneš in Amerika fort. Während sich Otto auf Roosevelt stützte, fand Beneš vor allem beim amerikanischen Außenminister Hull Gehör. Auch begann Beneš bei den Westmächten dafür zu werben, daß die Sudetendeutschen nach dem Krieg aus der Tschechoslowakei ausgesiedelt wurden. Dazu meinte Zita in einem Brief an Otto: »Du wirst gesehen haben, daß Beneš in der letzten Zeit wieder Vorschläge für die Zukunft gemacht hat. Er hat auch sein Lieblingsprojekt, das er direkt von Hitler abkopiert hat – den Austausch der Minoritäten – wieder ventiliert. Am gleichen Tag hat Radio Vaticano ausdrücklich festgestellt, daß kein Regime sich christlich nennen kann, das diesen Bevölkerungsaustausch auf sein Programm schreibt. Das hat mich bass gefreut. Es ist auch irrsinnig – wie die Lösung der gerechten und gleichen Aufteilung der Reichtümer an alle Leute gleich. Am Abend des selben Tages wird der eine seinen Anteil ausgegeben haben und der andere ihn gespart haben. So werden nach 24 Stunden wieder ungleiche Verteilungen der Reichtümer sein. Dasselbe ist es mit den Bevölkerungen. Die einen werden prolifiquer [kinderreich] sein, die anderen weniger; so werden nach wenigen Jahren Leute, die in ihrer engeren Heimat keine Arbeit und keinen Boden finden, wieder dorthin arbeiten gehen, wo was zu tun und zu finden ist, um woanders zu arbeiten und zu heiraten. Und so werden nach kurzer Zeit neue Forderungen entstehen.«[18]

Außerdem, meinte sie in einem anderen Brief an Otto vom 8. März 1943, »dürfen wir nie vergessen, daß Sprachengrenzen sehr oft nicht strategisch sind. Man braucht bloß an die baskische Sprache zu denken, die der besten und stärksten Grenze, die es in Europa gibt – den Pyrenäen –, ein Schnippchen schlägt. Und das ist eine lang verankerte Sprache und Rasse, nicht eine fluctuierende . . .«[19]

Zita urteilte klar, und viele ihrer Sätze sind auch heute noch aktuell. So hegte sie tiefstes Mißtrauen gegenüber den Sowjets. »Ist das nicht merkwürdig, das jetzige Vorgehen der Sowjets?« fragte sie einmal, »Sie verfolgen dieselbe Taktik, die ihre Zwillinge, die Nazis, verfolgt haben. Sie verlangen natürlich nichts wie ihre Grenzen, wer würde auch daran zweifeln? Aber die Weißrussen und Ukrainer, wird einem gesagt, gehören eben dazu. Dabei werden schon Töne von einer slawischen Solidarität eingeschlagen . . . Ob die nicht auch dort endet, wo Ukrainer und Weißrussen enden sollen? Dabei das Katz- und Mausspielen mit Jugoslawen und Polen; gefangen, ausgelassen, gefangen, ausgelassen. Bis alle Leute, von dem ewigen Hin und Her müde, nichts mehr davon verstehen. Und sagen: Bitte endlich Schluß mit dem Streit – a Ruah in der Hüttn! Und geopfert werden die Kleinen, die man nicht fürchtet.«[20]

Dachte Zita auch an sich und ihren Mann, als sie ihrem ältesten Sohn schrieb: »Man ist ecœuriert [angewidert] von der Feigheit, die die Aufopferungsvollsten im Stich läßt. Aber es war in der Welt immer so: Gefallene Größen liebt man nicht, und je mehr man ihnen schuldig ist, um so mehr geht man ihnen aus dem Weg.«[21]

Doch blieb Zita nicht immer nur die große Dame im Hintergrund, die ihren Kindern beisprang und ihnen, wenn nötig, Mut machte. Sie selbst führte drei Gespräche mit Präsident Roosevelt, wie sich Erzherzog Felix erinnert. Felix selbst kannte den Präsidenten sehr gut. Mit ihm speiste er an dessen letztem Tag im Weißen Haus – dem 10. April 1945 – zu Mittag. Roosevelt, der ein von Krankheit schwergezeichneter Mann war und auch zeitweise geistesabwesend schien, starb zwei Tage nach diesem Treffen. Felix meint, daß Roosevelt in Jalta Stalin deshalb nachgegeben habe, weil er physisch nicht mehr in der Lage gewesen sei, ihm zu widersprechen. Vor Jalta sei keine Rede davon gewesen, die Tschechoslowakei oder Ungarn preiszugeben.[22]

Felix war es auch, der Zita die Gespräche mit dem Präsidenten vermittelte. Genau datieren läßt sich nur das Gespräch vom 11. September 1943 in Hyde Park, als Zita Otto bei Roosevelt vertrat. Otto nämlich war an einer schweren Grippe erkrankt.

Die Ex-Kaiserin wurde von Roosevelt und dessen Frau Eleanor sehr freundlich aufgenommen, ja, der Präsident zeigte ihr sogar seinen selbstbepflanzten Garten. Mit Mrs. Roosevelt sprach Zita über Wohltätigkeitsorganisationen – und in diesem Punkt trafen sich die beiden Frauen gewiß, obwohl die Präsidentengattin im übrigen die Hochachtung ihres Mannes vor den Habsburgern nicht teilte. »Sie war immer auf der Seite der Underdogs«, charakterisierte Elisabeth von und zu Liechtenstein später die Frau des amerikanischen Präsidenten, »und die Habsburger waren für sie eben keine Underdogs.«[23]

Zita besuchte den Präsidenten an jenem Septembertag als Königin von Ungarn. So übermittelte sie ihm die letzten Botschaften aus Ungarn, die Otto zuvor erhalten hatte. »Ich liebe Ungarn«, sagte Roosevelt, »ich möchte dieses Land retten. Sobald es auf unserer Seite steht, werde ich jede mögliche Hilfe leisten. Otto kann das der ungarischen Regierung mitteilen. Er kann auch hinzufügen, daß ich die Grenzen, die Ungarn im Vertrag von Trianon aufgezwungen wurden, für ungerecht halte. Ich weiß sehr genau, daß sie einer Revision bedürfen und daß Siebenbürgen zu Ungarn gehören sollte. Siebenbürgen ist im wesentlichen ungarisch. Ich bin selbst dort gewesen. Otto kann auch dies nach Budapest berichten.« Und Roosevelt war auch damit einverstanden, daß Karl-Ludwig im Auftrag Ottos nach Lissabon reiste, um von dort aus die Kontakte zu Ungarn aufrechtzuerhalten.

Es wurde aber auch über andere Themen gesprochen – über Jugoslawien zum Beispiel, wobei Roosevelt im Gegensatz zu Churchill, der die Wiederherstellung des Landes in den Grenzen von 1941 anstrebte, durchaus für ein selbständiges Kroatien plädierte, dabei Bosnien und der Herzegowina die Wahl lassen wollte, ob sie sich Serbien oder Kroatien anschließen möchten. Der Fall Polen lag anders. Hier glaubte Roosevelt die Lösung den Russen überlassen zu müssen. Und aus Deutschland wollte der

Präsident am liebsten mehrere Staaten formen. Erst wenn diese innerlich konsolidiert sein würden, könne man wieder an eine zentrale Regierung denken. Im übrigen sprach er von einem Plan, Europa in vier Einflußzonen aufzuteilen. Dabei glaubte er von den Russen mehr erreichen zu können als von Churchill.[24]

Bei einem anderen Gespräch Zitas mit dem amerikanischen Präsidenten war auch Erzherzogin Elisabeth dabei. Sie erinnert sich, daß Mrs. Roosevelt ihre Mutter an der Schwelle des Weißen Hauses empfing und sie persönlich bis zum Arbeitszimmer des Präsidenten geleitete. Diesmal sprach Zita über Österreich. Und auch der Gastgeberin erläuterte sie kurz die Probleme, die mit Österreich zusammenhingen. Es müsse ein unabhängiges Österreich nach dem Krieg geben, mahnte Zita eindringlich, und Elisabeth schien es, als seien ihre Argumente auf fruchtbaren Boden gefallen.

Zita hatte – wie immer – die Zielrichtung dieses Gesprächs mit Otto genauestens festgelegt. Ihre Absicht war klar: die Länder der ehemaligen Monarchie, vor allem Österreich, vor Stalins Zugriff zu retten, ihre Unabhängigkeit zu sichern und sie auch für eine mögliche monarchische Restauration zu öffnen. Jetzt und hier aber ging es darum, daß die Vereinigten Staaten ihre These anerkannten, die da lautete: Hitler hat Österreich okkupiert, das Land muß nach seiner Befreiung unabhängig werden. Auch wollte Zita schon jetzt eine Zusicherung der Amerikaner erreichen, daß dem Land nach dem Krieg geholfen werde. Doch wurde auch über die Situation in Jugoslawien gesprochen, über General Draža Mihaljlovič und Tito – darüber, daß England und die USA Mihaljlovič hatten fallen lassen und nun nur noch Tito unterstützen wollten. Eben dies aber mißbilligte Zita deutlich.

Elisabeth von und zu Liechtenstein erinnert sich auch daran, wie Roosevelt ständig von »Uncle Joe« (»Onkel Josef«) sprach, womit Stalin gemeint war. Und es ist ihr noch lebhaft gegenwärtig, wie der Präsident in seinem Rollstuhl saß und den Eindruck eines Schwerkranken machte. Über die europäischen Verhältnisse sei der amerikanische Präsident erstaunlich gut unterrichtet gewesen, sagt Elisabeth, doch habe er weniger von den Problemen jener Länder verstanden, die er niemals selbst besucht hatte – wie etwa Jugoslawien oder die Sowjetunion.[25]

Schon während des Krieges knüpfte Zita Kontakte zu vielen wichtigen Persönlichkeiten in Kanada und den USA – wie zum Beispiel zu dem früheren US-Präsidenten Herbert Hoover, der jetzt Hilfsaktionen für Polen und Griechenland organisierte. Sie dachte schon damals an das Ende des Krieges und an die Hilfe, die die zerstörten Länder der ehemaligen Donaumonarchie dann benötigen würden. Adelhaid sammelte fleißig Adressen von karitativen Institutionen, über die später die Hilfsmaßnahmen abgewickelt werden sollten, und Elisabeth, die am längsten zu Hause geblieben war, half mit Schreibarbeiten. Da sie in Spanien geboren war, galt sie in den USA als Spanierin und bekam keine Arbeitserlaubnis. So konnte sie zwar eine siebenmonatige Volontärszeit bei der Fürsorge in New York absolvieren, erhielt jedoch keine Arbeitsstelle. Also arbeitete sie als Sekretärin ihrer Brüder. Darüber hinaus stand sie der Mutter zur Seite.

Kurz vor Kriegsende begann Zita mit ihrer großangelegten karitativen Tätigkeit, der sie sich bis 1948 widmete. Zunächst hielt sie in Kanada, in der Nähe ihres Wohnsitzes, Vorträge, in denen sie den Menschen die ungeheure Not der Bevölkerung Österreichs und der anderen Donauländer schilderte. Aus den Erfahrungen des Ersten Weltkrieges und ihr eigenen mittellosen Zeit wußte sie auch ziemlich genau, was dringend benötigt wurde: Kleider, Schuhe, Lebensmittel und Medikamente. Und als sich herausstellte, daß ihre Tätigkeit erfolgreich war, dehnte sie ihren Wirkungskreis immer weiter aus, über die kanadischen Grenzen hinweg – bis tief hinein in die Vereinigten Staaten.

Schnee, schlechte Verkehrsbedingungen, Unwetter und Strapazen hielten sie nicht davon ab, das zu tun, was sie als ihre Christenpflicht empfand. So hielt sie allein in Kanada über fünfzig Vorträge.[26] Sie sprach in Caritas-Vereinen, in Klöstern, Schulen, vor Frauenorganisationen. In Kanada sammelte sie Lebensmittel, die dann in zweihundert riesigen Überseekisten nach Europa befördert wurden. Viel beachtet, sprach sie in New

York, Chicago, Denver, St. Joseph, St. Louis, Boston, Philadelphia, Pittsburgh, Kansas City und in vielen anderen Städten. Die Reisen waren anstrengend, und so versuchte sie, diese in mehrwöchigen Tourneen zu bündeln, um damit auch ihre persönlichen Kosten so weit wie möglich zu senken. So reiste die Frau, die einmal Kaiserin einer Weltmacht gewesen war, in der dritten Klasse Eisenbahn. Und sie nächtigte nicht in guten Hotels, sondern in Klöstern, Schulen und Heimen. Zita arbeitete täglich bis spät in die Nacht hinein, denn nach den Vorträgen und Gesprächen mußten Verzeichnisse der Waren angefertigt, Bitt- und Dankesbriefe geschrieben, das Material verpackt und sendebereit gemacht werden.[27]

»Gewöhnlich wurde von der betreffenden Schule oder dem jeweiligen Kloster«, erinnert sich Elisabeth von und zu Liechtenstein, »ein Raum zur Verfügung gestellt, in dem die Leute Kleider, Schuhe, Decken und anderes abgeben konnten. Den Menschen, die mit Care-Paketen helfen wollten, wurden Adressen von Familien, Heimen und caritativen Institutionen in Österreich weitergegeben. Am Abend wurden dann die Resultate zusammengefaßt, Briefe geschrieben und die Listen komplettiert. Es war dann gewöhnlich nach Mitternacht, bis wir ins Bett kamen.«[28]

Kanadier und US-Amerikaner waren großzügig und tief vom Schicksal des nachkriegsgeschüttelten Europa ergriffen. Oft waren es recht ansehnliche Gegenstände, die sie spendeten – Kleider und Pelzmäntel etwa, oder Wolldecken.

Emmy Gehrig, die bei der Verteilung der Spenden in der Wiener Caritas tätig war, notierte sich, was da an Hilfsgütern eintraf, wenn auch ihre Listen längst nicht vollständig waren. Kanada sandte demnach Medikamente, Milch, Fett, Lebensmittel im Werte von 9000 Dollar, 500 Care-Pakete im Wert von rund 5000 Dollar, Kleidungsstücke und Schuhe mit einem Gewicht von rund 15 000 Kilogramm. Aus den USA kamen 2000 Lebensmittelpakete im Wert von 20 000 Dollar, Kleidungsstücke, Schuhe und andere Güter mit einem Gesamtgewicht von 22 500 Kilogramm.[29]

Otto verließ die USA im Herbst 1944 und fuhr zunächst nach Lissabon, dann nach Paris. Im Juni 1945 traf er gemeinsam mit seinen Brüdern Robert, Karl-Ludwig und Rudolf in Österreich ein. »Die Lage hier ist alles andere als rosig«, schrieb Otto an seinen Freund, den Begründer der Paneuropa-Union, Graf Coudenhove-Kalergi, im November 1945 aus Innsbruck. »Ich spreche nicht von der Politik, sondern nur von den täglichen Bedürfnissen der einfachen Bevölkerung. Die Lebensmittellage ist am schlechtesten in der russischen Zone. Im südlichen Niederösterreich, ja auch in Wien verhungern Leute jeden Tag. Auch in der französischen Zone ist das Lebensmittelniveau viel zu tief, da wir neben der Bevölkerung auch noch 50 000 Franzosen ernähren müssen, die sich nichts abgehen lassen wollen und eine kaum erträgliche Belastung darstellen. In den anderen beiden Zonen geht es besser, aber es gibt noch längst nicht, was man in Amerika ›a minimum standard of living‹ nennen würde.«[30]

Alle Kinder Zitas, eines nach dem anderen, verließen nun Amerika. Adelhaid ging nach Paris, wo sie vor allem unter den Flüchtlingen soziale Arbeit leistete, Felix nahm in Südamerika – später in Mexiko – eine kaufmännische Stellung an, Elisabeth fuhr nach Europa, lernte schon bald ihren Mann, Prinz Heinrich von und zu Liechtenstein, einen Cousin des regierenden Fürsten, kennen und heiratete am 12. September 1949 – als erstes Kind Zitas.

Da die Ordensschwestern jetzt die Villa St. Joseph in Quebec selbst benötigten, übersiedelte Zita noch vor Weihnachten 1948 nach Tuxedo im US-Staat New York. Die Familie Bullock vermittelte ihr dort ein Haus, das Zitas Söhne später kauften.

Auch in Tuxedo war Zita immer noch mit Hilfsaktionen beschäftigt. Es war jene Zeit, als im Senat und im Repräsentantenhaus über die Marshallplan-Hilfe diskutiert wurde und es um die Frage ging, welchen Staaten diese nun zu gewähren sei. Zita wußte sich zu helfen. Sie lud Frauen von Parlamentariern zu einem Vortrag ein und setzte ihnen auseinander, warum Österreich diese Hilfe unbedingt erhalten müsse. Die Rede hatte sie gründlich vorbereitet. Sie beschrieb den Damen zunächst das

Land, seine Besonderheiten, seine Schönheiten. Und dann stieg sie mit kräftigen, dunklen Farben in die Not der Menschen ein, die der Krieg ihnen gebracht hatte. Das wußte Zita mit anschaulichem Zahlenmaterial zu illustrieren. Und so zog sie das Auditorium mehr und mehr in ihren Bann. Die Frauen waren erschüttert und einige von ihnen gaben ihre hier gewonnene Überzeugung ihren Ehemännern weiter.[31]

Die Hoffnung indes, daß Habsburgs Stunde in Österreich und anderen Ländern der ehemaligen Monarchie in absehbarer Zeit wieder schlagen könnte, wurde schwächer und schwächer, nachdem Ungarn und die Tschechoslowakei in den sowjetischen Machtbereich geraten waren, Jugoslawien gleichfalls unter kommunistischer Herrschaft stand und die Russen den Osten Österreichs weitgehend unter Kontrolle hatten. Zudem gab die Große Koalition der österreichischen Bundesregierung aus Christdemokraten (Österreichische Volkspartei) und Sozialisten (Sozialistische Partei Österreichs) den Habsburg-Gegnern einen so starken Machtanteil, daß an eine Restauration vorerst nicht zu denken war. Später sollten sich die Aussichten noch mehr verdüstern – als nämlich 1955 die Landesverweisung und die rechtliche Minderstellung der Habsburger sogar in den Staatsvertrag aufgenommen wurden.

Dennoch hielt es Zita auch weiterhin für ihre Pflicht, am Anspruch auf die Krone für Otto und die weiteren »rechtmäßigen« Erben festzuhalten. Öffentliche Äußerungen hörte man von ihr dazu keine mehr. Das war jetzt Ottos Sache. Und der hatte mittlerweile ein neues, zeitgemäßeres Konzept gefunden: die Tradition des Vielvölkerreiches in ein neues Europa einmünden zu lassen – mit allen Lehren, die die Geschichte seines Geschlechtes bot. Aus Österreich war er mittlerweile wieder ausgewiesen worden.

Im Unterschied zu Otto aber leistete Zita niemals eine Verzichtserklärung, und vermutlich war sie auch mit dem Schritt ihres Sohnes – 1961 – nicht einverstanden. Aber sie respektierte ihn. Otto hatte vor allem seiner Kinder wegen verzichtet, denen er den Weg in die alte Heimat nicht verbauen wollte, und er hatte das nur für seine Person getan, nicht auch für seine Nachkommen.

Zwar hatte Zita ohnehin auf keinerlei Thronrechte zu verzichten, da sie als Gattin des Monarchen gar keine besaß. Doch hätte sie sich mit einer solchen von der Republik verlangten Formalie den Eintritt ins neue Österreich erkaufen können. Sie tat es nicht. »Ich habe nicht das Recht«, sagte sie, »auf etwas zu verzichten, auf das Kaiser Karl nicht verzichtet hatte.«[32]

Seit 1948 aber verfolgte Zita noch ein anderes Ziel: Aus Rom hatte sie damals erfahren, daß ein Seligsprechungsprozeß für ihren Mann, den Karl-Verehrer eingeleitet hatten, Gestalt annahm. So begann sie nun gewissenhaft ihre Papiere und Erinnerungen zu sammeln. Aus diesem Grund kam sie auch 1948 für kurze Zeit nach Europa. Auch zu Elisabeths Verlobung und Hochzeit im Frühjahr und Herbst 1949 hielt sie sich für ein paar Wochen auf dem alten Kontinent auf. Dann aber begab sie sich wieder in die Staaten, wo sie sich erstaunlich wohl fühlte. Die herzliche, hilfsbereite Art der Amerikaner sowie ihre lebensfrohe Ungezwungenheit gefielen ihr. Sie war Bürgerin unter Bürgern – und doch etwas Besonderes. Und so machte sie sich auch nichts daraus, wenn ihr einer zurief: »Hallo Zita, how do you feel as an Empress?« (»Hallo Zita, wie fühlen Sie sich denn so als Kaiserin?«) . . .

Oft und gern fuhr Zita mit der U-Bahn. Da staunte der österreichische Schriftsteller Erik Ritter von Kühnelt-Leddihn nicht schlecht, als er seine Herrscherin von einst plötzlich in Tuxedo in der U-Bahn sitzen sah. Und ein anderer Schriftsteller, der Ungar Franz Molnár, verließ beschämt eine Wäscherei, als er Zita begegnete. Er hatte sich nämlich darüber beschwert, daß ihm die Wäsche nicht nach Hause geliefert wurde. Darauf wies der Wäschereibesitzer auf die Dame in Schwarz – »The Empress of Austria« – und meinte mit entwaffnender Logik, wenn selbst eine Kaiserin ihre Wäsche abholen könne, dann sei das wohl auch einem Mister Molnár zuzumuten . . .[33]

Doch überzeugten Zitas Kinder ihre Mutter davon, daß sie nach Europa zurückkehren sollte. Dabei hatte sie von der Notre-

Dame-Universität noch ein verlockendes Angebot bekommen: einen Lehrauftrag für Europäische Geschichte. Vor allem aber bedurfte nun Zitas Mutter, Maria Antonia, die auf Schloß Berg in Luxemburg lebte, ihrer Nähe und Pflege. So blieb Zita bei ihr, bis Maria Antonia 1959 starb – im Alter von siebenundneunzig Jahren.

Inzwischen aber war auch Zita zur älteren Dame geworden. Die junge, schöne Kaiserin und Königin von einst war nun siebenundsechzig Jahre alt. Doch war sie noch rüstig und gesund. Noch einmal kehrte sie in die Vereinigten Staaten zurück, doch lange blieb sie nicht mehr in der Neuen Welt. Ihre Kinder und andere Verwandte und Bekannte suchten für sie eine geeignete Bleibe in der Schweiz. Im Gespräch mit Franz Josef Graf Forni schlug der Bischof von Chur schließlich vor, die Kaiserin solle doch ins Johannesstift nach Zizers ziehen – im Kanton Graubünden, nahe Chur. Zita befand sich damals gerade mit ihrem Enkel Lorenz in Davos. Lorenz sollte sich dort von seinem Asthma erholen.

Das Johannesstift war ein Altenheim für Geistliche und Schwestern, das später auch für andere alte Menschen geöffnet wurde. Der schloßartige, von einer wehrhaft anmutenden Mauer umgebene Bau mit seinem weit ins Tal blickenden Kuppelturm liegt inmitten einer friedlich-ländlichen Welt, von Bergen umringt.

Dorthin also zog Zita 1962 – mit Gräfin Kerssenbrock und ihrer Schwester Isabella, und hier bewohnte sie schlichte drei Zimmer mit Veranda.[34] Sie fühlte sich wohl in dem freundlichen Haus. Und vor allem hatte ihr neues Heim einen unschätzbaren Vorteil: Von hier aus konnte sie – jetzt siebzig Jahre alt – die Berge Österreichs sehen. Und manchmal ließ sie sich einige Kilometer weit bis zur Grenze fahren, wo sie hineinschauen konnte in ihre alte Heimat, die ihr noch immer – und wahrscheinlich, wie sie meinte, bis an ihr Lebensende – versperrt war.

Die Heimgekehrte

Ein unscheinbarer hellblauer VW-Golf rollte langsam durch das kleine Fürstentum Liechtenstein und näherte sich, andächtig fast, der österreichischen Grenze. Es war der 17. August 1982. Ein historischer Tag. Zita, Österreichs letzte Kaiserin, kehrte heim. Nach dreiundsechzig Jahren der Verbannung sollte sie erstmals wieder den Boden ihrer Heimat betreten.

»Die Pässe bereithalten«, bat Prinz Heinrich von und zu Liechtenstein seine Mitfahrer, Ehefrau Elisabeth und Schwiegermutter Zita. Die ehemalige Kaiserin hatte einen spanischen Paß, ausgestellt auf den Namen »Duchesse de Bar«. Aber sie sollte ihn nicht vorzeigen müssen. Ihr Bild war ja in den letzten Wochen durch die gesamte deutsche und österreichische Presse gegangen. Jeder kannte sie also, und die Zollbehörden hatten Weisung, die berühmte Dame in Schwarz, der so lange der Weg in die Heimat verschlossen gewesen war, ohne Umstände in die Republik einzulassen.

Erst ein Vierteljahr zuvor hatte Zita ihren neunzigsten Geburtstag gefeiert, in Zizers, wo sie nun schon zwanzig Jahre lang im Johannesstift lebte. Und es war eine Sensation, daß ihr Österreichs sozialistischer Kanzler Bruno Kreisky nun die Einreise gestattete, obwohl sie den verlangten Verzicht nie geleistet hatte.

Unweit von hier, wo die Züge die Grenze passierten, hatte sie an jenem 24. März 1919 Österreich verlassen. Es war eine Ewigkeit her – und doch erinnerte sie sich noch genau der einzelnen Etappen jener Reise und der schweren, dumpfen Gefühle, die sie damals begleitet hatten. Jetzt strahlte die Sonne, war ihre Seele von einem selten verspürten Glück gefüllt. Sie hatte es noch erlebt – Österreich wiederzusehen.

Den 17. August hatte sie ganz bewußt als Tag ihrer Heimkehr gewählt. Denn heute wäre ihr Mann fündundneunzig Jahre alt geworden. Sie hatte sein Erbe gehütet, das durfte sie heute behaupten, und sie konnte Österreich stolz und ungebeugt betreten, so wie er, Karl, das gewollt hätte.

Zita war immer noch rüstig und gesund, obwohl sie sich erst vor einem guten halben Jahr einige Rippen gebrochen hatte, als sie nachts über einen Papierkorb im Gang des Johannesstiftes stolperte. Immer noch nahm sie regen Anteil an den Geschehnissen in der Welt. Freilich mußte sie sich das meiste nun vorlesen lassen, denn ihre Augen wurden von Tag zu Tag schwächer. Aber wenn sie sprach, so kamen die Worte so klar und lebendig von der Zunge, daß man kaum gedacht hätte, eine Greisin vor sich zu haben. Beim Gehen benötigte sie eine Stütze; meist hatte sie Krücken bei sich.

Dreiunddreißigmal war Zita inzwischen Großmutter geworden und sechzehnmal Urgroßmutter. Auch ihre Kinder waren mittlerweile hoch in die Jahre gekommen. So stand ihr ältester Sohn Otto – inzwischen Abgeordneter im Europäischen Parlament – bereits vor seinem siebzigsten Geburtstag. Und er hatte sieben Kinder, nachdem er 1951 in Nancy die Prinzessin Regina von Sachsen-Meiningen geheiratet hatte. Zunächst freilich hatte es so ausgesehen, als sollten aus Ottos Ehe ausschließlich Mädchen hervorgehen: Andrea, Monika, Michaela, Gabriela, Walburga . . . – dann aber kamen doch noch zwei Söhne: Karl und Paul Georg. Karl, künftiger Chef des Hauses Habsburg, war nun einundzwanzig Jahre alt.

Jetzt traf der Wagen mit der greisen Heimkehrerin am österreichischen Schlagbaum ein. Drei Beamte eilten aus dem Zollhäuschen. Sie erkannten Zita, die ja schon seit Stunden erwartet wurde, sofort. Freundlich salutierten sie, und einer von ihnen wünschte ihr ein »herzliches Willkommen«, Zita strahlte. Konnte es wahr sein – sie war wieder in Österreich . . .

Und jetzt rollte der Wagen endlich auf österreichisches Terrain.

Nur wenige Meter, dann mußte Prinz Heinrich stoppen. Eine Gruppe temperamentvoller Journalisten hatte sich dicht an der Grenze eingefunden, um den Augenblick der Heimkehr dieser tragisch verbannten Kaiserin im Bild festzuhalten. Prinz Heinrich öffnete die Wagentür, und Prinzessin Elisabeth von Liechtenstein stützte Zita bei ihren ersten Schritten auf dem Boden der alten Heimat. Die Journalisten waren ein wenig ratlos, als sie die Ex-Kaiserin baten, am Schlagbaum für die Presse zu posieren. Wie sprach man die alte Monarchengattin bloß an? »Gnädige Frau«, sagte einer, »Frau Habsburg« ein anderer, der es ganz auf republikanisch machen wollte. Einige aber schwangen sich auch zu der ihnen völlig ungeläufigen Anrede »Majestät« auf. Wenige Wochen und Monate später sollten auch Regierungsspitzen – wie etwa der Tiroler Landeshauptmann Eduard Wallnöfer – keine Scheu mehr haben, die alte Kaiserin auf republikanischem Boden mit »Majestät« zu begrüßen.

Zita lächelte für die österreichische Presse. Was sie noch nicht wußte: Halb Österreich war aus dem Häuschen. Und bald wußte es jeder:

Die alte Kaiserin war wieder zu Hause!

Die Presse überschlug sich. Keine Zeitung, die nicht in riesiger Aufmachung und in ausführlichen Reportagen über Zitas Heimkehr berichtete. Oft war das Fernsehen dabei, und bald verbreitete sich die Nachricht in ganz Europa: Zita war wieder in Österreich.

Diesmal freilich unterstellte ihr keiner mehr Restaurationsabsichten. Und alle die bösen Gerüchten von einst waren vergessen. Die Österreicher begriffen, was es bedeutete, Kaiserin Zita wieder in ihren Reihen zu haben. In ihr spiegelte sich für viele die nationale Identität. Österreich – was war es ohne diese große, alte Tradition, die sich in Zita so lebendig-leibhaftig zeigte? Eine neue Generation war da – aber ganz offensichtlich eine Generation, die sich ihrer geschichtlichen Wurzeln besann. Eine Generation, die in einer neuen Zeit kriegerischer Gefahren – mochten sich diese auch nicht in Mitteleuropa anbahnen – die Friedenssuche dieser alten Dame besser zu würdigen wußte als die leidgeprüfte Generation zuvor.

Zita war von Österreichern vertrieben worden – damals vor dreiundsechzig Jahren. Und jetzt hatte sie nahezu die ganze Bevölkerung überlebt.

Doch auch wer sich solchen historischen und politischen Gedanken verschloß, war fasziniert von der stolzen, beharrlichen

Haltung dieser Frau, von ihrem unerschütterlichen Glauben, der sie alles so souverän überstehen ließ, und von ihrer nach wie vor wachen Intelligenz. »Ihre Stimme ist klar, ihre Sprache ruhig, deutlich und fließend«, charakterisierte sie etwa das Nachrichtenmagazin *Profil*, »eine alte Dame, die nach 63 Jahren im Exil völlig ungebrochen, ohne einen Funken von Verbitterung überglücklich in ihre Heimat zurückgekehrt ist. Alle Größen des Zweiten Weltkriegs wie de Gaulle, Churchill oder Roosevelt – sie sind schon lange nicht mehr. Sie, eine der Größten der Zeit des Ersten Weltkriegs, steht leibhaftig da, als personifiziertes Monument.«[1]

Zitas erster Aufenthalt in Österreich dauerte nur einen Tag. Am Abend wurde sie von ihrem Schwiegersohn und ihrer Tochter wieder nach Zizers zurückgebracht. Zuvor hatte sie in Tulfes, wo die Habsburger seit den dreißiger Jahren das Heimatrecht genossen, am Grab ihrer Tochter Adelhaid gekniet. Adelhaid war das einzige ihrer Kinder, das nicht mehr am Leben war. Als die Erzherzogin elf Jahre zuvor, im Jahre 1971, an einer schweren Gelenkentzündung gestorben war, hatte die österreichische Republik der Mutter die Teilnahme an der Beisetzung verwehrt.

Alle ihre Erwartungen wurden übertroffen, als Zita zum zweiten Mal nach Österreich einreiste – am 1. September 1982. Jetzt erlebte sie eine Begrüßung, wie sie in diesem Land seit vielen Jahren keiner mehr erfahren hatte. Viele Tausende fanden sich im Wallfahrtsort Maria Zell in der Steiermark ein, als Zita dort vor dem Gnadenbild kniete. Sie dankte der Mutter Gottes für das Glück, das sie in ihrem hohen Alter noch erleben durfte. Und sie betete für Österreich und – mehr noch – für die anderen Länder der einstigen Monarchie, die nun unter der Herrschaft des Kommunismus lebten. Denn dies hier – Maria Zell – war ja auch der Gnadenort der Ungarn und Kroaten.

Wo immer Zita auftauchte, waren Zehntausende auf den Beinen und bereiteten ihr einen begeisterten Empfang. So etwa am 13. November 1982 im Stephansdom, wo 12 000 Menschen zum feierlichen Pontifikalamt kamen. Zuvor waren 20 000 in die Wiener Innenstadt geströmt. »Gemma Kaiserin schau'n«, hieß die Losung. Zehntausende kamen auch am Pfingstfest 1983 zum Sudetendeutschen Treffen nach Wien, wo Zita zum vielumjubelten Mittelpunkt wurde. Und nicht viel weniger Menschen waren im Mai 1983 in Innsbruck zugegen, als Zita von den Spitzen des Landes Tirol willkommen geheißen wurde. In Osttirol, das Zita im September 1983 besuchte, erreichte die Huldigung für die alte Kaiserin ihren Höhepunkt. Unter feierlichem Gepränge schritt sie langsam, auf Krücken gestützt, Ehrenkompanien der Schützen ab. Und selbst die alte Volkshymne ertönte wieder – zu Ehren des lange verstorbenen Kaisers . . .

Wenige Tage nach ihrem Besuch von Maria Zell empfing Zita die Autorin und deren Mann Hermann A. Griesser auf Schloß Waldstein, dem Heim ihrer Tochter Elisbabeth in der Steiermark. »Verbittert?« fragte sie zurück, als die Autorin sie nach ihrer Stimmung während der langen Zeit ihrer Verbannung befragte. »Nein«, sagte sie dann entschieden – und man konnte es ihr glauben – »nein, wie kann ich nur auf meine Landsleute verbittert sein? Man muß ja auch alles aus seiner Zeit heraus verstehen.«

Die Freude über ihre Heimkehr überstrahlte eben alles. »Daß ich das noch erleben durfte«, sagte sie, »ist eine ganz große Gnade des lieben Gottes.«[2]

Zita genoß den Jubel der Österreicher, und monatelang verstand sie es, Bedenken besorgter Verwandter im Blick auf ihr Alter und ihre Gesundheit wegzuwischen. Nach und nach aber sah sie selbst ein, daß ihr der Riesenrummel zuviel werden könnte. So fügte sie sich, als sie von wohlmeinenden Familienmitgliedern wieder sanft nach Zizers geleitet wurde.

Doch der abendliche Himmel im Leben dieser erstaunlichen Frau war noch reich an blitzenden Sternen. So war sie überglücklich, als sie am 20. August 1983 noch die Taufe einer neuen Urenkelin erleben durfte. Marie Christine war das Töchterchen des Erzherzogs Carl Christian und der Prinzessin Marie Astrid von Luxemburg. Auch zur Hochzeit ihres Enkels Lorenz mit Prinzessin Astrid von Belgien im September 1984 reiste sie – jetzt zweiundneunzigjährig – nach Brüssel. Allerdings fühlte sie sich gesundheitlich nicht stark genug, um auch den Feierlichkeiten in der Kathedrale und an der Hochzeitstafel beizuwohnen. So blieb sie in der Brüsseler Wohnung ihres Sohnes Rudolf, wohin das Brautpaar kam und ihren Segen erbat.

Dachte Zita, als sie die junge Braut am Arm ihres Enkels sah, an ihre eigene Hochzeit – damals in Schwarzau, vor dreiundsiebzig Jahren? Welch eine Zeit lag zwischen jenem Festtag und dem heutigen! So wünschte sie diesem Paar vor allem eins: daß es all die Schrecken einer unfriedlichen Zeit, die wenige Jahre nach der Hochzeit ihr eigenes Leben so grausam verdüstert hatten, niemals erleben müsse.

Zita saß da mit einem Lächeln, das gläubige Hoffnung verriet. Hoffnung auf den Frieden, den sie als junge Kaiserin so leidenschaftlich gesucht – und nicht gefunden hatte.

Anhang

Anmerkungen

Spätherbst in Eckartsau

1 Gespräch der Ex-Kaiserin Zita mit der Autorin auf Schloß Waldstein (Steiermark), 4. 9. 1982, Protokoll I. Interview von Jules Sauerwein mit Zita am 24. 1. 1922 in *Le Matin*.
2 Brook-Shepherd, Karl I., S. 90.

Zita – der eigentliche Monarch?

1 Werkmann, Der Tote auf Madeira, S. 104 f.: »Die Kaiserin hatte während des Krieges und in der Schweizer Exilzeit mehr Gegner als Anhänger.«
2 So Edward Lisle Strutt, zit. b. Brook-Shepherd, Karl I., S. 289 f. Oder Kriegsarchiv, B/180, N. L. Möller, S. 30. Oder Margutti, Kaiser Franz Joseph, S. 486. Und viele andere.
3 Werkmann, Der Tote auf Madeira, S. 104. Eigene Erfahrung der Autorin bei Begegnungen mit der Ex-Kaiserin. Protokolle I, II, III.
4 Strutt, zit. nach Brook-Shepherd, Karl I., S. 280, 289.
5 Werkmann, Der Tote auf Madeira, S. 105 f.
6 Margutti, Kaiser Franz Joseph, S. 486.
7 Gespräch der Autorin mit Charlotte Herzogin von Mecklenburg-Strelitz am 1. 3. 1983, Protokoll IV: Die Tochter Zitas beruft sich bei diesen Informationen auf zahlreiche Erzählungen aus der Familie.
8 Kriegsarchiv, B/180, S. 30.
9 Polzer-Hoditz, Kaiser Karl, S. 437.
9a Charlotte v. Mecklenburg-Strelitz. Gespräch am 1. 3. 1983, Protokoll IV.
10 Karl war dreißigmal an der Front und absolvierte neunzehn sonstige Dienstreisen sowie sechzehn Besuchsreisen; fünfzehnmal reiste Zita mit. Das war für die damaligen Verhältnisse ungeheuer viel. Unter anderem war sie mit Karl in Dresden, Homburg, Stuttgart, München, Sofia, Konstantinopel, Gyöngyös, Budapest. Kriegsarchiv, B/180, S. 145.
11 Kriegsarchiv, B/180, S. 57.
12 Polzer-Hoditz, Kaiser Karl, S. 324; 232, Fn. 2.
13 Antwort der Ex-Kaiserin auf eine Frage der Autorin am 17. 4. 1983, Protokoll II.
14 Kriegsarchiv, B/180, Nr. 1,2; S. 262.
15 Kriegsarchiv, B/180, Nr. 5, S. 17 f.
16 Ebd.
17 Kriegsarchiv, B/180, Nr. 5, S. 16. An derselben Stelle be-

richtet Möller, er habe beobachtet, wie der Kaiser seiner Frau einmal eine Meldung aushändigte, die im Sommer 1918 unter Umgehung des offiziellen Weges (über den Flügeladjutanten) direkt zum Kaiser gelangt war. Die Kaiserin habe Möller die Mitteilung dann »mit einem freundlichen Kopfnicken« zurückgegeben. Allerdings meint Möller an anderer Stelle (B/180, Nr. 1/II, S. 285): »Man schrieb, Kaiser Karl war vollkommen willenlos gewesen. Ich habe vieles gehört und muß sagen, daß mir der Kaiser nicht ganz so willenlos vorkam; er korrigierte wiederholt seine Minister, bestand auf seinen Wünschen. Ich hörte politische sowie finanzielle Gespräche, die auf Intelligenz schließen lassen. Ja, er hatte sogar die Courage, an einem Freitag den Fisch vom Speiseprogramm zu streichen und einen Braten zu verlangen – ohne Widerspruch der Kaiserin.«

18 Kriegsarchiv, B/180, Nr. 1/II, S. 265.

19 Theodor Ritter von Zeynek, Kriegsarchiv, B/151, Tagebuch, N. L., S. 192 f. – Josef Redlich, Abgeordneter der Deutschfortschrittlichen Partei, trägt am 15. Juni 1918 in sein Tagebuch ein: »[Ministerpräsident] Körber erzählt, daß die Kaiserin in Triest den Fliegerheros Banfield sehr scharf angefaßt habe, weil gegen ihren ›Befehl‹ doch wieder Städte bombardiert wurden, worauf aber Banfield unter Hinweis auf die Taten der Italiener gegen Pola und Triest sehr scharf replizierte . . .« (Redlich, Tagebuch, Schicksalsjahre Österreichs 1908–19, II, S. 280 f). Möller gibt eine Zusammenfassung einiger Hughes-Gespräche, so vom 22. 8. 1917 (AOK): »Auf Wunsch Ihrer Majestät der Kaiserin muß Ihre Majestät über jeden Luftangriff auf Italien sofort unterrichtet werden. Vergasungen dürfen nicht stattfinden.« (Kriegsarchiv, B/180, Nr. 1/II, S. 270).

20 Außenamt Bonn, Polit. Archiv, (künftig zit.: AA, Polit. Archiv,) Österr., 86, Nr. 1, Bd. 21, A.S.897, pr 6.3.'17 Verärgerung im deutschen Lager gab es vor allem auch wegen Zitas Versuchen, den Kaiser von einer Bombardierung von Reims abzuhalten. Siehe S. 98 dieses Buches.

21 »Von der Kaiserin sagen zu wollen, daß sie eine unpolitische, sich für Politik nicht interessierende Persönlichkeit sei, hieße . . . der Geschichtsschreibung einen Verlust zu-

zufügen«, warnte auch Werkmann all jene, die mit einer solchen »Lüge« »gegen eine feindselige Propaganda anzukämpfen« suchten. Werkmann, Der Tote von Madeira, S. 105.

22 Polzer-Hoditz, Kaiser Karl, S. 274. Siehe Werkmann, Deutschland als Verbündeter, S. 124 f.

23 Rieder, Kaiser Karl, S. 37.

24 Polzer-Hoditz, Kaiser Karl, S. 180.

Ein Kind der Sonne

1 Wagemut, Was ich im Elternhaus der Kaiserin Zita von Österreich erlebte, S. 84.

2 Maria Theresia (1803–1879) war die Tochter von Viktor Emanuel I., König von Sardinien, und Marie Therese, Erzherzogin von Österreich. Sie wurde Herzogin von Lucca, Gemahlin Ludwigs II., Herzog von Parma. Maria Theresia war eine Zwillingsschwester der Kaiserin Maria Anna, Gemahlin von Ferdinand I., der 1848 zugunsten von Franz Joseph als Kaiser abdankte. Haus-, Hof- u. Staatsarchiv Wien, Adm. Reg. F 1, Karton 201, Stammtafeln vom 17. 6. 1911.

3 Wagemut, a. a. O., S. 84. Zur Villa delle Pianore gehörten noch große Felder, Reisfelder und Olivenhaine. Weitere Parma-Besitze in Norditalien (Imbarcali) und Ungarn.

4 Zita im Gespräch mit dem österreichischen Fernsehjournalisten Erich Feigl. Feigl, Kaiserin Zita, S. 75.

5 Redier, Zita, Princesse de la Paix, S. 8.

6 Haus-, Hof- u. Staatsarchiv Wien, künftig zit.: HHStA, AdmReg. F 2, Karton 72, 2 P 22 und 23.

7 HHStA, OMaA, II B, 778, Z1. 2205: Herzog Robert bestimmte Don Alfonso von Bourbon zum Vormund seiner Kinder aus erster Ehe, Maria Antonia von Parma als Vormund der Kinder aus zweiter Ehe. Mitvormund dieser Kinder aus zweiter Ehe wurde Herzog Karl Theodor in Bayern, der Bruder der einstigen Kaiserin Elisabeth (Sissi) und Gemahl von Maria José, einer Schwester der Herzogin von Parma. Karl Theodor starb 1909, so daß Don Alfonso auch Vormund der herzoglichen Kinder aus zweiter Ehe wurde – aber nur noch der zehn Minderjährigen, darunter Prinzessin Zita (HHStA, ebd., Z1 2340 u. 2404). Der älteste Sohn des Herzogs, Heinrich, erbte den Herzogtitel, obwohl er wegen Geistes-

schwäche unmündig war. Chef des Hauses Bourbon-Parma aber wurde nach dem Testament des Herzogs Robert, der am 16. November 1907 starb (siehe späteres Kapitel), der älteste normale Sohn des Herzogs, Elias.

8 Er soll dies seinem Onkel und vormaligem Vormund, dem Grafen Chambord, Bruder seiner Mutter, versprochen haben, der 1883 starb.
– HHStA, OMaA, II B, 732, HHStA, Adm. Reg. 72, F 2, Karton 65, 2 P 25.
Adm. Reg. F 1, Karton 201, Z1.688/1911.

9 Interessant ist, daß außer Zita keines der Mädchen aus der zweiten Ehe des Herzogs später heiratete. Drei Töchter – Prinzessin Adelhaid, Franziska, Maria-Antonia – wurden Nonnen. Die jüngste Schwester Zitas, Henriette, lebt noch heute, taubstumm, in Italien. Die Zweitjüngste, Isabella, sechs Jahre jünger als Zita, verbrachte den größten Teil ihres Lebens an der Seite ihrer berühmten Schwester, zuletzt lebte sie am Bodensee und starb im Juli 1984. Anders die Söhne der Herzogin, die alle standesgemäße Ehen eingingen: Prinz Sixtus heiratete Hedwig de la Rochefoucauld (1 Kind). Er starb 1934. Xavier ehelichte Madeleine de Bourbon-Busset und hatte mit ihr sechs Kinder, darunter Hugo Carlos, der als karlistischer Thronprätendent auftrat und Prinzessin Irene der Niederlande heiratete, sich von ihr aber scheiden ließ. Xavier starb 1977. Prinz Felix (er starb 1970) heiratete 1919 Charlotte Adelgunde, Großherzogin von Luxemburg, und hatte mit ihr sechs Kinder, darunter auch den jetzt amtierenden Großherzog von Luxemburg, Jean. René heiratete Margarethe, Prinzessin von Dänemark. Prinz Louis vermählte sich mit Prinzessin Maria von Savoyen und hatte mit ihr vier Kinder. Prinz Gaetano, der Jüngste, geboren 1905, vermählte sich mit Prinzessin Margarethe von Thurn und Taxis. Er hatte eine Tochter.

10 Wagemut, a. a. O., S. 64.

11 Der Anspruch Miguels auf den portugiesischen Thron resultierte daraus, daß sein älterer Bruder Pedro als Kaiser von Brasilien auf die gleichzeitige Thronanwartschaft in Portugal verzichtet hatte – und nach herrschender Meinung auch verzichten mußte. Dies tat er aber zugunsten seiner Tochter Maria da Gloria. Miguel aber reklamierte sein

Recht als Zweiter in der Erbfolge nach Pedro. Demnach hätte Pedro (wie es auch geschah) Kaiser von Brasilien, Miguel aber – als zweiter Sohn König Johanns – König von Portugal werden müssen. Pedro aber kämpfte gegen seinen Bruder und sicherte seiner Tochter den Thron. Miguel starb am 14. 11. 1866 in Baden.

12 Adelhaid, Frau des portugiesischen Thronprätendenten Miguel und Mutter Maria Antonias, mithin Großmutter Zitas, ging ins Kloster von Solesmes. Später wurde sie Priorin der Abtei St. Cécile in Ryde auf der britischen Insel Wight. (Siehe späteres Kapitel: Schliff auf einer englischen Insel) – Maria Antonias Geschwister: Maria das Neves, Dom Miguel, Maria Theresia, Maria José, Adelgunde, Maria Anna. Maria Theresia war mit Erzherzog Karl Ludwig verheiratet, dem Bruder Kaiser Franz Josephs.

13 »In den schärfsten Ausdrükken sprach der Prinz ganz öffentlich über seine Stiefmutter«, berichtet Karl Wagemut, »deren Einfluß auf seinen Vater er unheilvoll nannte. Das war weder diplomatisch noch pietätvoll, noch hatte es Zweck, da er sich . . . den klugen Dispositionen der Herzogin keineswegs gewachsen zeigte«. (Was ich im Elternhause . . ., S. 41). Nach dem Tode des Herzogs, 1907, brachen die Spannungen zwischen Elias und Maria Antonia offen aus, es gab auch Erbstreitigkeiten wegen der Eigenmächtigkeiten des Prinzen in der Verwaltung und Benützung des Nachlaßvermögens (HHStA, OMaA, II B, 778, Z1. 2041). Auch der Kurator der Geschwister aus erster Ehe sah sich gezwungen einzugreifen. (Ebd., HHStA, OMaA B, 778, Nr.257). Seit 1903 war Elias auch noch verheiratet mit Erzherzogin Anna, einer Tochter von Erzherzog Friedrich und Erzherzogin Isabella, deren Gegnerschaft zur Familie Parma offenkundig war. Auch dies dürfte das Feuer noch geschürt haben.
Die geistig normalen Töchter des Herzogs Robert aus erster Ehe verließen recht früh ihr Elternhaus. Marie Luise zog 1893 aus und vermählte sich mit dem Fürsten Ferdinand von Bulgarien, der sich später zum König proklamierte. (HHStA, Adm.Reg. F 2, 2 P 33) Prinzessin Beatrix verheiratete sich mit einem sizilianischen Edelmann, dem Grafen Lucchesi-Palli.

14 Amiguet, La Vie du Prince Sixte de Bourbon, S. 27.

15 Die Ansprüche der Familie Bourbon-Parma – einer Seitenlinie der spanischen Bourbonen – auf die Herzogtümer Parma und Piacenza gehen auf das Jahr 1731 zurück, als die männliche Linie der Farnese, die seit 1545 dort geherrscht hatte, ausstarb. König Philipp V. von Spanien, der in zweiter Ehe mit der ehrgeizigen Elisabeth Farnese verheiratet war, erwarb mit seiner Ehe den Anspruch auf die Herzogtümer. Karl von Bourbon, der spätere Karl III. von Spanien, verzichtete 1735 zugunsten Österreichs auf Parma, Piacenza und Toskana, um sich als König der beiden Sizilien Anerkennung zu verschaffen. Sein Bruder Philipp wurde dann 1748, nachdem Kaiserin Maria Theresia die Herzogtümer an ihn abgetreten hatte (Friede von Aachen), als Herzog von Parma bestätigt. Sein Sohn Ferdinand I., der von 1765 bis 1802 in Parma regierte, erhielt von Napoleon für seinen Sohn Ludwig das neugeschaffene Königreich Etrurien – als Entschädigung dafür, daß Napoleon die Herzogtümer kassierte. Ferdinand I. soll dann an einer Tasse vergifteter Schokolade gestorben sein. 1814 wurden Parma, Piacenza und Guastalla im Vertrag von Paris der Gemahlin von Napoleon, Marie-Louise, auf Lebenszeit als souveräner Besitz zugeteilt – mit der Bedingung, daß diese Länder nach ihrem Tode wieder an die früheren Herrscher aus dem Hause Bourbon-Parma zurückfallen sollten, die unterdessen das Herzogtum Lucca erhalten hatten. Als 1847 Marie-Louise starb, war es dann soweit. Karl II., Sohn von Ludwig I., König von Etrurien, kehrte nach Parma zurück, um die Regierungsgeschäfte an sich zu reißen. Der revolutionäre Geist aber erreichte auch Parma und die herzogliche Familie mußte fliehen. 1849 entsagte Karl II. dem Herzogtum zugunsten seines Sohnes Karl III. Dieser war mit Louise von Bourbon verheiratet, Tochter des ermordeten Karl Ferdinand von Bourbon, und Schwester des französischen Thronprätendenten Graf von Chambord (für die Legitimisten Heinrich V.). Karl III., Zitas Großvater, kehrte 1849 nach Parma zurück und verhalf dem kleinen Staat zu neuer Blüte. Er organisierte eine kleine, aber effektive Armee. Bei der Bevölkerung war er verhaßt, weil er in den Kriegen 1848/49 für

Österreich Partei ergriff. Als er eines Tages von einem Spaziergang zurückkam, wurde er von einem Bürger mit dem Stilett erstochen. Daraufhin übernahm die Herzogin-Witwe mit ihrem minderjährigen Sohn Robert die Regierung.

16 Gespräch Ex-Kaiserin Zitas mit der Autorin am 4. 9. 1982, Protokoll I.

17 d'Albon, Prinzessin Zita, S. 32 f.

18 Ebd., S. 33 f.

19 Nach Zitas siebtem Geburtstag begann der planmäßige Unterricht der Prinzessin. Am 6. 6. 1902, am Herz-Jesu-Fest, empfing sie in der Hauskapelle von Pianore die Erstkommunion. Das Sakrament der Firmung erhielt sie gleichfalls dort, gemeinsam mit ihrem um ein Jahr jüngeren Bruder Felix und der Tochter des Stallmeisters, am Fest Peter und Paul. Die Salbung wurde von Msgr. Bischof Volpi von Lucca gespendet. Ihre Patin war die behinderte Halbschwester Zitas, Prinzessin Immaculata.

20 Maria Annunziata, Aus Kaiser Karls Kindheit. In: Kaiser-Karl-Gedächtnis-Kalender 1931, S. 11.

21 Brook-Shepherd, Karl I., S. 30.

22 Erzählt von Zessner-Spitzenberg, Kaiser Karl, S. 41 f.

Ora et Labora im bayrischen Land

1 Zensurenbuch des Pensionats St. Joseph in Zangberg, 1908/09, eingesehen von der Autorin.

2 Prüfungsarbeit im Archiv des Klosters Zangberg, Unterlagen Zangberg, eingesehen von der Autorin

3 Wiedergegeben von Gehrig, Umjubelt, verkannt, verbannt, S. 39 f.

4 Ebd. Auch bestätigt durch Gespräch der Autorin mit Paola Gräfin Zileri dal Verme, die ein Jahr nach Zita in dieselbe Schule eingetreten ist und später selbst Nonne im Kloster Zangberg wurde. Sie ist heute einundneunzig Jahre alt. Gespräch am 2. 4. 1980, Protokoll VIII.

5 Gehrig, a. a. O., S. 40.

6 Wagemut, Was ich im Elternhause . . ., S. 35.

7 Zensurenbuch des Pensionats St. Joseph, Zangberg 1903/04. Protokoll VIII der Autorin.

8 Gespräch mit Schwester Paola am 2. 4. 1982, Protokoll VIII.

9 Zensurenbuch, 1903–1908. Vgl. d'Albon, Prinzessin . . ., S. 48 f.

10 Gespräch mit Schwester Paola, am 2. 4. 1982, Protokoll VIII.

11 Gespräch mit Schwester Paola, ebd.

12 Zensurenbuch, 1908/09. – Über Rechenschwäche berichtet auch Wagemut, S. 32 f.

Schliff auf einer englischen Insel

1 Vor allem aus der Familie Habsburg wird heute Widerspruch gegen diese Darstellung (zug. gef. u. a. von Lorenz, Kaiser Karl, S. 74) laut, obwohl sie von den meisten Überlieferungen bestätigt wird. So bestreitet auch Charlotte v. Mecklenburg-Strelitz in Berufung auf Familienüberlieferungen, daß der Klostereintritt Adelhaids etwas mit Buße zu tun gehabt habe (1. 3. 1983, Gesprächsprotokoll IV).
2 So u. a. Zessner-Spitzenberg, Kaiser Karl, S. 42.
3 Vgl. Lorenz, Kaiser Karl, S. 78 f.

Die große Wende: Karl tritt in Zitas Leben

1 Kronprinz Rudolf, einziger Sohn Kaiser Franz Josephs, starb 1889 gemeinsam mit der Baronesse Vetsera, seiner Geliebten. Über das Warum des Todes wird seither gerätselt, und unzählige Erklärungsversuche gingen durch Literatur und Presse. Unter ernsthaften Historikern unbezweifelt ist indes das Wie: Selbstmord. Dagegen hat sich Zita selbst im hohen Alter (1983 und 1984) in Gesprächen mit Wiener Journalisten an anderen Deutungen versucht, die jedoch von keinem namhaften Historiker ernst genommen werden. Sie entbehren jedweden Belegs und sind auch in der Familie Habsburg nicht auf lauter Zustimmung gestoßen. Zita zufolge hatte – wie dies dann Erich Feigl in seiner Karl-Biographie, Kaiser Karl, wiedergab – Georges Clemenceau, der spätere französische Ministerpräsident, ein Mordkomplott gegen Erzherzog Rudolf inszeniert. (Feigl, Kaiser Karl, S. 7 ff.).
2 Siehe späteres Kapitel: Sarajevo, Auftakt zum großen Krieg.
3 Im Hinblick auf den ungarischen Thron wurde dies gelegentlich bezweifelt. Demnach waren Franz Ferdinands Kinder thronerbberechtigt, da nach dieser These das ungarische Recht die strengen österreichischen Vorschriften über die standesgemäßen Ehen von Herrschern nicht kennt. Doch gab es für solche Theorien in der ungarischen Öffentlichkeit – letztlich auch in der Politik – keine entsprechende Beach-

tung. Siehe AA, Polit. Archiv, I A, E-Österr. 86 Nr .1 B, Bd. 9.

4 Brook-Shepherd, Karl I., S. 31.

5 Zita im Gespräch mit Brook-Shepherd, a. a. O., S. 30 f.

6 Während Herren immerhin schon zutrittsberechtigt waren, wenn sie sich legitim Orden an ihre befrackte oder uniformierte Brust heften konnten, mußten die Damen, die in großer Toilette auftraten, ihre »Hoffähigkeit« beweisen – das hieß: adlige Geburt, hohe Stellung des Ehegatten oder »sonstige Vorzugsprärogativen«. Margutti, Kaiser Franz Joseph, S. 183 f.

7 Erinnerungen des Edmund Glaise von Horstenau: Peter Broucek (Hg.), Ein General im Zwielicht, S. 196. Glaise v. Horstenau glaubt sich auch an die Anwesenheit von Thronfolger Franz Ferdinand zu erinnern und schildert den Ablauf des Einzugs von Hof und Kaiser abweichend von anderen Berichten (etwa in der *Neuen Freien Presse*). Wahrscheinlich hat er sich im Rückblick in einigen Details geirrt. Vermutlich verwechselte er im Rückblick den Ball von 1911 mit dem Hofball eines früheren Jahres.

8 Ebd. S. 197.

9 Eugen Ketterl, Der alte Kaiser, S. 150. – Die Reste der kaiserlichen Tafel konnte man in dem nahe der Hofburg gelegenen Geschäft »Zum Schmauswaberl« kaufen: Schinken, Rehrücken, Gänseleberpasteten, ganze Hummer. Was einmal auf kaiserlichem Tische angeboten wurde, durfte vom Hof- und Küchenpersonal à discretion verwendet werden.

10 d'Albon, Prinzessin Zita, S. 54. Vgl. Lorenz, Karl, S. 79.

11 Vertrauliche Mitteilungen per Depeschenkasten, AA, Polit. Archiv, I A, E-Österr. 86, Nr. 1 B, Bd. 9.

12 Maria Josefa warnte mehrmals vor allzu hastiger Entscheidung. Auch schien ihr das Paar zu sehr verwandt. Vgl. Zessner-Spitzenberg, Karl, S. 43. – Lorenz, Karl, S. 78 ff.

13 Brook-Shepherd, Karl, S. 31.

Eine stille Verlobung

1 Margutti, Vom alten Kaiser, S. 163.

2 Gespräch Zitas mit der Autorin am 4. 9. 1982, Protokoll I. Vgl. auch Ausführungen der Ex-Kaiserin in einem Fernsehinterview des Österreichischen Rundfunks vom Mai

1972 mit dem späteren Karl/ Zita Biographen Erich Feigl.
3 Zessner-Spitzenberg, Kaiser Karl, S. 47.
4 AA, Polit. Archiv, I A, E-Österr. 86, Nr. 1 B, Bd. 9 vom 22. 6. 1911.
5 Ausg. 3132, 15. 6. 1911, unter der Rubrik »Wiener Neuigkeiten«.
6 AA, Polit. Archiv, A, I A, E-Österr. 86, Nr.1 B, Bd.9 vom 4. 7. 1911: »[Das Blatt] A NAP setzt . . . seine Bemühungen, die Successionsfähigkeit der Söhne des Erzherzogs Franz Ferdinand aus der Ehe mit der Herzogin von Hohenberg nachzuweisen, fort . . .«
7 AA, Polit. Archiv, I A, E-Österr. 86. Mr – 1 B – vom 18. 6. 1911, Ne. 9844.

Der Heilige Vater segnet das Paar

1 HHStA, Adm.Reg. F 2, Karton 67, Parma 64.
2 Antwort auf die Frage der Autorin, 21. 5. 1984, Protokoll III.
3 Zessner-Spitzenberg, Kaiser Karl, S. 50.
4 HHStA, Adm.Reg. F 1, Karton 201, ad 75/2.
5 HHStA, Adm.Reg. F 1, Karton 201, ad 75/2.
6 Ebd.
7 HHStA, Adm.Reg. F 1, Karton 201, ad 75/3, Vortrag des Ministers des Äußeren am 25. 8. 1911. Siehe das Original der Heiratsurkunde: Familienurkunden, Nr.2951 vom 20. 10. 1911.
8 HHStA, Adm.Reg. F 1, Karton 201, ad 75/3, 4. 8. 1911.
9 HHStA, Adm.Reg. F 1, Karton 201, ad 75/3. Note des k. u. k. Ministeriums des Äußeren, 4. 8. 1911, an den 1. Obersthofmeister Fürst Montenuovo in Marienbad.
10 HHStA, Adm.Reg. F 1, Karton 201, ad 75/3, 4. 8. 1911.
11 Ebd.
12 HHStA, Adm.Reg. F 1, Karton 199, Verhandlungen bezgl. Ehevertrag des Elias, Prinz von Bourbon-Parma, und Erzherzogin Maria Anna.
13 HHStA, Adm.Reg. F 1, Karton 201, ad 75/3, Schwarzau, 25. 7. 1911.
14 HHStA, Adm.Reg. F 1, Karton 201, ad 75/3, Bad Ischl, 1. 8. 1911.
15 HHStA, Adm.Reg. F 1, Karton 201, ad 75/3, Schwarzau, 6. 8. 1911.
16 HHStA, Adm.Reg. F 1, Karton 201, ad 75/3, Prag, 7. 8. 1911.
17 Zessner-Spitzenberg, Kaiser Karl, S. 52 f.

Eine Hochzeit wie im Märchenbuch

1 *Neue Freie Presse* (NFP), 21. 10. 1911, Nr. 16942, S. 3.
2 Abschrift pro actis, HHStA, Adm.Reg. F 1, Karton 201, 75/6.
3 NFP, 21. 10. 1911, Nr. 16942, S. 1.
4 Gespräch der Ex-Kaiserin Zita mit der Autorin am 4. 9. 1982, Protokoll I.
5 Berichte aus späteren reichsdeutschen freisinnigen oder Karl feindlich gesonnenen Zeitungen wie dem *Fränkischen Courier* (Nürnberg), wonach die Herzogin von Hohenberg wegen ihrer niedrigeren Herkunft nicht eingeladen gewesen sei und dies dann zu einem Zerwürfnis zwischen Karl und Franz Ferdinand geführt habe, waren falsch und dazu angetan, die spätere Propaganda gegen Karl und Zita zu stützen. Dagegen *Reichspost* vom 2. 4. 1912 (AA, Polit. Archiv, I A, Eur-Österr. 86, Nr. 1 B, Bd. 9. – A 6171/ 5. 4. 1912).
6 *Reichspost*, 21. 10. 1911, Ausg. 489, S. 2.
7 NFP, 21. 10. 1911, Nr. 16942, S. 2.
8 Handschreiben des Papstes, von Gehrig zitiert (Umjubelt, . . . S. 352 ff.). Zur Verärgerung Franz Ferdinands: Zessner-Spitzenberg zufolge, Kaiser Karl, S. 54 hat Bisletti nach der Trauung den Text der Rede Karl mit der Bemerkung übergeben, er habe »einen Satz in Gegenwart von Erzherzog Franz Ferdinand nicht gut verlesen« können, weil er »wie die Erwartung einer unmittelbaren Thronfolge Karls« geklungen hätte – was das Brautpaar aber nach erstem Überlesen nicht befand. Anders Redier, Princesse de la Paix, S. 61 f.
9 Trinkspruch des Kaisers: NFP, 22. 10. 1911, Nr.16945, S. 12.
10 Margutti, Kaiser Franz Joseph, S. 476. Vgl. Kriegsarchiv, B/180, N. L. Möller, 4.

Eine Ehe beginnt

1 Die Höhenfeuer galten nicht zuletzt Karl als dem Nachkommen der in dieser Gegend so beliebten, den Bergen so zugetan gewesenen Erzherzöge Karl Ludwig (Karls Großvater) und Otto (Karls Vater), denen zwei Rax-Schutzhütten gewidmet sind.
2 Es war auch Maria Zell, das Zita 1983, nach ihrer Heimkehr aus der Verbannung, als einen der ersten Orte in Österreich besuchte.

3 Zessner-Spitzenberg, Kaiser Karl, S. 56.

4 Lorenz, Kaiser Karl, S. 100 f., sieht darin zu Recht eine Schikane der Ungarn. Diese waren wohl, mutmaßt er weiter (S. 101), wegen der Nicht-Berücksichtigung ihres Landes im Reiseplan Karls verärgert.

5 Karl war unter seinen Kameraden sehr beliebt. Dies belegen zahllose Berichte seiner Kameraden. Siehe u. a. Kaiser-Karl-Gedächtnis-Jahrbuch 1929, S. 81 ff.: »Die Untergebenen des jungen Erzherzogs vergötterten ihn wegen seiner offenkundigen Herzensgüte und der jederzeit ersichtlichen Anteilnahme am Wohl und Wehe des Einzelnen ... Dem Offizierskorps war Erzherzog Karl stets ein wahrhaft gutes, selbstloses und treues Mitglied, das nie seinen ihm durch Geburt zugefallenen hohen gesellschaftlichen Rang hervorkehrte.« (S. 82). Vgl. auch Beitrag »Von einem alten Lothringer-Dragoner«, in: Der österreichische Kamerad. 21. 12. 1933, Nr. 14400, S. 17.

6 Zuvor hatte es schon große Aufregung gegeben, als Karl am 12. 12. 1911 in einen Autounfall verwickelt wurde, der sich zwischen Prag und Budweis ereignete. Der Wagen prallte auf eine unbeleuchtete Bahnschranke. Der Erzherzog jedoch blieb unverletzt.

7 Finkelstein, Mit Erzherzog Karl in Kolomea, in: *Neues Wiener Journal* v. 10. 4. 1932, Nr. 13788, S. 13. Die Juden betrachteten es Finkelstein zufolge als besondere Ehre, daß einer von ihnen – eben Finkelstein – den »künftigen Herrscher Österreichs bewachen durfte«.

8 Ebd.

Der erste Sproß: Otto

1 HHStA, Adm. Reg. F 1, Karton 155, ad 125, Brief an das k. u. k. Ministerium des k. u. k. Hauses und des Äußeren.

2 z. B. *Reichspost*, 20. 11. 1912, Nr. 539.

3 *Neue Freie Presse* (NFP), 25. 11. 1912.

4 *Reichspost*, 20. 11. 1912, Nr. 539.

5 Familienurkunden, HHStA, 20. 11. 1912, Nr. 2975, Die Namen verdankt der Erzherzog seinen Großvätern (Otto und Robert), der Großmutter (Maria Anton), den Urgroßvätern (Karl Ludwig und Karl von Parma), dem Urgroßonkel (Max) und den Onkeln (Sixtus, Xavier, Felix, René, Gaetano).

6 Kriegsarchiv, B/675 N. L. Gruber Nr. 2.

7 Kriegsarchiv, B/882 N. L. Dudek, Xerokopie eines Briefes der Erzherzogin Zita an Frau Dudek, Schloß Wartholz, 3. 1. 1913. Das Original im Privatbesitz von Dr. Peter Broucek, Archivar im Kriegsarchiv.

8 Geheimes Staatsarchiv München, Akten der Bayerischen Staatskanzlei, Gesandtschaft Wien, Polit. Berichte, MA III, 2481/2, Nr. 61/III.

9 Margutti, Kaiser Franz Joseph, S. 477 f.

10 Margutti, a. a. O., S. 478.

11 Ebd.

12 Dominig, Karl von Habsburg als Bataillonskommandant. In: *Neues Wiener Journal*, 26. 10. 1924, Nr. 11.113. Vgl. Dominig, Kaiser Karl als Kamerad. In: *Neues Wiener Journal*, 16. 11. 1929, Nr. 12.927.

13 HHStA, Adm. Reg. F 1, Karton 156, ad 126. Und: Familienurkunden, Nr. 2988, 1914. Taufpaten waren Erzherzogin Maria Josefa und Sixtus von Bourbon-Parma. Die Taufe wurde von Fürsterzbischof Piffl vollzogen.

Sarajevo – Auftakt zum großen Krieg

1 Polzer-Hoditz, Kaiser Karl, S. 90.

2 Gespräch mit der Autorin am 21. 5. 1984, Protokoll III. Hierzu weitere Äußerung: »Wir sind dann gleich nach Wien gefahren, um Kaiser Franz Joseph zu sehen, welcher auf diese Nachricht hin aus Ischl zurückgekehrt war, und ich besuchte so bald als möglich die drei Kinder: Max, Ernst und Sophie.« Ebd.

3 Gespräch am 21. 5. 1984, Protokoll III.

4 Zita im Gespräch mit Erich Feigl. Wiedergegeben in: Feigl, Zita, S. 165 f.

5 Brook-Shepherd, Kaiser Karl I., S. 50. Die Papiere verschwanden nach Franz Ferdinands Tod, sie waren von Karl-Gegnern dem Kaiser ausgehändigt worden, der sie mit der Bemerkung, man hätte doch wissen können, daß sie nicht für seine Augen bestimmt waren, im Archiv hinterlegen ließ. Erst 1916, nach Regierungsantritt erhielt sie Karl nach manchen Verzögerungen und Hindernissen. Sie enthielten Gedanken und Instruktionen u. a. auch zur südslawischen Frage, Elemente des Trialismus-Programms

und Dossiers über dessen Gefahren sowie neue Überlegungen zu einer föderativen Lösung. Heute im Haus-, Hof- und Staatsarchiv Wien.

6 Princip wurde wegen seiner Jugend nicht zum Tode verurteilt, sondern zu zwanzig Jahren Haft.

7 Apis organisierte 1903 die Ermordung des serbischen Königs Alexander I. und seiner Frau Draga und beendete damit die Herrschaft der Obrenovići.

8 Redlich, Tagebuch, Schicksalsjahre II, S. 235.

9 Ebd.

10 Gespräch Erzherzog Ottos von Habsburg-Lothringen mit der Autorin am 13. 4. 1984, Protokoll XX.

11 Gespräch am 21. 5. 1984, Protokoll III.

12 Ebd.

13 Auch die Hochzeit von Schwarzau, die wieder einmal Bourbonen mit Habsburgern vereinigte, änderte daran nichts, zumal es sich hier ja nur um eine historisch-genealogische Verflechtung der Spanien-Bourbonen mit dem Hause Habsburg handelte.

14 Gespräch am 21. 5. 1984, Protokoll III.

15 Ebd.

16 Gespräch mit Erich Feigl, in: Feigl, Kaiserin Zita, S. 182 f.

17 Ebd., S. 183.

18 Gespräch der Autorin mit Zita am 21. 5. 1984, Protokoll III.

19 Geheimes Staatsarchiv München, Bayer. Gesandtschaft Wien, F. 1756, Brief vom 10. 7. 1914.

20 Funder, Vom Gestern ins Heute, S. 496: An diesen Gerüchten ist stark zu zweifeln. Jedenfalls hatte Franz Ferdinand schon kurz nach dem sechzigjährigen Regierungsjubiläum Franz Josephs gesagt: »Die Habsburgerkrone ist eine Dornenkrone, und niemand, der nicht in sie hineingeboren wurde, soll nach ihr verlangen.«

21 Polzer-Hoditz, Kaiser Karl, S. 83.

Die zerrissenen Parmas

1 Dies ließ Zita auch im Gespräch mit der Autorin erkennen. 4. 9. 1982, Protokoll I., 21. 5. 1984, Protokoll III. »Selbstverständlich hat es mich tief geschmerzt, daß es einen Krieg gegen Frankreich gegeben hat. Es war dies umso tragischer, als es ja hier keine echten Konfliktstoffe [zwischen Frankreich und Österreich] gegeben hat.« (Protokoll III).

2 Zunächst bereiteten sich Sixtus und Xavier noch am 22. 7.

auf eine Kaukasus-Reise vor. Xavier in seinem Tagebuch: »Wir waren schon leicht beunruhigt, aber der Konflikt zwischen Österreich und Serbien scheint keine allgemeine Verwicklung hervorzurufen, die Frankreich in die Feindseligkeiten einbezöge. In den offiziellen Kreisen hat man uns in dieser Sache vollkommen beruhigt.« (Tagebuchnotizen wiedergegeben in: Amiguet, La Vie du Prince Sixte de Bourbon, Journal de Prince Xavier, S. 70. – künftig »Xavier« zitiert).
Am 23. 7. verließen die Prinzen Paris. Erst als sie die Grenze überschritten hatten und überall Kriegsvorbereitungen wahrnahmen, begriffen sie den Ernst der Lage. Zunächst kamen sie nicht weiter und verbrachten einige Tage bei ihrer Tante Maria José, Schwester Maria Antonias, in München. Sixtus gelang es als erstem, Wien zu erreichen, wo er, ohne zu zögern, den französischen Botschafter über seine Beobachtungen informierte.
Nun wird in der Literatur stellenweise behauptet, Sixtus und Xavier hätten sich zunächst der österreichischen Armee zur Verfügung gestellt und den Kaiser in einem Brief um eine entsprechende Erlaubnis gebeten (so Lorenz, Kaiser Karl, S. 155). Erst als Frankreich in den Krieg eingetreten war, hätten sie sich anders besonnen und zur französischen Armee gewollt. Doch liegt ein solcher Brief weder in den Akten des Kriegsarchivs noch in jenen des Haus-, Hof- und Staatsarchivs. 1937 waren bereits entsprechende Recherchen erfolgt, der König von Spanien, Alfons XIII., bat um eine Kopie oder eine fotografische Reproduktion. Doch auch damals wurde nicht der geringste Hinweis gefunden. (HHStA, NPA, Personalia-Geheim, Karton 841, Alfons XIII.).
Als sich dann die Lage verschärfte, gab es rege Kontakte zwischen Schwarzau und Hetzendorf. So war Sixtus auch am 10. 8. bei seiner Schwester. Xavier in seinem Tagebuch: »Sixtus kehrt nach Wien zurück. Auf der Straße sieht man überall Truppenkolonnen und Artilleriezüge. Besuch bei Karl, der zur Armee abreisen muß; Zita verläßt Hetzendorf, um sich in Schönbrunn niederzulassen . . .« (Xavier, Tagebuch, S. 81.

3 Xavier, a. a. O., S. 81 f.

4 Ebd., S. 82.

5 Tagebuchaufzeichnung, die

Erich Feigl von Xavier erhielt. Zitiert in: Feigl, Kaiserin Zita, S. 170.

6 Vor allem Maria Antonia versucht, die Verbindung zwischen ihr und den Kindern sowie zwischen den Kindern untereinander aufrechtzuerhalten. Sie reist des öfteren aus, hält sich auch in der Schweiz auf – die unmündigen Kinder des Herzogs von Parma aus erster Ehe lebten nämlich während des Krieges auf Schloß Wartegg –, fährt nach Pianore, ehe Italien solche Reisen mit Kriegseintritt unmöglich macht. Sie reist aber auch nach Frankreich, als sie erfährt, daß Sixtus im November 1914 bei einem Autounfall schwer verletzt wurde. Allerdings kommt sie nur bis Paris. Aber auch die Geschwister untereinander korrespondieren – über die Schweiz, aber auch, durch Vermittlung der luxemburgischen Schwester Maria Antonias, über die luxemburgische Gesandtschaft in Wien. So war auch Zita mit ihren Geschwistern in brieflichem Kontakt.
Auch später, als Kaiserin, hielt Zita noch rege Korrespondenz über die Schweiz. Viele vermuteten, daß dies nicht nur private, verwandtschaftliche Post war, Kaiser Karl sah sich dann genötigt, einzugreifen: »Es sind Fälle vorgekommen«, heißt es in einem Bericht, »daß aus der Schweiz an Ihre Majestät gerichtete Schreiben eröffnet, hernach wieder geschlossen in die Hände Ihrer Majestät gelangten. Es muß angenommen werden, daß irgend eine Zensur geübt wurde. Seine k. u. k. Apostolische Majestät ist höchst ungehalten über ein derartiges etwaiges Vorgehen, und geruhten nun zu befehlen, daß jedwede aus dem Auslande an Ihre Majestät gelangende Korrespondenz unverweilt, unangetastet weitergeleitet werde«. (Kriegsarchiv, MKSM, Nr. 79-2, 15-2, 10. 9. 1917). Hofkuriere des k. u. k. Ministeriums des Äußeren holten die Post ab. Wenn die Herzogin von Parma in der Schweiz war, übergab sie die Briefe der Nachrichtenstelle in Feldkirch zur Weiterbeförderung. (Kriegsarchiv, MKSM, Nr. 97-2, 18).

7 AA, Polit. Archiv, II b Österr. 240,22. Jules Sauerwein, Une conversation avec l'ex-impératrice Zita, in: *Le Matin*, 24. 1. 1922.

8 Xavier, Tagebuch, S. 93.

9 Brief von Otto von Habsburg an die Autorin vom 16. 5. 1983, in dem er die Ansicht seiner Mutter nach deren aus-

drücklichem Befragen wiedergibt (Protokoll XIX).

10 Margutti, Kaiser Franz Joseph, S. 481.

11 Taufpaten für Robert wurden Erzherzog Max, Bruder des Vaters, und Erzherzogin Maria Theresia. (HHStA, Familienurkunden, Nr. 2994, 8. 2. 1915, und Adm. Reg. 71, Karton 156, ad 127) Der kleine Otto erhielt die Nachricht vom Brüderchen vom Kaiser persönlich. Felix wurde im Sanatorium Löw im 9. Wiener Bezirk geboren. Nach dreitätigem Aufenthalt dort kehrte Zita mit dem Neugeborenen nach Schönbrunn zurück. Am 8. 6. fand im Maria-Theresien-Zimmer, im Beisein des Kaisers, die Taufe statt. Als Paten traten diesmal König Friedrich August von Sachsen und Beatrix Gräfin Lucchesi-Palli auf, Halbschwester Zitas, vertreten durch die Herzogin von Parma. HHStA, Familienurkunden, Nr. 3002, 31. 5. 1916, und Adm. Reg. 71, Karton 156, ad 126.

12 AA, Polit. Archiv, Österr. 86, Nr. 1 b, Bd. 2, A S 5502.

13 HHStA, Sonderbestände, Sammelkarton 5, Franz Frh. von Schießl, Tagebuch 2, Eintragg. v. 17. 7. 1915.

14 Margutti, Kaiser Franz Joseph, S. 481.

15 Zita erinnerte sich später: »Der Kaiser gab täglich, entweder am Abend oder am Morgen, Erzherzog Karl eine Anzahl Akten, damit er sie erledige. Am nächsten Tag, wenn mein Mann dann berichtete, welche Entscheidungen er getroffen oder empfohlen hatte, befragte ihn der Kaiser über seine Gründe und besprach mit ihm die Schlußfolgerungen. So eng und so regelmäßig wurde dieser Kontakt, daß eine ziemlich große Gruppe von Leuten am Hofe zu protestieren begann, der Erzherzog bliebe zu lange in Wien, er solle seine Zeit besser an der Front verbringen . . .« Brook-Shepherd, Karl I., S. 56.
Ähnliches berichtete die Herzogin von Parma als Gast des Bischofs von Chur. Demnach wurden Karl damals – und neuestens – alle Sachen von Bedeutung unmittelbar vor ihrer Erledigung durch den Kaiser zur Einsichtnahme vorgelegt, um ihm die Möglichkeit zu geben, über Fragen, in denen er eine abweichende Meinung zu haben glaubte, mit dem Kaiser zu sprechen. Das Verhältnis zwischen Kaiser und Thronfolger habe sich mehr und mehr zu einem herzlichen gestaltet.

AA, Polit. Archiv, Österr. 86, Nr. 1 Secr., 4, AS 3929 pr. v. 28. 7. 1915.

16 Polzer-Hoditz, S. 89. Zu diesem Zeitpunkt machte sich Karl schon eigene konkrete Gedanken über seine spätere Regierungszeit und kündigte z. B. gegenüber Polzer-Hoditz auf Schloß Wartholz an, daß er ihn zum Chef der Kabinettskanzlei machen werde. Ein Teil dieses Gesprächs fand in der Halle statt. »Da kam Erzherzogin Zita in die Vorhalle heraus und meinte, es sei nicht vorsichtig, hier, in diesem offenen Raum, wo die Wände so viele Türen haben, Sachen zu besprechen, die nicht für die Ohren bestimmt sind, die hinter diesen Türen horchen könnten. Erzherzogin Zita nahm eine Lampe und trug sie selbst in das Speisezimmer. Es war das erstemal, daß ich die Wahrnehmung machte, der Thronfolger habe eine kluge Frau, die vorsichtiger sei als ihr Gemahl . . .« Polzer-Hoditz, Kaiser Karl, S. 94.

17 KA, B/16, Tagebuch von Marterer. Diese Beziehungen verschlechterten sich von Tag zu Tag. So meldete Gottlieb von Jagow, Statssekretär für Äußeres in Berlin, Mitte Oktober 1915: »Es scheinen . . . gewisse Rivalitäten zwischen der Thronfolgersippe und der Sippe des Erzherzogs Friedrich zu bestehen, wenigstens glaubt der Thronfolger, daß von dort die Schwierigkeiten gemacht werden dagegen, daß er mit Seiner Majestät und unserem Allergnädigsten Herrn [Kaiser Wilhelm] öfters in Berührung kommt.« AA, Polit. Archiv, Österr. 86, Nr. 1 b, Bd 2, AS S 2. In der Militärkanzlei in Wien machte das Gerücht die Runde, daß »hohe Frauen« Karl in seiner Haltung gegenüber Friedrich bestärkten – vor allem Erzherzogin Maria Theresia.

18 Berichtet von Zessner-Spitzenberg, Kaiser Karl, S. 99 f.

19 Glaise von Horstenau schrieb: »Auch wir begrüßten das Arrangement sehr, brachte es doch den Thronfolger, der bisher nur mit tschechischen Dragonern und ungarischen Infanteristen unmittelbar zu tun hatte, mit den Söhnen der österreichischen Alpen in engste Berührung, durch die er auch das deutsche Element seines Reiches schätzen lernen mußte . . . Der junge Erzherzog machte sich, das mußte der Feind sagen, als kommandierender General ausgezeichnet. Er exponierte sich mehr als erwünscht war und hatte

höchstens den einen Fehler, daß ihn Sparsamkeit mit dem Blute seiner Truppe im einen oder anderen Entschluß lähmte.« Broucek (Hrsg.), Ein General im Zwielicht, Bd. 1, S. 373.

20 Zunächst sollte er die in Bildung begriffene 12. Armee übernehmen, bestehend aus deutschen und österreichischen Truppen. Ihm wurde der deutsche General Hans von Seeckt zur Seite gestellt. Karl aber wandte sich gegen die Verwendung deutscher Offiziere bei österreichisch-ungarischen Truppen. Mit von Seeckt verstand er sich nicht. Am 4. 10. wurde ihm das Kommando über die 1., 7. und 3. Armee übertragen. Am 9. 10. war der Thronfolger beim deutschen Kaiser in Pleß, wo über das geplante Friedensangebot der Mittelmächte gesprochen wurde, aber auch über Polen.

21 Kriegsarchiv, B/133 N. L. R. Brougier, handschriftlich, S. 239. Werkmann, Deutschland als Verbündeter, S. 65.

Ein Sarg und eine Krone

1 Werkmann, Deutschland als Verbündeter, S. 74.

2 Kriegsarchiv B/133, N. L. R. Brougier, F 156.

3 HHStA, N. L. Schießl, Sammelkarton 5.

4 Werkmann, Deutschland als Verbündeter, S. 77.

5 Zita im Gespräch mit Brook-Shepherd. In: Brook-Shepherd, Karl I., S. 60.

6 Ebd.

7 Ebd.

8 Zit. nach Görlich, Der letzte Kaiser – ein Heiliger? S. 55.

9 Von ausländischen Fürstlichkeiten waren u. a. erschienen: König Ferdinand von Bulgarien mit beiden Söhnen, der König von Bayern, der König von Sachsen, der deutsche Thronfolger Wilhelm, viele deutsche Fürsten, der türkische Thronfolger, der Kronprinz von Schweden, Prinz Waldemar von Dänemark, Infant Fernando von Spanien.

10 Redlich, Tagebuch II, S. 156. Anders die Schilderung von Franz Josephs Schwiegersohn Prinz Leopold von Bayern: Geheimes Hausarchiv München, N. L. Prinz Leopold, Nr. 239 I, S. 752. A. v. Cramon, deutscher Verbindungsoffizier beim österr. Kaiser, berichtete: »Eine unendlich große Bedeutung merkte man erst nach seinem Hinscheiden, und rückblickend kommt man zu der Überzeugung, daß für die Mittelmächte sein Tod neben der Marneschlacht vielleicht

das schwerwiegendste Ereignis war: Österreich-Ungarn hörte auf, im vollsten Sinne des Wortes bundestreu zu sein.« Cramon, Unser österreichisch-ungarischer Bundesgenosse im Weltkrieg, S. 86. Zur Hoftrauer: Sie dauerte nach den grundsätzlichen Bestimmungen sechs Monate. Je zwei Monate dauerte die tiefste, die tiefe und die mindere Trauer (Halbtrauer). Die tiefste Trauer schrieb den »allerhöchsten und höchsten Frauen« das Tragen von schwarzem Wollstoff und schwarzem Kopfputz oder Hüte von schwarzer Kreppe und schwarzen Schmuck sowie schwarze Handschuhe und schwarze Fächer vor. Die tiefe Trauer erlaubte schwarze Seide. In der Zeit der minderen Trauer durfte die Kleidung durch Garnituren von weißen Spitzen und echtem Schmuck oder durch graue und weiße Kleider mit schwarzen Spitzen und schwarzem Schmuck aufgelockert werden. Kriegsarchiv, B/133, N. L. R. Brougier.

Was will das neue Kaiserpaar?

1 Margutti, Kaiser Franz Joseph, S. 465.
2 Polzer-Hoditz, Kaiser Karl, S. 288. Vgl. Kray, Im Dienste der Kabinettskanzlei während des Weltkriegs, S. 118 f. Vgl. AA, Polit. Archiv, Österr. 6, Bd. 21, A 2514.
3 Margutti, Vom alten Kaiser S. 170.
4 Ebd.
5 AA, Polit. Archiv, Österr. 86, Nr. 1 secr. Bd. 4, AS 4699. Der deutsche Generalkonsul in Budapest gibt die dortige Stimmung wieder: »Der plötzliche Wechsel an der Spitze des Ministeriums des Äußeren (Graf Ottokar Czernin übernahm das Amt nach Burian) hat in den hiesigen politischen Kreisen ganz ungewöhnliche Überraschung und Erregung hervorgerufen« – und dies, obwohl die Opposition auf einen Sturz Burians hingearbeitet hat. Der neue Mann gehörte zum intimen Kreis des verstorbenen Thronfolgers, was ihn natürlich in Ungarn nicht unbedingt beliebt machte, obwohl er gute Beziehungen zu Ungarns Ministerpräsident Tisza hatte. AA, Polit. Archiv, Österr. 86, Nr. 2, Bd. 21, A 35720. Graf Wedel am 26. 12. an den deutschen Reichskanzler: »Wien wird sich an Überraschungen gewöhnen müssen. Der Wechsel am Ballplatz wird nicht der letzte sein. Weitere Veränderungen werfen ihre

Schatten voraus . . . Über die Stimmung am Hofe Eingeweihte erzählen mir, daß aber auch Graf Tisza nicht mehr so fest steht wie zur Zeit des hochseligen Kaisers. Der allzu diktatorische Minister ist nicht bequem, der Calviner bei der Kaiserin und ihrem klerikalen Anhange nicht beliebt.« Ruhig urteilende Österreicher seien besorgt. »Sie weisen auch darauf hin, daß wenn das Tempo früher zu langsam, es jetzt zu schnell ist, daß das Kämmerchen-vermieten-Spiel zwischen Körber, Spitzmüller, Clam, Burian, Hohenlohe und Czernin die breiten Schichten des Volkes beunruhigt.« AA, Polit. Archiv, a. a. O., A 35582.

6 Ebd.

7 Beantwortung einer Frage der Autorin am 17. 4. 1983, Protokoll II.

8 Margutti, Kaiser Franz Joseph, S. 482 f.

9 Brook-Shepherd, Karl I., S. 51.

10 Polzer-Hoditz, Kaiser Karl, S. 169.

11 AA, Polit. Archiv, Österr. 86, Nr. 16, Bd. 2, AS 5288.

12 AA, Polit. Archiv, Österr. 95, secr., Bd. 4.

13 Zeman, Der Zusammenbruch des Habsburgerreiches, S. 121. AA, Telegramm 910, Hindenburg an den deutschen Kanzler, 7. 11. 1916, Weltkrieg geheim. Tg. Nr. 1373, Antwort Bethmann Hollwegs an Hindenburg v. 10. 11. 1916, Weltkrieg geheim.

14 AA, Polit. Archiv, Österr. 86, Nr. 1, secr., Bd. 4, AS 4358, Brief v. 29. 11. 1916.

15 Ebd.

16 Redlich, Tagebuch II, S. 169.

17 HHStA, N. L. Albert Mensdorff-Pouilly-Dietrichstein, Karton 4, Tagebucheintragung v. 5. 12. 1916.

18 Redlich, a. a. O., S. 159.

19 Kriegsarchiv, B/126, N. L. Ronge, 2, S. 108.

20 Kriegsarchiv, B/180, N. L. Möller, Nr. 1/I, S. 99 f. Bei einem Besuch im Kaiserhaus – die Familie war damals in der Hofburg – interessierte sich Zita auch für die Beschaffenheit der Leitung und wollte auch wissen, wie abhörsicher sie sei. Ebd., S. 99.

21 Kriegsarchiv, B/180 a. a. O., S. 115 f.

Glatteis vor Ungarns Thron

1 Katharina Gräfin Károlyi, Frau des Revolutionärs und späteren ungarischen Präsidenten Michael Károlyi, erinnert sich: »Endlich war der große Tag gekommen. Der Morgen war grau und trüb, als

Daisy Károlyi und ich in unserer jahrhundertalten Kutsche, die seit Jahrzehnten nicht benützt worden war, unsere Fahrt begannen. Unsere Grauschimmel trabten mit Würde, und wir kamen nur langsam weiter . . . Auf den Straßen war Glatteis. Die Tiara drückte schmerzvoll auf meinem Kopf, ich behielt für Monate eine empfindliche Stelle. Das enge Mieder erstickte mich, und wir durften uns nicht einmal mit Rauchen Erleichterung verschaffen . . . Wie eine dunkle Schlange wanden sich die Kutschen den Hügel hinauf . . .« Károlyi, Aufbruch ohne Wiederkehr, S. 145.

2 Einen Palatin, also einen Stellvertreter des Königs, gab es keinen mehr. Kaiser Franz Joseph hatte nach dem Tod des letzten Palatins keinen mehr ernannt. Als Stellvertreter des Palatins fungierte nun der Vorsitzende der Mehrheitspartei im Abgeordnetenhaus, Ministerpräsident Stephan Tisza. Über seine Person aber kam es zu Auseinandersetzungen. Siehe weiter unten in diesem Kapitel.

3 *Neue Freie Presse* (NFP), 28. 12. 1916, Nr. 18805 Vgl. *Reichspost*, 28. 12. 1916. Vgl. Kriegsarchiv, B/133, N. L. Brougier, Programm für den Aufenthalt Seiner k. u. k. Majestät und Ihrer Majestät der Kaiserin und Königin . . ., vom 27. bis 30. 12. 1916.

4 AA, Polit. Archiv, Österr. 86, Nr.2, Bd.21, A 2514/pr. 22. 1. 1917.

5 NFP, 28. 12. 1916, Nr. 18805.

6 Ebd.

7 Geheimes Staatsarchiv München, Bayer. Gesandtschaft Wien, Nr. 1759 1917, 1. 1. 1917. Vgl. auch Bericht der Prinzessin Gisela von Bayern, Geheimes Hausarchiv München, N. L. Prinz Leopold, Nr. 14, 6. 1. 1917.

7a AA, Polit. Archiv, Österr. 86, Nr. 2. Bd. 21, 35582/pr. 28. 12. 1916.

8 NFP, 28. 12. 1916, Nr. 18805.

9 *Neues Wiener Journal*, 10. 2. 1934, Nr. 14.447, von Eugen von Szontagh, Mitgl. des ungar. Oberhauses. Vgl. AA, Polit. Archiv, Österr. 86, Nr. 1, Bd. 22, A. S. 3536/pr. 21. 9. 1917

Károlyi. a. a. O., S. 167 f.: »Durch fünfzig Jahre hatten die ungarischen Adeligen sich danach gesehnt, daß ihr Herrscher ihnen in der Hauptstadt den Glanz des Königtums, des Hoflebens mit seinen Feierlichkeiten, Titeln und Auszeichnungen geben werde. Franz Joseph hatte ihnen die

Revolution von 1848 niemals vergeben und hatte die Magyaren niemals geliebt. Nun war Hoffnung, daß sich all dies ändern würde . . .« Schließlich gab es doch noch Mißstimmung, und zwar vor allem wegen der raschen Abreise des Paares nach Wien. Das Drängen soll vor allem auf die Kaiserin und Königin zurückgegangen sein. Moritz Esterhazy, der bei der Krönung anwesend war, legte in seinen Erinnerungsfragmenten nieder, was viele dachten: »Schlechten Eindruck machte der kurze Aufenthalt, die schnelle Abreise der Majestäten.« (AA, Polit. Archiv, Österr. 86, Nr. 1, Bd. 22, A. S. 3536/pr. 21. 9. 1917. Möller schrieb dazu: »Selbst die Kaiserin sah später diesen schweren Fehler ein, und nicht zuletzt sind die ungarischen Berater zu tadeln gewesen.« (Kriegsarchiv, B/180, N. L. Möller, Kurzgesch., S. 38.)

10 Polzer-Hoditz, Kaiser Karl, S. 174.

11 Aber auch bei der Wahl der 393 Abgeordneten der Magyaren wurde sehr selektiv vorgegangen. Nach dem Wahlgesetz von 1874 waren in Ungarn Adlige wahlberechtigt sowie jene, deren Realbesitz mindestens 300 Gulden wert war. Steuerschuldner waren nicht wahlberechtigt.

12 Brook-Shepherd, Karl I., S. 68.

13 Brook-Shepherd, a. a. O., S. 69.

14 Graf Wedel in einem Brief nach Berlin ans Auswärtige Amt: »Der allzu diktatorische Minister [Tisza] ist nicht bequem, der Calviner bei der Kaiserin und ihrem klerikalen Anhange nicht beliebt . . . Ruhig urteilende Österreicher, die gute Katholiken und cisleithanische Patrioten sind, sehen dem Kampf gegen Tisza, der in der Luft liegt, nicht ohne Besorgnis entgegen. Sie weisen mit Recht darauf hin, daß Ungarn in dieser Kriegszeit einen starken Mann braucht, der das Staatsruder mit fester Hand steuert, daß Tisza noch über eine große, ihm blind gehorchende Majorität verfügt, daß auch die Männer der Opposition später anders urteilen werden, wohl erkennend, daß der Kampf nicht nur dem eigensinnigen Diktator, sondern auch dem Calviner und vor allem dem magyarischen Athleten galt, der durch seine kraftvolle Persönlichkeit Ungarn ein Übergewicht über Österreich sicherte . . .« AA, Polit. Ar-

chiv, Österr. 86, Nr. 2. Bd. 21, 35582/pr. 28. 12. 1916.

15 Da für den Gegenkandidaten des Palatin-Stellvertreters, für Erzherzog Josef, leidenschaftlich Propaganda gemacht worden war, fürchtete Tisza, daß beim Erscheinen des Erzherzogs bei den Krönungsfeierlichkeiten es dort zu Gegendemonstrationen für den kaiserlichen Prinzen kommen könnte. Deshalb setzte er durch, daß sein Erscheinen untersagt wurde. Das AOK erlaubte dem Heeresgruppenkommandanten die Teilnahme nicht mit der Begründung, daß die militärische Lage dies nicht zulasse. S. Werkmann, Deutschland als Verbündeter, S. 112.

16 Graf Wallis erzählte, er habe den Kaiser auf den Widerspruch der Verfassungen hingewiesen. Der Kaiser habe ihm gesagt, dies sei ihm sehr wohl bewußt, er habe die Absicht, sich nicht nur in Ungarn, sondern auch in Böhmen und in Österreich – dies wäre ein Novum gewesen – krönen zu lassen. Daß er sich hier im vollen Einklang mit der Kaiserin befand, zeigt eine Initiative der Kaiserin. Richard Kralik erinnerte sich: »Mit Beziehung darauf [auf die Krönung] schrieb ich damals in der ›Reichspost‹ einen Artikel, worin ich hinwies, daß jenes eidliche Gelöbnis gerade so wie in Ungarn auch in Österreich mit der Kaiserkrönung zusammengehen sollte. Die österreichische Kaiserkrone war ja in der Wiener Schatzkammer. Darauf erhielt ich vom Minister des Inneren den Auftrag, ein Memorandum über die historischen und rechtlichen Grundlagen einer Kaiserkrönung auszuarbeiten. Dieses Memorandum wurde auch den beiden Majestäten vorgelegt, und Kaiserin Zita lud mich im folgenden Februar zu einer eingehenden Besprechung über meinen Vorschlag, wobei es in Frage kam, ob der Kardinal-Erzbischof von Wien, der päpstliche Nuntius oder gar der Papst selber die Krönung vornehmen sollte. Es kam aber weder zur Krönung noch zur Eidesleistung.« Kralik, Kaiser Karl von Österreich, S. 8.

17 AA, Polit. Archiv, Österr. 86, Nr. 2, Bd. 21, A 35582/pr. 28. 12. 1916. – Ebd., Bd. 22, A. S. 3536/pr. 21. 9. 1917: »Die Kaiserin hat sehr merken lassen, daß sie außer sich war, daß ein Protestant die Krönung vornahm. Der Fall Tiszas ist zum Teil hierauf zurückzuführen.«

Die Wunden des Krieges

1 *Neue Freie Presse* (NFP), vom 10. 2. 1917.
2 Zita auf Fragen der Autorin am 17. 4. 1983, Protokoll II.
3 NFP, 3. 1. 1917.
4 NFP, 1. 11. 1916.
5 Kriegsarchiv, MKSM, sep., F. 49/42, Brief von Hauptmann Ottrubay vom 30. 10. 1916.
6 NFP, 3. 1. 1917.
7 Funder, Vom Gestern ins Heute, S. 430.
8 Für die Patenschaften gab es allerlei Werbeaktionen und Verkaufsaktionen. So wurde u. a. auch die Kaiserin-Zita-Hymne von Erich Wolfgang Korngold (Text von Hedda Baronin Skoda) verkauft und der Erlös den Patenschaften zugeführt. Am Namenstag der Kaiserin wurde ein Kaiserin-Zita-Tag veranstaltet. Man konnte an diesem Tag in ganz Wien auf Straßen, in Geschäften und Restaurants Lose zu 20 Heller kaufen – mit dem Bild des Kronprinzen. Dabei wurden Preise zwischen 500 und 5000 Kronen ausgeschüttet. Mit dem Erlös wurden Nähstuben, Findelhäuser, Kriegsküchen, Flüchtlingsheime unterstützt.
9 Zitas Name zierte auch viele Soldatenheime. Das ungarische Landwehr-Garnisonsspital wurde in »Königin-Zita-Landwehr-Garnisonsspital« umbenannt. In Dobrowlany wurde zu Ehren der Gefallenen eine »Sancta-Zita-Kapelle«, nach Zitas Namenspatronin benannt, eingeweiht. Anfang des Jahres 1917 wurden vielen Neugeborenen die Namen »Zita« und »Otto« gegeben. – 16 Millionen Kronen an Spenden wurden für die Gründung eines Kaiserin-Zita-Spitals in Wien gesammelt, nach einer Anregung der Erzherzogin Maria Theresia. Zita kümmerte sich auch sehr um die österreichisch-ungarischen Gefangenen. Sie wandte sich dabei auch an Papst Benedikt XV. »Das generöse Herz Seiner Heiligkeit kennend«, bat sie ihn in einem Brief, sich für die Gefangenen einzusetzen, die sich in der Hand Italiens befanden. Diese befänden sich, so schreibt sie, in physisch wie moralisch schlimmem Zustand, »in severa seclusione«. HSStA, Adm. Reg. F 1, Karton 64, 9/5. Zita kümmerte sich auch um die Zivilinternierten in der Schweiz. Außerdem galt ihre Sorge in besonderem Maße auch Kulturdenkmälern, wie bereits hervorgehoben. Daher wandten sich zahlreiche Persönlichkeiten aus dem Aus-

land in dieser Sache an sie. HHStA, Adm.Reg. F 1, Karton 64, 12/30.
Prinzessin Clementine Metternich-Sandor, Vizepräsidentin der Katholischen Reichsfrauenorganisation, erinnert sich an eine Delegiertentagung des Verbandes im Jahre 1917 und an die Schlußfeier in der Marienanstalt in der Wiener Fasangasse: »Aus ihrem Wesen, Sprechen und Gehabe merkte man, wie sehr sie wirklich Landesmutter war, von aller Not wissend, auf alle Wünsche eingehend.« Gehrig, Umjubelt, S. 113 f.
Im Gespräch mit der Autorin berichtet Charlotte, Herzogin von Mecklenburg-Strelitz, Tochter Zitas, daß die Kaiserin bei ihrer Sorge um die Kinder keinerlei Vorurteile gegen uneheliche Kinder kannte. Im Gegenteil fand sie, daß diesen Kindern besonderer Schutz und besondere Hilfe gebühre. Dabei erwog sie eine Kette von Möglichkeiten. Außerdem startete sie Aktionen, die auf eine Erleichterung von Adoptionen hinauslaufen sollten. Gespräch vom 15. 3. 1983, Protokoll IV.

10 HHStA, N. L. Baernreither, Karton 51, S. 84.

11 HHStA a. a. O., Karton 11, Tagebuch XVII, S. 39. Karton 51, S. 84.

12 HHStA a. a. O. Karton 11, S. 42 und Karton 51, S. 85.

13 HHStA a. a. O. Karton 51, S. 86. Am 6. 2. wurde Baernreither von Kaiser Karl in Baden in Audienz empfangen. Der Kaiser sprach u. a. davon, daß der Krieg die Arbeitskraft der Männer verkürze. Reichte sie vor dem Krieg 45 Jahre, so werde sie nach dem Krieg nur noch etwa 35 Jahre reichen. Auch das Invalidenthema wurde erörtert. Baernreithers Urteil: »Der Kaiser ist sehr empfänglich für Anregungen. Es ist dies ein Vorteil, aber auch eine Gefahr. Lassen sich seine wohlwollenden, aber oft unklaren Gedanken von den Mißverständnissen, von unmöglichen Ausweitungen und von gewissen, die Sache trübenden Nebengedanken befreien, gelingt es, sie in feste Formen zu bringen und zu konzentrieren, und zwar das alles in einer Art und Weise, die die ganze Sache dem Kaiser immer als seine ursprüngliche Idee erscheinen läßt und daher mit Genugtuung erfüllt – dann entspringt der Initiative des Kaisers viel Gutes. Wenn aber der Mini-

ster nicht die Geduld, das Geschick und die Kraft hat, die Gedanken des Kaisers diesem Läuterungsprozeß zu unterwerfen, dann gehen die Dinge eben schief. In seiner freien Art, Konversation zu machen, kommt der Kaiser im Verlauf des Gesprächs wiederholt auf einen Gegenstand zurück, was beweist, wie erfüllt er von gewissen Gedanken ist. Die Verhältnisse nach dem Kriege, insbesondere die sozialen und wirtschaftlichen, beschäftigen ihn augenblicklich sehr. Er begriff . . . vollkommen, daß neben den staatsrechtlichen Sachen große soziale Grundlagen für die Zukunft zu legen sein werden . . .« HHStA, W. L. Baernreither, Karton 51, S. 87 analog Karton 11, S. 51.
Baernreither überzeugte den Kaiser, beeinflußt von Professor Julius Tandler, daß nicht bloß ein Sanitätsministerium, sondern ein soziales Ministerium wichtig sei, in dem neben Sanität und Hygiene auch die Jugendfürsorge, die Invaliditätsfürsorge und Altersversorgung erfaßt werden sollte. Ebd. Karton 51, S. 87 f.

14 Im Sanatorium Gutenbrunn in Baden. Paten waren der König und die Königin von Bayern, vertreten durch Erzherzog Friedrich und Gemahlin. HHStA, Familienurkunden, Nr. 3020, 1918 und Adm. Reg. F 1, Karton 56, ad 129. Siehe auch Geheimes Staatsarchiv München, Bayer. Gesandtschaft Wien, Nr. 1428.

15 AA, Polit. Archiv, Österr. 86 Nr. 1, Bd. 23. Wolff's Telegraphisches Büro Nr. 2698. Funder, Vom Gestern ins Heute, S. 556.

Ein Abenteuer für den Frieden

1 Werkmann, Deutschland als Verbündeter, S. 209.

2 Szemere Czech (Hrsg.), Die Memoiren des Grafen Tamas von Erdödy, S. 84.

3 Zita auf Fragen der Autorin am 21. 5. 1984, Protokoll III.

4 Polzer-Hoditz, Kaiser Karl, Anhang X, S. 600.

5 Ebd.

6 Brook-Shepherd, Gespräch mit Zita. In: Karl I., S. 87.

7 Polzer-Hoditz, Kaiser Karl, S. 332.

8 Zita gegenüber Brook-Shepherd, Karl I., S. 88 f. Czernins Behauptung in: Kann, Sixtus-Affäre, Aktenmäßige Zusammenstellung der »Brief-Affaire 1917 und 1918« von Ottokar Czernin, S. 30 f.

9 Weit öfter als sein kaiserlicher Vorgänger ging Karl an die Front.

10 Polzer-Hoditz, Kaiser Karl, S. 319.
11 Margutti, Kaiser Franz Joseph, S. 499 ff.
12 Ebd.
13 Sixtus hatte schon am 15. 9. 1914 an Zita in diesem Sinne geschrieben, als sie noch Thronfolgerin war. Und zu Neujahr 1915 sandte er aus Pianore eine Denkschrift an Papst Benedikt XV. über eine österreichisch-katholische Politik, wie sie ihm vorschwebte. Dies lief vorerst ins Leere. Der Papst erwiderte ihm am 30. 1., daß die Zeit für solche Pläne nicht günstig sei. Am 25. 3. 1915 kam es dann zu einer Privataudienz im Vatikan, aber es gab über das dort Besprochene kein Aide-mémoire. Siehe Manteyer (Hrsg.), Austria's Peace Offer. Über Beziehungen Zita-Sixtus siehe auch Amiguet, La vie du Prince Sixte de Bourbon, S. 93.
14 Gespräch Zitas mit der Autorin am 4. 9. 1982, Protokoll I.
15 Broucek (Hrsg.), Ein General im Zwielicht, S. 462.
16 Manteyer (Hrsg.), a. a. O., S. 35, Memorandum by Prince Sixte de Bourbon-Parma, read by him to the President of the French Republic at Paris, March 5, 1918.
17 Manteyer (Hrsg.), a. a. O., S. 36 f.: »She handed us a letter from the Empress, endorsed with a few lines by the Emperor, in which she emplored us both most urgently to assist her in realising the ideal of peace which the Emperor had formulated on his accession.«
18 Manteyer (Hrsg.), a. a. O., S. 37. Es waren Friedensbedingungen, die Karl durchaus akzeptabel erschienen und von ihm dann auch gutgeheißen wurden. Schon am 12. 1. hatte man im Kronrat festgestellt, daß als Kriegsziel der Monarchie einzig und allein die Erhaltung der Integrität anzusehen sei.
Sixtus suchte nach seiner Ankunft am 11. 2. den Protokollchef im Auswärtigen Amt in Paris, William Martin, auf, der mit dem Präsidenten ständigen Kontakt hatte, und sprach am selben Tag noch mit dem Generalsekretär des französischen Ministeriums des Äußeren, Jules Cambon, der laut Sixtus sagte: »Der gegenwärtige Fall eines Friedensvorschlages seitens des Kaisers von Österreich ist ein Novum. Bisher sind nur deutsche Friedensvorschläge den Alliierten zugekommen.« Sixte de Bourbon, L'offre de paix séparée, S. 47 f. Diese allerdings boten Italien das Trentino und Triest

an und wollten Galizien an ein selbständiges Polen angliedern, nicht aber den deutschen Teil Polens.

19 Szemere, Czech (Hrsg.), Die Memoiren des Grafen Tamas von Erdödy, S. 68.

20 Manteyer (Hrsg.), a. a. O., S. 39.

21 Zita auf Fragen der Autorin am 17. 4. 1983, Protokoll II: »Natürlich hoffte Kaiser Karl, daß ein endgültiger Schritt zum Frieden getan worden war. Auch die französische Regierung war der Meinung. So wäre es auch gewesen, wenn es damals nicht zum Sturz der französischen Regierung gekommen wäre.«

22 Brook-Shepherd, Karl I., S. 97, und Lorenz, S. 343.

Der kalte Frühling von Bad Homburg

1 AA, Polit. Archiv, I A, 86, Nr. 1, Bd. 21, AS 1215.

2 Im Gespräch mit der Autorin am 4. 9. 1982, Protokoll I.

3 Sauerwein, Une Conversation avec l'ex-impératrice Zita, in: *Le Matin*, 24. 1. 1922. Erzählung Zitas, hier aufgelockert wiedergegeben, aber am Wort orientiert. AA, Polit. Archiv, Österr. II b 240,22.

4 Bericht der Kaiserin, in: Brook-Shepherd, Karl I., S. 90.

5 Kriegsarchiv, B/180, N. L. Möller, Nr. 1/II, S. 266. Polzer-Hoditz erinnerte sich: »Hindenburg machte auf mich den Eindruck eines treuen, ehrlichen, braven Soldaten alten Zuschnitts, eines Mannes aus Eisen. Ludendorff erschien mir moderner, . . . im Gespräch unangenehm hämmernd, hart, eigensinnig und selbstbewußt . . .« Polzer-Hoditz, Kaiser Karl, S. 341.

6 Gespräch mit Zita. In: Brook-Shepherd, a. a. O., S. 91.

7 So gab es in der Schweiz, ab August 1917, Gespräche zwischen dem österreichisch-ungarischen Legationsrat a. D. Graf Revertera und dem französischen Beauftragten Major Graf Armand.
Siehe ferner Friedensangebot der Mittelmächte vom Dezember 1916, oben bereits behandelt.
Ferner Gespräche von Albrecht Graf Mensdorff-Pouilly, ehemaliger österreichisch-ungarischer Botschafter in London, mit Janchristian Smuts und Philipp Kerr (Privatsekretär des Premiers) ab Dezember 1917.
Ferner Kontakte über Spanien nach Amerika.
Versuche von Prof. Heinrich Lammasch, Rechtsgelehrter und späterer Ministerpräsident, Kontakte mit den USA

aufzunehmen – im Sommer 1918. Begegnung mit Wilsons Kontaktperson Prof. Herron.

8 Später ist ein Streit darüber entbrannt, ob Czernin den Text selbst verfaßt hatte oder ob dieser in der Hauptsache von Karl und Zita abgefaßt worden war. Zita behauptete später in einem Gespräch mit Brook-Shepherd, das Memorandum sei nur als Bericht des Außenministers formuliert gewesen, weil die Deutschen »Graf Czernin sehr schätzten und für weniger pessimistisch als seinen Monarchen hielten«. Gespräch mit Zita. In: Brook-Shepherd, a. a. O., S. 95. Czernin hatte jedoch behauptet, er selbst habe den Text verfaßt.

9 AA, Polit. Archiv, I A – Gr. Hauptquartier 23, Bd. 2, E 531820.

10 In der Denkschrift heißt es u. a.: » . . . Wenn ich auch hoffe, daß es uns gelingen wird, noch die allernächsten Monate durchzuhalten und eine erfolgreiche Defensive durchzuführen, so bin ich vollständig klar darüber, daß eine weitere Winterkampagne vollständig ausgeschlossen ist, mit anderen Worten, daß im Spätsommer oder Herbst um jeden Preis Schluß gemacht werden muß . . .« AA, Polit. Archiv, Gr. Hauptquartier 23, Bd. 2, E 53132 f.

11 Sonnino erfuhr von dem Sixtus-Brief erst im Juli 1917 durch eine Indiskretion von Czernin. Siehe späteres Kapitel »Die Sixtus-Affäre«.

12 Antwort Zitas auf Fragen der Autorin vom 17. 4. 1983, Protokoll II.
Es war möglich, daß die Italiener die Vorbereitungen für die 10. Isonzo-Schlacht verschleiern wollten. Am 12. 5. 1917 begann nämlich derselbe General Cadorna mit 30 Divisionen, also einer gewaltigen Übermacht, gegen 18 österreichisch-ungarische Divisionen die 10. Isonzo-Schlacht. Die österreichisch-ungarischen Truppen hielten bis zum Juni stand. Cadorna machte zwar keine nennenswerten Geländegewinne, psychologisch aber ging er als Sieger hervor.

13 Manteyer (Hrsg.), Austria's Peace Offer, S. 131.

14 Manteyer, a. a. O., S. 142 f. – Bulgarien und die Türkei hätten dann dem Beispiel Österreichs folgen müssen.

Die Sixtus-Affäre

1 Demblin, Czernin und die Sixtus-Affäre, Anlage 1, S. 59. Siehe hierzu auch: Kann, Sixtus-Affäre.

2 Wortlaut im Ausschnitt siehe Kapitel »Ein Abenteuer für den Frieden«. Abgedruckt in: *L'Illustration*, erschienen am 12. 4. 1918. Siehe Polzer-Hoditz, Kaiser Karl, Anhang X, S. 600.

3 Brook-Shepherd, Karl I., S. 179.

4 Ebd.

4a Demblin, S. 74; s. auch Tagespresse.

5 HHStA, Polit. Archiv, I, Karton 523, XLVII, 12-e. Bundesarchiv Koblenz, R 43 F/7. Schon am 10. 4., gleich nach der ersten diesbezüglichen Äußerung von Clemenceau, hatte Karl an Wilhelm depeschiert: »In einem Augenblikke, in welchem die österreichisch-ungarischen Kanonen gemeinsam mit deutschen an der Westfront donnern, bedarf es wohl kaum eines Beweises dafür, daß ich für Deine Provinzen genau so kämpfe und auch ferner zu kämpfen bereit bin, als gelte es, Meine eigenen Länder zu verteidigen.« 1917 war mit den französischen Gesprächspartnern vereinbart worden, daß Karl in aller Form ein öffentliches Dementi der Verhandlungen an den deutschen Kaiser senden werde, falls durch irgendwelche Indiskretionen jemals darüber etwas bekannt werde . . .« Brook-Shepherd, a. a. O., S. 177 f. General Cramon, Verbindungsoffizier Kaiser Wilhelms bei Kaiser Karl in Baden, meldete am 23. 4. 1918 aus dem deutschen Hauptquartier, Wilhelm habe sich ihm gegenüber dahingehend geäußert, »daß er [Wilhelm] es sehr gewünscht hätte, wenn Seine M. ihm in einem Briefe die Tatsachen des Schreibens an Prinz Sixtus mitgeteilt und etwa hinzugefügt hätte, daß dieses Schreiben aus der seinerzeitigen Atmosphäre heraus verfaßt worden sei, daß Seine M. aber nunmehr längst zur Überzeugung gekommen sei, daß nur das feste Durchhalten mit Deutschland zum Frieden führen könne. Hätte – so sagte Kaiser Wilhelm – Seine Majestät ihm in diesem Sinne geschrieben, so wäre die Sache erledigt, so als ob nichts vorgefallen wäre . . .« HHStA, Polit. Archiv, I, Karton 523, Liasse XLVIII, 12-e.

6 Spitzmüller, Graf Czernin und der Kaiser, in: Oberösterreichische Nachrichten, 18. 5. 1948.

7 So gab Czernin am 9. 5. 1917 dem Prinzen Sixtus selbst ein Aide-mémoire mit auf den Weg, und ein anderes Memorandum – beide nicht unter-

schrieben – übermittelte Erdödy bereits im Februar an die Parma-Prinzen. Czernin gab an, auch nach diesen Gesprächen weiterhin aufgeschlossen gegenüber solchen Gesprächen zu sein. Er gab zu Protokoll: »Im Laufe des Jahres 1917 war in allgemeiner Form die Rede davon, daß die Prinzen nochmals nach Wien kommen sollten oder würden. Ich habe mich diesen Anregungen gegenüber, ob sie nun vom Kaiser oder von der Kaiserin ausgingen, stets zustimmend verhalten und war immer gewillt, auf Besprechungen einzugehen . . .« Kann, Die Sixtusaffäre, S. 35.

8 Geheimes Staatsarchiv München, Akten der Bayerischen Staatskanzlei, Gesandtschaft Wien, Polit. Berichte, MA III 2481/6. Wien, 20. 5. 1918: »Die Nachricht [von der Demission Czernins] wurde gegen Abend in Wien bekannt. Die Aufregung in allen Kreisen der Bevölkerung war eine ungewöhnliche. Dieselbe äußerte sich sowohl in Sympathiebezeugungen für Czernin als besonders im lauten Unwillen gegen den Kaiser, die Kaiserin und deren ganzen Verwandtenanhang. Die Polizeiorgane hatten den Auftrag erhalten, Majestätsbeleidigungen zu überhören.«
»Noch nie war ein Staatsmann so populär wie Czernin, nicht einmal Lueger in seiner besten Zeit«, formulierte etwas zu überschwenglich Baernreither. HHStA, N. L. Baernreither, Karton 7, S. 26.
Der deutsche Botschafter Wedel: »Wie mir schon heute gemeldet wird, ist die Erregung der Masse größer als die der politischen Kreise.« AA, Polit. Archiv, Österr. 86, Nr. 2, Bd. 24, A 16351.
Zita meinte, von der Autorin befragt, über den Grafen Czernin: »Graf Czernin war arrogant. Ich stand ihm neutral gegenüber. Er genoß ja anfangs das Vertrauen des Kaisers. Später war dies natürlich anders, als er seinen wirklichen Charakter zeigte.« Protokoll II.

9 Der Dialog ist hier aufgelockert wiedergegeben und beruht (am Wort orientiert) auf einem Bericht Zitas in: Brook-Shepherd, a. a. O., S. 180 f.

10 Funder, Vom Gestern zum Heuge, S. 562 f.

11 »Czernins Idee war, daß der Kaiser sich mit der Begründung, geistig erschöpft zu sein, vorübergehend zurückziehen und ein Regent eingesetzt werden solle«, berichtet Zita im Gespräch mit Brook-Shepherd, » . . es hieß, ich hätte gegen die Idee Einspruch erhoben. Der

Kaiser hatte jedoch nichts über einen solchen Vorschlag gesagt. Vielmehr lehnte er ihn sofort ab. Erst später erzählte er mir, er habe Graf Czernin bei dieser Auseinandersetzung erwidert: ›Kommt nicht in Frage. Wo kommen wir denn hin, wenn wir anfangen, die Monarchen als Geisteswirre zu erklären?‹« Zita im Gespräch, in: Brook-Shepherd, a. a. O., S. 184.
Czernins Version ist eine andere. Baernreither berichtet: »Die letzte Phase. Czernin schlug nun dem Kaiser vor, sich auf einige Zeit zurückzuziehen und (Erzherzog) Eugen als provisorischen Regenten einzusetzen. [Karl] erklärt das als einen guten Ausweg, nimmt es an und ordnet einen Kronrat an . . .« Kann, Die Sixtusaffäre, S. 47.
Der Kaiser schilderte dann vor dem Kronrat am 14. 4. um 11 Uhr die Sache ganz anders als Czernin. Er war mit dem Regenten nicht einverstanden. Demblin, Czernin und die Sixtusaffäre, S. 30 f., der als Protokollführer an der Beratung teilnahm, berichtete, der Kaiser habe die Beratungen »von Beginn an in die Richtung gelenkt, daß prinzipiell die Kaiserin als Stellvertreterin in der Regierung berufen bezeichnet wird.« Das Protokoll der Sitzung ist nicht mehr vorhanden. In der an den Kronrat anschließenden Audienz bot Czernin seine Demission an, die »gerne« angenommen wurde. Kann, Die Sixtusaffäre, S. 47. Dabei kam es zu einer heftigen Auseinandersetzung. Nach der Audienz sprach Czernin mit dem deutschen Botschafter Wedel, dem gegenüber er bemerkt haben soll, der Kaiser könne ja die Herzogin von Parma zum Minister des Auswärtigen ernennen, wenn er schon ihre politischen Ratschläge befolge — was für Wedel wieder ein Beweis dafür war, »wie stark der Einfluß der Familie [Parma] ist«. AA, Polit. Archiv, Österr. 86, Nr.1, Bd.23, A 16052. Ihm zufolge hatte vor allem die Familie Parma auf den Sturz Czernins hingearbeitet. AA, Polit. Archiv, a. a. O., AS 1858.
Nachfolger von Czernin im Außenamt wurde Stephan Burian.

12 AA, Polit. Archiv, Österr. 86, Nr. 1, secr. Bd. 4, AS 3756.

13 Werkmann, Deutschland als Verbündeter, S. 176 ff. Werkmann erinnert sich, daß Erzberger das Kuvert mit der Denkschrift mit der Bemerkung wieder an den Kaiser zu-

rückgeschickt habe: »Das kenne ich ja ohnehin schon.« Er hatte also die Denkschrift demnach schon von anderer Seite erhalten und hatte sich möglicherweise durch die Tatsache, daß sie der Kaiser (aus Versehen?) oder sonstwer seinen Papieren beigegeben hat, für ausdrücklich autorisiert gehalten, sie zu publizieren. – Tatsächlich war die Denkschrift zu diesem Zeitpunkt schon mehreren Personen bekannt. Einige mußten schon von ihr etwas gewußt haben, ehe sie Kaiser Wilhelm erhielt. Denn Karls Flügeladjutant Ledóchowski, der dem deutschen Kaiser das versiegelte Schriftstück überreichte, stellte fest, daß die Denkschrift bereits an demselben Abend im Hauptquartier Kreuznach heftig diskutiert worden sei. Er sei peinlich berührt gewesen. Werkmann, a. a. O., S. 174.
Vgl. Erzählung Erzbergers gegenüber dem österreichisch-ungarischen Botschafter in Berlin, Gottfried zu Hohenlohe-Schillingsfürst. Kann, Sixtusaffäre, S. 37.

14 Kann, a. a. O., S. 37 f.

15 Zita auf Fragen der Autorin am 17. 4. 1983, Protokoll II.

16 Otto von Habsburg im Gespräch mit der Autorin am 16. 5. 1983, Protokoll V.

17 AA, Polit. Archiv, Österr. 15, secr. Bd. 4, AS 3727.

Der steinige Weg bergab

1 Broucek (Hrsg.), Ein General im Zwielicht, S. 473.

2 Gespräch Zitas mit der Autorin am 21. 5. 1984, Protokoll III.

3 *Neue Freie Presse*, 4. 9. 1920.

4 Bethmann Hollweg, Betrachtungen, II, S. 203; Werkmann, Deutschland als Verbündeter, S. 219 f. Vgl. AA, Polit. Archiv, Österr. 86, Nr. 1, Bd. 22, S. 2551, pr. 25. 6. 1917. AA, Polit. Archiv, a. a. O., A 18199 AS 2261 – 8. 6. 1917, Aufregung über angeblichen Sixtus-Besuch in Feldkirch, Vorarlberg.

5 AA, Polit. Archiv, Großes Hauptquartier E 315162–63, Tg. Brüssel, 4. 7. 1917, Brief an Frh. v. Grünau.

6 Lorenz, Kaiser Karl und der Untergang der Donaumonarchie, S. 455. Leider finden sich keine Quellenbelege bei Lorenz.

7 AA, Polit. Archiv, Österr. 95, Bd. 24, A 31023. Nicht unbeteiligt an der Pressekampagne gegen das Kaiserpaar war der scheidende Außenminister Czernin. Die Presse stand fast geschlossen hinter ihm. Alexander Frh. v. Spitzmüller, österreichischer Finanz-

minister bis 23. 6. 1917, berichtete, er habe im Auftrag Czernins bei den Wiener Großbanken 10 Millionen Kronen gesammelt für die Beeinflussung der ausländischen Presse. Spitzmüller meint, daß bei dieser Gelegenheit wohl auch die inländische Presse gewonnen wurde. Dies alles habe auch für die Zeit nach Czernins Sturz weitergewirkt. HHStA, N. L. Wieser, 1918/451. Der Kaiser selbst war zunächst der Meinung, daß man die Briefaffäre einschlafen lassen solle. Dann änderte er seine Meinung – wahrscheinlich auf Drängen der Kaiserin. Daraufhin wurde ein *Reichspost*-Artikel gegen Czernin verfaßt – wahrscheinlich von Prälat Hauser. Etwa eine Woche nach der Demission Czernins verstummten die Presseberichte, nicht aber die Gerüchte.

8 Kriegsarchiv, MKSM, 10–2, 1–3, ex 1918.

9 HHStA, N. L. Baernreither, Karton 7, Bd. XIX, S. 37.

10 Siehe Kapitel: Zita – der eigentliche Monarch?

11 HHStA, N. L. Wieser, 1918/642–643, 7. 7. 1918.

12 AA, Polit. Archiv, Österr. 86, Nr. 1, Bd. 21, AS 13650.

13 AA, Polit. Archiv, Österr. 86, Bd.22, AS 1638. Vgl. Paul Goldmann, Korrespondent der NFP in Berlin, nach Wien-Besuch: AA Polit. Archiv, Österr. 95, secr. d. 4, AS 3727.

14 AA, Polit. Archiv, Österr. 86, Nr. 1, A 16178.

15 Redlich, Tagebuch II, S. 271. Baernreither, HHStA, N. L. Baernreither, Karton 7, Bd.XIX, S. 34. Vgl. Friedrich Frh. v. Wiesner, HHStA, N.L. 1918/412: »Das dynastische Gefühl bei den Deutschen (= Deutschösterreichern) ist schwer angegriffen.«
Der bayrische Gesandte, Heinrich Frh. v. Tucher: »Die Niedergeschlagenheit der loyalsten und überzeugendsten Österreicher ist eine weit verbreitete und so tiefgehende, wie ich sie hier noch niemals festzustellen Gelegenheit hatte.« Geheimes Staatsarchiv München, Bayer. Gesandtschaft Wien, F. 1760, 23. 4. 1918.
Die deutsche Gesandtschaft in Bern berichtet unter Berufung auf gut unterrichtete Kreise in Wien dem Reichskanzler: »Die Briefaffäre und der Sturz des Grafen Czernin haben in Österreich eine bis in die höchsten aristokratischen Kreise reichende antidynastische Bewegung heftigster Art hervorgerufen.« In der näch-

sten Sitzung des Herrenhauses kam es zu derart antidynastischen Reden, »daß der Prinz Lobkowitz, der sich aus ihr entfernte, gleich darauf . . . sagte, er komme aus einer Versammlung von Bolschewiki. In der Tat soll ganz offen über die Absetzung des Kaisers verhandelt worden sein. Diese scheint zum großen Teil in der Versammlung nur deshalb keine Majorität gefunden zu haben, weil die Regentschaftsfrage unlösbar schien . . .« AA, Polit. Archiv, Österr. 86, Nr. secr., Bd. 4, A. S. 2411.

16 HHStA, N. L. Wieser, 1918/408.

17 Siehe HHStA, PA 263, Tg. Nr. 22.

18 HHStA, N. L. Baernreither, Karton 7, Bd. XIX, S. 35.

19 Ebd., S. 26 f.

20 AA, Polit. Archiv Österr. 86, Nr. 1, Bd. 23, A 22.505.

21 Funder, Vom Gestern ins Heute, S. 557.

Das Reich zerfällt

1 Veröffentlichung in der *Wiener Zeitung* vom 17. 10. 1918. HHStA, N. L. Baernreither, Karton 7, Tagebuch, XIX, S. 65: »Amerikaner und Engländer haben unseren Kaiser wissen lassen, daß Österreich einen Plan haben und verkünden müsse, daher jetzt die Hast, etwas zustande zu bringen.«
Karl an Ministerpräsident Hussarek schon am 25. 7.: Aus der Schweiz sei eine Depesche eingelangt, die »neuerlich auf die Dringlichkeit und Unaufschiebbarkeit einer solchen Kundgebung verwies«. Nachlaß Hussareks. Rumpler, Das Völkermanifest Kaiser Karls, S. 88–91.

2 HHStA, N. L. Wieser, 998/953.

3 Schon am 11. 5. war Karl, von allen Seiten bedrängt, nach Spa ins Große Hauptquartier gefahren. In der deutschen Presse sprach man damals vom »Canossagang« – und meinte das im Zusammenhang mit der Sixtus-Affäre. Karl, der eine zu enge Bindung an Deutschland für die Doppelmonarchie als gefährlich ansah, war entschlossen, in Spa eine politischen Verträge zu unterschreiben. Verhandlungen wurden zwar geführt, versandeten aber in den Umsturztagen. In der Plenarsitzung rief Kaiser Wilhelm der österreichischen Delegation zu: »Im ganzen genommen haben Sie sich nicht zu beklagen. Schauen Sie Bayern an, es ist sehr zufrieden damit!« Darauf

Karl: »Ich bin glücklich, aus Deinem eigenen Mund zu erfahren, daß wir an Bayern assimiliert sind.« Sauerwein, Une Conversation . . ., in: *Le Matin*, 24. 1. 1922.

4 Zeman, Der Zusammenbruch des Habsburger-Reiches, S. 186.

5 Ebd.

6 Zeman, a. a. O., S. 201.

7 Am 3. 10. dankte König Ferdinand ab und verließ das Land. Sein Sohn Boris bestieg den Thron.

8 Lorenz, Kaiser Karl, S. 513.

9 Burian, Drei Jahre aus der Zeit meiner Amtsführung im Kriege, S. 303.

10 AA, Polit. Archiv, Österr. 86, Nr.1, Bd.23, AS 4788.

11 Broucek (Hrsg.), Ein General im Zwielicht, S. 503. Von der Abreise der Kaiserfamilie nach Ungarn erzählt Joseph v. Renglovics, Lebenserinnerungen eines einmaligen Hofbeamten der Kaiserlichen Hofhaushaltung, S. 67–72.

12 Von Zita erzählt, in: Brook-Shepherd, Karl I., S. 226.

13 HHStA, N. L. Wieser, 1918/1034.

14 Der Chauffeur Dumitru Evoletz erzählte von der abenteuerlichen Fahrt mit den Kaiserkindern, in: *Neues Wiener Journal*, 4. 2. 1936. Der Telefon-Dialog ist einer Erzählung Zitas gegenüber der Autorin entnommen, Protokoll I; z. T. auch Bericht Zitas, in: Brook-Shepherd, a. a. O., S. 227.

Abschied einer Kaiserin

1 Seifert, Der 4. 11. 1918 in Schönbrunn. In: *Reichspost*, 4. 11. 1925.

2 Redlich, Tagebuch II, S. 313. Vgl. HHStA, N. L. Wieser, 1918/1094.

2a Dann bekam General Weber, Leiter der Waffenstillstandsverhandlungen mit Italien, ein bis 3. 11., 24 Uhr, befristetes Ultimatum. Hier kam es zu einem verhängnisvollen Mißverständnis. Weber verstand das Ultimatum so, daß die Kämpfe bei Annahme der Bedingungen eingestellt würden. Doch wurde das Ultimatum nachträglich um einen Zusatz erweitert, wonach die Feindseligkeiten 24 Stunden nach der Annahme eingestellt werden sollten. Dieser Zusatz langte erst am 3. 11. mittags in Baden an, Stunden nachdem der Befehl zur Feuereinstellung gegeben worden war. Nun war es zu spät, wieder Feuerbefehl zu erteilen. Das Resultat war die Katastrophe von Vittorio Veneto, ein weiterer Sieg auf italienisch.

Die Italiener machten nun noch 350 000 Kriegsgefangene, kampflose Soldaten der k. u. k. Armee, die bis dahin nie entscheidend geschlagen wurden . . .

3 Spitzmüller berichtete darüber im Ministerrat: »Der Kaiser hatte im ersten (Völker-)Manifest den Völkern die eigene Organisation überlassen. Dies sei bis zu einem gewissen Grade erfolgt, der Kaiser hielte es nicht mehr für richtig, die weitere Organisation zu beeinflussen, sondern beabsichtige, die Ereignisse abzuwarten.« HHStA, N. L. Wieser, 1918/1087–89. Das hätte geheißen, daß er zwar formell Kaiser geblieben wäre, aber die tatsächliche Vollziehung anderen überlassen hätte. Andrassy und Spitzmüller wandten sich dagegen, Andrassy fand, daß dies eine verkappte Abdankung sei und schlechter als eine wirkliche, »denn die wirkliche könnte . . . eine neue Autorität schaffen, bei der verkappten habe man gar nichts.« Ebd. Vgl. auch HHStA, N. L. Wieser, 1918/1094.

4 Gespräch Zitas, in: Brook-Shepherd, Karl I., S. 246.

5 Seifert, Der 4. 11. 1918 in Schönbrunn. In: *Reichspost*, 4. 11. 1925.

6 Zita im Gespräch mit der Autorin am 4. 9. 1982, Protokoll I.

7 Pisk, Die letzten Tage in Schönbrunn, in: *Neues Wiener Tagblatt*, 22. 10. 1926. Siehe auch: *Die Tradition*, August 1957, Nr. 8, Karl Wolff, Schloßkommandant von Schönbrunn, berichtet darin, daß sich unzählige Offiziere aller Chargengrade zum Schutze des Kaisers gemeldet hätten. Aber er übernahm keinen Offizier, weil er weder Verpflegung noch Unterkunft für sie hatte. Außerdem hätte seine Garde, die Anfang Oktober noch 200 Mann stark gewesen war und nun von Tag zu Tag abnahm, in der Aufnahme von Offizieren ein Mißtrauenszeugnis erblickt. Das am 1. 11. von Arz nach Wien verpflichtete Assistenzbataillon des AOK in Baden, das am 2. 11. ausrückte, kam mit nur 15 Offizieren und 65 Mann in Schönbrunn an.

8 »Als sich Kaiser Karl zum letzten Mal in Wien zeigte«, in: *Neues Wiener Journal*, 29. 10. 1933.

9 Ebd. Oberst Karl Wolff, Schloßkommandant, berichtete: »10. 11 . . . Nachmittags Prachtwetter. Massenbesuch des Publikums. Majestäten und Kinder Spaziergang im

Kammergarten Kaiser Franz Josephs. Da bereits Tausende und mehr auf die Rückkehr des Kaisers und seiner Familie ins Schloß warteten, mußte ich die Garde als Spalier verwenden. Vorfall bei Ende des Spaziergangs. Wiener riefen laut: Hoch, Kaiser Karl, nicht weggehen, hierbleiben! Große Hetz mit den Kindern. Schluß, Volk drängte derart trotz Spalier den Majestäten nach, daß wir Gardisten die Kinder auf den Arm nahmen und ins Schloß trugen. Otto trug ich.« Erinnerungen, 1. 9. bis 23. 11. 1918, in: *Die Tradition*, Sept./Okt. 1957, Nr. 9–10.

10 Redlich, Tagebuch II, S. 315.

11 Werkmann, Der Tote auf Madeira, S. 15.

12 Gespräch Otto v. Habsburgs mit der Autorin am 3. 4. 1982, Protokoll V.

13 *Wiener Zeitung*, 11. 11. 1918.

14 Werkmann, Der Tote auf Madeira, S. 19. Die vorangegangenen Gespräche hier aufgelockert wiedergegeben, basieren gleichfalls auf Werkmann, S. 18 ff.

15 Zita im Gespräch, in: Brook-Shepherd, Karl I., S. 255 f.

16 Werkmann, Der Tote auf Madeira, S. 22.

17 Wolff, Das Ende der Burggendarmen, in: *Neues Wiener Tagblatt*, 4. 2. 1934, Nr. 33.

Aufrecht ins Exil

1 Wolff, Das Ende der Burggendarmen, in: *Neues Wiener Tagblatt*, 4. 3. 1934. Vgl. Wollek, Aus den Tagen des Umsturzes 1918, in: *Staatswehr*, 10. 4. 1923

2 *Arbeiterzeitung* (AZ), 17. 11. 1918.

3 AZ, 24. 11. 1918.

4 AZ, 17. 11. 1918.

5 AZ, 17. 11. 1918.

6 Ebd.

7 Schonta, Aus den Erinnerungen eines Flügeladjutanten, S. 59.

8 Bundesarchiv Bern (BA Bern künftig zit.: BA Bern), 2001 (B), Az. Nr. 3, Sch. 48, I B 44/142/2, Geheim von 1922, Nr. 2.

9 BA Bern, a. a. O., Nr. 3.

10 BA Bern, a. a. O., Nr. 6.

11 BA Bern, a. a. O., Nr. 7 Am 4. Dezember intervenierte die spanische Gesandtschaft in Bern beim Auswärtigen Amt für die österreichischen Erzherzöge. Diese mögen doch von der Schweiz so angesehen werden wie Mitglieder der spanischen Königsfamilie. Die spanische Botschaft in Wien würde ihnen Pässe ausstellen. Die Antwort war negativ. BA Bern, a. a. O., Nr. 10.

12 Bridges wiederum wurde von General Franchet D'Esperay,

Oberbefehlshaber der alliierten Truppen auf dem Balkan, darauf hingewiesen, daß die Ermordung des österreichischen Kaiserpaares bevorstehe. Hoffmann, Die britische Intervention bei der Ausreise Karls aus Österreich, in: Zeitgeschichte, 1. 10. 1973, Heft 1, S. 4.
Auch die Parma-Brüder Sixtus und Xavier wandten sich an den englischen König Georg, mit der Bitte, sich der Kaiserfamilie anzunehmen – »vollkommen aus eigenem Antrieb und auf eigene Verantwortung«, wie Zita gegenüber Brook-Shepherd betonte. Brook-Shepherd, Karl I., S. 268.

13 Tagebuch des Oberst Strutt, eingesehen von Herbert Vivian. Vivian, The Life of the Emperor Charles of Austria, S. 179.

14 BA Bern, 2001 (B), Az. Nr. 3, Sch. 48, I B 44/142/2, Geheim von 1922. F 13.

15 BA Bern, a. a. O., F 13, 14, 16.

16 BA Bern, a. a. O., Nr. 1.

17 BA Bern, a. a. O., Nr. 8.

18 Aus dem Tagebuch des Oberst Strutt, in: Vivian, a. a. O., S. 187. Es gab zu dieser Zeit noch einen Vorschlag: Die Kaiserfamilie solle sich in das Schloß Ambras bei Innsbruck zurückziehen. Tirol war von den Alliierten besetzt. Strutt fragte Renner, Antwort war negativ.

19 Vivian, a. a. O., S. 185.

20 BA Bern, a. a. O., Nr. 23, 29.

21 Ebd.

22 Vivian, a. a. O., S. 189.

23 Erzählt in aufgelockerter Form nach Äußerungen von Strutt. BA Bern, a. a. O., Nr. 23. »Oberst Strutt gegen Doktor Karl Renner«, in: *Neues Wiener Journal*, 19. 6. 1923, Nr. 10626. Vivian, a. a. O., S. 180.

24 Vivian, a. a. O., S. 190.

25 Strutt, zitiert bei Brook-Shepherd, Karl I., S. 294.

26 Erzählt nach Strutt-Aufzeichnungen, letztes Wortzitat nach Brook-Shepherd, a. a. O., S. 295.

27 Lorenz, Kaiser Karl, S. 578.

Die neue Welt beginnt am Bodensee

1 Bundesarchiv Bern (BA Bern), 2001 (B), Az. Nr. 3, Sch. 48, I B 44/14/2, Geheim von 1922, F 43.
Ein zweiter Sonderzug von Personen der aufgelösten Hofhaltung in Eckartsau fuhr am 7. 4. um 18.50 Uhr ein.
Die Mitglieder der kaiserlichen Familie waren ohne Ausweise eingereist. Sie wurden zwar als Privatleute angese-

hen, aber Titel wurden ihnen zugestanden, wie das bei hochgestellten Ausländern üblich ist. Auch bekamen sie die blauen Ausweise, die unbeschränkte Aufenthaltsbewilligung zusicherten. Das Gefolge hatte Pässe und mußte sich immer wieder um Aufenthaltsgenehmigung bemühen.
2 Staatsgesetzblatt für den Staat Deutschösterreich, Jg. 1919, ausgegeben am 10. 4. 1919.
3 Ebd.
4 Allgemeines Verwaltungsarchiv Wien (AVA, künftig zit.: AVA) BKA, Abt. 14, HP, Karton 766, Z. 26016/1922. HHStA, Familienurkunden, Nr. 2951 v. 20. 10. 1911.
5 BA Bern, 2001 (B), Az. 3, Sch. 48, I B 44/142/2, Geheim von 1922. 166.
6 Windisch-Graetz, Ein Kaiser kämpft für die Freiheit, S. 136.
7 AA, Polit. Archiv, Abt. II, Österreich, Po 11, Nr. 2, 336.
8 Familienarchiv der Habsburger (künftig zit.: Privatarchiv Habsburg) Zizers, Kassette 20, Nr. 501, 29. 9. 1930.
9 BA Bern, a. a. O., 47.
10 Ebd., 18. Protokoll der Sitzung des Schweizerischen Bundesrates am 1. 4. 1921.
11 Werkmann, Aus Kaiser Karls Nachlaß, S. 37.
12 Werkmann, a. a. O., S. 38 f.
13 Lehár, Erinnerungen, S. 178.
14 BA Bern, a. a. O., 5, 30. 5. 1921. Auch die österreichische Regierung intervenierte in der Schweiz: HHStA, NPA, Karton 891 od. 1323.
15 Boroviczény, Der König und sein Reichsverweser, S. 149.
16 Windisch-Graetz, a. a. O., S. 178 f.

Nach Ungarn, weil die Krone ruft

1 Schonta, Aus den Erinnerungen eines Flügeladjutanten, S. 46.
2 BA Bern, 4320 (A), Az. Nr. 1, Sch. 18 u. 19, 77.
3 Boroviczény, Der König und sein Reichsverweser, S. 258.
4 Ein möglicher Kandidat war schließlich auch noch Otto, Karls Sohn. Aber Otto war zu jung, es hätte eine zu lange Regentschaft gegeben.
5 Boroviczény, a. a. O., S. 207.
6 Boroviczény, a. a. O., S. 258 ff.
7 Boroviczény, a. a. O., S. 260.
8 Gespräch mit der Autorin am 17. 4. 1983, Protokoll II.
9 Schonta, a. a. O., S. 45.
10 BA Bern, 4320 (A), Az. Nr. 1, Sch. 18 u. 19, 77.
11 Sauerwein, Une Conversation avec l'ex-Impératrice. In: *Le Matin*, 24. 1. 1922.

12 Lehár, Erinnerungen, S. 223.
13 Zessner-Spitzenberg, Kaiser Karl, S. 238 f.
14 *Der Österreicher*, 25. 11. 1931.
15 Boroviczény, a. a. O., S. 302.
16 Brook-Shepherd, Karl I., S. 351.
17 Lehár, a. a. O., S. 224.
18 Boroviczény, a. a. O., S. 312 f.
19 Feigl (Hrsg.), Kaiser Karl, Tagebuch-Eintragung Zitas 29. 10. 1921, S. 453.
20 BA Bern, op. cit. Sch. 49, 266 a.
21 Feigl (Hrsg.), a. a. O., S. 490.

Vom Atlantik umspült

1 Feigl (Hrsg.), Kaiser Karl, Tagebuch-Eintragungen, S. 492.
2 Ebd.
3 BA Bern, 2001 (B) Az. Nr. 3 Sch. 49, B 44/142/2. Geheim II von 1922, 431.
4 BA Bern, 4320 (A), Az. Nr. 1, Sch. 18 u. 19, Brief v. 26. 12. 1921. – 2001 (B), Az. Nr. 3, Sch. 49, 403, Brief v. 27. 12. 1921. Ebd., 416.
5 *Nationalzeitung*, 6. 12. 1921: »Ob diese rein menschlichen Erwägungen nach den verschiedenen schlimmen Erfahrungen, die wir Schweizer mit der kaiserlichen Familie gemacht haben, wohl berechtigt sind? Der Schweizer kommt hier wieder in Versuchung, die Rolle des gutmütigen Hirtenknaben zu spielen.«
6 BA Bern, a. a. O., Sch. 49, 431, Aufzeichnung über den Empfang der Ex-Kaiserin am 12. 1. 1922.
7 BA Bern, a. a. O., Sch. 49, 437.
7a BA Bern, a. a. O., 444 und 455.
8 Eggers Bericht, BA Bern, a. a. O., Sch. 49, 441.
9 BA Bern, a. a. O., Sch. 18 u. 19/128.
10 Ebd.
11 Ebd.
12 Brook-Shepherd, Karl I., S. 378.
13 BA Bern, a. a. O., Sch. 49, 451.
14 *Le Matin*, 24. 1. 1922.
15 *Le Matin*, 22. 1. 1922.

Der Tod kommt nach Madeira

1 Werkmann, Der Tote auf Madeira, S. 307 ff.
2 Ebd. S. 309.
3 Gespräch der Autorin mit Ottilie Stern, 6. 1. 1982, Protokoll XX.
4 Ebd.
5 »Auf Madeira«. In: Kaiser-Karl-Gedächtnis-Jahrbuch, 1929, S. 78.
6 Zessner-Spitzenberg, Kaiser Karl, S. 286.
7 Otto v. Habsburg. In: Die

Furche, 1. 4. 1972. Gespräch der Autorin mit Otto v. Habsburg am 3. 4. 1982, Protokoll VIII.
8 Ebd.
9 HHSta, N. L. Schager-Ekkartsau.
10 Werkmann, a. a. O., S. 311.

Die Witwe

1 Gespräch der Autorin mit Otto v. Habsburg am 3. 4. 1982, Protokoll IV, und mit Ottilie Stern, am 16. 11. 1982, Protokoll VIII.
2 Vgl. Troud, L'Odyssée de l'Impératrice Zita, S. 88. – Gespräch mit Ottilie Stern, a. a. O.
3 Gespräch der Autorin mit Ottilie Stern, a. a. O.
4 Dazu kam es nicht, die Villa, die auch später noch im Sommer als Aufenthaltsort der Familie diente, wurde im Bürgerkrieg angezündet und brannte ab. HHStA, NPA-Präs. Karton 28, Brief des österr. Konsulats in Madrid am 7. 6. 1929. Vgl. Fritz Stritzl-Arstatt, Die kaiserliche Familie in Lequeitio, in: *Neues Wiener Journal*, 1. 1. 1929. Vgl. Zessner-Spitzenberg, kaiserliche Familie in Lequeitio, S. 6.
5 Gespräch mit Ottilie Stern, a. a. O.
6 Gespräch mit Otto v. Habsburg, a. a. O.
7 Bericht Ottos, in: Vasari, Dr. Otto v. Habsburg oder Die Leidenschaft für die Politik, S. 46.
8 Gespräch der Autorin mit Charlotte von Mecklenburg-Strelitz, Protokoll IV.
9 Fritz Stritzl-Arstatt, a. a. O.
10 Gespräch der Autorin mit Gräfin Mensdorff-Pereira, August 1984, Protokoll XIX.
10a Von der Autorin eingesehen bei Charlotte von Mecklenburg-Strelitz in München, 11. 6. 1983.
11 Gespräch der Autorin mit Graf Franz Josef Forni, 8. 4. 1982.
12 Gespräch der Autorin mit Prinzessin Elisabeth von und zu Liechtenstein, 10. 4. 1982, Protokoll XXI.
13 Stritzl-Arstatt, a. a. O. Stritzl-Arstatt war Vermögensverwalter in Österreich; Berichte bestätigt durch Erzählungen der Familie.
14 HHStA, NPA, Karton 481, Personalien, Geheim: Marie Josepha Österr. Generalkons. 20. 12. 1937.
15 Privatarchiv Habsburg, Kassetten 34, 67.
16 AVA, BKA, Abt. 14, HP, Karton 766 Z. 14081-ex 1922.
17 AVA, a. a. O., Z. 16075 ex 1922.

18 AVA, a. a. O., Z. 47543 ex 1922.
19 AVA, a. a. O., Z. 128.269 ex 1930.
20 Ebd.
21 AVA, BKA Inneres, 20/1–100, 223–8/1930. del. Z. 111.960–15/30.
22 HHStA, N. L., Schager-Eckartsau, Nr. 494, 1. 2. 1926.
23 Privatarchiv Habsburg, Kassette 20, 246, 12. 8. 1928.

Österreich, das ich meine

1 Troud, L'Odyssée de l'Impératrice Zita, S. 110–112.
2 Privatarchiv Habsburg, Kassette 20, 246, Konzept des Briefes von Graf Degenfeld.
3 HHStA, NPA, Karton 492, 25064.
4 Ebd.
5 Gespräch Maria Kiechls mit der Autorin, 16. 11. 1982, Protokoll X.
6 Privatarchiv Habsburg, Kassette 20, 246.
7 Vasari, Otto v. Habsburg, S. 68.
8 Vasari, a. a. O., S. 74.
9 Privatarchiv Habsburg, Kassette 20, 246 Brief Werkmann an Zita, 27. 12. 1928.
10 Vasari, a. a. O., S. 92.
11 HHStA, NPA, Karton 89, Kassette Ungarn, 2/11–28218 pr. 3. 7. 1930.
12 Privatarchiv Habsburg, Kassette 23,126. Kuvert »An meinen Sohn«. Zur Hochzeit mit Maria kam es nicht. Aber Maria blieb gewissermaßen in Zitas Familie: Ihr Bruder Louis von Bourbon-Parma heiratete sie.
13 Privatarchiv Habsburg, Kassette 20, 502, Wiesner.
14 Gespräch der Autorin mit Otto v. Habsburg, 3. 4. 1982, Protkoll IV.
15 Privatarchiv Habsburg, Kassette 23, 22. 10. 1933.
16 Andics, Der Fall Otto Habsburg, S. 72.
17 Andics, a. a. O., S. 73.
18 BGBl. Nr. 229.
19 Privatarchiv Habsburg, Kassette 34/826. BKA Zl. 147.334 – 4/36.
20 BKA, Zl. 147 334 – 4/36. Protokoll v. BKA, v. 7. 1. 1938.
21 AA, Polit. Archiv, II, Österr. 1618, Bericht der deutschen Gesandtschaft v. 27. 6. 1934.
22 Vasari, a. a. O., S. 129.
23 Privatarchiv Habsburg, Kassette 34, 825./ 3. 7. 1935.
24 HHStA, NPA, Karton 231, S. 7.
25 *Der Angriff*, 6. 12. 1937, S. 9.
26 *Der Angriff*, 2. 1. 1935.
27 Privatarchiv Habsburg, Koffer III aus New York, 213. Gedächtnisnotiz. 9. 5. 1940.
28 Vasari, a. a. O., S. 243.
29 Privatarchiv Habsburg, Koffer III aus New York, 261.

Amerika: Hallo Zita, how do you feel as an Empress?

1 Vasari, Otto Habsburg, S. 240.
2 Wolf, Der Mann von Pöcking. In: *Wochenpresse*, Juli 1963, Nr. 28.
3 *Völkischer Beobachter*, 20. 4. 1938, Nr. 8
Hitler unternahm kurz vor seiner Machtübernahme zweimal den Versuch, Otto zu treffen. Otto arbeitete zeitweise in Berlin an seiner Doktorarbeit. Aber Otto war nicht zu einem Treffen mit Hitler bereit.
4 Gespräch mit Prinzessin Elisabeth v. u. z. Liechtenstein am 4. 9. 1982, Protokoll VI.
5 Der Status der Österreicher war zunächst etwas ungewiß, und so wurden die Konten der Österreicher, die nach dem 17. 6. 1940 kamen, zunächst gesperrt. Dies änderte sich, nachdem die Österreicher zu »friendly aliens« erklärt wurden (zu »freundlichen Ausländern«). Infolge der Verordnung wurden am 26. 2. 1942 die Konten von Otto und Zita frei. Privatarchiv Habsburg, Koffer III aus New York, 227. Ausländer, die vor dem genannten Datum in den USA waren, konnten aufgrund einer »General License Nr. 42-A«, die man sich beschaffen mußte, über ihre Konten verfügen. Privatarchiv Habsburg, a. a. O., 858.
6 Privatarchiv Habsburg, a. a. O., 22. 1. 1942.
7 Gespräch mit Otto v. Habsburg, November 1983.
8 Privatarchiv Habsburg, a. a. O., 209, 3. 11. 1941.
9 Ebd., 209, 31. 12. 1941.
10 Ebd.
11 Privatarchiv Habsburg, a. a. O., 230.
12 Privatarchiv Habsburg, a. a. O., 222, 21. 6. 1942.
13 Ebd.
14 Ebd., 28. 2. 1943.
15 Ebd., 8. 2. 1943.
16 Privatarchiv Habsburg, 222, 28. 2. 1943.
17 Ebd.
18 Ebd.
19 Ebd., 4. 3. 1943.
20 Ebd.
21 Ebd.
22 Gespräch mit Felix von Habsburg, 23. 11. 1983 in Grafing b. München, Protokoll XIX.
23 Gespräch mit Prinzessin Elisabeth v. u. z. Liechtenstein, 29. 9. 1984, Protokoll V.
24 Vasari, a. a. O., S. 280 f.
25 Gespräch mit Elisabeth v. u. z. Liechtenstein, 29. 9. 1984, Protokoll V.
26 Gehrig, Umjubelt, S. 304.
27 Ebd. Auch Brief von Elisabeth v. u. z. Liechtenstein an die Autorin, 24. 11. 1983.

28 Brief von Elisabeth v. u. z. Liechtenstein an die Autorin, 24. 11. 1983, Protokoll X.

29 Gehrig, Umjubelt, S. 304.

30 Privatarchiv von Coudenhove-Kalergi, Otto v. Habsburg an Coudenhove, Innsbruck, 21. 11. 1945.

31 Gespräch mit Elisabeth v. u. z. Liechtenstein auf Schloß Waldstein, 4. 9. 1982, Protokoll V.

32 Gespräch der Autorin mit Kaiserin Zita in Waldstein am 4. 9. 1982, Protokoll I.

33 Gespräch mit Erik Ritter v. Kühnelt-Leddihn in Grafing b. München, September 1983, Protokoll XXII.

34 Nach der Chronik des Stifts, in die die Autorin Einblick erhielt.

Abendsonne

1 *Profil*, v. 6. 9. 1982.

2 Gespräch der Autorin mit Zita auf Schloß Waldstein am 4. 9. 1982, Protokoll I.

Quellen- und Literaturverzeichnis

I. Quellen

A. Mündliche Quellen und Briefe

Gespräche und Korrespondenz der Autorin mit:
Emil Csonka
P. Beda v. Döbrentey
Johannes Eidlitz
Franz Josef Graf Forni
Felix v. Habsburg-Lothringen
Otto v. Habsburg-Lothringen
Zita v. Habsburg-Lothringen
Paul v. Hevesy
Georg Frst. Hohenberg
Johannes Frst. Hohenberg
Maria Kiechl
Erik Frh. v. Kühnelt-Leddihn
Elisabeth v. u. z. Liechtenstein
Charlotte Herzogin v. Mecklenburg-Strelitz
Maria Rosina Mensdorff-Pereira
Ottilie Stern
Paula Zileri dal Verme

B. Archive und private Sammlungen

1. Familienarchiv der Habsburger (Privatarchiv Habsburg) in Zizers

Kassetten 20, 21, 23, 34
Koffer III aus New York.

2. Archiv v. Coudenhove-Kalergi

3. Haus-, Hof- u. Staatsarchiv Wien (HHStA)

a) Familienurkunden
b) Administrative Registratur
c) Obersthofmarschallamt
d) Politisches Archiv (Polit. Arch., PA)
e) Neupolitisches Archiv (NPA)
f) Nachlässe (N. L.) von:
Baernreither
Moritz Esterhazy
Friedrich Funder
Theodor v. Hornbostel
Albert Graf. Mensdorff-Pouilly-Dietrichstein
Schager-Eckartsau
Franz Frh. v. Schießl
Richard Schüller
Friedr. v. Wieser
g) Kabinettsarchiv, Geheimakten, Kar. 37 a, 38.
h) Bundeskanzleramt – Ausw. Angelegenheiten, Abt. 14 HP (BKA-AA, Abt. 14 HB).

4. Allgemeines Verwaltungsarchiv Wien (AVA)

a) Bundeskanzleramt (BKA) Inneres, Sig. 22/gen. 1937
b) Bundeskanzleramt (BKA) Inneres, Sig. 20/1 – Habsburg
c) Manuskript Egon Frh. Berger-Waldenegg

5. Kriegsarchiv Wien

a) B/16 Tagebücher des Generals d. Inf. Ferdinand Frh. v. Marterer, Chef der Militärkanzlei des Kaisers
b) B/126, N. L. des Generalmajors Max Ronge

c) B/133 N. L. des Obstlt. d. Gstbkps R. Brougier, Flügeladjutant v. Kaiser Karl
d) B/151 Das Leben eines österr.-ungarischen Generalstabsoffiziers, v. GM Theodor R. v. Zeynek
e) B/180 N. L. Möller
f) B/675, N. L. Johann Gruber Edler v. Seelinghausen
g) B/882, N. L. des Rtm. Emil Dudek
h) Militärkanzlei Sr. Majestät (MKSM), versch. Akten / Sep. Fasz. 79/42
i) Evidenzbüro des AOK 1914–1918

6. Außenamt Bonn, Politisches Archiv (AA. Polit. Arch)

a) I A Europa: Österreich, Großes Hauptquartier
b) Abt. II Österr., Po 11 Nr. 2, 3, 4
c) Abt. IV Öster., 11, Nr. 2, Bd. 1

7. Bundesarchiv Koblenz

Mikrofilme (Originale in Potsdam)
R 43 F/7 2–2
R 43 F/6/1
Nachlaß Theobald v. Bethmann Hollweg, Kl. Erw. 342

8. Bundesarchiv Bern (BA Bern)

9. Geheimes Staatsarchiv München

a) Bayer. Gesandtschaft Wien
b) Akten der Bayer. Staatskanzlei, Gesandtschaft Wien, Polit. Berichte

10. Geheimes Hausarchiv München

a) Kabinettsakten König Ludwigs III. Nr. 6 Österr.-Ung.
b) N. L. Prinz Leopold Nr. 29, Kriegstagebuch Nr. 14, Briefe an Gisela

C. Zeitungen

Österreichische u. ungarische Tagespresse, vor allem:
Arbeiterzeitung (AZ)
Neue Freie Presse (NFP)
Neues Wiener Journal
Neues Wiener Tagblatt
Pester Lloyd
Reichspost (RP)
Wiener Zeitung
Zeitungen nach 1918 – wie oben, zusätzlich:
Der Angriff
Deutschösterreichische Tageszeitung
Dresdner Hochschulblatt
Express
Frankfurter Allgemeine Zeitung
Die Furche
Kronenzeitung
Le Matin
Münchner Merkur
Neue Illustrierte Wochenschau
Oberösterr. Nachrichten
Der Österreicher
Osttiroler Bote
Die Presse
Profil
Rheinischer Merkur
Der Stürmer

Die Stunde
Tiroler Tageszeitung
Die Tradition
Völkischer Beobachter
Die Welt
Weltwoche
Die Zeit
und andere

II. Literatur und gedruckte Quellen

D'Albon, Eugen Baron: Prinzessin Zita. Wien 1911.
Amiguet, Philipp: La vie du Prince Sixte de Bourbon. Paris 1934.
Andics, Hellmut: Der Fall Otto Habsburg. Wien, München 1965.
Andics, Hellmut: Die Frauen der Habsburger. Wien, München, Zürich 1969.
Andics, Hellmut: Der Untergang der Donaumonarchie. Wien 1974.
Andrassy, Julius Graf: Der Zusammenbruch der Monarchie und der Sonderfriedensversuch. In: NFP, 2. 7. 1920.
Arz, Artur: Zur Geschichte des großen Krieges 1914–1918. Aufzeichnungen von Generaloberst Arz. Wien, Leipzig, München 1924.
Arz, Artur: Kampf und Sturz der Kaiserreiche. Wien, Leipzig 1935.
Auffenberg-Komarów, Moritz: Aus Österreichs Höhe und Niedergang. München 1921.
Bardolff, Carl Frh. v.: Soldat im alten Österreich; Erinnerungen aus meinem Leben. Jena 1938.
Bauer, Otto: Die österreichische Revolution. Wien 1923.
Benedikt, Heinrich: Die Friedensaktion der Meinlgruppe 1917/18. Die Bemühungen um einen Verständigungsfrieden nach Dokumenten, Aktenstücken und Briefen. Graz, Köln 1962. (Veröffentlichungen der Kommission für Neuere Geschichte Österreichs, 48.)
Bethmann Hollweg, Theobald v.: Betrachtungen zum Weltkriege. 2 Bde. Berlin 1919–1921.
Bolfras, Leo: Eckartsau, des letzten Kaisers Zuflucht. In: Neues Wiener Journal, 20. 10. 1929.
Boroviczény, Aladár v.: Der König und sein Reichsverweser. München 1924.
Brook-Shepherd, Gordon: Karl I., des Reiches letzter Kaiser. Wien, München 1976.
Broucek, Peter (Hrsg.): Ein General im Zwielicht. Die Erinnerungen Edmund Glaises von Horstenau. 2 Bde. Wien, Köln, Graz 1980 bis 1983. (Veröffentlichungen der Kommission für neuere Geschichte Österreichs, 67, 70.)
Büeler, Hermann: Kaiser Karl. Freiburg 1933.

Burián von Rajecz, Stephan Grf.: Drei Jahre aus der Zeit meiner Amtsführung im Kriege. Berlin 1923.

Conrad v. Hötzendorf, Franz: Aus meiner Dienstzeit 1906–1918. 5 Bde. Wien 1921–1925.

Cormons, Ernest U.: Schicksale und Schatten. Salzburg 1951.

Corti, Egon Caesar Conte und Hans Sokol: Kaiser Franz Joseph. Graz, Wien, Köln 1960.

Cramon, August: Unser österreichisch-ungarischer Bundesgenosse im Weltkrieg. Erinnerungen. Berlin 1922.

Crankshaw, Edward: The Fall of the House of Habsburg. London 1963.

Czernin, Ottokar Grf.: Im Weltkriege. Berlin, Wien 1919.

Daniek, Edmund: Die Bourbonen als Emigranten in Österreich, Wien 1965.

Demblin, August: Czernin und die Sixtus-Affaire. München 1920.

Denkschrift betreffend die rechtliche Natur des Eigentums an mehreren in Deutsch-Österreich befindlichen Vermögensmassen des Kaisers und des Erzhauses Habsburg-Lothringen. Wien 1924.

Dominig, Ernst: Karl von Habsburg als Bataillonskommandant. In: Neues Wiener Journal, 26. 10. 1924.

Feigl, Erich (Hrsg.): Kaiserin Zita. Wien, München 1978.

Feigl, Erich (Hrsg.): Kaiser Karl. Persönliche Aufzeichnungen, Zeugnisse und Dokumente. Wien, München 1984.

Feldl, Peter: Das verspielte Reich. Wien, Hamburg 1968.

Fellner, Fritz (Bearb.): Das politische Tagebuch Josef Redlichs 1908 bis 1919. 2 Bde. Graz, Köln 1953 bis 1954. (zit. als: Redlich, Tagebuch.)

Fester, Richard: Die Politik Kaiser Karls und der Wendepunkt des Weltkrieges. München 1925.

Fillitz, Hermann: Vitrine XIII und die Kronjuwelen. In: Die Furche, 42/1966.

Finkenstein, Josef: Mit Erzherzog Karl in Kolomea. In: Neues Wiener Journal, 10. 4. 1932.

Fugger, Nora Fürstin v.: Im Glanz der Kaiserzeit. Zürich, Leipzig, Wien 1932.

Funder, Friedrich: Vom Gestern ins Heute. Wien, München 1952.

Gehrig, Emmy: Umjubelt, verkannt, verbannt: Kaiserin und Königin Zita. 2. Aufl. Wels 1955.

Glaise von Horstenau, Edmund: Österreich-Ungarns Politik in den Kriegsjahren 1914–1917. In: Der große Weltkrieg. Bd. V. Der Österr.-ungar. Krieg, hrsg. v. M. Schwarte. Leipzig 1922.

Glaise von Horstenau, Edmund: Die Katastrophe; die Zertrümmerung Österreich-Ungarns und das Werden der Nachfolgestaaten. Zürich, Leipzig, Wien 1929.
Görlich, Ernst Joseph: Der letzte Kaiser, ein Heiliger? Aschaffenburg 1978.
Gonda, Imre und Emil Niederhauser: Die Habsburger. Budapest, Wien 1983.
Graber, Rudolf: Kaiser Karl von Österreich und die Zukunft Europas. Altenstadt 1962.
Griesser, Hermann A.: Eine Kaiserin kehrt heim. In: Münchner Merkur, 2. 9. 1982.
Griesser, Hermann A.: Habsburg und die Kannibalen. In: Die Welt, 2. 10. 1982.
Griesser, Hermann A.: Die letzten Stunden des Hauses Habsburg. Hörspiel, aufgeführt vom Bayerischen Rundfunk am 21. 7. 1984.
Griesser-Pečar, Tamara: Die Stellung der slowenischen Landesregierung zum Land Kärnten 1918–1920. Diss. Wien 1973.
Griesser-Pečar, Tamara: Ein Herz schlägt für die Krone. In: Rheinischer Merkur/Christ und Welt, 7. 5. 1982.
Griesser-Pečar, Tamara: Sie trug die Krone, als Habsburgs Kaiserthron stürzte. In: Münchner Merkur, 8./9. 5. 1982.
Günther, Artur: Habsburgs Verrat, die Geschichte der Sixtus-Briefe und ihre Folgen, dargestellt nach Archivberichten und amtl. Dokumenten. Wien 1940.
Günther, Artur: Habsburgs Kampf um das verlorene Reich. Wien 1941.

Habsburg, Otto v.: Zum letzten Mal ein rosa Kleid. In: Die Furche, 1. 4. 1972.
Habsburg, Otto v.: Idee Europa: Angebot der Freiheit. München, Wien 1976.
Hantsch, Hugo: Die Geschichte Österreichs. Bd. 2: 1648–1918. 4., durchges. u. erg. Aufl. Graz, Wien, Köln 1968.
Harding, Bertita (Leonarz): Imperial Twilight. The story of Karl und Zita of Hungary. London 1940.
Herre, Franz: Kaiser Franz Joseph von Österreich. Sein Leben und seine Zeit. Köln 1978.
Hoffmann, Robert: Die britische Intervention bei der Ausreise Kaiser Karls aus Österreich im März 1919. In: Zeitgeschichte, Oktober 1975, Heft 1, S. 4–9.
Holzlechner, Josef: Die Jugendjahre Kaiser Karls. In: Neues Wiener Tagblatt, 22. 10. 1935.
Horthy, Nikolaus v.: Ein Leben für Ungarn. Bonn 1953.
Hoyer, Helmut: Kaiser Karl I.

und Feldmarschall Conrad von Hötzendorf. Diss. Wien 1962.

Jaszi, Oscar: Der Zusammenbruch des Dualismus und die Zukunft der Donaustaaten. Wien 1918.

Jaszi, Oscar: Magyariens Schuld, Ungarns Sühne; Revolution und Gegenrevolution in Ungarn. München 1923.

Jaszi, Oscar: The dissolution of the Habsburg monarchy. Chicago 1929.

Jedlicka, Ludwig: Das Ende der Monarchie in Österreich-Ungarn. In: Weltwende 1917, hrsg. v. Hellmuth Rössler. Göttingen 1965, S. 6–89.

Jedlicka, Ludwig: Kaiser Karl in neuer Sicht. Wien 1972.

Kaiser Karl-Gedächtnis-Jahrbuch. Hrsg. u. red. v. H. Zessner. 1930 bis 1929 ersch. u. d. T.: Kaiser-Karl-Gedächtniskalender.

Kann, Robert A.: Das Nationalitätenproblem der Habsburgermonarchie. (The multinational Empire, dt.) Geschichte u. Ideengehalt d. nationalen Bestrebungen vom Vormärz bis zur Auflösung d. Reiches im Jahre 1918. Graz, Köln 1964. (Bd. 2: Ideen und Pläne zur Reichsreform. 2., erw. Aufl. 1964.)

Kann, Robert a.: Die Sixtusaffäre und die geheimen Friedensverhandlungen Österreich-Ungarns im Ersten Weltkrieg. (Schriftenreihe des Instituts für Österreichkunde. Wien) 1966.

Károlyi, Katharina Gräfin: Aufbruch ohne Wiederkehr. (A life together, dt.) Die Lebenserinnerungen e. ungewöhnl. Frau. Oldenburg, Hamburg 1967.

Károlyi, Michael: Memoirs of Michael Károlyi; faith without illusion. Transl. from Hungarian by Catherine Károlyi. London 1956.

Ketterl, Eugen: Der alte Kaiser, wie nur einer ihn sah. Der wahrheitsgetreue Bericht des Leibkammerdieners Kaiser Franz Josephs I. Wien, München, Innsbruck, Zürich 1980.

Kiszling, Rudolf: Generaloberst Artur Arz von Straussenburg. In: Große Österreichische Biographie. Zürich, Leipzig, Wien 1815-. Bd. X: S. 117–122.

Klopp-Voglsang, Ernst Frh. v.: Kaiser Karl. In: Neues Wiener Tagblatt, 1. 4. 1937.

Kralik, Richard: Kaiser Karl von Österreich. Wien 1926.

Kray, Stefan, Baron: Im Dienste der Kabinettskanzlei während des Weltkrieges; Episoden und Charakterbilder aus dem Leben der Kaiser Franz Josef und Karl. Budapest 1937.

Kühlmann, Richard v.: Erinnerungen. Heidelberg 1948.

Lehár, Anton: Erinnerungen; Ge-

genrevolution u. Restaurationsversuche in Ungarn 1918–1921. Hrsg. v. Peter Broucek. München 1973.
Loewy, Siegfried: Aus dem Leben des Kaisers Karl. In: Neues Wiener Journal, 4. 4. 1922.
Lorenz, Reinhold: Kaiser Karl und der Untergang der Donaumonarchie. Graz, Wien, Köln 1959.
Lorenz, Reinhold: Aus dem Kriegstagebuch des Generaladjutanten Freiherrn von Marterer. In: Österreich und Europa. Festgabe für Hugo Hantsch zum 70. Geburtstag. Graz, Wien, Köln 1965. S. 48 ff.
Ludendorff, Erich: Meine Kriegserinnerungen. 1914–1918. Berlin 1919.

Manteyer, Georges de (ed.): Austria's Peace Offer, 1916–1917. London 1921.
Margutti, Albert Frh. v.: Vom alten Kaiser. Persönliche Erinnerungen an Franz Joseph I. 2. Aufl. Leipzig, Wien 1921.
Margutti, Albert Frh. v.: Kaiser Franz Joseph. Wien, Leipzig 1924.
McGuigan, Dorothy Gies: Familie Habsburg. (The Habsburgs, dt.) 1273–1918. (Aus d. Engl. übertr. v. Lore von Stiller.) Wien 1967.
Meckling, Ingeborg: Die Außenpolitik des Grafen Czernin. Wien 1969.
Molisch, P.: Kaiser Karls Kabinettsdirektor und die nationale Frage während des Krieges. Wien 1930.
Mosser, Ingrid: Der Legitimismus und die Frage der Habsburger Restauration in der innenpolitischen Zielsetzung des autoritären Regimes in Österreich. Diss. Wien 1979.
Müller, Emil: Kaiser Karls neue Wege. Wien 1918.
Müller, Robert: Was erwartet Österreich von seinem jungen Thronfolger? München 1914.

Opitz, Alfred: Zeitwende im Donauraum. Von d. Doppelmonarchie zu den Nachfolgestaaten. Graz, Wien, Köln 1983.

Pfeffer, Alois: Jugenderlebnisse unseres Kaisers Karl I. auf Schloß Persenbeug. In: Der Österreicher, 17. 8. 1934.
Plaschka, Richard Georg und Karlheinz Mack (Hrsg.): Die Auflösung des Habsburgerreiches. Wien 1970. (Schriftenreihe des österreichischen Ost- und Südosteuropa-Instituts, 3.)
Polzer-Hoditz, Arthur Grf.: Kaiser Karl und Koerber. In: Staatswehr, 20. 4. 1926.
Polzer-Hoditz, Arthur Grf.: Kaiser Karl. Aus der Geheimmappe seines Kabinettchefs. Wien 1980.
Proszvimmer, Margit: Zita. Ein Frauenschicksal. Wien 1933.

Redier, Antoine: Zita, princesse de la paix. Paris 1930.
Redlich, Joseph: Kaiser Franz Joseph von Österreich. Berlin 1928.
Reichenauer, Oskar: Wie die Abdankungsurkunde Kaiser Karls zustande kam. In: Neues Wiener Journal, 24. 2. 1923.
Reiter, Ludwig (d. i. Berthold Dietrich): Der Kampf um den Frieden. Wien 1933.
Renglovics, Joseph v.: Lebenserinnerungen eines ehemaligen Hofbeamten der Kaiserlichen Hofhaushaltung. Wien 1938.
Rieder, Heinz: Kaiser Karl. München 1981.
Rössler, Hellmuth (Hrsg.): Weltwende 1917. Monarchie, Weltrevolution, Demokratie. Göttingen, Berlin, Frankfurt, Zürich 1965.
Rumer, Maria: Bei Vater und Mutter. Innsbruck 1926.
Rumpler, Helmut: Das Völkermanifest Kaiser Karls vom 16. Oktober 1918. Letzter Versuch zur Rettung des Habsburgerreiches. Wien 1966.

Sauerwein, Jules: Une Conversation avec l'ex-Impératrice Zita. In: Le Matin, 24. 1. 1922.
Schager-Eckartsau, Albin: Die Konfiskation des Privatvermögens der Familie Habsburg-Lothringen und des Kaisers und Königs Karl. Innsbruck 1922.
Schar: Die Stille. Jahrbuch der Gebetsliga. Wien 1955.
Schonta, Emmerich Zeno v.: Aus den Erinnerungen eines Flügeladjutanten an Weiland Seine Majestät den Kaiser und König Karl. Wien 1927.
Schuster, Peter: Henry Wickham Steed und die Habsburgermonarchie. Wien, Köln, Graz 1970. (Veröffentlichungen der Kommission für Neuere Geschichte Österreichs, 53.)
Seifert, Josef: Der 4. November 1918 in Schönbrunn. In: Reichspost, 4. 11. 1925.
Singer, Ladislaus: Ottokar Graf Czernin. Graz, Wien, Köln 1965.
Sixte, prince de Bourbon-Parma: L'offre de paix séparée de l'Autriche (5. décembre 1916–12. octobre 1917). Paris 1920.
Sondheimer, Alphonse de: Vitrine 13. Geschichte und Schicksal der österreichischen Kronjuwelen. Wien, Hamburg 1966.
Spitzmüller, Alexander: Graf Czernin und der Kaiser. In: Oberösterreichische Nachrichten, 18. 5. 1948.
Steed, Henry Wickham: Through thirty years, 1892–1922. 2 Bde. London 1924.
Sternberg, Adalbert: Die Memoiren des Herrn von Boroviczény. In: Neues Wiener Journal, 9. 2. 1924.
Stritzl-Arstatt, Fritz: Der zehnte

Jahrestag eines Gewaltaktes. In: Neues Wiener Journal, 4. 4. 1920.
Stritzl-Arstatt, Fritz: Die Kaiserfamilie in Lequeitio. In: Neues Wiener Journal, 1. 1. 1929.
Szemere, Paul und Erich Czech (Hrsg.): Die Memoiren des Grafen Tamas von Erdödy. Habsburgs Weg von Wilhelm zu Briand. (Vom Kurier der Sixtus-Briefe zum Königsputschisten.) Zürich, Leipzig, Wien 1930.

Troud, Jérôme: L'Odyssée de l'Impératrice Zita. Brüssel 1936.
Turba, Gustav: Neues über lothringisches und Habsburger Privatvermögen. In: Reichspost, 19. 10. 1924.

Vasari, Emilio (d. i. Csonka, Emil): Ein Königsdrama im Schatten Hitlers. Die Versuche des Reichsverwesers Horthy zur Gründung einer Dynastie. Wien, München 1968.
Vasari, Emilio: Dr. Otto von Habsburg oder die Leidenschaft für Politik. Wien, München 1972.
Vasari, Emilio: Zita; Kaiserin und Königin. München, Wien 1976.
Vivian, Herbert: The life of the Emperor Charles of Austria. London 1932.
Wagemut, Karl: Was ich im Elternhause der Exkaiserin Zita von Österreich erlebte. Dresden 1920.
Wandruszka, Adam: Als der letzte Kaiser Österreich verließ. In: Die Presse, 22. 3. 1960.
Wandruszka, Adam: Das Haus Habsburg. Die Geschichte einer europäischen Dynastie. Wien, Freiburg, Basel 1978.
Wandruszka, Adam: Der Hof verschwand – die Hofräte sind geblieben. In: Die Presse, 12. 11. 1978.
Wandruszka, Adam: Ein Leben lang in der Verbannung. In: Die Presse, 8./9. 9. 1982.
Wedel, Botho Grf.: Österreich-Ungarns Sonderfriedensversuch vom Oktober 1918. In: Neue Freie Presse, 11. 7. 1920.
Wedel, Botho Grf.: Zur Wiener Hofpolitik. In: Neue Freie Presse, 4. 9. 1920.
Werkmann, Karl Frh. v.: Der Tote auf Madeira. München 1923.
Werkmann, Karl Frh. v. (Hrsg.): Aus Kaiser Karls Nachlaß. Berlin 1925.
Werkmann, Karl Frh. v. Deutschland als Verbündeter. Kaiser Karls Kampf um den Frieden. Berlin 1931.
Windisch-Graetz, Ludwig A.: Ein Kaiser kämpft für die Freiheit. Wien, München 1957.
Wilhelm, (früher Deutscher)

Kronprinz: Erinnerungen. Aus den Aufzeichnungen, Dokumenten, Tagebüchern und Gesprächen hrsg. v. Karl Rosner. Stuttgart (1922 bis 1923).
Wolff, Karl: Das Ende der Burggendarmen. In: Neues Wiener Tagblatt, 4. 3. 1934.
Wollek, Richard: Aus den Tagen des Umsturzes 1918. In: Staatswehr, 10. 4. 1923.

Zangberg-Broschüre, erhältlich im Kloster St. Josef, Zangberg.
Zarnow, Gottfried: Verbündet – verraten. Habsburgs Weg von Berlin nach Paris. Zürich 1936.
Zarnow, Gottfried (d. i. Moritz, Ewald): Gekrönt – entehrt! Europas Schicksal, Habsburgs Schuld. Bern 1937.
Zessner-Spitzenberg, Hans Karl, Frh. v.: Die kaiserliche Familie in Lequeitio. Wien 1924.
Zessner-Spitzenberg, Hans Karl, Frh. v.: Otto von Österreich, seine Kindheit und Jugend, sein Bildungsgang. Wien 1931.
Zessner-Spitzenberg, Hans Karl, Frh. v.: Kaiser Karl. Aus dem Nachlaß hrsg. von Erich Thanner. Salzburg 1953.
Zeman, Zbyněk A.: Der Zusammenbruch des Habsburgerreiches 1914–1918. München 1963.
Zöllner, Erich: Geschichte Österreichs. Von den Anfängen bis zur Gegenwart. Wien 1974.

Stammtafel Zitas

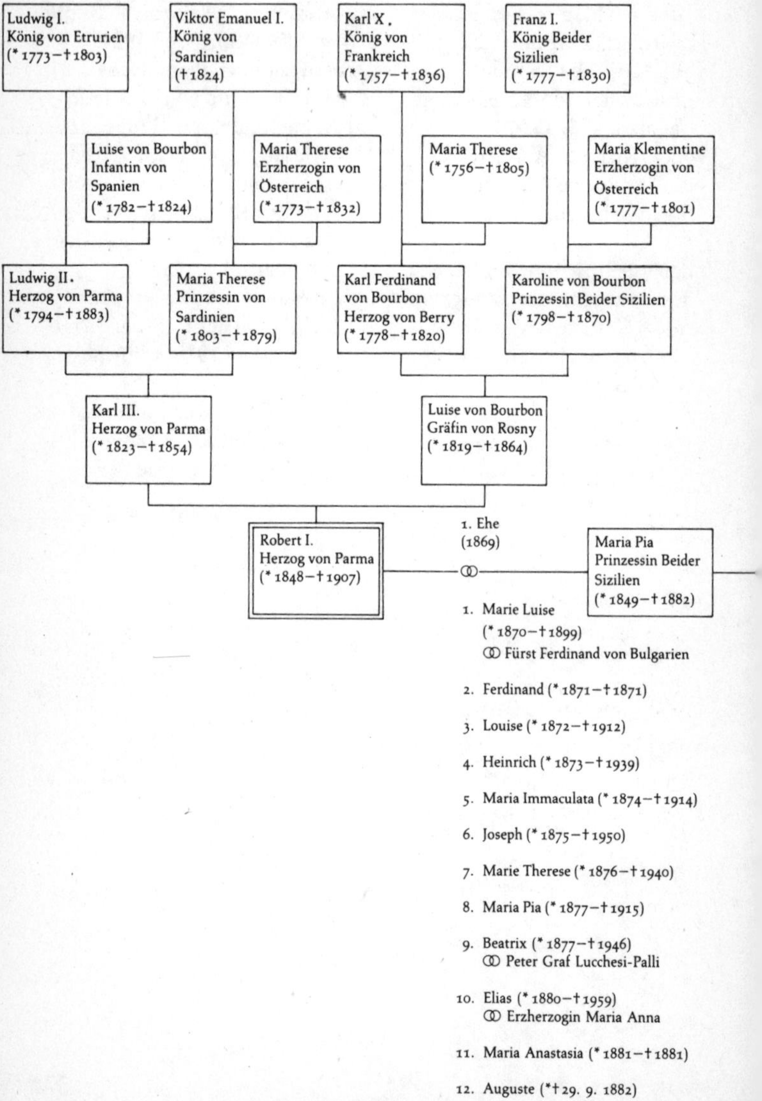

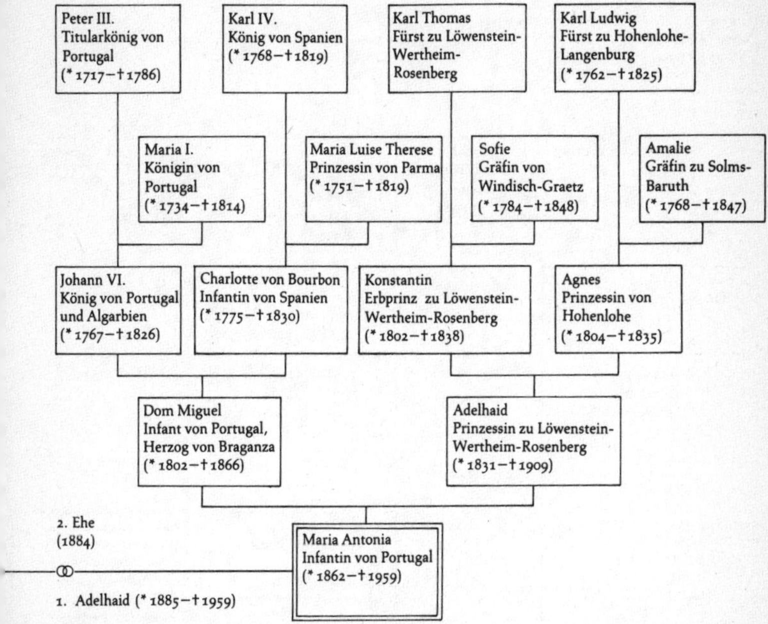

1. Adelhaid (* 1885–† 1959)
2. Sixtus (* 1886–† 1934)
   ⵔⵔ Hedwig de la Rochefoucold
3. Xavier (* 1889–† 1977)
   ⵔⵔ Madeleine de Bourbon-Busset
4. Franziska (* 1890)
5. Zita (* 9. 5. 1892) ⵔⵔ Kaiser Karl
6. Felix (* 1893–† 1970)
   ⵔⵔ Großherzogin Charlotte von Luxemburg
7. René (* 1894–† 1962)
   ⵔⵔ Margarethe von Dänemark
8. Maria Antonia (* 1895–† 1977)
9. Isabella (* 1898–† 1984)
10. Louis (* 1899–† 1967)
    ⵔⵔ Prinzessin Maria von Savoyen
11. Henriette (* 1903)
12. Gaëtan (* 1905)
    ⵔⵔ Prinzessin Margarethe von Thurn und Taxis

Stammtafel der Habsburger (Hauptlinie der Kaiser)

von links nach rechts

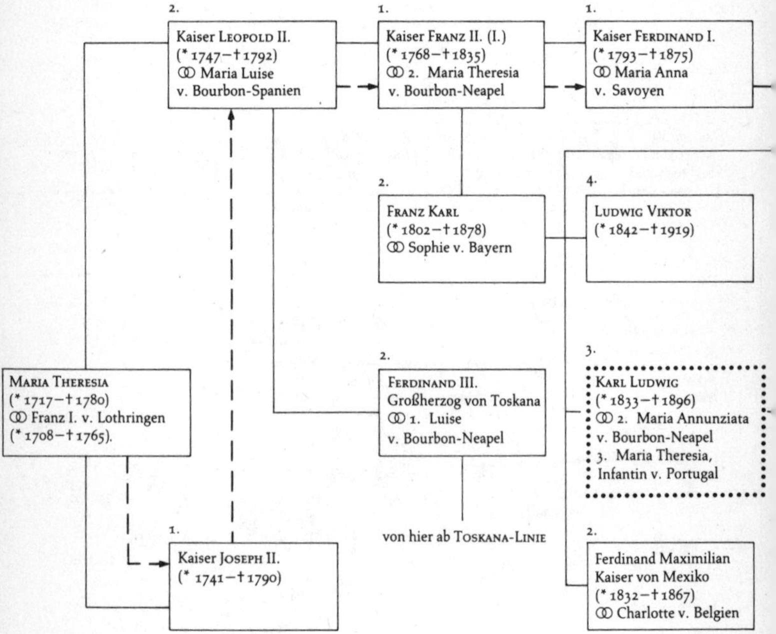

——— = verwandtschaftliche Abkunft
- — → = Thronfolge
••••••• = vorgesehene Thronfolge, die nicht zum Zuge kam

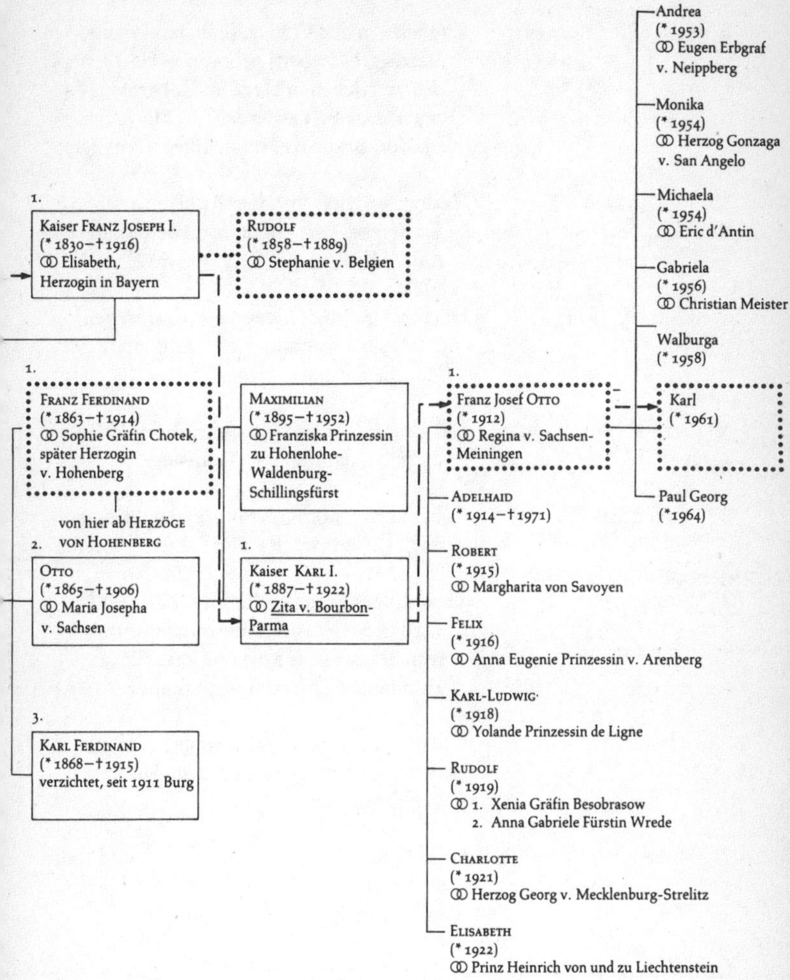
1.
Kaiser Franz Joseph I.
(* 1830–† 1916)
⚭ Elisabeth,
Herzogin in Bayern
Rudolf
(* 1858–† 1889)
⚭ Stephanie v. Belgien
1.
Franz Ferdinand
(* 1863–† 1914)
⚭ Sophie Gräfin Chotek,
später Herzogin
v. Hohenberg
von hier ab Herzöge
von Hohenberg
2.
Otto
(* 1865–† 1906)
⚭ Maria Josepha
v. Sachsen
3.
Karl Ferdinand
(* 1868–† 1915)
verzichtet, seit 1911 Burg
Maximilian
(* 1895–† 1952)
⚭ Franziska Prinzessin
zu Hohenlohe-
Waldenburg-
Schillingsfürst
1.
Kaiser Karl I.
(* 1887–† 1922)
⚭ Zita v. Bourbon-
Parma
1.
Franz Josef Otto
(* 1912)
⚭ Regina v. Sachsen-
Meiningen
Adelhaid
(* 1914–† 1971)
Robert
(* 1915)
⚭ Margharita von Savoyen
Felix
(* 1916)
⚭ Anna Eugenie Prinzessin v. Arenberg
Karl-Ludwig
(* 1918)
⚭ Yolande Prinzessin de Ligne
Rudolf
(* 1919)
⚭ 1. Xenia Gräfin Besobrasow
2. Anna Gabriele Fürstin Wrede
Charlotte
(* 1921)
⚭ Herzog Georg v. Mecklenburg-Strelitz
Elisabeth
(* 1922)
⚭ Prinz Heinrich von und zu Liechtenstein
Andrea
(* 1953)
⚭ Eugen Erbgraf
v. Neippberg
Monika
(* 1954)
⚭ Herzog Gonzaga
v. San Angelo
Michaela
(* 1954)
⚭ Eric d'Antin
Gabriela
(* 1956)
⚭ Christian Meister
Walburga
(* 1958)
Karl
(* 1961)
Paul Georg
(*1964)

9. Mai 1892:	Zita wird in der Villa delle Pianore nahe Viareggio (Italien) geboren – als Tochter des vertriebenen Herzogs Robert von Parma und dessen zweiter Frau Maria Antonia von Braganza, Infantin von Portugal.
13. Juni 1911:	Verlobung Zitas mit dem österreichischen Erzherzog Carl Franz Josef, dem späteren Kaiser Karl.
21. Oktober 1911:	Hochzeit auf dem niederösterreichischen Schloß Schwarzau, dem Sommersitz der Familie Parma.
Herbst 1911 bis August 1912:	Das Paar lebt in der Garnison Brandeis an der Elbe, dann in Ost-Galizien.
20. November 1912:	Geburt des späteren Kronprinzen Otto, dem noch sieben Geschwister folgen werden.
28. Juni 1914:	Thronfolger Franz Ferdinand, Karls Onkel, wird in Sarajevo von serbischen Attentätern erschossen. Karl und Zita rücken zum neuen Thronfolgerpaar auf.
August 1914:	Der Mord von Sarajevo löst nach Österreichs Ultimatum an Serbien den Ersten Weltkrieg aus.
21. November 1916:	Kaiser Franz Joseph I. stirbt. Karl wird Kaiser von Österreich und König von Ungarn, Zita Kaiserin und Königin.
Dezember 1916 bis Frühjahr 1918	Friedensbemühungen Karls und Zitas; unter anderem vermittelt von Zitas Brüdern Sixtus und Xavier. Das Kaiserpaar votiert für einen baldigen Frieden und versucht

den deutschen Bündnispartner für seine Pläne zu gewinnen. Das Kaiserpaar gerät in Verdacht, hinter dem Rücken des Verbündeten Sonderfriedensgespräche mit Frankreich zu führen, wobei Zita und ihre Familie als Hauptdrahtzieher gelten. Konflikte mit der deutschen Generalität und dem österreichischen Außenminister Graf Czernin. Die »Sixtus-Affäre« erschüttert die Monarchie. Die Lage an der Front verschlechtert sich. Katastrophale Lebensmittelknappheit.

Frühjahr 1918: Anti-Zita-Hetze erreicht ihren ersten Höhepunkt.

11. November 1918: Unter Druck verzichtet Kaiser Karl auf die Ausübung der Regierungsgewalt in Österreich, dankt jedoch nicht ab. Das Kaiserpaar zieht sich auf sein Jagdschloß Eckartsau im Marchfeld zurück.

12. November 1918: Österreich wird Republik.

24. März 1919: Zita folgt ihrem Mann ins Exil, zunächst in die Schweiz. Aufnahme bei Maria Antonia, Herzogin von Parma, auf Schloß Waldegg am Bodensee. Übersiedlung nach Prangins am Genfer See.

Ostern 1921: Erster Versuch Karls, in Ungarn die Macht zurückzuerlangen. Übersiedlung nach Schloß Hertenstein am Vierwaldstätter See.

20. Oktober 1921: Karl und Zita unternehmen einen zweiten abenteuerlichen Versuch, die Königsmacht in Ungarn zu restaurieren. Sie landen mit dem Flugzeug auf einem Acker

bei Ödenburg. Wegen mangelnder Organisation und Verrats scheitert der Versuch. Zita und Karl werden von den Briten auf die Insel Madeira gebracht.

1. April 1922:	Kaiser Karl stirbt in Madeira an einer Lungenentzündung. Zita zieht mit ihren Kindern ins Schloß El Pardo, das ihr der spanische König bei Madrid zur Verfügung stellte.
August 1922:	Die Familie übersiedelt nach Lequeitio an der baskischen Küste.
1929 bis 1940:	Zita wohnt mit ihren Kindern im belgischen Steenockerzeel. Otto geht an die Hochschule.
13. März 1938:	Anschluß Österreichs ans Deutsche Reich. Otto überreicht in Paris eine Protestnote der Presse.
10. Mai 1940:	Deutsche Truppen rücken in Belgien ein. Die Familie flüchtet aus Steenockerzeel. Übersiedlung nach Amerika. Erst USA, dann Kanada, dann USA. Zita und Otto treffen Präsident Roosevelt und setzen sich bei ihm für Österreich ein.
Nach 1945:	Vortragsreisen Zitas in den USA und in Kanada. Organisation von Hilfssendungen, Care-Paketen u. ä. für die notleidende österreichische Nachkriegsbevölkerung.
10. Mai 1951:	Hochzeit Ottos in Nancy mit Regina, Prinzessin von Sachsen-Meiningen.
1953:	Zita kehrt nach Europa zurück, erst nach

Luxemburg, auf Schloß Berg, wo sie ihre Mutter pflegt, bis diese 1959 stirbt.

1962: Zita läßt sich im Johannesstift in Zizers (Schweiz) nieder. Die Republik Österreich verweigert ihr, die nie eine Verzichtserklärung leistete, weiterhin die Einreise in die Heimat, auch als 1971 ihre Tochter Adelhaid stirbt und sie in Tulfes (Tirol) an der Beerdigung teilnehmen will.

9. Mai 1982: Zita feiert ihren 90. Geburtstag. Österreich erlaubt ihr die Einreise – nach 63 Jahren Exil.

17. August 1982: Zita ist erstmals wieder in Österreich. Mehrmals besucht sie unter großem Jubel der Bevölkerung Österreich, u. a.: Maria Zell, Wien, Innsbruck, Osttirol.

14. März 1989: Im Alter von 96 Jahren stirbt Zita in ihrem Exilwohnsitz. Sie findet ihre letzte Ruhe in der Wiener Kapuzinergruft; ihr Herz aber wird neben dem ihres Mannes im Schweizer Kloster Muri beigesetzt, das als »Exil-Familiengruft« der Habsburger gilt.

Personenregister